Julius Adolf Petersen.
geb. 7. 10. 82.

Der Lord von Barmbeck

Das Leben
des berüchtigten Ein- und Ausbrechers
Julius Adolf Petersen,
von ihm selbst erzählt

Herausgegeben
von Helmut Ebeling

Rowohlt

Der Herausgeber dankt dem Staatsarchiv der Freien und Hansestadt Hamburg,
dem Archiv der Staatsanwaltschaft Hamburg
und dem Kriminalamt Hamburg (Lehrmittelsammlung)
für die ihm freundlich gewährte Unterstützung.
Reproduktion und Veröffentlichung der Unterlagen aus den Akten
der Behörden mit Genehmigung des Staatsarchivs Hamburg

Schutzumschlag- und Einbandentwurf von Werner Rebhuhn
(Scherenschnitt von Heinrich Nolden)

1.–20. Tausend August 1973

Gesetzt aus der Garamond-Antiqua (Linofilm-Super-Quick)
Gesamtherstellung Clausen & Bosse, Leck/Schleswig
Werkdruckpapier von der Temming AG, Glückstadt/Elbe
Printed in Germany
ISBN 3 498 05223 3

Gewidmet meinem Kinde Adolf

Vorrede

Nicht das Leben eines Grandseigneurs noch jenes, welches berufen ist, in dem Ahnensaal seiner Väter zu glänzen, kann ich schildern, sondern ein Leben, das mit seinen Erlebnissen weit über das Maß des Gewöhnlichen hinausgeht, aber nach unseren kulturellen Begriffen ein gescheitertes ist. Was sonst Dichtkunst, Filme, Romane und Erzählungen in die Erscheinung bringen, wird hier in persönlichen Erlebnissen geschildert. Die Zeitungen brachten jahrelang sensationelle Artikel, mit allen Nüancen, betitelt der «Lord von Barmbeck», in die breite Öffentlichkeit. Diese satyrische Benennung entspringt dem Hamburger Fremdenblatt und tobte sich im Hamburger Komödienhaus als Volksposse «Der Lord von Barmbeck» aus. Die Presse verwandte diese Betitelung als besondere Trümpfe, um das Publikum sensationell zu unterhalten.

Leider sind durch diese Artikel dem Publikum einseitige Bilder aufgetischt. An der Hand meiner Schilderung mag der geeignete Leser sich selber das richtige Bild schaffen. Alles, was ich schildere, sind Tatsachen, die in keiner Weise phantastisch ausgeschmückt sind. Durch diese Schilderungen wird jeder nicht besser noch schlechter über mich denken, wie ich in Wirklichkeit bin. Daß ich von Moralhelden oder Berufskritikern von der ernsten wie von der satyrischen Seite kritisiert werde, setze ich voraus und gebe ihnen im voraus allen recht. Auf diese Weise breche ich dem Sprichwort die Spitze: «Es einem jeden recht zu machen, ist eine Kunst, die keiner kann.» Meine Absicht ist, dem Publikum einmal Wahrheiten zu schildern, um ein Interesse zu erwecken. Wenn dieser oder jener dran verschnupft, so mag er sich damit trösten, daß ich mich selbst in keiner Weise schone.

Meine Wege brachten mich in die Kreise der Noblesse sowie in die untersten Schichten und in die Verbrecherwelt hinein. Aus persönlichen Beobachtungen stellte ich fest, daß in gegebenen Lagen alle Kreise einen gemeinschaftlichen Karackter tragen. Ob es der Graf, die Baronin, der Offizier aus dem Generalstab, das Dienstmädchen, der Arbeiter oder der Verbrecher war, die Gesetze zu brechen um des Vorteils willen waren sie alle bereit – nur die Kohlen aus dem Feuer zu holen begeisterte sie alle weit weniger als die Teilung der Beute.

Wenn ich des Nachts mit Anspannung aller Nerven schweißtriefend vor dem Geldschrank stand und dem Inhalt in weniger galanter Weise zu Leibe rückte, sah ich die Augen der Komplicen in gleicher Mammonserwartung funkeln. Stand ich in der nächsten Nacht im glänzenden Spielsaal am Rolett und drehte die Kugel, sah ich dieselben Augen, nur in Leibern, die man mit hochklingenden Namen benannte, in Habsucht erfunkeln, jeden Augenblick bereit, nach Einrollen der Kugel in unredlicher Absicht das dritte Dutzend zu besetzen. Hier in den Kreisen der Von's und Dr.s kniete man vor dem goldenen Kalb durch Tippgeberei (hinweisen und kundschaften für gute Diebstahlsmöglichkeit)* und Betrug, dort, in den untersten Schichten, durch Einbruch und Diebstahl.

Alles was Moralpredigt sein könnte oder empfunden werden sollte, ist nicht mit einem Hauch beabsichtigt, ebenso jeden Gedanken der Eitelkeit bitte ich den geneigten Leser zu verscheuchen. Auf Grund meiner Energie war ich fähig, aus meinem Gehirnschrank herauszureißen, was sich dort an geistigen Verirrungen eingenistet hatte. Es fiel mir nicht leicht, eingefleischte egoistische Anschauungen wollten und wollten nicht weichen, der Geist Mephistos rang mächtig mit der Vernunft. Wenn man danach vielleicht denkt, ich wäre hier hinter Mauern in der Einsamkeit, wo ich noch bis 1935 verbringen muß, zum Frömmler durchgemausert – dies ist ein großer Irrtum. Ich büße so, wie ich gefehlt habe, kühn waren meine Handlungen, ohne Murren ist meine Buße. Menschenleben habe ich nicht auf dem Gewissen; meine Handlungen kann ich restlos mit meinem Körper quittieren, und das wird jedem einleuchten, wenn er hört, ich habe keinem Armen nach seinem Hab und Gut getrachtet, sondern lediglich die reiche Klasse ihr Eigentum gesetzwidrig geschmälert, die ihren Schaden längst verschmerzt hat, wofür ich mein halbes Leben hier hinter Mauern vertrauern muß. Wer 15 Jahre hinter Eisengittern verbringt, der kostet das menschliche Elend bis auf die Neige und lernt zwei Friedhöfe kennen, wo die Toten und wo die Lebendigen ruhen.

Meine Handlungen zu entschuldigen, wäre vermessen, ermangeln aber des häßlichen Zusatzes, unbemittelten Menschen, die fürs tägliche Brot Frondienste leisten müssen, ihr nacktes Leben durch Entwendung ihrer wenigen Habe erschwert zu haben. Nicht daß ich mich dessen rühmen will, darf es aber erwähnen, daß ich den Armen mit vollen Händen brachte von dem, was ich den Reichen entwendete; dies gab das Hamburger Fremdenblatt in diversen Artikeln vom 1.–6. Juli 1921

* Die hier und später in Klammern eingefügten Erklärungen stammen vom Autor. (Anm. d. Herausgebers)

gleich nach meiner Verhaftung zum besten.

Auf allen meinen mysteriösen und gesetzwidrigen Wegen trug ich meistenteils eine Schußwaffe bei mir, habe aber nie, außer Drohungen, einen ernstlichen Gebrauch davon gemacht. Bei meiner ziemlichen Anzahl von Fluchten und Zusammenstößen mit der Polizei habe ich mit Anspannung aller meiner Energie mich stets beherrscht und nie Gleiches mit Gleichem vergolten. Diverse Male wurde von Polizeibeamten in rücksichtsloser Weise während meiner Flucht scharf auf mich geschossen. Die Kugeln flogen mir aus mehreren Rohren um die Ohren, durchschlugen einmal den Arm, ein andermal die Hand, trotzdem griff ich selbst bei 2 Mtr Distanz nicht zur Vergeltung. Auch als ich gestellt wurde und sich zwischen mir und 6 Revierpolizisten ein Feuergefecht entwickelte, sind mir nachher auf der Gerichtsverhandlung von den Polizeibeamten einwandsfrei nur Schreckschüsse bezeugt.

Unwillkürlich drängt sich dem Leser die Frage auf, wie ich auf eine derart schiefe Bahn gelangt bin; dies werden meine nun beginnenden Lebensschilderungen zeigen.

Der Verfasser.

1927.

1. Kapitel
Stockhiebe und ihre Folgen

Mein Vater war ein kleiner Geschäftsinhaber, der alles versuchte, seine Kinder rechtlich und natürlich fürs Leben aufzuklären. Im Gegensatz zur Mutter war er sehr intelligent und hatte sich durch Bücherlesen ein bedeutendes Wissen angeeignet. Als begeisterter Sozialdemokrat hatte er mit seinen beiden Geschäften mehrere Krisen durchzumachen. Wie 1880 zur Verschärfung des Sozialistengesetzes* ein Ausnahmegesetz im Reichstag durchging und die polizeilichen Willkürlichkeiten an der Tagesordnung waren, wurde bei meinem Vater Haussuchung gemacht. Eine Denkschrift und 2 an der Wand hängende Bilder von Lassalle und Bebel brachten ihm die Ausweisung. Er reiste nach Kopenhagen und arbeitete dort in der Tabackbranche. Wie mein Vater mir in reiferen Jahren erzählte, machte er durch die Ausweisung bittere Jahre durch. Wie ein Dieb in der Nacht kam er im Jahre 3–4mal aus Dänemark gereist, um meine Mutter und das erstgeborene Kind zu besuchen. Diese Sozialistenverfolgungen mit allen polizeilichen Schandtaten und Willkürlichkeiten verbitterten meinem Vater das Leben und bleiben einer der größten Schandflecke der Bismarckschen Gewaltpolitik. Es ist mir unverständlich und einem ehrenden Andenken unserer sozialdemokratischen Vorkämpfer wenig entsprechend, daß ihre Leiden und Kämpfe aus diesen tragischen Zeiten so lautlos verhallen und nicht immer wieder in Broschüren und Schriften der jetzigen lebenden Generation vor Augen geführt werden.

Meine Mutter war, wie schon angedeutet, im Gegensatz zu meinem Vater nur mit beschränkten Kenntnissen ausgerüstet. Mußte schon als Kind fürs tägliche Brot mitarbeiten und blieb bis ins hohe Alter eine Arbeitsbiene, jederzeit bereit, sich für ihre Kinder aufzuopfern, ein Wesen, bei dem das Wort «Mutter» in seiner vollen Bedeutung zutrifft. Der Gegensatz in der Wissensbeherrschung zwischen meinem Vater und meiner Mutter bildete eine Kluft, die oft Disharmonien gebären ließ.

* Bismarcksches Ausnahmegesetz vom 21. Oktober 1878 gegen die «gemeingefährlichen Bestrebungen» der Sozialdemokratie. (Anm. d. Herausgebers)

Wir sind vier erwachsene Kinder, ein älterer und ein jüngerer Bruder sowie eine Schwester, die im Alter hinter dem jüngeren Bruder und zwischen mir steht. Mehrere Kinder sind in der Wiege durch Kinderkrankheiten eingegangen.

Mein Geburtsjahr ist 1882, der Ort Hamm, ein Vorort von Hamburg. Mein Horoskop muß bei meiner Geburt ein Unglück angezeigt haben. Jedenfalls hat Mars regiert. Welch ein Blitzstrahl der erzürnten Gottheit schleuderte mich auf die Erde? Oder haben meine Vorahnen die Dämonen versucht und in ihr Reich eindringen wollen? Oder mit der Gewalt eines rasenden Achilles die sieben Siegel jener eisernen Töpfe brechen wollen, worin der weise König Salomo die Dämonen verschlossen und überwunden hatte? Sie rächten dies an einem Nachkommen; und setzten einen lebenden Erdenkloß auf die Welt mit dämonischem Geiste.

Nach dem Urteil der Ärzte war ich im ersten Lebensjahre nicht lebefähig. Dieses ganze Jahr lief meine Mutter mit mir nach dem Krankenhaus; nur durch Eier- und Weinnahrung brachte sie mich durch. Heute frage ich mich, hätte mein Erzeuger nicht besser getan, statt meiner eine Reihe Kartoffeln gepflanzt zu haben? Mit 6 Jahren kam ich in die Elementarschule. Englische Krankheit begleitete mich. Die Bekannten aus der Kindheit staunten, daß ich so gerade, groß und stark geworden bin. Hätte jemand in meiner Kindheit gesagt, daß ich solch ein großer Gesetzesbrecher werden würde, man hätte es für die größte Illusion gehalten. Ängstlich war ich als Kind fürchterlich! Vor einer Daunenbettfeder, in die Luft geblasen, schrie ich einfach mörderisch; schon Andeutungen über solche Federn genügten, mich zum Schreien zu bringen.

In der Schule galt ich für ruhig und still, begriff alles sehr leicht, bis ins 11. Lebensjahr. Dann kamen Fächer, wo sich eine Müdigkeit einstellte; besonders in Geographie, hierfür war ich nicht zu begeistern. Auch für Gedichtelernen war ich nicht zu haben, wodurch der Lehrer recht oft gegen mich erbost war. In dieser Periode war bei mir der Rohrstock das ständige Gespenst und wurde ganz gefühllos gehandhabt, wenn ich mich im Lernen nach den Auffassungen des Lehrers nicht so zeigte, wie er sich sein Ziel gesteckt hatte.

Die heutige Schulerziehung, überhaupt alle Bestrafungen für die Jugend sind mit der damaligen Zeit gar nicht zu vergleichen. Die Schuljugend von heute lebt und geht mit Freuden zur Schule. Heute kann es passieren, daß der Rohrstock in der Schule verschimmelt; bei mir machte er seine täglichen Spaziergänge auf meiner Hinterfront, weil ich die genügende Dosis von Vokabelschaum nicht fließend genug meinem Gehirnschrank einverleibte. Viele Menschen fungieren als Pädagogen, sind aber weiter nichts wie Kuppler für Zucht- und Nervenhäuser. Solche Pädagogen gleichen jenen Dieben, die, während man sie zur Richtstätte führt, sich noch untereinander die Taschen bestehlen.

Hinzu kam bei mir ein angeborener Widerstandsgeist, der nach damaligen Schulerziehungsmethoden niedergezwungen werden sollte. Man zog in der Schule eben nur Lakaiennaturen hoch. Die Wirkungen solcher Erziehungsmethoden machen sich im späteren Leben so oder so ungünstig bemerkbar.

Bei den körperlichen Züchtigungen trat mein Widerstandsgeist besonders zutage. Ich bäumte mich dagegen auf, mich zu bücken, wenn ich Stockhiebe empfangen sollte. Mich schauderte, wenn der Lehrer meinen Kopf zwischen seine Beine nahm, um mich zu züchtigen.

Ein Vorfall in der II. Klasse als 13jähriger Junge mag hier ein Beispiel zeigen. Wir hatten Geographie. An der Wandtafel hing die Karte von Europa; der Lehrer, mit einem 80 cm langen Rohrstock in der Hand, lavierte damit auf der Karte, um die Namen der Hauptflüsse abzufragen, die er vorher gezeigt und erklärt hatte. Ausgesucht Geographie war meine schwächste Stunde. Es ist mir heute unbegreiflich, weshalb ich in diesem Fach, im Gegensatz zu andern Fächern, vollständig versagte, sogar einschlief. Der Lehrer frug: «Wo entspringt die Elbe?» Alle Schüler hoben den Finger hoch, ganz mechanisch ich auch. Oh, Schrecken, der Lehrer rief mich; ich konnte die Frage nicht beantworten, wodurch der Lehrer feststellte, daß ich bei Fragen durch Mithochheben des Fingers ihn täuschte. Darauf sagte er, daß ich in der Pause oben in der Klasse bleiben sollte; dies war die übliche Ankündigung, daß man eine Rohrstockzüchtigung in Empfang zu nehmen hatte, wenn die Klasse zur Pause auf dem Hof weilte. Diese Ankündigung der Hiebe machte mich für den Rest der Stunde trotzig, was der Lehrer nicht verdauen konnte. Ich mußte bis zum Schluß der Stunde mit dem Gesicht an dem Schrank stehen. Als es zur Pause klingelte und sämtliche Schüler in den Hof rannten, nahm der Lehrer mich vor, um wie üblich meinen Kopf, während ich mich bückte, zwischen die Beine zu nehmen und mir über meine vier Buchstaben eine Portion von dem langen Hafer zu verabreichen.

Mein Lehrer priemte, und wenn er bei den Züchtigungen im Zorn war, lief ihm die Kautabacksauce in den Vollbart. Diese Beobachtung, seine Art, meinen Kopf zwischen die Beine zu nehmen, ebenso meine Ansicht, daß er auf mir besonders herumhackte, ergrimmte mich während dieser Züchtigung derart, daß ich dem Lehrer ganz bedenklich in die Lenden biß. Von diesem Schmerz schrie der Lehrer auf, stieß mich zurück und bearbeitete mich mit ungezählten Stockhieben. Vor Wut und Schmerz noch mehr ergrimmt, riß ich ein vollgefülltes Tintenfaß aus dem Pult und warf es dem Lehrer ins Gesicht. Allmächtiger, wie ausgeknobelt, hatte sich der Inhalt über das ganze Gesicht des Lehrers ergossen. Diesmal floß Tinte statt Tabacksauce über seinen Vollbart. Als er mich in dieser Verfassung, das Gesicht in Wut und Haß verzerrt, angrinste, karackterisierte er den Moment, wie Othello der Mohr sich über seine liebliche Desdemona beugt und sie erstickt.

Dieser Vorgang spielte sich schneller ab, wie er geschildert wird. Das Geräusch und der Tumult, der hierdurch im Klassenzimmer entstanden war, wurde durch das Geschrei der ganzen Schülerschar, die auf dem Schulhofe spielte und lärmte, übertönt. Wer kennt nicht das gleichmäßige Geräusch der spielenden Kinder während der Pause auf dem Schulhofe. Es gleicht dem ununterbrochenen Meeresrauschen!

Während der Lehrer mit seinem Mohrenantlitz die Wirkung meiner Handlung noch im Begriffe war zu begreifen, war ich aus der Tür gerannt, hatte meine Mütze auf dem Korridor vom Garderobenhaken genommen und über den Schulhof hinweg fluchtartig das Weite gesucht.

4 Wochen lang schwänzte ich die Schule. Aus Angst vor dem Vater ging ich nicht nach Hause, weil ich bei ihm kein Recht bekam; er stellte sich stets auf die Seite des Lehrers. Während dieser 4 Wochen hatte ich mich an einem der Abende zu Hause eingefunden, wo ich genau wußte, daß mein Vater nicht anwesend war. Hier erzählte mir die Mutter, daß mein Vater wegen dieser Handlung unversöhnlich sei und alle ihre Versuche, mich beim Vater wieder ins Geleise zu bringen, gescheitert seien. Dies veranlaßte mich, als ich meinen Vater nach Hause kommen hörte, hinten aus der Parterrewohnung aus dem Fenster zu springen. Die Erde diente mir weiter als Bett und der Himmel als Dekke, Mutter Grün war also jetzt Wirtin. Die Zeit war eine schlecht gewählte, es war Februar, allerdings mäßige Kälte; Tauwetter und leichter Frost wechselten sich ab. Die Witterung genügte aber, daß ich nachts in einem Torfschuppen, in der Nähe vom Hammer Marktplatz, wo ich schlief, fror wie Espenlaub. Morgens waren mir die Glieder fast steif gefroren; ich wußte jetzt, wie jenem Kaiser zu Kanossa zumute war, der drei Tage im Schnee barfuß büßte. Morgens in aller Frühe lauerte ich den Bäckerkarren auf, um mir in geeigneten Momenten die Taschen voll Rundstücke und sogenannte Franzbrötchen zu stopfen. Derzeit fuhren die Bäckerwagen und Karren ihre frischen Rundstücke

und krausen Brötchen schon nachts um drei Uhr aus. Ebenso mit der Milch; auch hier versorgte ich mich auf dieselbe ungalante Weise.

Am Tage fand ich Anschluß an gleichaltrige Jungen, aber aus verwahrlosten Kinderstuben, deren Beschäftigung meistens in losen Streichen bestand. Was ich an kleinen Diebessachen noch nicht kannte, lernte ich in diesen 4 Wochen ausgezeichnet. Das Schlechte lernt sich bekanntlich viel leichter wie das Gute.

Was für Eindrücke ich als 13jähriger Junge in diesen 4 Wochen in meine Seele eingrub, mag hier ein angeführtes Beispiel zeigen. Auf der Schulbank hat gewöhnlich jeder Junge einen Mitschüler, an den er sich enger anschließt und den er als Freund betrachtet. So auch ich. Diesem Mitschüler war mein Erlebnis mit dem Lehrer sowie mein Schulschwänzen bekannt. Besagter Mitschüler hatte des Nachmittags eine Laufjungenstelle, und ich traf mit ihm zusammen, wenn er seine Besorgungen erledigte. Einer seiner zu besorgenden Wege führte ihn nach dem Zentrum der Stadt, zu dem ich ihn begleitete. Auf diesem Wege erklärte er mir, beim Schopenstehl* in der Altstadt eine Tante zu besitzen, bei der wir wegen Unterkunft vorsprechen könnten. Diese Tante muß ich beschreiben und bediene mich eines Dichters satyrischer Art: Riskieren will ich es, diesen Kopf der Tante als menschlich hinzustellen; ob sie dazu befugt ist, sich für einen Menschen zu halten, müßte Sache der Juristen sein, ich lasse sie aus Anstandsgefühl dafür gelten. Auf die Vorderseite ihres Gesichtes hatte die Göttin der Gemeinheit ihren Stempel gedrückt, und zwar so stark, daß die dort befindliche Nase fast zerquetscht worden war. Die Augen schienen diese Nase vergebens zu suchen und deshalb betrübt zu sein. Von den Haaren sah ich nichts als eine Haube, über deren Farbe man im unklaren war, ob sie schwarz oder enorm schmutzig war, die die ganze Haarstelle des Kopfes umrahmte.

Als wir eintraten, legte diese Tante eine brennende Zigarre beiseite, hielt es aber unter ihrer Würde, mein «Guten Tag» zu erwidern. Das Wort Schopenstehl ums Jahr 1895 genügte, um den Eingeweihten ins Bild zu bringen, wes Geisteskinder – mit Ausnahmen – dort zu Hause waren. Diese Straße gehörte derzeit zu dem berüchtigten Teil der Stadt Hamburg, genannt die Altstadt.

Als mein kleiner Freund seiner Tante die Sache mit meiner Unterkunft unterbreitete, fiel weder ein Nein oder Ja. Mit stoischer Ruhe rauchte sie ihre Zigarre weiter, würdigte mich keiner Frage oder Auf-

* Früheres «Gängeviertel», in den zwanziger Jahren abgerissen. (Anm. d. Herausgebers)

munterung. Sie schien sich mit Gedanken zu beschäftigen, mit denen sie sich im Verlauf einer 1/4 Stunde über mich klargeworden sein mußte, denn sie wurde nach einer Weile gesprächig und stellte mir diverse Fragen, deren genaue Wiedergabe ich heute nicht mehr bieten kann, die auch nebensächlich sind. Wir bekamen beide eine Tasse Kaffe nebst Butterbrot, bei deren Verzehrung sie mir erklärte, ich könnte bei ihr bleiben. Ihrer Aufforderung, mich schon jetzt auf einen Divan zu legen, leistete ich Folge. Mein kleiner Freund, der seine besten Absichten gehabt hatte, freute sich über seine geglückte Mission und verabschiedete sich. Es war ein lieber und netter Junge, dem ich nach meiner Konfirmation in meinem Leben nicht wieder begegnet bin.

2 Nächte hatte ich schon in dem Torfschuppen geschlafen, und, wie ich schon erklärte, tüchtig gefroren und wenig geschlafen, deshalb fiel ich auf dem Divan bei der Tante bald in einen todesähnlichen Schlaf. Es war nachmittags gegen 4 Uhr.

Gegen 11 Uhr abends wurde ich von der Tante munter gerüttelt und gefragt, ob ich etwas essen wollte. Ich verneinte. Die Müdigkeit war größer als der Hunger. Die Tante setzte sich neben mich auf den Rand des Divans und fing an zu plaudern. Sie stellte zuerst harmlose Fragen, ob ich auch eine kleine Braut hätte, ob ich auch schon mit Mädchen spiele und dergleichen, während sie meine rechte Hand streichelte. Im Anfang glaubte ich, eine mütterliche Zärtlichkeit zu empfinden, bis sie mich durch verdächtige Druckanwendungen mißtrauisch machte. Schließlich wurde ihr Betragen so auffallend, daß ich keinen Zweifel mehr hatte, dieses Ungetüm, dieses Affengesicht wollte mit einem 13jährigen Jungen Liebesorgien feiern. Ein Grauen und Gänsehaut überkam mich, wie dieses Ungeheuer zuletzt so derb und verständlich mit ihren Fisimatenten wurde, daß ich mich kaum ihrer erwehren konnte. Ihr ganzes Gesicht hatte wie ihre Gestalt verwechselnde Ähnlichkeit mit einem weiblichen Orang-Utan, und dieses unterirdische Geschöpf liebäugelte mit mir. Als dieses Ungeheuer sich zuletzt Sachen erlaubte, die ich hier nicht wage zu schreiben, entrang sich meiner ein hellschrillender unartikulierter Schrei. Das veranlaßte eine Nachbarin, ihr nebenbefindliches Fenster aufzumachen und laut an das Fenster der Tante zu klopfen, mit der Frage, ob da was passiert sei. In diesen engen Kasernenwohnungen konnten die Einwohner sich gegenseitig in die Fenster langen. Die Frage der Nachbarin muß der Tante Blut etwas gedämpft haben, denn ich konnte, mit einem Wort gesagt, «Luft holen». Sofort stand ich auf, zog mich an und sagte, ich wolle nach Hause, ich hätte Heimweh nach meiner Mutter. Die Tante versuchte mich von meinem Vorhaben abzubringen, aber keine zehn

Pferde hätten mich gehalten.

Mit Abscheu und Ekel, wie ein 13jähriger Junge sie nur empfinden kann, pilgerte ich von dieser Tante vom Schopenstehl aus über den Fischmarkt eine Straße hoch und befand mich in der Steinstraße von Hamburg. Es war gegen 12 oder 12½ Uhr, das Wetter war kalt und regnerisch, ein leichter Sturm sang seine heulenden Weisen. Mein Kours war der Torfschuppen in Hamm, mit der Absicht, dort noch 2 Stunden zu kampieren, um den Bäcker- und Milchkarren aufs Visier zu nehmen, denn der Magen verlangte sein Recht. Wer aber vorher rechnet, rechnet meistens zweimal.

Als ich die etwas breitere Stelle der Steinstraße passierte, wo die Kirche steht und derzeit die Fischfrauen ihren Stand zum Verkauf ihrer Fische hatten, trat aus dem Dunkeln ein junges Mädchen ohne Kopfbedeckung. Mit dem ersten Blick und dem Instinkt solcher Bengel sah ich sofort, daß ich hier ein ziemlich gleichaltriges Mädchen vor mir hatte. Etwas scheu, mit lebhaften Augen und fröstelnd kam sie näher. Sie frug mich, wo ich herkomme, und als ich diese Frage beantwortet hatte, frug sie weiter, ob ich einem Schutzmann begegnet wäre, was ich verneinen konnte. Meine Jugend, die kurzen Hosen und die ungewöhnliche Stunde hatten wohl ihre Neugier erweckt und sie veranlaßt, eine Unterhaltung anzuknüpfen. Dies junge Mädchen erzählte mir im Verlaufe des Gesprächs, daß sie vergangene Ostern die Schule verlassen hatte und vor 14 Tagen 15 Jahre geworden sei. Ihr niedliches Gesicht mit dem kleinen Stumpfnäschen nebst dem kleinen Mozartzopf stand im starken Kontrast zu dem Ungeheuer, dem ich eben glücklich entronnen war, und wirkte versöhnend und anziehend auf meine Stimmung, wodurch ich offen und redselig wurde. Als ich den Vorfall mit dem Lehrer, mein hierdurch entstehendes Schulschwänzen sowie von meiner Obdachlosigkeit erzählte, amüsierte sie sich köstlich. Auf Lehrer war sie nicht gut zu sprechen. Nachdem sie dann auch einige Erinnerungen von der Schulbank erzählt hatte, kamen aus einer Nebenstraße zwei Männer der heiligen Hermandad*. Ihre Helme blitzten schon von weitem. Diese Beobachtung veranlaßte das Mädchen, mich aufzufordern mitzukommen.

Sie wohnte in der Mohlenhofstraße, jener Straße, die bekannt war, besonders des Nachts die Gesetze aus der Ortographie zu streichen, wo ein ehrlicher Kristenmensch um diese Stunde nicht für Geld und gute Worte hinzuziehen war. Auf einer primitiven Stiege mit einem wackeligen Geländer stiegen wir in die in der ersten Etage gelegene

* Polizei. (Anm. d. Herausgebers)

Wohnung eines Hinterhauses, die ärmlich möbliert war. Ein Bett, ein Liegesofa, eine Kommode, ein großer Wandspiegel, 1 Tisch mit 2 Stühlen füllten das Zimmer und ließen wenig Bewegungsfreiheit übrig. Von einer Küche erzählte sie noch, die ich nicht gesehen habe, weil die Wohnungen in diesen Hinterhäusern nur aus Stuben bestehen, die alle vom gemeinsamen Corridor Zutritt haben.

Um mich nun kurz zu fassen, dieses Mädchen erzählte offenherzig, daß sie bereits den Weg der Schande ging, in den späten Abendstunden Männer auf der Straße ansprach und mit in die Wohnung nahm. Sie erzählte, wie sie noch gestern abend einem greisen Lüstling das erschlaffte Fleisch mit Rutenstreichen zu Genußfähigkeit aufreizen mußte. Ihre Mutter verbüße 6 Wochen Gefängnis, hätte ihr Geld zurückgelassen, was sie aber mit gleichaltrigen Burschen in den ersten Tagen verjubelt hatte. Ihren Vater hatte sie nie kennengelernt. Mit Schokolade und Zigaretten tracktierte sie mich, was ich in vollem Maße genoß. Nachdem wir bis 5 Uhr morgens geplaudert hatten, gingen wir zur Ruhe, ich mußte auf dem Divan schlafen, sie in dem Bette. Gegen 11 Uhr morgens pochte es an der Tür, wovon wir beide aufwachten; das junge Mädchen, die angezogen im Bett lag, öffnete zwei Freunden, die wohl eben so alt wie sie waren. Ihrem Auftreten wie ihrem Begrüßen nach zu urteilen, waren sie heimisch und wohl tägliche Besucher; jedenfalls die Schandgelder verjubeln zu helfen. Als sie meiner auf dem Divan unter der Wolldecke ansichtig wurden, waren sie aufs höchste erstaunt. An ihren schälen Blicken konstatierte ich ihre Antipathie gegen den fremden Eindringling. Das Getuschel zwischen dem Mädchen und den Freunden brachte für mich ein Unbehagen in die Erscheinung, ich fühlte mich vollständig fremd, so daß es mich drängte zu verschwinden. Sie kochte noch in der Küche Kaffe, einer der Jungen holte Rundstücke, und so genoß ich noch Kaffe mit Rundstück. Als ich mich verabschiedete, gab mir das Mädchen 3 M. Heute als denkreifer Mensch bedaure ich dieses Mädchen; ihre Offenherzigkeit, ihre ganze Art des Betragens barg einen harmlosen Kern in sich, der in richtigen Händen sich zur guten Frucht entfaltet hätte.

Als ich im Jahre 1901, 6 Jahre später, zu einer mehrjährigen Gefängnisstrafe verurteilt wurde und zur Verbüßung mit einem Zellenwagen vom Untersuchungs-Gefängnis nach der Strafanstalt überführt wurde, begegnete ich diesem Mädchen, welches jetzt 21 Jahre war, im Zellenwagen. Sie sollte 4 Wochen Haft wegen Übertretungen sittenpolizeilicher Kontrolle verbüßen. Erst nachdem ich genügende Erinnerungsmomente wachgerufen hatte, erkannte sie mich wieder.

Nach Art der Dirnen ging sie gut gekleidet, nur aus dem Gesicht waren alle Spuren der Naivität verschwunden. Die übliche welke Farbe der Dirnen hatte sich auf diesem Gesichte Platz gemacht und für den Menschenkenner auf den ersten Blick jene Armen erkennen lassen, die in ihrer Verblendung Sklaven der modernen Kultur sind, deren Leib heute genauso wie zur Sklavenzeit für Geld zu haben ist.

O ihr Evastöchter, ein schöneres Beispiel hat euch eure Stammutter hinterlassen. Das Konservieren mit der Schlange besudelte den Körper nicht. Eure reine Schönheit, deren Rot und Weiß Natur mit zarter schlauer Hand verschmelzte, habt ihr nicht empfangen, um sie in den Dienst der Männer zu stellen. Ihr seid zu gut dazu. Wenn der Zahn der Zeit mit seinen eisernen Konsequenzen seine Spuren an euch hinterlassen hat, haltet ihr euch vergebens feil um Geld. Haßt von Jugend auf solchen Mammonsdienst, und haltet euer Gelübde so treu wie einst Isabella von Kastilien, die nicht eher ihr Hemd wechselte, bis Granada gefallen war.

Mein 4wöchentliches Schulschwänzen endigte durch meine liebe Mutter, die mit unendlicher Mühe den Vater versöhnte und dann zwei Tage und Nächte auf der Suche nach mir war, bis sie mich fand. Mit Warnungen und Verweisen wurde ich umgeschult.

Aber in diesen 4 Wochen hatte ich Gift getrunken, Gift in vollen Zügen. Eine ganze Reihe Streiche und Untugenden hatte ich in meine Seele gegraben.

2. Kapitel

Das aristokratische Pony

In dem nun folgenden Jahre bis zu meiner Konfirmation verlief die Schulzeit leidlich; meine freien Nachmittagsstunden widmete ich den Jungen, die ich in den 4 Wochen meines Umhertreibens kennenlernte, und beteiligte mich an einer Reihe loser Streiche, die den Ohren meiner Eltern fernblieben. Mein Vater glaubte, das Töpferhandwerk sei für mich am geeignetsten, und brachte mich zu einem ihm befreundeten Töpfermeister, bei dem ich in die Lehre kam und ganz im Hause war.

Ungefähr 8 Monate war ich in der Lehre, und meine Eltern glaubten schon, in mir einen ordentlichen Burschen zu haben, bis sich ein Vorfall ereignete, der wie ein Blitz aus heiterem Himmel kam.

Mein Meister hatte mich zu einem Hauswirt geschickt, um einen Stubenofen in Ordnung zu bringen. Es war ein kalter Dezembertag, und der Hauswirt, ein unbeliebter Nachbar, war schon oft der Gegenstand diverser Streiche von seiten der jungen Burschen gewesen. Dieser Griesgram wollte den Ofen ganz schnell in Ordnung haben, weil er die Stube bewohnte und wieder einheizen wollte. Hier glaubte ich einen meiner Streiche ausführen zu können und mauerte mit der Schnelligkeit eines Töpfergesellen mit Lehm und Steinen das Feuerloch zu und betonte beim Fortgehen, den Ofen mindestens vor einer Stunde nicht heizen zu dürfen. Eben saß ich am Tisch beim Abendbrot, als dieser Hauswirt beim Meister eintrat, um sich über meinen Streich zu beklagen. Der Meister gab mir eine Ohrfeige und schickte mich sofort los, den Ofen wieder in Ordnung zu bringen. Während ich den Ofen in Ordnung brachte, vollführte ich Streich No. 2. Diese Wohnstube hatte durch eine Schiebetür Verbindung mit der Schlafstube. In einem abgelauerten Moment flitzte ich durch diese offenstehende Schiebetür, schlug die Bettdecke zurück, strich mehrere Hände voll zurechtgemachten nassen Lehm über das Bettuch und legte die Bettdecke wieder über. Der Hauswirt, ein Witwer, hatte eine Haushälterin, die zufällig auf einige Tage verreist war. Die Folgen dieses Streiches waren für mich fürchterlich. Der Hauswirt kam mitten in der Nacht bei meinem Meister an und klopfte ihn heraus mit der Äußerung, er müsse mich notwendig sprechen; er vermisse sein Portmanie aus der Wohnstube und wolle mich fragen, ob ich da vielleicht etwas von wisse. Auf dem Flur war es dunkel, wodurch der Meister nicht sehen konnte, daß der Griesgram einen Eimer trug. Da ich bei dem Meister im Hause schlief, was dem Hauswirt bekannt war, ebenso die Räumlichkeiten, muß er jedenfalls gleich nach meiner Schlafstube gesteuert sein. Nichtsahnend im festesten Schlafe, wie er der Jugend eigen, riß dieser Griesgram mir wohl die Bettdecken vom Leib, um mir dann einen Eimer eiskalten Wassers mit dem von seinem Bettuch entfernten Lehm über meinen Leib zu gießen. Nie in meinem späteren Leben bin ich jemals wieder so schnell und erschreckend munter geworden. Dieser Auftritt hatte in meinem Meister etwas zurückgelassen, was ein gegenseitiges natürliches Benehmen zwischen Meister und Lehrjungen erstickte. Meine Einbildung mag hier vielleicht die größte Rolle spielen, jedenfalls das Töpferhandwerk hatte für mich sein bleibendes Interesse verloren, denn einige Wochen nach diesem Auftritt lief ich aus der Lehre. Bockbeinig wie ich war, scheiterten die Versuche meiner Mutter, mich wieder zu dem Meister zurückzubringen. Meinen Vater hatte ich bitter erzürnt, dem durfte ich nicht in die Quere kommen. Die unverdiente ewige Milde meiner Mutter, unter deren Fittichen ich ständig Zuflucht nahm, hat mir hier wohl mehr geschadet wie genützt. Mein Vater, der dies wußte, zog sich um des Familienfriedens willen in eine resignierte Stellung zurück.

Jetzt folgte für mich eine Zeit des Müßiggangs; meine Eltern berieten, was jetzt mit mir anzufangen wäre. In diesen paar Wochen der Unentschlossenheit gab ich mit einem dementsprechenden Umgang wenig Gutes an den Tag. Um Schnopgroschen* zu erlangen, hatte ich mit 2 gleichgesinnten Burschen einem Klempnermeister mehrere alte Zinkrohre entwendet, bei deren Verkauf wir abgefaßt wurden. Das Ergebnis war ein Verweis vors Gericht.

Dieses Erlebnis mit mir überzeugte meinen Vater, daß ich ganz aus dieser Atmosphäre heraus mußte, weshalb er mit mir nach Kopenhagen reiste und mich durch einen Stellenvermittler bei einem großen Müller in Storhedingen unterbrachte. Mein Vater war in Dänemark mehrere Jahre gewesen und sprach fließend Dänisch. Wir wurden sehr gut bei dem Müller, der nebenbei noch etwas Landwirtschaft betrieb, aufgenommen. Ausnahmsweise saßen wir am Tage der Ankunft mit am Tische des Besitzers, während zu anderer Zeit hierfür die Gesindestube diente. Der Müller war ein gebildeter Mann, der eine höhere Schule besucht hatte; auch brachte er den Deutschen, von denen er eine hohe Meinung hatte, eine besondere Achtung entgegen. Er ver-

* Geld für Süßigkeiten, Zigaretten usw. (Anm. d. Herausgebers)

sprach meinem Vater, mich das Müllerhandwerk lernen zu lassen.

Armer Müller, du ahntest nicht, welch einen Jünger Mephistos du in deine Atmosphäre hineinzogst.

Mit ernsten und mir heute noch in die Ohren klingenden Worten verabschiedete mein Vater sich beim Müller. Eine Träne glaubte ich im Auge meines Vaters zu sehen, ich war der Gegenstand seiner Sorge und seines Kummers.

3 Monate ging die Sache gut, an diesem entlegenen Orte Dänemarks war ich unter den Leuten der Gegenstand der Neugierde. Die deutsche Nation hatte in diesen schlichten Landleuten den Begriff des ungewöhnlich Großen. Die Erstürmung der für uneinnehmbar gehaltenen Düppeler Schanzen spukte in diesen Köpfen als eine Leistung, die nur von den Deutschen gedacht werden konnte. England, Frankreich waren für diese einfachen Bauern nicht halb so viel wie Deutschland.

Die Müller- und Wirtschaftsknechte hatten bald heraus, daß ich ein besonderes Gaudium an Streichen hatte. Oft wurde ich von ihnen zu losen Streichen bei den Mägden verwandt. Das Radebrechen einiger Brocken Dänisch gab dann ein amüsierendes Gelächter ab. Als ich zirka 3 Monate da war und der Müller mich eines Sonntags nach meinem Wohlergehen fragte, klagte ich ihm mein Heimweh, was ihn veranlaßte, mir das kleine Pony nebst Stuhlwagen zum Ausfahren zur Verfügung zu stellen. Auf diese Weise sollte ich mir Zerstreuung verschaffen.

Dieses Pony war die ruhige und ständig schmeichelnde Hand der Tochter gewohnt. Es war ausschließlich nur für sie zum Ausfahren, genoß ihre besondere Pflege, war rund und fett und würde mit keinem Gaul tauschen. Jeden Morgen machte die Tochter ihren ersten Gang nach ihrem Pony, um ihm seine zwei Stücken Zucker zu verabreichen. Wurde ausgefahren, erhielt es eben vordem 2 Stücken Zucker extra. Es bewegte dann seinen Kopf so selbstverständlich wie ein König, dem seine Untertanen in gnädiger Huld die Tribute abgeliefert hatten. Die Tochter, eine seltene Schönheit im Alter von 18 Jahren, kam bei ihren Spazierfahrten nie aus einer gleichmäßigen Ruhe und entsprechendem Tempo heraus. Ein leichter Zuggeltrab war die höchste Anforderung an dieses Pony. In seinem Laufen, mit dem wohlgenährten Körper, drückte sich sein Bewußtsein aus, die Tochter des Hauses als Günstling zu besitzen.

Dieser Aristokrat unter den Pferden hatte das Pech in die Finger eines Menschen zu kommen, der im Gegensatz zu der Tochter ein unruhiger Geist war und am liebsten in wildester Gangart dahingesaust wäre. Wenn das Pony gewohnt war, von einem Engel geleitet zu werden, sollte es erfahren, von einem Jünger Mephistos geführt zu werden. Schon beim Anspannen kam dem Pony die Sache verdächtig vor. Es vermißte den zärtlichen Ton, das Liebkosen und die üblichen 2 Stücken Zucker, was es veranlaßte, gleich mal hinten auszuschlagen, ohne zu treffen. Dies brachte das Pony bei mir schon in Mißkredit und machte sein Maß voll. Ich brummte ihm schon etwas in die Ohren, vom zu langem Hafer zu wenig und vom kurzen zu viel.

Zuerst ging die Fahrt tadellos, solange der Müllerhof noch sichtbar war. Beim Gehen drehte und wackelte es mit seinem aristokratischen Hintergestell, als wenn es sagen wollte, ich gehe, wie ich will und nicht wie du. Als der Müllerhof vollständig dem Horizont entrückt war, glaubte ich, dieses Pony könnte auch mal einen scharfen Galopp ansetzen; um dieses zu erreichen, erteilte ich ihm einige Peitschenhiebe. Diese Sprache war dem Pony derart fremd, daß es stehenblieb und in bockbeiniger Weise den Wagen retour schob, mit der besten Absicht, den Hinterwagen in den Graben zu setzen. Dieser Gefahr zu entrinnen, seine Widerspenstigkeit, sein Hintenausschlagen beim Anspannen veranlaßte mich, dem Pony den langen Hafer in reichlicher Portion zu verabreichen. Wie ein Pudel, der aus dem Wasser kommt, schüttelte es die aristokratischen Ohren, gab das Bocken auf und raste in Galoppsprüngen davon, ohne sich an den Lenker zu kehren. Es raste zwischen eine Gänseschar, daß 2 davon tot gingen, raste mit dem Gefährt gegen einen Baum, wodurch ich aus dem Wagen schleuderte und die Deichsel abbrach. Das Pony schnaubte, stampfte und wollte sich gar nicht beruhigen, die Peitschenhiebe hatten es in seinem aristokratischen Selbstbewußtsein verletzt. Da der Müller in weiter Runde bekannt war, wußten alle Bauern, wem dieses Gespann gehörte. Sie luden mich in den Wagen und brachten diese Bescherung dem Müller. Kein Schimpfwort hörte ich, nur die Anordnung, das Pony nebst Wagen an Ort und Stelle zu bringen, ebenso mich ins Bett. Dieses Verhalten des Müllers, welches mich staunen machte, zeugte in mir für ihn eine hohe Verehrung. 8 Tage hütete ich das Bett; die Sache wäre ohne Folgen gewesen, wenn ich nicht ständig auf das Pony geschimpft oder auf ihm rumgehackt hätte. Dies beobachtete die Tochter, die es nicht verzeihen konnte, daß ich ihren Liebling nicht in Ruhe ließ. Sie brachte ihren Papa gegen mich in Mißkredit, was ich bald bemerkte. Die Beobachtung veranlaßte mich, mein Bündel zu schnüren und wie Nikodemus in der Nacht zu verschwinden. Das Geld, was ich besaß, reichte gerade hin, um mit der Bahn nach Kopenhagen, von dort mit dem Dampfer nach Lübeck und dann nach Hamburg zu fahren. Dies war die billigste Tour. Meine Eltern wohnten damals auf der Uhlenhorst.

Als ich in die Tür trat, glaubte mein Vater eine Vision zu schauen und das höhnische Hexengekicher in Macbeth zu hören. Sein Sohn, von dem er glaubte, er sei an ganz sicherem Ort im fremden Land, um sich zum tüchtigen und ordentlichen Menschen durchzumausern, stand in leibhaftiger Gestalt vor ihm; sein mißglückter Erdenkloß war wieder zurück. Mein Wiedererscheinen verlangte naturgemäß eine Erklärung. Meine Gründe formte ich ganz bedeutend zu meinen Gunsten. Danach hatte ich am wenigsten Schuld; der Müller, die Tochter und das Pony mußten herhalten. Auf die Frage meines Vaters, was nun werden sollte, gab ich keine Antwort, legte mein Reisebündel auf die Erde und schlüpfte unter die Fittiche meiner Mutter.

Mein Vater war zu allem andern zumute als zum Schlachten eines Kalbes für den verlorenen Sohn. Auf schmetternde Freude der Hoffnung folgte hier Verzweiflung, rasender Schmerz, der mit dem blutleckenden Gebiß der Hunde wetteiferte.

3. Kapitel

Mit der Braut zu Pferd durch die Nacht

Aller Fesseln ledig tauchte ich wieder in einem gleichgesinnten Freundeskreis unter, erzählte hier meine Erlebnisse und war der begeisterte Mittelpunkt. Allerlei Unfug waren die nächsten Erscheinungen, und als Bombe kam die Polizei ins Haus.

Nun brachte mein Vater mich zu einem ihm befreundeten Kaiwächter in der Marktstraße, jetzt Markusstraße, in Hamburg. Diese Unterbringung sollte bezwecken, mich abermals aus einem mir zum Verderben gereichenden Umgang herauszureißen.

Der Kaiwächter mit seiner Ehefrau waren bejahrte Leute; sie war bedeutend jünger wie er, ohne Kinder, nur einen Adoptivsohn hatten sie, der zwei Jahre älter war wie ich, also ins 18. Lebensjahr ging. Wieder band mein Vater diesem neuen Pädagogen seinen Sohn auf die Seele, schilderte ihm seinen Geist. Da der Adoptivsohn Kesselschmied war, wußte der Kaiwächter mich auf derselben Werft unterzubringen. Hier wurde ich in die Mysterien der Kesselflickerei eingeführt; es dauerte nicht lange, bis ich mich eingearbeitet hatte, so daß mein Brotherr mit mir zufrieden war. Fast 3 Jahre habe ich hier ausgehalten, schon glaubte mein Vater, in dem Kaiwächter den Schutzengel gefunden zu haben. Aber er irrte sich, mein Geist lebte fort und begnügte sich einstweilen mit Streichen ohne Folgen. Auf diesen Kaiwächter will ich etwas näher eingehen.

Er war einer von jenen alten Hamburger Typen, wie sie das Ernst Drucker Theater* in den beliebten Possen darzustellen versucht. Er war bereits 60 Jahre alt, 196 cm groß, also ein Hühne von Kerl, ehrlich und harmlos wie ein Kind, noch sehr rüstig und geistig frisch. Seine Gestalt paßte herrlich als getreuer Eckart, wie er vor dem Venusberge steht und vor dem Eintritt warnt. Wenn er abends seinen Arbeitsweg zum Wachen am Kai antrat, war es seine Gewohnheit, eine Flasche, vielleicht ⅓ Liter, mit Kognak mitzunehmen. Absolut paßt hier das Wort mäßig. Ein betrunkener Zustand war ihm fremd. Die Flasche war sein II. Ich. Wenn seine Frau, die nur 150 cm groß war, den allabendlichen Abschiedskuß in Empfang nahm, mußte sie stets auf einen Stuhl steigen und erhielt ihn erst dann, wenn der Riese sich durch

* Volkstheater, heute St. Pauli-Theater. (Anm. d. Herausgebers)

einen Schluck Kognak überzeugt hatte, daß die Flasche in seiner Rocktasche steckte. Dieses Manöver habe ich ungezählte Male beobachtet und jedesmal eine Gänsehaut bekommen, weil die Frau sich mit der Seife erzürnt hatte; sie wusch sich nur, wenn sie einer Mohrin zu ähnlich sah. Der Riese empfand dies nicht: das Gesicht seiner Frau konnte noch so schmutzig sein, er drückte jeden Abend seinen Kuß in ihre Physiognomie. Dieses Ehepaar war überhaupt äußerst originell, was mir ständig Anlaß zum Lachen und zu Streichen gab. Solche ehrlichen, unverfälschten Hamburger Originale sucht man heute vergebens. Kam der Riese morgens aus seinem Dienst, schlief er nicht eher ein, bevor der Kater Friedel seitlich auf der Bettdecke auf seinem altgewohnten Platze lag. Dieser Kater hatte das Privilegium, sich alles erlauben zu dürfen. Mit mir stand er auf feindlichem Fuße und mußte viele Streiche ertragen. Eines Morgens vermißte der Riese den Kater auf seinem altgewohnten Platze. Mit Stentorstimme rief er seine Frau: «Mine, wo ist Friedel?» Die Wohnung war etwas dunkel und lag im Hinterhof. Nur eine große Stube bekam durch 2 Fenster leidliches Licht, wovon eine abgrenzende Kammer nur sehr mäßig erhellt wurde. Diese Kammer diente dem Riesen als alleiniges Schlafzimmer. Aus dieser Dunkelkammer war der Ruf des Riesen nach dem Kater erschallt. Nach vielem Suchen fand Mine den Kater unter einem vollbepackten Stuhle zwischen den Beinen derart festgebunden, daß er sich nicht rühren konnte. Als Attentäter wurde ich festgestellt, und jetzt war Helgoland in Not. Wie die brummende Dampfpfeife eines großen Dampfers, der einen Hafen anläuft, knurrte der Riese aus seiner Dunkelkammer. Dieses Knurren war für mich das Signal zu verschwinden.

Bevor der Pflegesohn und ich morgens zur Arbeit gingen, war der Riese von der Nachtwache zurück; da ich mit Maßregelung rechnete, eventuell die Nähe seines Handstocks bedenklich spüren würde, hatte ich den Abend vorher eine halbe Flasche Kognak gekauft, die ich dann mit in solchen Schichten üblichen Begleitbemerkungen dem Riesen übermittelte. Eine Moralpredigt und Entrüstung mit etwas gekünstelter Ekstase löste diesen Fall in Wohlgefallen auf.

Eine Nacht in der Woche hatte der Riese frei, kam dann aber sehr wenig aus seiner Dunkelkammer heraus, sondern schlief die meiste Zeit. Kamen wir dann beide von der Arbeit und saßen in der Vorstube dieser angrenzenden Dunkelkammer, hielt der Riese von da aus seine erziehenden Reden. Der Stock, der ständig bei ihm am Bette stand, sauste bei diesen Reden des öfteren durch die Luft. Er wähnte uns zu züchtigen. Wurde es ihm im Vorzimmer zu still, glaubte er, seine

Reden hätten uns beide seelisch geknickt; es folgten dann friedliche, ermunternde Worte. Der Pflegesohn wie ich schnitten Grimassen und sannen auf neue Streiche, was der Riese für Einkehr hielt. Das Bett in seiner Kammer stand mit dem Kopfende so, daß er die Vorstube nicht übersehen konnte. Diverse Male im Jahre am Sonntage kam mein Vater und ließ sich von dem Riesen über seinen Sohn vortragen.

Arme Väter, heute, wo ich mein Leben hinter Mauern vertrauern muß, erkenne ich euer gutes Herz. Empfinde eure Hoffnungen und bitteren Enttäuschungen. Dieses Kind, was ihr vor dem Verderben retten wolltet, hatte in früher Jugend ein Gift getrunken, das unausbleibliche Wirkungen trug.

Um der Frau des Riesen ein Geburtstagsgeschenk nach Wünschen zu bieten, kaufte ich einen Kanarienvogel und der Pflegesohn den Käfig dazu. Stundenlang saß sie vor dem Käfig, unterhielt sich mit dem Vogel; wenn er sang, bildete die Frau sich ein, er hätte ihr Gespräch verstanden. Die Sache ging so weit, daß sie wiederholt kein Essen gekocht hatte, wenn wir abends von der Arbeit kamen. Des Mittags konnten wir nicht zu Tische gehen, der Weg war zu weit. Frug ich dann, warum es kein Essen gebe, sagte sie, der Vogel hätte sie so interessant unterhalten, da dürfe sie nicht gestört werden. Hier war ich ohnmächtig. Diese Frau mußte wohl bei Sengelmann (Idiotenanstalt) über die Mauer gefallen sein. Um regelmäßig warmes Essen zu erhalten, griff ich zur technischen Nothilfe und glaubte zur gleichen Zeit den Kater dadurch in Mißkredit zu bringen. Seine Mordbegierde hatte ich schon beobachtet und ließ im ausgesuchten Moment das Vogelbauer auf. Der Kater verzehrte den Vogel mit Wollust.

Wie die Alte die Mordtat des Katers sah, jammerte sie wie ein Kind, kochte am andern Abend kein Essen und klagte mich als den von ihr kombinierten Täter beim Riesen an. Der Riese war nicht aus seinem Geleise zu bringen, er streichelte den Kater und meinte, es sei gut so, ein Vogel sei hier überflüssig.

Der Kater hatte wie schon angedeutet ein Privilegium, sich alles zu erlauben. Mit besonderer Vorliebe spazierte er mitten auf dem stets mit vielerlei Küchengeschirr voll bepackten Tisch herum. Im Angesicht des Riesen konnte ich den Kater nicht vom Tische entfernen, er war sich dessen bewußt, oft glaubte ich, sein höhnisches Grinsen zu beobachten.

Um diesem Vierbeiner eins auszuwischen, nahm ich eine Haarklippmaschine, schor dem Kater den Rücken vollständig kahl, vom Kopf bis zum äußersten Ende des Schwanzes. Es wurde in der nicht allzu hellen Wohnung an diesem Abend nicht bemerkt, bis am nächsten Morgen der Riese wie üblich nach getaner Nachtwache nach Hause kam, das Bett aufgesucht hatte und ganz mechanisch nach der Stelle fühlte, wo der Kater Friedel seinen gewohnten Platz einnahm. Der Zufall fügte es, daß der Riese mit der Hand über die kahle Stelle auf dem Rücken des Katers fuhr. Dieses vollzog sich morgens kurz vorm üblichen Weg zu meiner Arbeitsstätte. Mit einer mir heute noch in die Ohren klingenden Brummbaßstimme hörte ich den Riesen rufen: «Mine, kumm mal mit de Lamp her, dor is wat mit Friedel los.» Die Frau setzte sich die Brille auf, er ebenfalls, nahm die Lampe und trat ans Bett. Ich sah um die Ecke, sah, wie beide erst den Kater und dann sich selber über die Brille ansahen. Diese Gesichter, ein lebendiges Fragezeichen, bargen ein Gewitter in sich, das sich mit Krachen und Donnern entladen sollte. Für mich war die dickste Luft (Gefahr); in der schleunigen Flucht suchte ich mein Heil.

Ob in dieser Handlungsweise, eine Stunde früher zur Arbeit zu gehen, die Magik des Teufels eine Rolle spielte, könnte ein Abergläubischer leicht annehmen, denn als ich über den Großmarkt in Hamburg schritt, wurde ich von einem vom Steinweg kommenden jungen Menschen von 20 Jahren gerufen. Als er näher kam, erkannte ich in ihm einen Jugendgenossen, mit dem ich von Dänemark zurückgekehrt war und durch den bei meinen Eltern die Polizei ins Haus kam. Sein Spitzname war Rabenmax, so genannt, weil er alles, was er sah, haben mußte. Zu seiner Linken im Arm hatte er eine junge Dame, die er für seine momentane Braut ausgab. Er war eine untersetzte Gestalt, rötliches Haar, das Gesicht trug den Stempel einer übernächtigten Lebensweise. Wenn er sprach und lachte, bewegten sich die Ohren. Seine Holde ihm zur Seite war zirka 18 Jahre alt, dunkelblond, ein Gesicht, das aussah wie der Tempel Salomonis, als ihn Nebukadnezar zerstört hatte. Als wir uns begrüßt hatten, frug ich, wo sie so früh schon herkämen; die Antwort lautete: «Schwer amüsiert.» Erst in der Altstadt im Tanzsalon zum «König von Preußen»*, nachher in der Neustadt, Steinweg, Peterstraße usw., in verschiedenen Kaschemmen auf die Moloche-Tour gegangen, und eben noch einen Stubben schwer abgekocht, Ochsen, Putte alles mitgekriegt. (Der bürgerliche Ausdruck würde heißen: in verschiedenen Kaschemmen auf Taschendiebstähle ausgegangen und zum Schluß noch ein Opfer gefunden, bei dem er gute Beute gemacht habe, unter sonstigen Wertsachen auch die Uhr und Portmanie mit erbeutet.) Da ich eine Stunde Zeit hatte, führte er mich durch Erzählungen in die Mysterien seiner wenig galanten

* In der berüchtigten Mohlenhofstraße. (Anm. d. Herausgebers)

Lebensweise ein und wußte mich derart zu begeistern, daß ich versprach, am nächsten Sonntag mit ihm zusammenzutreffen. Auch schwelgte er von der hinreißenden Liebe zu seiner Schönen, die es mit Kopfnicken und Armdrücken begleitete; Tränen der Rührung sah ich in ihren Augen. Eine chemische Analyse hätte diese Tränen für Branntwein konstatiert.

Pünktlich stellte ich mich Sonntagnachmittag bei Rabenmax in einer Kaschemme in der Peterstraße ein. Er hatte noch einen Begleiter bei sich, über den er auf meine Frage, wer es sei, erklärte, daß es ein glatter Junge wäre und Hunderobert hieße. Als ich ihn weiter frug, warum er Hunderobert hieß, sagte er mir, der geht um jeden Hund herum. Wenn Hunde ihn von weitem wittern, zittern sie schon und sträuben sich ihre Haare. Er hätte, so sagte Rabenmax weiter, schon verschiedene Hunde nachts, wenn er auf Tour ging, kalt gemacht, und mit dem Blut bestreiche er sich Hände und Hosenbeine. Dieses wittern die Hunde. (Nachts auf Tour gehen, heißt nachts seine Diebstähle verrichten.)

Hunderobert war ein vierschrötiger, starkknochiger 22jähriger Mensch. Er hatte in Mienen und Gebärden etwas Brutales, mit dem der Klügere nicht anbindet. Nachdem wir einige Jugenderinnerungen bei einigen Gläsern Bier ausgetauscht hatten, kam folgende Sache aufs Trapez. Hunderobert war Bäckerknecht bei einem Bäckermeister in der Uhlenhorst gewesen, aber rausgeworfen, weil er des öfteren mit seinen Händen ausgerutscht war, und zwar aus Versehen mit Willen in die Ladenkasse. Besagter Bäckermeister liebte es, alleiniger Inhaber seiner Ladenkasse zu sein, und entledigte sich eines unliebsamen Kompagnon.

Hunderobert kannte alle Verhältnisse dieses Meisters, auch daß die Wiederverkäuferstände am Ende jeden Monats ihre Ware bezahlten; weiter wußte er, daß der Bäckermeister das ganze Geld in der Wohnstube in einem verschlossenen Schreibsekretär aufbewahrte. Dieses Geld durch einen nächtlichen Einbruch an uns zu bringen, war der Gegenstand unserer Abmachung. Rabenmax verteilte die Rollen. Hunderobert durfte nicht so ins Treffen gebracht werden; ein Blick des Meisters bei einer eventuellen Entdeckung oder Flucht hätte genügt, ihm, Robert, die dicksten Lampen zu bauen. (Die dicksten Lampen zu bauen heißt, für ein Verbrechen bei der Polizei bekannt, von ihr gesucht und in diesem Falle von dem Bäckermeister mit Erfolg belastet zu werden.) Rabenmax wollte die Knackerarbeit liefern, also das Fenster gewaltsam öffnen und den Sekretär erbrechen, ich sollte kneistern, auch in seiner Nähe bleiben, um zu zinken, wenn dicke Luft sei. (Also, mit dem bürgerlichen Ausdruck, ich sollte Wache halten und Gefahr melden.) Hiernach verabschiedeten wir uns mit der Abmachung, in einer Nacht vom 1. zum 2. eines neuen Monats, wo nach Angabe von Hunderobert das ganze Geld, was die Kunden ablieferten, in dem fraglichen Sekretär sein sollte, uns zu treffen.

Wir hatten uns um 1 Uhr nachts am Waisenhauseingang auf der Uhlenhorst bestellt, wo wir alle drei pünktlich eintrafen. Dies war mein erster nächtlicher Einbruch, in einer Märznacht, die äußerst still war, kein Strauch oder Baum bewegte sich, auch war es ziemlich kalt. Mit scheuer Bewunderung schaute ich zu diesen beiden Genossen auf. Als wenn es sich um ein Geschäft handelte, redeten sie über diese Handlung. Gegen 1½ Uhr waren wir bei dem Grundstück des Bäckermeisters angelangt. Vor dem Torweg gab Hunderobert an Rabenmax noch einmal genaue Informationen über die Lage der Stuben mit der Stelle des Schreibtischs ab. Dann zog Robert sich etwas in gesicherte Entfernung zurück. Max und ich begaben uns von der Toreinfahrt aus, wo keine Tür oder Gitter uns Hindernis bot, auf den Hof, an die Gitterfenster der Bäckerwohnung. Max hatte sich alte Socken über die Stiefel gezogen, und ich mußte, weil ich mich damit nicht versorgt hatte, die Stiefel ausziehen. Nach einer kleinen Orientierung hatte er das betreffende Fenster gefunden und es mit ziemlicher Geschicklichkeit, da es nach der altmodischen Bauart durch 2 kleine Überhaken geschlossen war, mit einem Brecheisen geöffnet. Bevor er hineinkroch, ermahnte er mich noch einmal, scharf zu kneistern. Jetzt stand ich allein auf dem Hof, pendelte mit äußerster Gewissenhaftigkeit vom Hof durch den Torweg bis zur Straße und wieder zurück, ständig nach allen Richtungen kneisternd. ½ Stunde hatte ich ungefähr Wache gehalten, alle Spukgestalten in allen Ecken gesehen, alle Furcht und Schrecken durchlebt, als Rabenmax wieder aus dem Fenster kletterte und erklärte, keine Streichhölzer mehr zu besitzen. Taschenlampen wie heute gab es derzeit noch nicht. Ich selbst hatte nur wenige Streichhölzer bei mir. Dies veranlaßte Rabenmax, den Fehler zu begehen, den Gaskronleuchter, der in der Mitte der Wohnstube hing, anzuzünden. Nun konnte ich vom dunklen Hof aus Rabenmaxens Tätigkeit beobachten; ich sah, wie er, mit einem Dolchmesser im Munde, das Brecheisen in der Hand, dem Schreibtisch zu Leibe ging und ihn ziemlich geräuschlos öffnete. Deutlich sah ich, wie er einen gefüllten großen Beutel hervorhob, sich unter den Kronleuchter stellte, den Inhalt mit funkelnden Augen beäugelte. Sah auch, wie Rabenmax einen herzhaften Griff in den Beutel machte, womit er Hunderobert und mich schwer rasierte. (Das heißt, hinsichtlich der

Teilung uns betrog.) Als er diesen Genossenbetrug erledigt hatte, drehte er den Kronleuchter aus und stieg hinaus. Beide verließen wir den Torweg und gesellten uns zu Hunderobert, um in dessen Wohnung die Beute zu teilen. Das ganze Geld wurde auf den Tisch geschüttet und sortiert. Jeder erhielt 600 M. Gegen 4 Uhr morgens nahm ich Abschied, ging nach der Marktstraße, zog mich um und ging zur Arbeit. Die Fragen meiner Pflegemutter, wo ich gewesen war, beantwortete ich mit allerlei Unwahrheiten, die sie in ihrer beschränkten und naiven Art glaubte. Am andern Tage las ich einen großen Artikel in der Zeitung über diesen Einbruch; 3000 M waren erbeutet. Jetzt kombinierte ich das mehrmalige Getuschel zwischen Robert und Max auf dem Wege nach Roberts Wohnung, wo wir teilten. Erst war ich am Tatort selber von Rabenmax rasiert und nachher auf raffinierte Art nochmal von beiden zusammen; ich nahm mir vor, beiden die Leviten zu lesen. Die nun folgenden Tage schwebte ich in Wonne. 18 M verdiente ich die Woche, und jetzt hatte ich bare 600 M im Besitz. Leckerbissen, die mir sonst fremd waren, kaufte ich.

4 Wochen waren nach der Tat vergangen, als mein Vater eines Abends aufgeregt und ganz verzweifelt in der Marktstraße anlangte. Mit den Worten «Junge, du hast doch nichts ausgefressen, die Polizei war bei uns und wollte dich verhaften, du sollst bei einem Bäcker mit zwei Komplicen einen Einbruch gemacht haben» trat er auf mich zu. Hoffnungen und Schrecken malten sich auf dem Antlitz meines Vaters, er glaubte noch, die Polizei könnte sich irren. Mit gekünstelter Entrüstung erklärte ich meinem Vater glaubhaft, von der Sache nichts zu wissen. Wenn eine schwarze Wolkenwand zerreißt und heller lachender Sonnenschein die Stadt in goldenen Schimmer versetzt, so änderte mein Vater die zerstörten Gesichtszüge. Beruhigt und 10 Jahre jünger nahm er Abschied.

Tags darauf las ich in der Zeitung, die Täter von dem Einbruch beim Bäcker seien ermittelt und in Nummer Sicher. Erst stritten sie alles ab, bis der Untersuchungsrichter sie durch Kreuz- und Querfragen in die Enge trieb und zum Geständnis zwang, wobei ich als dritter Täter in die Erscheinung kam.

Nachdem ich die Verhaftung meiner Komplicen in der Zeitung gelesen hatte, sah ich meine ebenfalls voraus, die Polizei hätte damals zweifellos bald ermittelt, wo ich wohnte.

19 Jahre war ich alt. Furchtlos und verwegen schnürte ich mein Bündel und verschwand aus der Marktstraße wie ein Dieb in der Nacht. An Papieren hatte ich eine Geburtsurkunde. In Wandsbeck setzte ich

mich auf die Bahn, fuhr nach Lübeck, von dort mit einem Dampfer nach Kopenhagen, Dänemark. Derzeit waren Pässe und Visums wenig gebrauchte Dinge. Ohne angehalten zu werden, langte ich in Kopenhagen an. Nur am Zoll wurde mein Bündel revidiert. 200 M hatte ich noch von der Beute. Als ich 4 Wochen in Kopenhagen weilte, war mein Geld alle, was mich zwang, einen Stellenvermittler aufzusuchen. Ein zufällig dort anwesender Gutsbesitzer von Jütland, dessen Gut an der äußersten Ecke von Jütland am Kattegatt lag, interessierte sich für mich. Seine Frage, ob ich mit Pferden umgehen könnte, bejahte ich, trotzdem ich bisher nur Pferde gesehen hatte, aber nicht bedient. Der Gutsbesitzer hieß Fevas, hatte auch seine Frau bei sich. An Papieren händigte ich ihm meine Geburtsurkunde aus. Die Frau, eine geborene Mecklenburgerin, erklärte ihrem Mann, daß die Urkunde genüge. Noch am selben Abend fuhren wir von Kopenhagen nach Jütland. Mein neuer Brotherr gab mir das Billet, welches mich als Zwischendeckler karackterisierte, wo es für die Fahrt kein Bett während der Nacht gab. Es war ein großer Seedampfer, der auch für große Seereisen tätig war. Bevor mein Brotherr seine Nachtruhe antrat, kam er nochmal zu mir, erklärte mir die Größe seines Gutes, erzählte von 120 Kühen, für die er einen Rosselenker brauche, der täglich die Milch nach einer eine Stunde entfernt liegenden Meierei fahren müsse. Da er sich um meine Magenfrage nicht kümmerte, kam er schon bei mir in schiefer Richtung; ich grinste schon im stillen über meine Streiche, die ich ausführen würde. In diesem entfernt liegenden Orte kannten die Leute keine Anmeldungen wie heute. Polizei und Gerichte fanden an diesem entlegenen Ort «Randrup», was noch 5 Meilen von Aalborg, Jütland, entfernt lag, keine Arbeit. Während meines ¾jährigen Aufenthaltes bei diesem Gutsbesitzer habe ich von keinem Verbrechen gehört und keine Polizeiperson gesehen. Das Gut war ziemlich groß und lag ganz abseits vom Dorf. Gutsherrschaft wie Gesinde bildeten eine kleine Welt für sich.

Als ich am andern Morgen den Dampfer in Aalborg über die Laufbrücke hinweg verlassen wollte, sollte ich meine Fahrkarte abgeben und mußte nach einer Durchsuchung aller meiner Taschen erfahren, daß ich selbige verloren hatte. Mein Brotherr, der mir erklärt hatte, daß er in Aalborg von seinem ersten Kutscher mit Spannwerk in einem Gasthof, den er mir nannte, erwartet wurde, hatte mir befohlen, mich in diesem Gasthof einzufinden. Da in Aalborg als Hafenstadt die Ankunft eines solchen großen Passagierdampfers Leben und regen Verkehr bringt, hatten sich auch diesmal eine große Menschenmenge an Verwandten, die ihre Lieben abholten, und sonstige geschäftlich interessierte Personen eingestellt. Zirka 300–400 Passagiere verließen auf zwei Laufbrücken den Dampfer. In diesem Gewühl bekam ich meinen Brotherrn, der als erster Kajütspassagier die andere Laufbrücke verließ, nicht zu Gesicht.

Der Steuermann, der von mir keine Fahrkarte erhalten hatte, forderte mich auf, das Fahrgeld zu entrichten. Ich verweigerte die Zahlung und berief mich in etwas radebrechender dänischer Sprache auf meinen Brotherrn, was dem Steuermann nicht genügte, weshalb er mich an einen Schutzmann ablieferte. Auch der Aufforderung des Polizeimanns, die 4 Kronen Fahrgeld zu entrichten, leistete ich keine Folge. Nebenbei bemerkt war mein ganzes Vermögen nur noch 3 Kronen, ich ließ dieses jedoch nicht merken. Der Polizeimann nahm mich mit zur Wache und setzte mich in eine Hinterstube, um die Ankunft des gestrengen Vorgesetzten abzuwarten, der dann das Nähere bestimmen werde. Hier anschließend will ich bemerken, daß ich in der Nacht auf dem Dampfer allerlei diebesabsichtliche Umschau gehalten hatte, nachts bis in die Kajüte meines Brotherrn vorgedrungen war, beim Durchsuchen seines Paletots gestört wurde und mich zurückziehen mußte. Mein Grimm gegen den Gutsbesitzer war nicht unbedeutend, weil er mir nichts zu essen bot. Mein letztes Geld wollte ich nicht ausgeben. Aus seinem Überzieher hatte ich seine dickgefüllte Zigarrentasche und meine Geburtsurkunde herausgenommen. Auf der Wache hatte ich erklärt, die Papiere von mir hätte mein Brotherr. Als ich ungefähr eine Stunde in der Stube gesessen und alle möglichen Folgen aus der Sache durchdacht hatte und das Bewußtsein trug, von Hamburg steckbrieflich verfolgt zu werden, öffnete ich kurz entschlossen das Fenster, bog die leidlich dünnen Eisenstangen auseinander, so daß ich eben durchschlüpfen konnte, und verschwand in einem Garten, der in einer Gegenstraße mündete. 10 Pfund leichter steckte ich erst die letzte gute Zigarre meines Brotherrn an und frug mich nach dem betreffenden Gasthof zurecht. Richtig landete ich auch bei dem ersten Kutscher, der bereits von meinem Kommen unterrichtet war. Die Uhr war bereits 10 geworden, aber immer noch hörte ich nichts von Essen. Auch der Kutscher ließ sich nichts anmerken, und als ich frug, wie es damit war, sagte er, wir würden in ½ Stunde losfahren und in 5 Stunden in Randrup sein; auf dem Gute könnte ich essen. Dies war zuviel für mich. Mit einem Wolfshunger verzehrte ich zwei Kronen, 2.24 M, und mußte anständigerweise für den Kutscher als Günstling der Herrschaft 2 Becher Bier und eine Zigarre spendieren. Gleich danach wurde losgefahren, der Gutsbesitzer fuhr den Stuhlwagen selber; neben ihm auf dem Bock saß seine Frau. Der Kutscher und ich saßen hinten. Die Landstraße war sehr schlecht, deshalb gingen die Pferde auch wiederholt Schritt. Als wir 2 Stunden gefahren waren, kehrten wir ein. Die Pferde waren ausgespannt und hatten eine Krippe Futter zu fressen bekommen. Herr Fevas hatte einen großen Teller mit Gebäck und Kaffe bestellt und forderte uns auf zuzulangen. Der Kutscher, die Bescheidenheit selbst, erlaubte sich ein Stück zu nehmen, der Herr selber aß auch nur ein Stück, und seine Frau hatte schon eine verdächtige Tasche neben sich geöffnet, die zweifellos mit dem übrigbleibenden Gebäck gefüllt werden sollte. In meinen jungen Jahren hatte ich stets einen Elefantenappetit, mit dem ich jetzt meine ganze Rache an meinem Brotherrn kühlte, der mich, wenn wir 10 Tage zu reisen gehabt hätten, sicherlich dem Hungertod preisgegeben hätte. 4mal füllte ich im Angesicht der Herrschaft aus der großen Kanne meine Tasse mit Kaffe und zählte glatte 20 Stücken Zucker, die ich verzehrte. Der Kutscher neben mir hatte mir bereits drei Rippenstöße versetzt, war abwechselnd blaß und rot geworden und saß wie auf glühenden Kohlen. Die Herrschaften hatten fast das Luftschnappen vergessen und hielten mich jedenfalls für den Wolf, der zuletzt noch statt der Großmutter den Kuchenteller verschluckte. Um in den Augen meiner Herrschaft noch nicht als der vollständig Gesättigte zu gelten, tupfte ich mit den Fingern die Kuchenkrumen von dem leeren Teller. Mit einem Seufzer auf den Lippen erhob sich der Gutsbesitzer. Der Kutscher erhielt den Auftrag, anzuspannen, und nach zirka einer ¾ Stunde Ruhe fuhren wir wieder los. Unterwegs flüsterte mir der Kutscher in die Ohren, daß ich Nerven der Ausverschämtheit besäße, worauf ich ihm erwiderte, ich hätte bei meiner Herrschaft auf der Reise von Kopenhagen bis nach Aalborg solche Nerven als Vorbild gehabt.

Nach zirka 3 Stunden weiterer Fahrt langten wir in Randrup an. Der Wagen fuhr bis an die Haupttreppe eines kleinen mittelmäßigen Schlosses heran. Das ganze Bauwerk hatte ein recht bescheidenes Ansehen und verdiente wohl kaum, mit Schloß betitelt zu werden. Ein Turm, der an dem Wohngebäude angebaut war, gab dem ganzen das Schloßähnliche. An dem Schloß rechts und links im Viereck anschließend, befanden sich Gebäude, die aus Verwalterswohnung, Gesindehaus und Milchhaus mit Kellern bestanden. Meine Stube, die ich zugeteilt bekam, glich Diogenes' bescheidener Behausung. Eine ländlich selbstgenagelte Bettstelle mit Stroh als Unterlage, wo ein Bettuch und eine Bettdecke drauflagen, stellte mein nächtliches Ruhelager dar. Tisch, Stühle oder sonstiges Gerät waren unbekannte Sachen. Bei unserem Einfahren auf dem Hofe war ich einer Reihe neugieriger

Blicke ausgesetzt, die mich, nachdem ich mein bescheidenes Bündel vom Wagen genommen hatte, mit 2 Meter Distanz nach meiner Stube begleiteten. Die ganzen Gesichter, die mich in den ersten 10 Minuten anstaunten, waren auf dem besten Wege, mich zur Umkehr zu veranlassen, wenn ich nicht beobachtet hätte, wie bei unserer Ankunft neben dem Turme ein Fenster geöffnet wurde und das Gesicht einer jungen Dame hinaussah, die mich nach Begrüßung der Herrschaft anschaute. Dieses Gesicht mit seinen großen tiefdunklen Augen schien mir ein Fragezeichen, und der Mund mit seinen Rosenlippen und blendend weißen Zähnen übte beim ersten Blick eine unwiderstehliche Magik auf mich aus, die ich mir nicht erklären konnte.

Hier dachte ich, sollte dies eine Julia werden? War mir aber noch nicht bewußt, für eine Rosalinde geschwärmt zu haben.

Noch am selben Abend, als ich mich mir vollständig allein überlassen sah, rekognoszierte ich meine allernächste Umgebung und geriet ohne diereckte Absicht in den großen Obstgarten, der an die Hinterfront des Schlosses mündete. Völlig in Gedanken versunken, hörte ich ein Klavier spielen, welches nur aus dem Schlosse kommen konnte. Ein hellerleuchtetes Zimmer vergewisserte mich, daß es hier war, wo gespielt wurde. Viel Ahnung von Musik hatte ich nicht, hörte aber doch das mir bekannte Motiv von «Tannhäuser» heraus. In solchem abgelegten Erdenwinkel ein solches Stück zu spielen, gab mir zu vielerlei Gedanken Anlaß. Hinzu kam meine Neugierde und das Begehren, dieses niedliche Gesicht, welches bei unserer Ankunft aus dem Fenster gesehen hatte, in der ganzen Gestalt zu sehen. Da ich von unten sah, daß das Fenster nicht durch Zuggardinen zugezogen war, kletterte ich auf den zirka 5 Meter vom Gebäude abstehenden Apfelbaum und konnte mitten ins Zimmer sehen, in welchem ein Flügel stand, an dem das mir bereits bekannte niedliche Gesicht saß und spielte. In der Mitte der Stube saß an einem viereckigen Tisch die Herrschaft, ein größerer jüngerer Mann und noch eine Dame im besten Alter auf Stühlen mit hohen Lehnen. Auf dem Tisch stand in der Mitte eine große Schale mit Obst. Als ich eine Weile im Baum gesessen, stand die Dame vom Klavier auf und blätterte am Tisch in Noten, so daß sie mir ganz vors Auge kam. Himmel, welches blendende Menschenkind; solche Schönheit hätte einen Casanova berauscht, die Rhythmen ihres Körpers, die Fülle ihrer dunkelblonden Haare, das edel geschnittene Gesicht, ihr weißer Teint, die enganliegende Kleidung war alles bezaubernd. So stellte ich mir die Naivität eines Gretchens im «Faust» vor. Als ich ihre Gestalt anschaute, war ich dem Realen, der häßlichen Wirklichkeit des Lebens entrückt. Sie schien die gesuchte Note gefunden zu haben, setzte sich wieder ans Klavier und spielte ein mir nicht bekanntes, jedenfalls dänisches Stück mit ergreifender Musik. Den Refrain sang sie auf dänisch mit. Als ich ihre liebliche Stimme hörte, glaubte ich eine Melodie zu hören, wie die Nachtigall sie flötet in der Abenddämmerung, wenn der Duft der Rose ihr das ahnende Frühlingsherz berauscht. Sie saß so am Klavier, daß ich ihr Seitenprofil vor mir hatte, und wenn man wie ich vom Stockdunkeln ins hellerleuchtete Zimmer sah, konnte man die kleinsten Bewegungen und ihr Mienenspiel beobachten. Die Wirkung der Musik, die ich auf ihrem Gesicht bemerkte, schien in ihrer Seele eine Reihe von Gefühlen, Erinnerungen und Wünschen zu erwecken, die sich alle augenblicklich in den Bewegungen ihrer Züge, in ihrem Erröten, in ihrem Erbleichen und in ihren Augen aussprachen. Wer zu lesen verstand, las auf diesem Gesicht Gefühle, die so zart wie die epischen Versformen eines Ludovico Ariosto waren. Zwei Stunden saß ich noch im Apfelbaum, bis das Licht ausgelöscht wurde und mich aus allen meinen Himmeln warf.

Am andern Morgen wurden mir 2 Pferde zugeteilt, mit denen ich 2mal am Tage die Milch nach einer 1 Stunde entfernten Meierei hinfahren mußte. In der noch übrigbleibenden Tageszeit mußte ich alle vorkommenden Arbeiten mit verrichten. Auch in die Mysterien der Küchenwirtschaft wurde ich eingeweiht und konnte nachher eine Kuh vom Kalb, vom Ochsen und vom Bullen unterscheiden.

Die Zeit ging zuerst ziemlich eintönig dahin. Die Gesellschaft, die ich vom Apfelbaum aus beobachtet hatte, lernte ich später, außer der Herrschaft, die ich schon kannte, als den Sohn und zwei Fräulein kennen. Die beiden Namen stammten von andern Gütern und lernten hier unter Familienanschluß Kochen und Hauswirtschaft. Die von mir beschriebene Dame hatte in Kopenhagen in der Pension Deutsch gelernt, konnte aber nur deutsch radebrechen. Per Zufall hörte ich auch ihren Vornamen: «Liesbeth». Da Liesbeth in der kommenden Schilderung eine große Rolle spielt, nenne ich diesen Namen vorweg. Sie war 19 Jahre alt.

Die Geschichte mit der Kuchenesserei hatte der erste Kutscher bald beim ganzen Gesinde herumgebracht, und sie hatte mir teils Anhänger, teils Gegner geschafft. Zu diesen Gegnern gehörte auch der Schweizer, so genannt auf Gütern, weil er das Melken der Kühe betreibt. Dieser hatte einen besonderen Rochus (Haß) auf mich, der sich nach zirka 6 Wochen meines dortigen Aufenthalts entladen sollte. Eines Mittags, als alle 30 Pferde aus dem Stalle zur Arbeit geholt wurden und der Gewohnheit zur Folge erst an die Tränke liefen, war, wie öfters, dieser oder jener gezwungen, mit seinen Pferden etwas zu warten, weil nicht alle Pferde auf einmal saufen konnten. Hinter mir stand diesen Mittag der Schweizer oder, verständlicher ausgedrückt, der Melker mit seinen zwei Pferden, um für den Nachmittag mit zum Pflügen aufs Feld zu gehen. Das Kopfgeschirr der Pferde in der Hand, drängte er sich dazwischen, wodurch unter den Pferden Unruhe und ein Hin- und Hergeschiebe entstand. Als ich diesem Schweizer sagte, was ihm denn eigentlich einfalle und ob er die Zeit nicht abwarten könnte, gebrauchte er ein Schimpfwort, wie es von solchen Plebejern täglich im Munde üblich war, und setzte als Refrain hinzu «deutsches Räuberpack», was ich mit «dänische falsche Katze» zurückgab. Hierbei beschäftigte ich mich mit meinen Pferden, wobei ich diesen Schweizer im Rücken hatte, wodurch ich seine Absicht sowie seinen Schlag mit dem Kopfgeschirr nicht inhibieren konnte. Das eiserne Pferdegebiß, das sich an dem Kopfgeschirr befindet, hinterließ an meinem Kopf eine erhebliche Kopfwunde, wobei mir sofort das Blut über das Gesicht lief. In den nächsten paar Sekunden hatte ich mich gesammelt, sprang auf den Schweizer zu, warf ihn auf die Erde und schlug ihm das Antlitz, also seinen Bilderbogen, derart kaputt, daß er 14 Tage das Gesicht verbunden hatte und 6 Wochen mit Augen herumlief, die himmelblau waren und zum Schluß alle Regenbogenfarben zeigten. Diesen Vorgang hatten mehrere beobachtet und dafür gesorgt, daß die Sache naturgetreu zu Ohren der Herrschaften kam, die mir dadurch recht gaben. Einen gewissen Respekt hatte ich mir auch dadurch verschafft, daß ich mir in einem Eimer Wasser das Blut vom Kopf wusch und ohne Verspätung meine Arbeit verrichtete, während der Schweizer sich verbinden ließ und zwei Tage nicht aus seiner Stube kroch. Zu derselben Zeit langte ein Paket von meinen Eltern aus Hamburg an, in dem meine gute Garderobe war mit einem Brief, der den Zeitungsabschnitt mit der Gerichtsverhandlung über den Einbruch bei dem Bäckermeister enthielt. Rabenmax und Hunderobert hatten jeder 2 Jahre aufgebrummt erhalten, und ich als dritter Komplice sei flüchtig. Ermahnungen und Bitten fand ich in beigefügten Zeilen, mich zu halten und nie wieder in die Heimat zurückzukehren. Dies war gut gemeint, aber der Geist Adolf war ein ruheloser, des Bleibens an einer Stätte unfähig; ihn zog es eines Tages mit Zaubermacht an den Ort hin, wo der Michel weit in die Elbe hinausschaut! Dieser Zusammenprall mit dem Schweizer gab die erste Veranlassung, daß ich mit der Dame, die bei meiner Ankunft aus dem Fenster gesehen, in ein Gespräch verwickelt wurde. Am Sonntag nach diesem Akt traf ich jene Dame, die ich bereits mit Liesbeth benannt habe, am Nachmittag bei einem Spaziergang in den herrschaftlichen Feldern. Zufällig hatte ich mich in meine besten Kleider geworfen, womit ich etwas Großstädtisches zur Schau trug und vom Gesinde wesentlich abstach. Als ich durch Hutabnehmen und eine kleine Verbeugung gegrüßt hatte, wurde es ebenso freundlich erwidert. Sie frug mich, ob ich von dem Schlag noch Schmerzen hätte usw., wobei sich eine Unterhaltung anknüpfte. Eine große Reihe Fragen über Deutschland stellte sie, erzählte, daß sie gerne Hamburg kennenlernen möchte, wo ihre Tante in der Heilwigstraße wohne. Ihre verschiedentlichen Versuche, Deutsch zu sprechen, mißlangen oft kläglich, was aber ihre Naivität so recht zum Vorschein brachte und sie einfach entzückend kleidete. Meine hierbei gemachten Komplimente gebärten wiederholt ein bezauberndes Lächeln, begleitet durch Niederschlagen der großen braunen Augen. Bemerken muß ich hier, daß ich Liesbeth von meiner Herkunft sowie meinen Gründen, daß ich die Heimat verlassen mußte, falsche Bilder entrollte; ich erzählte von gut situierten Eltern usw. Wir hatten zwei Stunden geplaudert, aber beide nicht die Zeit beobachtet, was ein Beweis war, daß wir uns sehen konnten. Wir trennten uns mit der Absicht, nächsten Sonntag wieder eine Unterhaltung zu führen. Dies war meine Bitte, weil ich Liesbeth klagte, ich hätte sonst niemand, mit dem ich mich unterhalten konnte, und sie, Liesbeth, spreche doch ein wenig Deutsch. Nächsten Sonntag trafen wir uns bald nach dem Mittagessen um 2 Uhr. Mit äußerster Aufmerksamkeit hatte ich mich herausgeputzt, was ich auch bei Liesbeth beobachtete und was mir eine Seeligkeit bereitete. Wie ich diesen Sonntag an ihrer Seite ging, hatte ich ein Gefühl, daß alles Häßliche, was sonst das alltägliche Leben mit sich brachte, von den Füßen geschüttelt wurde, auch in eine reine hoch ästhetische Atmosphäre untertauchte; man fühlte sich so wohl, so erhoben. An diesem natürlichen Menschenkinde sah ich nichts Hastendes, nichts von jener Nervosität der bunten tollen Welt einer Großstadt. Diesem Mädchen mußte man gut sein, ob man wollte oder nicht, wo sie erschien, eroberte sie, hier war man Sklave. Findet solch herrliches Geschöpf nicht jeden Tag einen seligen Auferstehungsmorgen? Wir trennten uns, erneut mit der Absicht, uns wieder zu treffen.

Zuletzt wurden unsere Stelldicheins regelmäßig; in den Unterhaltungen entstand ein gegenseitiges sich Suchen und Finden, was eines Sonntags mit der Aussprache zu gegenseitiger Neigung endete. Wie ich den ersten Kuß von ihren Lippen trank, hatte ich das Gefühl eines Kranken, der eine Morphiumspritze erhalten, wodurch ihn die Schmerzen langsam verlassen und er in eine angenehme Dämmerung hinüberschläfert; in dieser Dämmerung hört er alle Engel im Himmel singen.

Liesbeth hatte von mir durch meine Erzählungen den Eindruck fest in sich aufgenommen, daß ich ein Sohn gut situierter Eltern war und den Ernst des Lebens von der Pike her kennenlernen sollte. Auch die Herrschaft war über meine Herkunft durch Liesbeth beeinflußt, wodurch wir ungetrübt verkehren konnten.

Liesbeth sollte zum November zu ihren Eltern, die auch in Jütland begütert waren, zurück. Das eine Jahr der Verpflichtung war abgelaufen, und mein Kontrakt war auch im November erledigt. Naturgemäß bereiteten wir uns auf die Trennung vor, schmiedeten, wie es 19jährigen jungen Menschen eigen ist, allerhand Pläne und Luftschlösser. Mit der Herrschaft war ich einen neuen Kontrakt auf ein neues volles Jahr eingegangen, sollte aber im November drei Wochen nach Hause, nach Hamburg reisen dürfen. Dieses teilte ich am nächsten Sonntag Liesbeth mit, was sie niedergeschlagen stimmte. Sie schwärmte sehr für Hamburg und wäre gar zu gern mitgefahren. Diese Möglichkeit erwogen wir hin und her, fanden aber kein Resultat, bis ich glaubte, eine Träne in Liesbeths Augen zu beobachten, und mit den Worten herausplatzte: «Du gehst einfach mit mir. Laß kommen, wie's kommt, ich liefere dich bei deiner Tante in Hamburg ab.» Dabei rezitierte ich ihr das Motiv des Don Juan, als er seiner Stiefmutter seine Liebe erklärte und die Worte anwandte: «Ein Augenblick, gelebt im Paradiese, ist mit dem Tode nicht zu schwer gebüßt.»

Von seiten Liesbeths wurde eine Reihe Bedenken geäußert, die ich nach und nach durch Beteuerungen verscheuchte. Die Herrschaft wie ihre Eltern sollten nichts vorher wissen. Von Hamburg aus, wenn sie bei der Tante angelangt war, wollten wir alles schreiben und dabei die Verzeihung erbitten. Für mich waren nur zwei Rätsel zu lösen. Erstens wie sollte ich solchen Engel von Randrup nach Aalborg befördern? Der Weg war zu Fuß volle 5 Stunden; zweitens, wo sollte ich die nötigen Mittel hernehmen, um solch einer Dame ihrer Kinderstube entsprechend den Unterhalt einer Reise zu bieten. Meine Abrechnung brachte mir 70 Kronen, derzeit viel Geld, wo ich heute das 5fache für nehmen muß. Wegen der Mittel zur Reise sprach ich zu Liesbeth nie, sondern ließ es als selbstverständlich jederzeit durchblicken, daß meine Eltern mir die Mittel zur Verfügung stellten. Wegen ihrer Beförderung hatte ich schließlich folgenden Plan ausgeheckt. Liesbeth log ich vor, ich hätte dem Stallmeister unsere Absicht anvertraut, der sich bereit erklärte, uns den größten und kräftigsten Braunen zur Verfügung zu stellen, den ich bei seinem Bruder in Aalborg abliefern sollte, damit er ihn noch am selben Morgen wieder zurückbrächte. Dafür hätte ich dem Stallmeister 20 Kronen gegeben. Auch erklärte ich ihr, daß wir nachts um 2 Uhr losreisen müßten, damit das Pferd so bald wie möglich wieder in den Stall käme. Sie schlug ihre großen rehbraunen Augen zu mir auf, zeigte mir eine Welt von Fragen und Besorgnissen und meinte: «Mitten in der Nacht, beide auf einem Pferd, wie auf der Flucht; das ist ja das reinste Abenteuer.» Ich sagte darauf: «Ja, bestes Kind, du mußt mir vertrauen, deine Liebe zu mir muß ausreichen, unter meinen Schutz zu schlüpfen, sonst hat es keinen Zweck, in 8 Tagen fahre ich los.» Ich sah, wie die Seele dieses von den Schlacken der Erde unbesudelten Mädchens mit sich kämpfte und rang und schließlich die Arme um meinen Hals schlang und rief: «Adolf, nehme mich mit, beglücke oder töte mich!» Solche Momente waren für mich Seeligkeiten, wo ich selbst heute noch, hier, auf diesem lebendigen Friedhof, von zehre. Wie leuchteten ihre großen Kindergugerl, es genügte, um mich in eine Welt versetzt zu fühlen, die von den Dichtern besungen wird und im menschlichen Leben als Wonnemai berauscht.

Der letzte Abend war herangerückt, ich bestellte Liesbeth um 2 Uhr nachts an einen in der Nähe befindlichen Feldweg, wo wir uns so oft getroffen hatten. Gepäck sollte sie nicht mitbringen, sich nur möglichst warm anziehen. Es war die Nacht vom letzten Oktober zum 1. November und ziemlich frisch und windig. Um 1 Uhr schon schlich ich mich in den Pferdestall, suchte den besten Gaul aus, ließ ihn 1 Haferfutter ausfressen, legte ihm Sattelzeug und 2 wollene Decken auf, band um alle 4 Füße Säcke, so daß es kein Geräusch machte, weil vor dem Stall ein ziemliches Stück Steinpflaster war. Der Stall kehrte dem Schloßgebäude den Rücken zu, die Stalltür war daher vom Schloß aus nicht zu sehen. Ein großer, starkknochiger, junger 5jähriger Brauner schaute ganz verdutzt drein, wollte erst gar nicht aus seinem Stand raus, so etwas war er nicht gewöhnt. Schon etwas vor 2 Uhr war ich mit dem Gaul, der Ole hieß, am «Stelldichein», band ihn dort an den mitgenommenen Halter fest und postierte mich an der Schloßtreppe, damit Liesbeth keinen Schritt in der einsamen Nacht alleine zu machen brauchte. Die Nacht war stockfinster, der Wind sang heulende, schaurige Weisen, kein Unkenruf, kein Hahnenschrei unterbrach diese Stille; wer zu Gespensterseherei neigt, hätte in solcher Nacht Bitteres durchgemacht; der Schloßturm mit seinem alten Gemäuer ragte spukhaft und gespenstisch zum Himmel. Zirka 20 Minuten hatte ich so gestanden, als sich eine kleine Seitentür im Schloß öffnete und Liesbeth vorsichtig auf die Schloßtreppe heraustrat, dann stehenblieb und gleich einer Nachtwandlerin umherschaute. Ich hatte mich dicht an das Gebäude gestellt, wo sie mich nicht sehen konnte. Nach einer Weile ging sie zaghaft zwei Stufen runter, blieb dann wieder stehen. Hierauf machte ich mich bemerkbar. Mit einem leisen Schrei sank sie mir in die Arme. Die ersten zwei Minuten trug ich sie mehr, als daß sie ging. Keine Frage tat sie, diese schöne Seele vertraute einem Mann bis in den Tod.

Als wir bei unserm Pferd Ole anlangten, war es etwas unruhig geworden, hatte die Säcke unter den Füßen zerstampft, die ich vorhin vergaß wieder loszunehmen. Als Ole sich beruhigt hatte, half ich Liesbeth erst auf das Pferd, dann schwang ich mich in den Sattel. Vor mir in zwei Decken gehüllt, saß Liesbeth; sie hatte sich so gesetzt, daß sie ihren Kopf an meine Brust legen und sich mit den Händen vorne an der Spitze des Sattels, der ziemlich gewölbt war, festhalten konnte. Erst ließ ich den Braunen ½ Stunde im Schrittempo gehen, dann mußte er mit kleinen Unterbrechungen ein scharfes Tempo ansetzen. 2 Stunden mochten wir geritten sein, als wir an einem Scheideweg standen, wo ich nicht wußte, ob links oder rechts abzubiegen war. Bei der Finsternis konnten wir den Wegweiser nicht lesen. Streichhölzer gingen bei dem starken Wind sofort aus. Ritten wir den verkehrten Weg, konnte die Sache brenzlig werden, deshalb stiegen wir ab; ich erkletterte den Wegweiser, setzte mich rittlings oben drauf und bearbeitete das Schild mit Streichhölzern, wobei es mir bei einem Aufflackern gelang, das Wort Aalborg zu entziffern. Zu gleicher Zeit rasteten wir und verzehrten einige mitgenommene Butterbrote. Dieses Picknick an der Seite meiner Liesbeth hätte ich nicht mit dem raffiniertesten Diner an der Königstafel vertauscht. Allein, immer allein, war die Melodie, die uns in den Ohren rauschte. Alle Wünsche, die ich Liesbeth von den Augen lesen und in diesen Verhältnissen erfüllen konnte, erfüllte ich. Immer wieder zog ich die Decke um ihren Körper, als wir im Grase saßen, und immer dieser bezaubernde Blick der großen braunen Augen, die den Dank aussprachen. Wie ein Erdürstender trank ich die Küsse von ihren roten schwellenden Lippen, wie berauschten mich ihre Umarmungen. Nach einer halben Stunde Rast setzten wir unsern Ritt fort und waren gegen 6 Uhr in Aalborg. Kurz vor der Stadt mußten wir absteigen, um nicht aufzufallen. Männlein und Weiblein auf einem Pferd, sieht immer recht abenteuerlich aus. Das Pferd am Zügel, gingen wir zusammen nach dem Gasthof, wo ich derzeit die Herrschaft mit ihrem Kutscher treffen mußte. Liesbeth hatte die nächtliche Reise doch sehr mitgenommen, so daß sie erst ein Zimmer nehmen mußte, um auszuruhen. Der Dampfer fuhr um 8 Uhr ab, nach Kopenhagen.

Mir brannte der Boden unter den Füßen, ich hätte gern gesehen, daß wir gleich auf dem Dampfer verschwanden, aber Liesbeth konnte ich nicht aufklären, außerdem reichte mein Geld für meine Pflicht Liesbeth gegenüber nicht aus. Deshalb erhielt der Gedanke bei mir Raum, den Gaul zu verkaufen. Zur besseren Verständigung muß ich erwähnen, daß der 1. und 2. November für Aalborg besonders lebhafte Tage sind. Alles Gesinde, aus fernen und nahen Ortschaften, das den Dienst wechselt, pilgert nach Aalborg, um hier neue Herrschaft zu finden. Ebenso stellen sich die Bauern ein, um ihr Gesinde wieder zu vervollständigen. Bei dieser Gelegenheit wird an beiden Tagen der Fröhlichkeit freier Lauf gelassen. Wein, Weib und Gesang wird gehuldigt. Auch viele, die ihren Brotherrn nicht wechseln, haben den 1. November nachmittags frei, um zum Amüsement nach Aalborg zu pilgern. Ebenso wird an beiden Tagen Pferdemarkt abgehalten. In solchem Jubel und Trubel tauchte ich naturgemäß leicht unter, ohne von irgend jemand beobachtet zu werden. Während Liesbeth sich im Hotel in ihrem Zimmer zur Ruhe gelegt hatte, schlenderte ich durch Aalborg, um das Pferd an den Mann zu bringen. Um 10 Uhr trat ich auf einen Platz, wo der Pferdehandel betrieben wurde. Per Distanz ließ ich verschiedene Pferdehändler Revue passieren, um den richtigen herauszufinden, der nicht allzuviel woher und wohin frug und nicht zu viel zu mäkeln hatte. Mit einem gewissen Gaunerinstinkt steuerte ich auf einen mittelgroßen, stiernackigen Pferdehändler los, dessen Äußeres etwas Brutales an sich hatte. Seiner Physiognomie nach schien er sich in einer verzweifelten Lage dem Teufel verschrieben zu haben, der ihm als Bedingung seine Gestalt geborgt hatte und eben der Unterwelt entstiegen war. Der Klang seiner Stimme zauberte sichtbare Gestalten wie die Hamburger Seeräuber Michael Kniephoff, Wingmann und Störtebeker vor meine Augen. Mit den Worten, ob er ein gutes Pferd äußerst billig kaufen wolle, trat ich an ihn heran, worauf der Stiernakkige meinte: «Wenn du ein Pferd verkaufen willst, warum führst du es nicht bei dir?» Jetzt hieß es, eine glatte Fiole zu schieben (etwas Glaubhaftes vorzutäuschen). Ich sagte, der Gaul sei erst eben von einem 5 Stundenritt angekommen und müsse sich durch Futter und Ruhe etwas erholen, außerdem solle dies Pferd nicht an jedermann verkauft werden, sondern nur an den, wo einige Garantie vorhanden ist, daß es in gute Hände übergeht, es sei ein äußerst gutes und billiges Pferd. Es hätte nicht viel gefehlt, daß ich in ein konvulsivisches Lachen ausgebrochen wäre; diesem Menschen, der äußerlich schon den Seelenverkäufer ausdrückte, zuzumuten, sich um das Wohl eines Pferdes ein Gewissen zu machen. Meine Fiole hatte aber gut gezielt. Menschen, die kein Mitleid kennen, wissen sich desto täuschender in solchen Mantel zu hüllen. Mein Urteil über diesen Pferdehändler bestätigte sich dadurch, daß er äußerte, es käme ihm gerade recht, er brauche gerade ein Pferd, welches in gute Hände überging, außerdem sei er ein Tierliebhaber, der sich um das Wohl des Pferdes besonders kümmern werde. Bevor wir zur Besichtigung des Pferdes gingen, spendierte er in der nächsten Kneipe mehrere Kaffepunsch. Es ist in Dänemark üblich, in den Kneipen Kaffepunsch zu trinken. Man erhält schwarzen Kaffe, wo nebenbei die Aquavitflasche (Kümmel) gestellt wird, wovon jeder soviel zum Kaffe zugießt, wie er beliebt. Beim Genuß mehrerer solcher Tassen Kaffepunsch ließ der Pferdehändler seine Geschäftsprahlerei vom Stapel, was ich ihm auf gleiche Art quittierte. Ich sei ein junger Bauernsohn, leider sei die Ernte sehr schlecht ausgefallen, deshalb müsse etwas Vieh verkauft werden; die Bedingung müsse er schriftlich geben, daß das Pferd in gute Hände übergehe, wo es gut in Futter gehalten werde. Nachdem wir uns beide zirka eine ¾ Stunde gegenseitig verkohlt hatten, machten wir uns auf den Weg zu dem Gasthof, wo Ole untergestellt war. Als der Pferdehändler das Pferd zum erstenmal erblickte, zeigte er sofort großes Interesse; er sah gleich, daß er ein gutes Pferd vor sich hatte. Wie er aber Ole ins Maul guckte, um an den Zähnen das Alter festzustellen, sah man an der rauhen Art, daß dieser Stiernacken sich nicht scheuen würde, das Pferd zur Hölle zu schicken, wenn er 5 Kronen mehr verdienen könnte! 500 Kronen hatte ich angeschlagen, worauf er ein ironisches Gelächter, ein Gelächter der Hölle, ertönen ließ, bis wir uns nach allerlei Faxen auf 380 Kronen einigten. Er zahlte mich gleich aus. Den Sattel und die Decken übergab ich dem Hausknecht zum Aufbewahren. Mit meinem schlechten Gewissen verschwand ich schleunigst.

Um 2 Uhr fand ich Liesbeth neu gestärkt im Hotel im Restaurant sitzend. Jetzt konnte ich sie mit den besten Speisen tracktieren. Während es dunkel war, machten wir einen Spaziergang durch entlegenere Straßen, wonach wir zur rechten Zeit unser Zimmer aufsuchten. Am andern Morgen begaben wir uns schon 7½ Uhr auf den Dampfer, der um 8 Uhr nach Kopenhagen fuhr. Wir atmeten beide erleichtert auf, als die Laufbrücke entfernt und die Taue losgeworfen wurden. Eine ziemlich ruhige See nahm uns auf, der Wind hatte sich gelegt, auch der Himmel war entwölkt, so daß wir einen weiten Ausblick aufs Meer hatten. Wer kennt nicht diese Ehrfurcht, die den Menschen beim Schauen solcher allgewaltigen Natur übermannt. Wie fühlt sich der Mensch hier klein und wesentlos. Bezaubernd für mich war die natürliche Freude, welche Liesbeth in allem zur Schau trug. Wenn ich auch nachher für meine gesetzwidrigen Handlungen hinter Mauern büßen mußte, diese gemeinsamen Stunden mit Liesbeth bleiben paradiesische.

Um 8 Uhr abends waren wir in Kopenhagen, wo wir 3 Tage verweilten und ich Liesbeth mit Handkoffer und der nötigen Leibwäsche sowie etwas Kleidung versah. Liesbeths Tante in Hamburg war sehr empfindlich und würde es als einer Dame unwürdig angesehen haben, ohne Koffer mit dem Nötigen zu reisen. Von Kopenhagen aus sandte Liesbeth der Tante in Hamburg ein Telegramm, mit welchem Zug wir dort eintreffen würden. Die Reise von Kopenhagen nach Hamburg wurde per Bahn zurückgelegt. Am Hauptbahnhof stand die Tante, eine Dame von 50 Jahren, sehr erstaunt, ihre Nichte in Begleitung eines jungen Mannes zu sehen. Erst holte sie förmlich Luft, setzte ihre Lorgnette auf, beäugelte abwechselnd mich wie Liesbeth. Da ich Liesbeth untergearmt hatte und sie mich nicht gleich vorstellte, trat ich selber vor, nannte meinen Namen und stellte Liesbeth als Braut vor. Das Gesicht der Tante wurde immer länger, bis sie endlich die Worte herausquetschte: «Aber bitte, mein Herr, mir ist von solchen Sachen gar nichts bekannt, so etwas wäre mir von meiner Schwester berichtet worden. Liesbeth, erkläre mir doch mal etwas deutlicher, was geht mit dir vor?» Da Liesbeth wieder nicht gleich antwortete, sagte ich: «Tantchen, was soll da groß vorgegangen sein, wir haben uns in Randrup beim Gutsbesitzer Fevas kennengelernt, ineinander verliebt und sind auf eigene Faust hierhergefahren, in der Hoffnung, auf 14 Tage unter Ihre gütigen Fittiche zu schlüpfen und die Verzeihung der Eltern von hier aus zu betreiben.» Dies auf einmal zu verdauen, war dieser Tante zu viel. Wieder holte sie erst Luft, wackelte mit der Lorgnette auf dem kleinen spitzen Näschen umher, schoß aus dem Kaliber ihrer Augen Kugeln auf mich, die aus den Augen einer hübschen 19jährigen mir zweifellos den Kopf entführt hätten. «Liesbeth, du folgst mir in meinen Wagen und fährst mit mir nach Hause», sagte die Tante in energischem Ton formell. Liesbeth blieb ungerührt und sagte: «Tante, Adolf kommt auch mit, alleine laß ich ihn nicht.» Die Tante sah ihre Ohnmacht, was sie veranlaßte, an meine Ehre zu appellieren und auf die anständige Herkunft des Mädchens hinzuweisen, was mich als Ehrenmann von selber bewegen müßte, Liesbeth freizugeben. Nach einigem Zureden meinerseits auf Liesbeth stieg sie mit in den Wagen; wir verabschiedeten uns, nachdem die Tante mich zum andern Morgen um 10 Uhr eingeladen hatte.

Vom Sonnenschein fühlte ich mich in Regen versetzt, als ich alleine war. Die rauhe Wirklichkeit stieg vor mir auf, ebenso das Bewußtsein der steckbrieflichen Verfolgung. Vorbei war der Rausch, das Paradies, in dem ich gelebt, war eine Fata Morgana.

Der Aufenthalt in Hamburg gab mir zu denken; wie von Furien gepeitscht, verließ ich den Hauptbahnhof, der für mich eine Höhle des Löwen werden konnte. Unstet wanderte ich in entlegenen Straßen umher, bis die Dunkelheit mich in ihren Schutz nahm und mich ungesehen in die Wohnung meiner Eltern steuerte. Vater und Mutter waren zu Hause, mein Vater öffnete mir die Tür und prallte, wie von einer Tarantel gestochen, zurück, mußte sich erst am Kopfe fassen, ob er wache oder träume. Als ich in die Stube trat, brachte ich selbst die Mutter aus ihrem Hütchen. Ohne langes Zaudern erzählte ich meine Reise mit Liesbeth, verschwieg aber die gesetzwidrigen Handlungen mit dem Pferde. Zur Beruhigung erzählte ich, daß ich auf ein weiteres Jahr bei dem Gutsbesitzer in Stellung verbleibe, nur drei Wochen Urlaub, für den Besuch im Elternhaus erhalten hätte. Diese Darstellung beruhigte und veranlaßte meine Eltern, über meine Lage Rat zu halten, der damit endete, daß ich nicht im Hause schlafen könnte. Mein Vater brachte mich noch denselben Abend bei einem ihm befreundeten Herrn unter.

Am andern Morgen stellte ich mich frisch herausgewichst bei der Tante in der Heilwigstraße ein. Ein Dienstmädchen, welches öffnete, wies mich in den Salon, wo Tante mit Liesbeth am Frühstückstisch saßen. Das lachende Gesicht meiner Braut gab mir meine ganze Unbefangenheit zurück, gebar auch die Vermutung, daß Liesbeth die Tante etwas geneigter für mich gemacht hatte. Als ich der Tante meine Verbeugung gemacht hatte, erhielt ich von Liesbeth in dem Moment, als ich gebeten wurde, Platz zu nehmen, einen alles sagenden Blick. Ein Examina der Tante mit allen Verkohlungen hatte ich glücklich überstanden, auch nicht geknickert, sie mit einer Reihe Komplimenten zu würzen, worauf ich sie auf meiner Seite hatte. Sie arrangierte für den nächsten Abend einen Gang ins Theater, der natürlich unter dieser Sittenrichterin zwischen mir und Liesbeth mächtig nüchtern verlief. Gewöhnt auf der Reise nach Herzenslust Küsse zu wechseln, war solche Begleitung allzu prosaisch. Ebenso hatte die Tante Liesbeths Eltern die ganze Sachlage mitgeteilt. Die Antwort nach der abgelegenen Himmelsrichtung ließ uns zirka 8–10 Tage Ruh, in welcher ich täglich in der Heilwigstraße verkehrte, die Amüsements aber stets nur zu dreien genoß; die heimlichen Küsse hinter dem Rücken der Tante blieben unentdeckt. Sie war überzeugt, daß ich von begüterten Eltern war, ebenso meine Kinderstube der Liesbeths gleich sei.

Die Antwort der Eltern Liesbeths aus Jütland hing wie ein Damoklesschwert über meinem Haupte. Nur die tägliche Nähe meiner Braut, die für mich Seeligkeiten war, verscheuchte den Ernst meiner Lage sowie den Gedanken über das Aufplatzen meines ganzen Lügengewebes.

Kreuzfidel trat ich eines Morgens in die Villa in der Heilwigstraße ein, als ich Liesbeth im Salon mit verweinten Augen und Tante, die Lorgnette auf dem zierlichen Näschen, über einen Brief gebeugt vorfand. Mit den Worten: «Aber mein Herr, als was muß ich Sie, laut eines erhaltenen Briefes von Liesbeths Eltern aus Jütland, entlarven. Sie haben ja Herrn Fevas ein Pferd gestohlen, wollen Sie sich hierüber bitte recht verständlich äußern!» Dies war für mich dicke Luft, jetzt hieß es, eine neue Fiole bauen, um Tantes Blut zu beruhigen. Mit ausgesuchter Verstellungskunst machte ich den Sprachlosen und erklärte, daß dies zweifellos ein Irrtum sei, ich bäte um etwas Geduld, bis diese Sachlage geklärt sei. Sie möchte doch sofort berichten, daß das Pferd, der Abmachung gemäß, von mir in Aalborg dem Bruder des Stallmeisters ausgehändigt sei. Der Beistand Liesbeths sowie meine Beteuerungen beruhigten die Tante bis zur nächsten Briefbombe. Jetzt war ich in dem Stadium eines Bankhalters, der die letzte Unterschlagung mit der nächsten größeren deckt.

Tante berichtete die Darstellung von uns beiden entsprechend nach Jütland zurück und erhielt nach acht Tagen eine Antwort, die mit den Behauptungen im ersten Brief parallel lief. Abermals mußten Beteuerungen, begleitet von Entrüstungen, herhalten, um Tante wieder in Fahrwasser zu bringen. In dem zweiten Brief wurde Tante ersucht, Liesbeth zur Zurückreise zu veranlassen, ebenso sollte ich nach Ablauf meiner 3 Wochen zu Herrn Fevas zurückkehren, wenn ich drum verlegen wäre, meine Unschuld zu beweisen!

Nach vielem Hin- und Herreden wurde abgemacht, daß Liesbeth zuerst alleine abreise und ich 4 Tage später, wenn meine 3 Wochen verstrichen waren. Trotzdem Liesbeth protestierte, lieber gar nicht wieder nach Hause zu fahren als ohne mich, riet ich so lange zu, bis sie schweren Herzens alleine fuhr. Der Abschied von ihr berührt mich heute nach 24 Jahren noch schmerzlich. Auch der verrohteste Mensch ist, wenn er Engel weinen sieht, weich gestimmt. Ich mußte meinen Engel allein reisen lassen und mich quasi hinter die Tante stecken, daß es Liesbeths Ehre diene, wenn sie alleine von den Eltern empfangen würde. Mit dem Trost, wir würden uns in Jütland bald verloben, damit wir frei auftreten könnten, reiste Liesbeth ab, nachdem wir den Abend vorher in der Heilwigstraße einen kleinen Abschied gefeiert hatten. Hätte ich die dumme Pferdegeschichte nicht auf dem Kerbholz gehabt, Liesbeth hätte ich zweifellos zur Frau bekommen und wäre auch in Jütland Gutsbesitzer geworden. Daß meine Eltern unbemittelt waren, hätte Liesbeths Liebe überbrückt. Ebenso für die Papiere, die zur Heirat nötig waren, hätte sich ein Ausweg gefunden. Aber die Sache sollte anders kommen. Liesbeth sah ich im Leben nicht wieder, mein Weg wurde ein abenteuerlicher.

4. Kapitel
«Verwegene Einbrecher und Kletteraffen»

Das ist der Fluch der bösen Tat, daß sie fortzeugend Böses gebiert. Diesen Sinnspruch sollte ich erleben. Mein Geld war alle, Liesbeth nicht mehr um mich, die Tante mied ich; restlos kam mir die Realität wieder zum Bewußtsein. Mein Plan war jetzt, ins weitere Ausland zu verschwinden, dazu mir aber die nötigen falschen Flappen (Papiere) zu verschaffen. Um die zu erhalten, mußte ich wieder in Kreisen untertauchen, die die Gesetze nicht sonderlich achteten. Mein erster Weg war in die Kaschemme in der Peterstraße, wo ich derzeit mit Hunderobert und Rabenmax den Diebstahl bei dem Bäckermeister besprochen hatte. Der Regel entsprechend findet man hier die meisten Gäste in den Stunden, wo der ehrliche Bürger schon in den Federn liegt. Es war abends 11 Uhr, als ich die Kaschemme betrat; eine Anzahl Personen standen am Tresen oder saßen an den Tischen. Hier wurde mit auffälligen Gesten ein Thema behandelt, dort gepokert und an der dritten Stelle im Tuschelton vermutlich der nächste Bruch (Einbruch) abgekatert. Teilweise waren diese Gestalten gut gekleidet, teilweise ärmlich. Allen Gesichtern war aber das Stiegma der Übernächtigung und des unsoliden Lebenswandels aufgedrückt – ohne Unterschied Bassermannsche Gestalten, Apachen* vom Scheitel bis zur Sohle. Ein großer Spielautomat ließ seine Gassenhauer nach jedesmaligen Einwurf eines Zehnpfennigstückes neu ertönen, wobei die Refrains mitgejodelt wurden. Hier gab es kein Denken und Sorgen für den nächsten Tag, hier lebte man nur dem Heute. Beide Geschlechter hatten ihre brennende Zigarette im Munde. Der Wirt, ein untersetzter, breitschultriger Mann, stand hinter seinem Tresen und unterschied sich nur von den Gestalten durch seine Korpulenz. Sein Schild hinter der Tonbank «Gleich bezahlen» mußte Erfahrungsberechtigung haben. Als ich eintrat, begegnete ich mehreren fragenden mißtrauischen Blicken, denen jeder Unbekannte ausgesetzt ist, der in solcher Atmosphäre untertaucht. In den Augen dieser Apachen ist jeder Unbekannte ein Stubben (ein Opfer zum Ausbeuten) oder Spitzel. Eine Stunde hatte ich ungefähr am Tresen gestanden und 3 Glas Bier getrunken, ohne eine Gelegenheit gefunden zu haben, eine Annäherung möglich zu

* Gauner, Zuhälter, Schläger. (Anm. d. Herausgebers)

machen, um diesem oder jenem Fragen über zu kaufende Flappen zu stellen. Mein Äußeres trug noch zu sehr den Eindruck des Soliden, meine Gesichtsfarbe die Frische eines ordentlichen Lebenswandels. Deshalb waren sie mißtrauisch.

Annäherungen an solche Stubben vollziehen sich auf verschiedene Weise. Entweder wird igendeine Frage ins Treffen gebracht, oder aufgefordert, einen mit auszukobeln, oder um Feuer für eine Zigarette gebeten oder ersucht, ein Glas Bier auszugeben. Im gegebenen Falle stellt sich auch eine ihrer Schönen in die Nähe. Aus solchen Ergebnissen ist der Stubben schnell als bemittelt oder mittellos kombiniert. Ist der Stubben bemittelt, hat gar noch eine gute Uhr und Kette im Besitz, wird Allotria gemacht. Durch irgendwelche Fiolen weiß man sich an seinen Körper heranzumachen, oder in der Animierung wird mit ihm getanzt, bei welcher Gelegenheit der Stubben ausgeplündert wird. Ist der Stubben mittellos, wird er als Spitzel angesehen oder, wenn seine Kleidung danach aussieht, als Speckjäger* betrachtet. In beiden Fällen, ob Spitzel oder Speckjäger, wird der Stubben nicht warm und drückt sich bald wieder. Zweifellos wäre ich auch nicht warm geworden, wenn nicht der Geist Mephistos mit mir Besonderes im Spiel hatte und ein Vorfall sich ereignete, der mich in ihren Reihen zum duften Jungen stempelte.

Gegen 12 Uhr ging die Tür auf, und herein traten 10 Mann, wovon der Spitzenführer sich als Kriminalkommissar legitimierte. Also einer Razzia fiel ich beim ersten Besuch der Kaschemme in die Hände! Alles wurde ersucht, sich zu legitimieren, wer dies nicht konnte, ging zur Feststellung seiner Personalien mit zum Kriminalrevier, das derzeit ganz in der Nähe auf den Hütten** war. Auch an mich kam die Reihe, meine Papiere zu zeigen. Ich mußte aber erklären, keine bei mir zu haben, was die Aufforderung nach sich zog, mit zum Polizeirevier zu kommen. In meinem damaligen Alter von 20 Jahren hat der Mensch keine seelischen Erschütterungen über unangenehme Konsequenzen, die plötzlich an ihn herantreten, wie dies bei mir jetzt der Fall war. Mit einer gewissen Resignation, gepaart mit Neugierde, wie die Dinge ablaufen, verfolgte ich alle Momente. Alles was ein Aufgeregter, Ängstlicher in dieser Situation nicht gesehen hätte, beobachtete ich, der nicht aus seiner Fassung kam. 3 von den zirka 20 Gästen konnten sich legitimieren und im Lokal bleiben, die andern mußten alle mit.

* In der Gaunersprache für Personen, die nicht zum Verbrechermilieu gehören. (Anm. d. Herausgebers)

** Straße in der Hamburger Neustadt. (Anm. d. Herausgebers)

Alle blassen Farben sah ich auf diversen Gesichtern wechseln, das Schuldbewußtsein spiegelte sich in ihren Augen wider. Allerlei Tuscheleien und Nesteln am Körper beobachtete ich; hier war noch eine Ausrede zu vereinbaren, dort sich vielleicht noch eines corpus deleckti durch unauffälliges zu Boden fallen lassen zu entledigen. Dieses mußte einem der Gäste nicht gelungen sein, der bei meinem Eintritt in die Kaschemme durch eine Unterhaltung im Tuscheln mein Augenmerk auf sich lenkte. In dessen Augen mochte ich eine gewisse Achtung erlangt haben dadurch, daß ich mit zur Wache mußte und beim Anreden des Kriminalbeamten, ob ich Papiere bei mir führte, ziemlich unhöflich äußerte, daß ich in Uhlenhorst wohne und nicht gewohnt sei, meinen Meldeschein mit herumzuschleppen, ich hätte was anderes zu tun. Dieser eben beschriebene Gast, ein schmächtiger, untersetzter Mensch, ziemlich gut gekleidet, trat auf dem Wege zum Polizeirevier an mich heran und sagte im Flüsterton: «Du, hier hast du einen goldenen Ochsen, den habe ich heute abend einem Stubben bei Mutter Idisch – 1900 eine Nachtkaschemme auf dem neuen Steinweg – abgenommen, den schenke ich dir, du kommst wieder raus, dir sieht man's doch an, daß du kein Macker bist, du wirst nicht gefilzt; du mußt deine Adresse angeben, die nach der nächsten Wache telefoniert wird, um nachzufragen, ob deine Angaben stimmen, darauf wirst du entlassen; ich habe aber schwere Lampen (von der Polizei stark gesucht werden, wegen Verbrechen), kriege mindestens 4 Jahre Knast (4 Jahre hinter Mauern).» Während dieser Tuschelei hatte der Lampeninhaber mir den Ochsen (die Uhr) in die Tasche geschoben. Die Sache ging so schnell und gewandt vor sich, daß ich mich dem Aufdrängen der Uhr nicht erwehren konnte. Der Ernst der Sache kam mir sofort zum Bewußtsein. Auch hatte ich den Eindruck gewonnen, daß der Kriminalbeamte in unserer Nähe das Tuscheln des andern beobachtet hatte. Im Nu reifte in mir der Plan, aus der Reihe auszubrechen und zu flüchten. Die Uhr und das Bewußtsein meiner steckbrieflichen Verfolgung trat dimensiös vor meine Augen. Als wir an der Ecke der Peterstraße anlangten, um in die Hütten einzubiegen, brach ich blitzartig aus der Reihe; türmte durch eine Nebenstraße von den Hütten den in der Nähe befindlichen Wallanlagen zu und entkam. Hinter mir hörte ich nur im Anfang die Verfolgung eines Beamten und das schrille Ertönen seiner Signalpfeife, das gellend in die Nacht hineinhallte. Der Kriminalbeamte mußte die Verfolgung gleich aufgegeben haben, als er sah, wie ich mit Windeseile davonlief und der Abstand gleich derart groß wurde, daß ein Einholen Phantasie war.

Die Uhr in der Tasche und meine Freiheit versetzten mich wieder in etwas angenehmere Stimmung! Diese Uhr an den Mann zu bringen, war jetzt mein nächster Gedanke. Um nicht in die Hände der Nemesis zu geraten, ging ich am andern Abend nach dem Steinweg, um dort eine andere Nachtkaschemme aufzusuchen, wo ich einen Abnehmer für die Uhr zu finden hoffte. Als ich hier eintrat, fand ich ein ähnliches Bild wie am Abend in der Kaschemme in der Peterstraße. Hier sah ich mehrere Gesichter wieder, die am Abend vorher bei der Razzia mit zum Polizeirevier mußten, aber wieder entlassen wurden, und meine Flucht beobachtet hatten. Dieses Erlebnis veranlaßte, daß ich der Held dieses Abends wurde. Noch in derselben Nacht wurde mir ein Schärfer (Hehler) für die Uhr empfohlen, der mir 40 M bezahlte. Ein hier anschließendes Zechgelage, welches mich 35 M kostete, brachte mir die Bekanntschaft eines schweren Jungen, der mit Lockenfitsche betitelt wurde und unter den Ganoven eine beliebte, geachtete und gefürchtete Person war. Den Namen Lockenfitsche trug er, weil er Friedrich mit Vornamen hieß und an den Schläfen die Locken ins Gesicht kämmte, wie es früher unter den Apachen viel getragen wurde. Wer von Natur aus keine Locken hatte, trug sogenannten Sechsen. Während der Bürger das Haar an den Schläfen glatt zurückbürstete, kämmten die Apachen es ins Gesicht hinein. Lockenfitsche war eine große kräftige Gestalt, schwarzes Haar und kleine listige Augen. Eine 10 cm lange Narbe auf der unteren Backe gab seinem Äußeren etwas Verwegenes. Wie er am andern Morgen neben mir stand und mir im vertrauten Tone ein Geschäftshaus für eine gute Einbruchsmöglichkeit ins Ohr tuschelte, erinnerte er mich an die Gestalt des Cassius, wie er Brutus für den Mord Julius Cäsars gewinnen will.

Bei dem Zechgelage war eine gehobene Stimmung entstanden. Für 35 M Kümmel, Bier und Kognak in der damaligen Zeit konnten 20 Menschen betrunken machen. In diesem Alkoholrausch kamen solche Geister aus ihren Häuschen heraus. Manches Vertrauliche wurde zum Besten gegeben, die Nemesis hätte eine reiche Ernte halten können, aber dieser Kreis schlug der Gerechtigkeit ein Schnippchen. Auch die holde Weiblichkeit, ohne die es nun einmal in keiner Atmosphäre geht, war in animierte Stimmung geraten. Hier sah man Gesichter, wo der Herbst seine konsequenten Spuren bereits hinterlassen hatte, andererseits auch solche, die noch die Spuren des Frühlings, des Sommers trugen und nur zeitweise durch Zechgelage und Übernächtigung Spuren von Sturm und Regen aufwiesen. Eine solche Schöne hatte sich neben mir am Tische auf einem Stuhl verankert, eine Blondine, sonst ein nettes Gesicht, das noch die Spuren eines Sommers trug, nur momentan durch Übernächtigung und reichlichen Alkoholgenuß Gewitterwolken zeigte. Die Artigkeit und Höflichkeit, die ich Damen gegenüber stets zur Schau trage, auch als Pflicht betrachte, faßte diese Schöne als Neigung auf und legte in animierter Stimmung ihren Arm um meinen Hals, um mich an sich zu drücken. Man muß für eine Liesbeth, eine Rosalinde, eine Julia geschwärmt haben, um den Widerwillen zu verstehen, den ich durch die Umarmung dieser Apachenblonden empfand. Trotzdem ich selber nicht mehr nüchtern war, fühlte ich doch, wie sie ihre von Alkohol und Zigarettenrauch geschwellten Lippen mir ins Gesicht drückte, was mir eine Gänsehaut verschaffte. Irrlichter tanzten vor meinen Augen, von der schönen Umgebung Liesbeths fühlte ich mich in eine schreckliche Wüste geschleudert, worin man nur das Heulen wilder Tiere und das haßerfüllte Geschrei der Menschen hört. Ich nahm meine Zuflucht zu diversen Gläsern Kognak, die mir die nötige Berauschung verschafften und der realen Wirklichkeit entrückten. Lockenfitsche, der auf diesem Gebiet weit mehr leisten konnte, war demzufolge nicht in dem Maße berauscht wie ich und nahm sich meiner an. Am andern Nachmittag gegen 4 Uhr erwachte ich und fand mich im Bette in der Wohnung von Lockenfitsche wieder. Seine Wohnung war vom Ganovenstandpunkt aus stiekum (polizeilich unbekannt, nur besonders vertrauten kollegialen Geistern bekannt). Nach meinen Fragen, wo die Apachenblondine Meta abgeblieben wäre, erzählte er, die hätte noch viel von «mein einzig Geliebter», «ewige Treue» und andern Liebesphrasen an meiner Seite gedibbert, um schließlich der Hilfe, nach Hause gebracht zu werden, ebenso wie ich zu bedürfen, denn sie glich nicht mehr der Meta mit einem Sommergesicht, sondern einer schwankenden Karoline mit zerzaustem Haar.

Jetzt erzählte ich ihm von meiner Absicht, falsche Legitimationspapiere zu kaufen, um ins weitere Ausland zu verschwinden, weil ich steckbrieflich von der Staatsanwaltschaft verfolgt würde. Dies paßte Lockenfitsche in seinen Plan, auch ihm brenne der Boden unter den Füßen; er meinte aber, fürs Auswandern erst das nötige Reisegeld anschaffen zu müssen. Hierzu pflichtete ich ihm völlig bei.

Noch an demselben Abend führte er mich in die Spitalerstraße, zeigte mir ein größeres Herrenkonfektionsgeschäft, welches er schon wochenlang für eine gute Einbruchsmöglichkeit ausbaldowert hatte. Unter anderem hätte er auch festgestellt, daß die Ladenkasse abends nicht geleert würde; eindringen ließ sich leicht vom Treppenflur aus durch ein Fenster, welches im dort befindlichen Lichthof sei. Nachdem wir uns genügend orientiert hatten, beabsichtigten wir diesen Diebstahl für die nächste Nacht.

Am andern Abend traf ich wieder mit Lockenfitsche zusammen. Bis 1 Uhr nachts saßen wir wieder in derselben Kaschemme wie am Vorabend, unterhielten uns und scherzten mit den Damen von der vorigen Nacht über das Zechgelage. Auch die Blondine, die sich für mich begeisterte, hatte sich wieder eingefunden und quittierte mit süffisantem Lächeln meine Höflichkeit, die sie in ihrer Sphäre nicht gewöhnt war und deshalb für Kurschneiderei auffaßte. Noch einmal hatte ich Gelegenheit, einen Vergleich mit Liesbeth anzustellen, der alleine schon genügte, eine Abneigung hervorzubringen.

Um 1 Uhr verabschiedeten wir uns, um den Tatort in der Spitalerstraße aufzusuchen. Die Ruhe und Draufgängerart, die Lockenfitsche für diese Sache zur Schau trug, war staunenswert. Die Lombrososche Lehre vom geborenen Verbrecher schien hier zuzutreffen. In solchem Banne legte ich unwillkürlich ⅔ meiner Furchtsamkeit ab und folgte Schritt für Schritt. Wie Lockenfitsche die Tür des Treppenhauses auftendelte, stand ich Schmiere, kneisterte um die nächste Ecke und ließ in dieser Zeit alle Aufregungen durch die Seele peitschen. Diverse Male warnte ich, worauf Lockenfitsche sich überzeugte, daß keine Gefahr vorhanden war; demnach hatte ich in der Angst wohl Gespenster gesehen. Schließlich war die Tür auf, und das Treppenhaus nahm uns in seinen Schutz, so daß die auf der Straße patrouillierenden Schutzleute uns nicht mehr beobachten konnten. Von hier aus stiegen wir in den Lichthof, von da durch das Toilettenfenster ins Geschäftshaus hinein. Hier mußte ich von dem Ausbauer aus die Straße kneistern, um bei irgendwelcher Gefahr zu warnen. In dem Ausbauer, wo ich Wache hielt, standen diverse Wachsfiguren, die als Reklame Anzüge und Hüte aufhatten, mir aber in dieser Situation der überspannten Phantasie als lebende Menschen vorkamen. Mehrmals überzeugte ich mich von der Wirklichkeit und betastete diese Wachspuppen, was mich wieder beruhigte. Bei dieser Fummelei hatte ich nicht beobachtet, daß ein Revierpolizist nichtsahnend die Straße entlangpatrouillierte, von mir aber erst bemerkt, als er vor dem Schaufenster angelangt war, wo er zufällig stehenblieb. Meine wenige Beherrschung als Neuling ließ mich in aufgeregtem Tempo aus dem Ausbauer springen, um Lockenfitsche in Kenntnis zu setzen, wobei ich selber eine Puppe anrannte, die umfiel und im Fallen mehrere Puppen mitriß. Der Schutzmann, der auf der Straße stand, dem Schaufenster aber den Rücken zugekehrt hatte, drehte sich durch das Geräusch der fallenden Puppen um, schaute in das große Schaufenster, sah das Gewühl der Puppen, und brauchte selbst Sammlung, ob sich da Menschen oder Puppen im Schaufenster herumwühlten. Als der Schutzmann sich von einem leichten Schrecken erholt hatte, versuchte er, in die Haupttür zum Laden einzudringen, mußte sich aber überzeugen, daß sie verschlossen war. Hierauf stellte er sich mitten auf die Straße und ließ seine Alarmpfeife ertönen, die uns elektrisierend und erschreckend in den Ohren gellte. Lockenfitsche stieß einen Fluch durch die Zähne über meine Tölpeligkeit und war im Nu wieder durchs Toilettenfenster ins Treppenhaus gestiegen, wohin ich ihm ebenso schnell folgte. Weiter rasten wir nach dem Boden, von dort aufs Dach, dann weiter eine Reihe Dächer entlang, bis in die nächste Nebenstraße. Von diesem letzten Dach schauten wir vorsichtig über den Dachrand auf die Straße, wo wir vor dem Schaufenster des Konfektionsgeschäfts bereits mehrere Passanten mit diversen Schutzleuten beobachteten. Lockenfitsche schien richtig zu kombinieren, indem er sagte, wir müssen von dem Dach runter, bevor sie das Terrain abstellen. Der Versuch, eine Dachluke zu öffnen, scheiterte an dessen Verschluß. Jetzt entdeckte Lockenfitsche den Blitzableiter, der so am Hause angebracht war, daß man mit der Hand bequem hinterfassen konnte. Wie auf Kommando zogen wir die Stiefel aus und gingen mit 3 Meter Abstand am Blitzableiter herunter, landeten in der Nebenstraße und entkamen.

Am nächsten Abend stand in der Zeitung ein sensationeller Artikel mit der Überschrift: «Verwegene Einbrecher und Kletteraffen». Hier wurde die Flucht auf die Dächer sowie das Hinabsausen am Blitzableiter naturgetreu geschildert.

Lockenfitsche hatte aus der Kasse 100 M in Gold entwendet, aber den größeren Beutel mit Silber und Nickel der Schwere wegen bei der Flucht zurücklassen müssen. Ein Examina ließ Lockenfitsche mir vom Ganovenstandpunkt angedeihen, weil ich einen Aufruhr unter den Wachsfiguren in dem Schaufenster angerichtet hatte. «Wie leicht», sagte er, «hättest du uns in die Hände der Polizei liefern können.» Schließlich beruhigte er sich mit dem Trost, einen guten, lohnenden Bruch noch in Petto zu haben.

Von jetzt ab war mein allabendlicher Gang nach der Nachtkaschemme auf dem neuen Steinweg, wo eine Razzia, wie mir Eingeweihte versicherten, so leicht nicht vorkomme, auch noch nicht vorgekommen sei, weil diese Kaschemme nicht so berüchtigt sei. Entweder saßen wir bis 3 oder 4 Uhr morgens in diesem Lokal, oder es wurde baldowert oder ein Bruch ausgeführt. An einem der Abende erschien Lokkenfitsche mit einem spindeldürren Männchen, Hände tätowiert, ein Gesicht mit 2 lauernden Augen und spitzer Nase, das einem Vogelgesicht ähnelte. Dieses Männchen war der Fabrizierer von falschen Flappen, den Lockenfitsche am Schluß unseres Zusammenseins mit in seine Wohnung nahm. Hier weihte er uns in die Mysterien seiner Fälschungen ein. Wie es aber bei der Kategorie solcher dunklen Existenzen meistens geht, war auch hier eine finanzielle Ebbe, die ihm schon, ohne daß er davon was sagte, aus seinem verhungerten Vogelgesicht hervorlugte. Um die vorgedruckten Formulare sowie den Kautschuk, ein Schnitzmesser und Stempelfarbe anzuschaffen, brauchte er 20 M, die wir beide ihm, jeder die Hälfte, zahlten. Am nächsten Abend kam er wieder, wo er mit Fingerfertigkeit und Intelligenz vor unseren Augen einen Polizeistempel schnitzte, der uns in Erstaunen setzte. Damals konnte jeder einen Reisepaß für In- und Ausland erhalten, der ohne Bild, nur mit dem Namen, Signalement, besonderen Kennzeichen und Namensunterschrift versehen war. Einen solchen Paß nebst Meldeschein stellte dieses Männchen an einem Abend für uns her. Für seine Leistung verlangte er von uns jedem 30 M, die wir beide leider nicht bezahlen konnten. Lockenfitsche hatte das dürre Männchen in Waldemar Scholden und mich in Anton Waldes umgetauft. Die Wahl der Namen hatten wir ihm überlassen. Da es mit der Bezahlung bei unserer Ebbe windig war, machte Lockenfitsche den Vorschlag, sich in der nächsten Nacht an einem guten Tipp (Einbruch) zu beteiligen. An der sofortigen Bejahung ersah ich den kongenialen Geist.

In der nächsten Nacht verließen wir um 12 Uhr die Kaschemme, steuerten nach dem Herrengraben, um vom Fleet aus in das dort bekannte Optikergeschäft einzudringen. An dem ganzen Benehmen des Dritten, des Flappenmachers, ersah man, daß dies nicht sein erster Bruch war. Als wir in die Schute gestiegen waren, erkletterte Lockenfitsche die Feuerleiter, um die im ersten Stockwerk befindliche Tür mit Gewalt zu öffnen. In dieser Zeit hatte sich unser Dritter im Bunde seelenvergnügt eine Zigarette angezündet. Solche Beobachtungen machten auch mich gleichgültig gegen Gefahren und erstickten das Gewissen sowie die Bedenken.

Es mochte eine halbe Stunde gedauert haben, als Lockenfitsche wieder in die Schute zurückkam, um uns aufzufordern, mit in den ersten Stock zu steigen, wo er die Tür geöffnet habe. Der Optiker hatte große Räumlichkeiten, wo die optischen Instrumente angefertigt wurden, auch ein großes Kontor, wo wir überall umhersuchten. Der Geldschrank in seiner Majestät trotzte uns; hier waren wir ohnmächtig, Arnheimen konnten wir noch nicht zu Leibe rücken, dessen Inhalt war sicher. Das Wachehalten war wieder meine Sache, was ich diesmal zur Zufriedenheit Lockenfitsches ausführte. Beide packten eine vorgefundene Art Wäschekorb voll optische Sachen, Operngläser, Sextanten, kleine Maschinen, die mit Sprit geheizt werden, und anderes mehr; den Korb schleppten wir zur Wohnung von Lockenfitsche. Auf der Straße trugen 2 den Korb, der Dritte ging mit einem gewissen Abstand vorauf und machte sich bemerkbar, wenn eine Revierpatrouille in Sicht war, weil in dieser ungewöhnlichen Stunde, 4 Uhr morgens, das Tragen eines Korbes verdächtig war. Ein uns eventuell begegnender Polizeibeamter würde uns zweifellos anhalten.

Der Wert dieser Beute belief sich auf mehrere tausend Mark. Lokkenfitsche ging anderntags zum Schärfer, um die Sachen zu verkaufen, fand aber wenig Interesse dafür, weil derartige Sachen schwer umzusetzen sind. Schließlich nahm der Schärfer einen Teil der Sachen und bezahlte 200 M, die in 3 Teile gingen. Mit den andern Sachen hatten wir viel Lauferei, bis endlich auch der Rest für 200 M verkauft wurde. In der Zeitung war der Wert mit 5000 M angegeben; danach kann sich jeder ein Bild machen, was Schärfer für gestohlene Sachen bezahlen. Statt mit dem erreichten Gelde ins Ausland zu verschwinden, verzögerte sich die Reise durch vielerlei Scherereien. Bevor der Rest verkauft war, wo 5 Tage über hingingen, ging die erste Kippe schon wieder auf die Neige; der Aufenthalt in den Kaschemmen kostete jeden Abend Geld. Zur Reise dachten wir 4–500 M zusammen zu bringen. Das dürre Männlein schien an solcher Tätigkeit gefallen zu haben und dachte gar nicht dran, wieder abzuschwenken, sondern klebte an uns als Dritter im Bunde fest. Um mich jetzt etwas kürzer zu fassen, will ich erwähnen, daß wir drei noch mehrere ernstliche Einbrüche begingen, und schließlich einem kleineren Juwelier auf die gleiche unfaire Art nächtlich einen Besuch abstatteten. Hier erbeuteten wir Ringe, Uhren, Ketten und sonstigen üblich getragenen Schmuck. Dieses Verkaufen machte deshalb Schwierigkeiten, weil das Gebot der Schärfer absolut nicht im Verhältnis zu dem realen Wert stand. Dies war die Veranlassung, daß wir die Beute teilten, damit jeder nach Belieben einen Preis wählen konnte. Jeder sollte aber seinen Teil an sich nehmen. Wohin damit, hieß es jetzt; zu Hause wäre ich damit in die Flucht geschlagen, ebenso auf meinem Logis. Diesen Leuten war ich durch mein nächtliches Fortbleiben fremd geworden, und nur der guten Bekanntschaften meiner Eltern zuliebe ließen sie mich noch wohnen.

Mit meiner Beute suchte ich eine Tageskaschemme in der Fuhlentwiete, wo ich durch Lockenfitsche bekannt geworden war, auf; dieser Inhaber versteckte für mich die Beute. Selbstverständlich wurde etwas gesiebt, ein Stück von diesem, ein Stück von jenem, auch nicht vom schlechtesten mußte als Tribut geleistet werden. 2 Tage hatte ich versucht, die Beute zu verkaufen, auch einen Schärfer gefunden, den ich abends bestellte und der dann Geld mitbringen wollte. Als ich am selben Nachmittag vor diesem Abend Lockenfitsche in seiner Wohnung aufsuchte und ohne Arg die Treppe raufkam, hatte ich kaum den Drücker berührt, als von der Nebenwohnung drei Kriminalbeamte hervorsprangen, mir oberflächlich die Tasche nach Schußwaffen abfühlten und mich dann mit zur Wache nahmen.

Meine Papiere, die ich bei mir trug, legitimierten mich als Anton Walden. Nach meiner Wohnung gefragt, sagte ich, dies seien alte Leute, die ich nicht dem Schreck aussetzen möchte, daß ihnen die Polizei ins Haus schneite. Der Kriminalkommissar meinte, ich verschweige wohl die Adresse, weil dort Diebesgut lagerte, worauf ich sagte: «Hier offenbaren Sie nur Ihre Absichten, meine Logiswirte durch Haussuchung zu belästigen, also machen Sie sich keine Mühe, die Adresse gebe ich nicht an.»

Später habe ich die Ursache erfahren, wie die Polizei auf die Wohnung Lockenfitsches aufmerksam geworden. Jene Apachenblondine Meta, die mich als ihren Verehrer betrachtete und dem Moment nahe zu sein glaubte, daß uns ein faustfester Verkehr zusammenkitten sollte, hatte mich einen Abend in der Kaschemme vermißt, was sie veranlaßte, den betreffenden Abend nach der ihr bekannten Wohnung des Lockenfitsches zu gehen, um sich nach mir zu erkundigen. Lockenfitsche hatte ich meine Abneigung gegen Meta geäußert, weshalb er glaubte, eine Lanze für mich zu brechen, und Meta mit den Worten abfertigte: «Kümmere dich nicht um Adolf, der läßt sich bei dir nicht wieder sehen, bist ihm auf die Nerven gefallen.» Meta, die in meiner gewohnten Artigkeit gegen Damen eine Neigung zu verspüren glaubte, war fest der Überzeugung, daß die Äußerung des Lockenfitsche aus seiner eigenen Initiative hervorgegangen sei. Nun weiß bekanntlich jeder, wozu ein Weib, das von Amors Pfeilen vergiftet, fähig ist. Meta, die nicht wußte, daß ich steckbrieflich verfolgt wurde, auch nicht, daß ich mit Lockenfitsche nächtliche Brüche machte, aber wußte, daß die Wohnung von ihm eine unangemeldete war, auch vielfach zur Unterbringung von Beute diente, war in Wut entbrannt und zur Polizei gerannt, um eine Anzeige über die stiekum Wohnung zu machen. Naturgemäß stellten sich am andern Morgen in aller Frühe 4 Beamte ein, um die Wohnung zu überholen; hierbei wurden Sachen von allen gemachten Brüchen gefunden. Genauso wie ich waren das dürre Männlein, der uns erst die Flappen gemacht und dann an den Brüchen teilgenommen hatte, zwei Schärfer sowie einige Bekannte in der Höhle des Löwen gefangengenommen.

Als ich 4 Wochen in Untersuchungshaft gesessen hatte, kam ich vor den Untersuchungsrichter und wurde der Apachenblondine gegenübergestellt, die mich ahnungslos als Adolf Petersen identifizierte. Da ich auch hier die gewohnte Artigkeit gegen Damen aufrecht hielt, glaubte Meta immer noch an meine Neigung; da ihr aber jetzt zu Bewußtsein kam, was sie angerichtet hatte, brach sie in konvulsivisches Weinen aus, das gar nicht aufhören wollte. Als sie sich leidlich beruhigt, bat ich den Untersuchungsrichter, einige Worte mit Meta sprechen zu dürfen, die ganz aus dem Rahmen der Sache gingen. Dieses wurde genehmigt.

Hierauf wandte ich mich an Meta mit den Worten: «Wir haben uns hier nicht viel zu sagen und sehen uns wohl kaum im Leben wieder; da ich erst mal für mehrere Jahre hinter Mauern zu verbringen habe, auch später sich unsere Wege nie kreuzen werden, erlaube ich mir eine letzte Frage, wenn Sie so gütigst sein werden, sie mir zu beantworten.» Dies bejahte Meta. Ich sagte: «Kennen Sie die griechische Götterlegende über das Nessosgewand?» Meta verneinte. «Dann sind Sie so gütigst und hören folgendes: Nessos vergewaltigte eine Frau, Deianeira, wurde dafür aber von dem Ehemann Herakles erschlagen. Sterbend riet Nessos der jungen Frau, aus seinem Blut sich eine Zaubersalbe zu bereiten, die würde ihr stets die Liebe des Gemahls sichern; in Eifersuchtsgefühlen nahm die junge Gattin diese Salbe und bestrich damit ein von dem Ehegemahl verlangtes Hemd. Diese Salbe war aber ein todsicheres Gift, womit sie ihren Gemahl umbrachte. Als die junge Gattin sich von dem Tod des Gemahls überzeugen mußte, erhängte sie sich. Nun, Meta, denken Sie, Sie sind Deianeira und ich Herakles, dazu fehlt nur noch, daß Sie sich erhängen.» Darauf ließ ich mich wieder abführen, ließ Meta mit offenem Mund und stieren Augen stehen, sie hatte verstanden!

8 Monate saß ich in Untersuchungshaft. Zuerst hatte ich wegen dem Fall mit Rabenmax und Hunderobert Verhandlung, die sich wie eine alltägliche Sache abspielte und für mich mit 1 Jahr Gefängnis endete. Mehrere Monate später folgte die Verhandlung mit Lockenfitsche, dem Flappenmacher, 2 gewerbsmäßigen sowie 2 Gelegenheitshehlern. Nach 10 Monaten sah ich meine Kumpane auf der Anklagebank wieder, auf allen Gesichtern eine Blässe mit einem ersten melancholischen Zug, wie ihn eine Leidensperiode und die Gefängnisluft mit sich bringt.

Lockenfitsche, der sich am meisten gegen sein Schicksal aufbäumte, stand als erster in der Anklagebank, ich als zweiter usw. Als der Vorsitzende die Anklageschrift runtergehaspelt hatte, sagte er zum ersten

Angeklagten, er solle die Sachen mal erzählen, worauf dieser antwortete, er hätte bereits beim Untersuchungsrichter die Sache wiederholt erzählt, und eben sei die Sache in der Anklage nochmal vorgelesen, das genüge ihm. Der Vorsitzende meinte darauf, ihn nicht zwingen zu können, er müsse aber nicht ungehalten sein, wenn solches Verhalten in den Augen des Gerichts alles andere als Reue bedeute. Nun sollte ich erzählen, erklärte aber, daß ich die ganzen Sachen nur als Neuling mitgemacht habe und die Einzelheiten nicht wiedergeben könne. Jetzt war die Reihe an dem dritten; dieser äußerte, er berufe sich auf seine Aussage beim Untersuchungsrichter und wünsche nichts mehr hinzuzusetzen. Dann kamen die Hehler, gesetztere Leute, die ausführlich erzählten, was beim Gerichtshof etwas günstiger aufgefaßt wurde. Danach wurde die Beweisaufnahme geschlossen und ein frischgebakkener Staatsanwalt stand auf, um seinen Antrag zu begründen. Hier kann ich nicht umhin, diese Gestalt etwas näher zu beschreiben. Ein schlanker Herr, zirka 30 Jahre, semmelblond, auf der rechten Backe eine ins Auge fallende Mensurschmarre; in den Augen las man das Feuer der gerechten Entrüstung; ein Doppelkinn, das sich bemerkbar machte, und eine mäßige Korpulenz unter seinem Talarvorderteil gab der ganzen Gestalt etwas Gemachtes. Jetzt sollte mein Los sich entscheiden. In meiner Betrachtung über den Staatsanwalt dachte ich an Julius Cäsar, der die mageren Menschen für viel gefährlicher hielt als die fetten. Heute wird dieser Staatsanwalt vielleicht die nötige Korpulenz haben, um als ungefährlich zu gelten.

Mit einer etwas schnarrenden Stimme begann er ungefähr wie folgt: «Meine sehr geehrten Herren, in dieser Bande haben wir es zweifellos mit außergewöhnlichen Verbrechern zu tun, bei denen eine exemplare Strafe am Platze ist. Wie ein Hohn auf die Gesellschaft würde hier die Milde eines Gerichtshofs klingen. Man fasse als erstes die äußerst verwegene Flucht der beiden Angeklagten X und Petersen über die Dächer sowie das Hinabgleiten an dem Blitzableiter ins Auge. Wenn derartige Elemente nicht auf Jahre hinaus unschädlich gemacht werden, wird kein Ort mehr sicher sein, wo sie nicht in ihrer Gewandtheit und Verwegenheit eindringen. Ihre ganze Verbrechertätigkeit karackterisiert sich durch Gewerbsmäßigkeit, dies hebt ganz besonders der Schlupfwinkel des Lockenfitsche (er sagte: des X) hervor. X ist hier die Führerschaft zuzusprechen, Petersen und der Dritte im Bunde sind die Anhänger, die ihrem Führer nichts nachgaben; sie sind, mit einem Wort bezeichnet, ein gefährliches Kleeblatt, daher alle drei gleich zu bewerten. Ich beantrage gegen alle drei 5 Jahre Zuchthaus, 10 Jahre Ehrverlust und Stellung unter Polizeiaufsicht, bei Petersen unter Einbeziehung des einen Jahres.» Der Staatsanwalt setzte sich und schaute selbstbefriedigend auf seine Akten – diesen Burschen hatte er eins ausgewischt! Seine Augen, die im Reden feurig glänzten, hatten sich beruhigt, der Sturm hatte sich ausgetobt. Unsere Verteidiger meinten in ihrem Plädoyer, der Herr Staatsanwalt sei reichlich scharf gewesen, diese Angeklagten sind alles blutjunge Menschen, die einer abenteuerlichen Ader freien Lauf gelassen haben. Für diese jungen Menschen sei noch einmal eine Gefängnisstrafe am Platze, um sie wieder ins bürgerliche Leben zurückzuführen, usw.

Das Gericht zog sich zur Beratung zurück und kam nach einer Stunde mit folgendem Urteil heraus. Lockenfitsche, der Flappenmacher und ich je vier Jahre Gefängnis, 5 Jahre Ehrverlust und Anrechnung der ganzen Untersuchungshaft. Bei mir war das erste Jahr mit einbezogen. Die Schärfer erhielten 18 Monate beziehungsweise 1 Jahr Gefängnis.

Empfindungen hier zu beschreiben, ist nicht am Platze. Die starren, unbiegsamen Paragraphen der Strafprozeßordnung lassen ein Eingehen auf das unendliche und unbändige Seelen- und Triebleben des Menschen nicht zu.

14 Tage darauf erfolgte meine Auslieferung in die Strafanstalt, wo ich, noch nicht 21 Jahre, in der Jugendabteilung in Einzelhaft untergebracht wurde. Beschäftigt wurde ich mit Strümpfestricken. Mein ganzes Tun und Treiben ließ ich im Geiste Revue passieren, bitter war die Erkenntnis. Jetzt erst dachte ich an meine Eltern und Geschwister, sah ein, was ich denen bereitet hatte. So oft benetzten Tränen die Strümpfe, die halbfertig in der Strickmaschine hingen. Die meiste Zeit mußte ich Damenstrümpfe anfertigen, reine wollene mit Waden, die derzeit von der Damenwelt getragen wurden; heute ist der Wollstrumpf verbannt und hat dem Seidenstrumpf weichen müssen. Die Damen, die diese Strümpfe trugen, hatten keine Ahnung, daß sie mit den Tränen eines Gefangenen genetzt waren. Im Geiste strickte ich diese Strümpfe alle für Liesbeth, die ich nicht vergessen konnte. Nur wenn die Waden in den Strümpfen absolut nicht zu der feinen Gestalt Liesbeths passen konnten, wurde ich aus meinem Himmel geworfen, um an korpulente Hamburger Fischfrauen erinnert zu werden.

Die Einzelhaft mit dem Ernst des Hauses sowie die pädagogische Tätigkeit übten auf mich einen sehr günstigen Einfluß aus. Besonders die Person des Anstaltsgeistlichen, Pastor Miete, machte auf mich einen großen Eindruck. Hier sah ich nichts Orthodoxes, nichts Transzendentales, ständig nur ein Appellieren an das Göttliche in dem

Menschen selber, der sich nur selbst der Gott und der Teufel ist. Wenn ich hier dieses Pastors gedenke, so birgt dies keine Neigung zur Frömmigkeit in sich; solche Neigung blieb mir ständig fern. Dieser Pastor war ein Mensch im wahrsten Sinne des Wortes. Die ganze Religion mit ihrer überirdischen Allmacht ist eine Irrlehre, die in der Weltgeschichte unserer Jahrhunderte den meisten Krieg und das meiste Blut gekostet hat. Die wahre Religion des Menschen ist eine tiefe Selbsterkenntnis. Jeder braucht nur zu der Überzeugung durchzudringen, von seinem Mitmenschen nur das zu verlangen, was er zuvor selber bietet. Wenn sich der Mensch zu der Selbsterkenntnis durchdrängt, seinem Nächsten kein Unrecht und kein Weh zu bereiten, weil er es am eigenen Körper empfunden, fühlt er sich allen Menschen gegenüber innerlich frei und ist glücklich. Es mag wie ein Hohn auf unsere Gesellschaft klingen, aber Tatsachen sind es, wenn ich erkläre, daß ich hinter den schwedischen Gardinen Menschen kennenlernte, die einen weit besseren Karackter hatten wie unbescholtene angebliche Ehrenleute, die jeden Sonntag zur Kirche gingen.

Eine Moralkritick von meiner Seite mag klingen wie sie will, meine Überzeugungen und Erfahrungen fegen sie nicht hinweg. Der Mensch, der mit dem Gesetz in Konflickt gerät, ist erstens ein bedauernswerter und zweitens ein unreifer Mensch. Die Überzeugung, die ich heute habe, hätte fürs ganze Leben zu einer guten bürgerlichen Einstellung genügt. Wenn ich heute, wo ich 15 Jahre hier hinter Mauern verbringen muß, recht oft nachdenke, wie es möglich ist, daß ich solche Bahn betrat, so kann ich noch so viel grübeln, eine Antwort bringt mir selbst der Sturm und der Regen nicht, der hier in der Einsamkeit an meinem Eisengitter rüttelt und klatscht. Ob ich heute mit meiner schwer errungenen Selbsterkenntnis ein gutes Glied der Gesellschaft ergeben würde, hätte kein Mensch Interesse dran. Die Vorstrafen bleiben für den Deklassierten ein Strick, den ihm bei seinen besten Absichten Senat und Staatsanwaltschaft wie die Dierecktion der Strafanstalt und sonstige liebe Mitmenschen jeden Moment drehen. Diesen Herrschaften fehlt eben das Verständnis für die seelische Auferstehung eines Gefangenen. Auch für den Laien ist die Sache verständlich, wenn ein Mensch die bestehende gesellschaftliche Ordnung ablehnt, daß er nur dann für sie gewonnen wird, wenn die angewandten Mittel überzeugend sind. Hier ist es genau wie mit dem Keim einer Pflanze. Nur durch gute Pflege entfaltet sie sich zur Frucht. Irgendein rauher Eingriff genügt, um jeden guten Keim zu ersticken.

Ein Beispiel für viele mag hier den Leser überzeugen. Während meiner fast 2jährigen Untersuchungshaft* kämpfte ich die ersten 10 Monate mit dem Untersuchungsrichter hart auf hart. Selbst vor einer Reihe Übergriffe scheute er nicht zurück, um mich zu Geständnissen zu veranlassen. Selbst die Folterketten, die mir allabendlich 5 Monate lang angelegt wurden, bis mir die Handgelenke anschwollen und entzwei gingen, konnten mich seelisch nicht derart deprimieren, daß ich die gewünschten Geständnisse ablegte. Wie der Untersuchungsrichter sah, daß er mit seinen 15 Pfund Folterketten nichts erreichte, änderte er seine Taktik. Erst wurde ich ins Polizeigefängnis geführt, wo ich täglich den Besuch des Untersuchungsrichters – sagen wir – genoß. Hier deckte er mir alle Karten auf über Geständnisse von Mitschuldigen, die mich als Mittäter belasteten. Auch diese Kartenaufdeckung bewog mich nicht zum Geständnis. Eine ganze Komplicenschar sah die Sache erst verloren, als ich Geständnisse machte; diese abstreitende Schar und deren Anwälte hätten genügt, um Geständnisse einiger Komplicen als nicht glaubkräftig abzuwimmeln. Der Untersuchungsrichter, der sich genau bewußt war, was es hieß, wenn ich ein Geständnis ablegte, machte mir seine ehrenwörtlichen Versprechungen. Er ermahnte mich, abzubrechen mit meiner Vergangenheit, er interessierte sich für mich, er wolle aus mir einen Paulus machen. Er sagte unter anderm: «Ich gebe Ihnen mein Ehrenwort, Sie sollen nicht einen Tag länger schmachten wie 5 Jahre; ich habe den Senator Dr. Nöldeck, den Oberstaatsanwalt und den Dierecktor der Fuhlsbütteler Strafanstalt hinter mir, habe auch von der Senatskommission im Petersen-Prozeß in Gnadensachen die entscheidende Stimme erhalten.»

Solche Äußerungen und eine Reihe Begleitumstände ließen mich in dem Untersuchungsrichter einen Ehrenmann sehen; ich ging mit mir zu Werke und gestand schließlich alle meine gesetzwidrigen Handlungen. Geradezu phänomenal wirkte dies auf alle Richter. Ich war der Gegenstand der Bewunderung und in den Augen der Untersuchungsführer ein gebesserter Mensch. Die Gefängnistore öffnen sich für mich, ich konnte mich täglich auf freiem Fuß bewegen; Bewunderung und Anerkennung erntete ich bei der Staatsanwaltschaft und den Richtern durch meine ständige Zurückkehr ins Gefängnis. Mit dem Untersuchungsrichter machte ich Auto- und Radfahrtouren nach Tatorten, wobei ich meistens draußen zu warten hatte, ohne den Gedanken an Flucht zu haben. Im Rathaus, während einer Bürgerschaftssitzung, ließ der Untersuchungsrichter den Dierecktor Koch der Fuhls-

* In den Jahren 1921 und 1922. (Anm. d. Herausgebers)

bütteler Strafanstalten herunterrufen und fragen, ob er den Mann, der neben ihm stehe, hierbei zeigte er auf mich, kenne. Wir standen in den Parterre-Räumlichkeiten im Rathaus. Der Dierecktor schaute mich an und sagte: «Wer ist dies noch gleich!», besinnt sich, um nach einer Weile zu erwidern: «Den Herrn kenne ich nicht.» Hierauf sagte der Untersuchungsrichter: «Das ist Petersen.» Nun war die Reihe des Staunens höchster Potenz an dem Dierecktor. Er brauchte eine Weile, um dies zu fassen, bis er schließlich mir die Hand gab, um mir zu meinem Abbrechen mit der Vergangenheit zu gratulieren. Der Dierecktor reichte mir in freundlicher Weise eine Zigarre und ging mit dem Untersuchungsrichter in ein Zimmer, um mit ihm zu reden; während dieser Zeit mußte ich draußen warten. Auf diesem Korridor stand ich fast eine Stunde, wo ich unzählige Male habe meine Wege gehen können.

Nachdem ich im Sommer 1922 meine Freiheit täglich genossen hatte, wurde ich im Herbst nach dem Untersuchungsgefängnis überführt. Jetzt wurden mir die Gefängnistore nicht wieder geöffnet. Der Untersuchungsrichter kam jedoch fast täglich zu mir, bis zu Beginn der Verhandlungen. Das Gericht gab mir in meinem Beschluß schriftlich, daß mein Verhalten sowie meine eigene herbeigeführte Verurteilung nur verdiente Würdigung in der Gnadeninstanz finden könne.

Mein Geständnis hatte in der Öffentlichkeit großes Aufsehen gemacht; in mehreren Verhandlungen mußten Karten ausgegeben werden. Überall war ich der Gegenstand der Neugierde und Sensation, die durch sensationelle Zeitungsartikel nicht unbedeutend aufgebauscht wurde. Noch 2 Jahre nach meiner Verurteilung kamen Besucher in die Strafanstalt, die mich sehen wollten. Selbst der Senat ließ mich einmal kommen. Heute, nachdem ich 7 Jahre verbüßt habe, ist die Erinnerung an meine Person abgeflaut. Die Neugier ist befriedigt. Bemerken muß ich noch, daß der Strafanstaltsdierecktor mich bei meiner Einlieferung sofort besuchte und mir die Hand gab mit dem Versprechen, dafür zu sorgen, daß ich in kürzester Zeit meine Freiheit wieder bekäme, nur ich dürfte keinen Ausbruch unternehmen, dies würde ihm im Falle, eine Flucht gelänge, enorme Unannehmlichkeiten verursachen. Durch meine ehrliche Absicht, ein anderer Mensch zu werden, sowie durch meine umfangreichen Geständnisse bildete sich naturgemäß bei meinen vielen Komplicen gegen mich eine nicht unbedeutende Gehässigkeit. Aus solcher Quelle sind mir durch falsche Denunziation 2mal versuchte Ausbrüche untergeschoben, die von der Staatsanwaltschaft, vom Untersuchungsrichter wie vom Dierecktor der Strafanstalt geglaubt wurden, trotzdem die Anstaltsleitung einer

Reihe heimlicher Angebereien über Ausbrüche auf den Grund gegangen war und als Gehässigkeit feststellte. Zu einer Disziplinarstrafe reichten sämtliche Verleumdungen nicht hin, aber Maßregeln und Entziehungen von Vergünstigungen waren die Folge.

Diese Verleumdungen paßten meinen Bewunderern, die mich zum Paulus machen wollten. Hier setzten sie an, um ihre Maske abzunehmen, hinter der sie ihre ehrenwörtlichen Versprechungen gemacht hatten. Jetzt wußte der Untersuchungsrichter dem Hamburger Fremdenblatt sensationelle Artikel über die besondere Gefährlichkeit der Petersen-Bande zu bieten. Der mit ihm Hand in Hand gehende Kriminalbeamte hielt als Zeuge phrasenhafte Reden, die unsere Handlungen ins Dimensiöse brachten, durch Zeitungsartikel von Dr. Schumacher alias Dr. Uhu von der Hamburger Zeitung, der dem Untersuchungsrichter, dem Kriminalbeamten und dem Oberstaatsanwalt in einer Weise lobhudelte, daß es dem Kenner den Ekel hochbrachte. Alle Diebstähle, die meine Komplicen mit andern begangen hatten und diese wieder mit andern, ebenso die ganzen Einbrüche, die Komplicen in einem Jahr begangen hatten, welches ich in Strafhaft verbüßte, wußte der Oberstaatsanwalt alle auf den Namen Petersen-Bande zu führen. Durch diese Art und Weise wurde die Sache ins Ungeheuerliche aufgebauscht. Ich hatte jetzt die richtige Überzeugung gewonnen, die Untersuchungsführer irritierten die Öffentlichkeit aus Ehr-, Renommee- und Gefallsucht.

Aber der liebe Gott sorgt dafür, daß die Bäume nicht in den Himmel wachsen. Die Taktik des Untersuchungsrichters, seine Art, Kriminalbeamte den Laden werfen zu lassen, seine Versprechenlegende und eine Reihe anderer Angriffe haben ihn und den Kriminalbeamten viel Bloßstellung gebracht. Der Untersuchungsrichter erhielt einen Wink – ob mit dem Zaunpfahl, habe ich nicht feststellen können. Jedenfalls nahm er seinen Abschied. Heute ist er Verteidiger, der sich vom Anhänger zum Gegner durchgemausert hat. Ebenso der Kriminalbeamte, der im Geiste bereits Kommissar war, wurde in einem Prozeß derart schwer verdächtigt, daß das Landgericht, Strafkammer III, ihn als Zeugen in der Hauptverhandlung unvereidigt ließ.

Die Ehren, die sie durch eine skrupellose Taktik einheimsen wollten, blieben ein Phantom, dem sie vergeblich nachgejagt waren. Hier anschließend registriere ich das Wort eines Oberbeamten aus dem Untersuchungsgefängnis, der die Taktik der Untersuchungsrichter kannte, sie täglich beobachtete, auch sah, wie ich mich täglich auf freiem Fuß bewegte und ständig ins Gefängnis zurückkehrte. Dieser Oberbeamte entrüstete sich über diese Art und Weise, Menschen zum

Abbrechen mit der Vergangenheit durch solche ehrenwörtlichen Versprechungen zu veranlassen, die sie nie aufrechthalten würden; was, so äußerte mir dieser Oberbeamte, soll aus solchen Menschen werden, wie verbittern sie und bieten bei ihrer Entlassung eine viel größere Gefahr für die Gesellschaft, wie sie vorher waren. Auf solche Weise schädige ein Untersuchungsrichter die Gesellschaft unverantwortlich. Weiter sagte dieser Oberbeamte, solche Taktik werfe den ganzen modernen Strafvollzug über den Haufen. «Die Enttäuschung dieser verurteilten Leute und die daraus entstehende Verbitterung kann der beste Strafvollzug nicht ausgleichen.»

5. Kapitel
Der Schutzmann im Rinnstein

Durch die Verwendung des Anstaltsgeistlichen beim Senat wurde ich 1 Jahr früher entlassen. 3 Jahre hatte ich in der Zellenhaft verbracht, nichts von der Außenwelt empfunden. Wie einen Eingang ins Paradies empfand ich den Übergang von der Gefangenschaft in die Freiheit. Als mir der Aufseher abends mitteilte, ich werde morgen früh entlassen, ich sei begnadigt, war ich nicht fähig, einen Dank zu stammeln, ich fand mich erst zurecht, als der Aufseher längst die Zelle wieder abgeschlossen hatte. Diese folgende Nacht suchte ich kein Lager auf, auf Strümpfen pilgerte ich von 8 Uhr abends bis zum Klingeln 6 Uhr morgens in der Zelle auf und ab. Hier empfand ich, wie die Erregung der Seele die Herrschaft über den Körper hat, der auch nur bei seelischer Zufriedenheit gesundet. Als ich im Elternhaus ankam, sah ich Freudentränen in ihren Augen glänzen.

Der Anstaltsgeistliche hatte mir eine vorläufige Beschäftigung an dem Neubau des Gefängnisses, wo ich heute meine 15 Jahre drin verbüße, als Maurerhandlanger verschafft. Freudig und munter lief ich die Leiter mit dem Tragbrett voll Ziegelsteinen zum Gerüst hinauf. Als ich hier 6 Wochen gearbeitet hatte, wurde mir durch die Fürsorge die Frage gestellt, ob ich nicht geneigt sei zu versuchen, mir persönlich eine andere Beschäftigung zu suchen, weil demnächst ein Entlassener genauso wie ich vorläufig unter Beschäftigung zu stellen wäre.

Als ganz selbstverständlich sah ich dieses ein und hatte mir im Laufe einer Woche eine meinen Wünschen entsprechende Stellung verschafft. Hier war ich bereits 9 Monate in Stellung, als eines Abends mir einer der Kutscher sagte, es habe, bevor ich zu Hause angelangt sei, ein Herr nach mir gefragt, der wie ein Kriminalbeamter ausgesehen hätte. Diese Beobachtung erzählte mir am darauffolgenden Abend ein anderer Kutscher. Beide Kutscher hatten dem Unbekannten erklärt, daß ich vor 8 Uhr abends nicht mit dem Fuhrwerk zum Stall komme. Nichtsahnend kam ich ein paar Tage später gegen 8 Uhr abends auf den Hof gefahren, hatte kaum die Pferde in den Stall gebracht, als der Fuhrmann mit den Worten auf mich zutrat: «Adolf, hier war ein Polizeibeamter, der hat mir einen Zettel mit Couvert gegeben, den Sie unterschreiben und an die Strafanstalt Fuhlsbüttel senden möchten. Sie haben, so erklärte der Fuhrmann, bei Ihrer Entlassung aus Fuhlsbüttel 6 Mark erhalten, aber nicht quittiert; bei einer Kassenrevision hat Ihre Unterschrift gefehlt.» Dies hörten drei weitere Kutscher, die dafür sorgten, daß es alle 10 zu wissen bekamen. Dieser Schubjack von Polizeibeamten war aufgefordert, mich persönlich auf einem Zettel die 6 Mark quittieren zu lassen; weil er mich aber nicht antraf, gab er diesen Zettel mit Couvert meinem Arbeitgeber. Diese Bloßstellung war für mich ein Schlag ins Gesicht. Das Verhalten des Fuhrmanns mir gegenüber wechselte wie Nacht und Tag. 7 Tage später bat ich schon um meine Entlassung, die mir bereitwilligst erteilt wurde. Die 10 Kutscher fuhren in der ganzen Stadt umher und genügten, mich auf einer neuen Stelle bald unmöglich zu machen. Mein Vater wandte sich an den damaligen Gefängnisdierecktor und erklärte die Art, wie sein Sohn aus der Arbeit gestoßen sei. In der Antwort hieß es, dies sei nicht seine Schuld, der Beamte hätte den Auftrag nicht erhalten, so zu handeln. Als der Fuhrmann mir den Schein gab, riß ich ihn sofort entzwei und warf ihn in die Mistgrube, mit dem Bemerken, laß sie sehen, wie sie die Quittung erhalten, die ihnen noch heute fehlt. Hier sieht man, was die jahrelange Tätigkeit eines Pastors aufgebaut hatte, riß ein skrupelloser Polizeibeamter wieder nieder, der zu bequem war, abends nach 8 Uhr zu kommen.

Es gibt drei Sorten Menschen; die erste Sorte nimmt alle Ungerechtigkeiten und Gemeinheiten in Resignation auf und kommt höchstens mal auf 20; die zweite entrüstet sich und kommt auf 60, die dritte Sorte aber verbittert, kippt aus den Schuhen und kommt auf 80, wie man sich im Volksmund ausdrückt. Zu dieser letzteren gehörte ich. Sein Naturell kann der beste Mensch nicht einfach abstreifen. Der eine kann sich beherrschen, der andere nicht. Bei mir brach der Geist Mephistos wieder aus, ich wurde wieder, um mich mit den Worten Mephistopheles' im Faust auszudrücken,

> Der Geist, der stets verneint,
> Und das mit Recht; denn alles, was entsteht,
> Ist wert, daß es zu Grunde geht;
> Drum besser wär's, daß nichts entstünde.
> So ist denn alles, was ihr Sünde,
> Zerstörung, kurz das Böse nennt,
> Mein eigentliches Element.

Zunächst gab mir mein ältester Bruder die Mittel, auf dem Schützenhof in Barmbeck eine Wirtschaft zu kaufen, nahm auch auf seinen Namen die Konzession. Hier, in dieser Tätigkeit als Wirt, lernte ich manchen Kunden kennen, dem ich hätte lieber weit aus dem Weg gehen sollen. Es hatte sich überhaupt ziemlich weit herumgesprochen, daß ich der Wirt sei. In dieser ersten Zeit spielte sich vor meiner Wirtschaft ein Vorfall ab, der mich in den Reihen der radikalen Elemente, die auf Gesetze pfeifen, in Ansehen brachte, und mich in ihren Kreisen als glatten Jungen stempelte. Dieser Vorfall war folgender.

An einem Nachmittag war bei mir ein Gast, dessen Nachbar Schutzmann war, mit dem er auf derselben Etage wohnte. Wie der Zufall im Leben stets die größte Rolle spielt, kam dieser Mann der heiligen Hermandad vom Dienst, im Begriff, um die Ecke zu pilgern, wo sich meine Wirtschaft befand, aus der auch, wie abgekatert, sein ihm feindlicher Nachbar heraustrat. Ob einer der beiden zu laut mit den Augen gerollt oder etwas Reizbares in den Bart gemurmelt hatte, habe ich nicht erfahren, hörte aber vom Lokal aus, daß sich die beiden gegenseitig in Schimpfworten Luft machten. Ich zog den Nachbarn in die Wirtschaft hinein, damit er das weitere Schimpfen unterlasse. Der Schutzmann, der auf der Straße stand, hatte sich vor der Tür aufgepflanzt und es diesem Gast mit Zinsen zurückgegeben, wodurch ein Menschenauflauf entstanden war. Dies veranlaßte mich hinauszugehen, um den Schutzmann zu ersuchen zu schweigen, da solcher Skandal den Ruf meines Lokals schädige. Wie ich schon andeutete, daß es drei Sorten Menschen gibt, schien besagter Schutzmann zu der dritten Sorte zu gehören, die leicht auf 80 kommt und sich nicht beherrschen kann. Dies sollte ich sofort hören. Dieser Herr meinte, wenn ich seinen feindlichen Nachbarn als Gast nicht entfernte, könne mein Lokal leicht als Kaschemme gebrandmarkt werden. Hierzu erwiderte ich, daß es meine Sache sei, welche Gäste ich zu entfernen habe, jedenfalls trage er nicht dazu bei, meinem Ruf zu nützen. Mein Groll gegen Polizeibeamte durch meine Erfahrung bei dem Fuhrmann lagerte auf meiner Seele; hinzu kam, daß ich auch leicht auf 80 war. Diese Tatsachen, ebenso das Nichtweichen des Schutzmanns nebst seinen geharnischten Worten veranlaßten, daß wir zusammenfuhren und uns am Kragen packten, was mit einem unglücklichen Fall des Schutzmannes im Rinnstein endete. Er mußte mit dem Kopf dort ziemlich hart aufgeschlagen sein, weil er regungslos liegen blieb; Passanten, wovon einige ihn kannten, nahmen sich seiner an.

Der hierdurch entstehende Auflauf hatte recht bald einen zweiten Schutzmann auf die Bildfläche gebracht, der sich aber dadurch von dem ersten unterschied, daß er einen Helm aufhatte und Dienst machte. Dieser vierschrötige Herr in den besten Jahren war auch ein Mensch von der dritten Sorte, der sofort, wie er einen Kollegen auf der

Straße liegen sah, entrüstet auf 80 kam. Sein Mut sowie sein energisches Auftreten imponierte; er frug nicht lange, wer hier der schuldige Teil sei, die Lage seines Kollegen genügte ihm, dem Übeltäter aufs Dach zu steigen, der ihm durch Passanten gezeigt wurde. Der so auf 80 geratene Mann der heiligen Hermandad trat in meine Wirtschaft, in die ich mich bereits zurückgezogen hatte, und forderte mich auf, sofort mit zur Wache zu kommen, was ich nicht befolgen konnte, weil ich alleine war. Dies erklärte ich diesem Hüter des Gesetzes, auch die Ursache, wie ich mit seinem Collegen zusammengerannt sei; das würden eine ganze Reihe Passanten bezeugen. Dies ließ der Herr nicht gelten, sondern forderte mich auf, ihm sofort zu folgen. Mein Groll auf Polizeibeamte einerseits, mein Temperament andrerseits gebar den Zusammenprall. Dieser vierschrötige Herr schien kein unbedeutendes Training auf Nachtwächtergriffe zu haben, wo man dem Delinquenten mit einer Hand hinten am Hosenbund und mit der andern am Rockkragen faßte, um ihn dann widerstandslos vorwärts zu schieben. Diesen Nachtwächtergriff suchte dieser Herr mit Blitzesschnelle bei mir anzuwenden. Mein Hosenbund strammte sich hinten bereits, mein Rockkragen war auch schon bis in Ohrenhöhe durch seinen Griff im Nacken hochgezogen, auch hatten meine Beine schon die Hälfte ihrer Willenskraft durch das Vorwärtsschieben eingebüßt.

Wem ist nicht schon in irgendeiner ratlosen Lage ein Gedanke von Schiller gekommen? So auch mir! Ich erinnerte mich als Amateur-Ringkämpfer an einen Spezialgriff, wobei man den Gegner, den man im Rücken am Handgelenk packt, so über die Schulter zieht, daß er im Salto überweg schießt. Dies war ein Gedanke von Schiller! Gesagt – getan, in dem Moment, wo der Behelmte mich aus der Tür meiner Wirtschaft schieben wollte, griff ich mit den Händen an den Türpfosten, stoppte die Schieberei, griff geschwind nach dem Arm meines Gegners – o Schreck, der Mann der heiligen Hermandad flog im schrägen Salto über meine Schulter hinweg auf die Straße. Das Gejodel und Gelächter der Menge würgte diesen Akt zur Komik.

Dieser Schutzmann legte sich nicht aufs Pflaster wie sein College, sondern sprang im Nu wieder auf die Beine, hatte Höhepunkt 80 verlassen und ging übern roten Strich weg. Erst sammelte er seinen Helm auf, ließ die Sturmkette runter, zog seinen Säbel, um dann wutentbrannt auf mich einzudringen; da ich mich bereits wieder hinter meine Tonbank zurückgezogen hatte, drang er wieder auf mich ein. Seine Augen rollten wie Schusterkugeln, danach konnte ich annehmen, daß er es nicht nach Fechter-Art auf eine leichte Schmarre im Gesicht abgesehen hatte, sondern nach Proleten-Art mit einem wuchtigen

Hieb auf meinen Schädel. Diese Kombination mußte auch einer der anwesenden Gäste gehabt haben, der ihm in den Arm fiel, den Schlag verhinderte und mir Gelegenheit gab, meinem Gegner in die Arme zu springen, den Säbel wegzureißen und im Nu auf dem Knie zu zerbrechen. Jetzt rückten wir uns zu Leibe, um uns jeder an die Kehle zu greifen, wer wohl am ersten aus dem letzten Loch pfiff. Ob meinem Gegner die Puste ausging, oder ob er vom Ringen keine Ahnung hatte, konnte ich in dieser Lage nicht beobachten, mußte aber feststellen, daß er nach kurzem Kampf unter mir lag und seine Verteidigung einstellte. Dies veranlaßte mich, ihn aus dem Lokal auf die Straße zu schleifen. Mein Gegner hatte sich gleich wieder in Positur gestellt, diesmal blieb er auf der Straße stehen, um wie ein Hahn auf'm Misthaufen zu krähen und in lang anhaltenden schrillen Tönen seine Signalflöte hören zu lassen. Der Menschenauflauf war hierbei derart angeschwollen, daß kein Passant noch Fuhrwerk vorbeikonnte. Nach zirka 10 Minuten stellten sich 4 behelmte Schutzleute ein, die von meinem Gegner in die Wirtschaft geführt wurden, um mich als den Attentäter zu kennzeichnen. Die natürliche Folge war eine Sistierung. Einer von den 4 Behelmten blieb zurück und hütete das Lokal, bis meine Angehörigen benachrichtigt waren, um die Obhut zu übernehmen.

Nachdem ich auf der Wache einem Verhör unterzogen war, kam ich im Keller in eine Zelle. Selbstverständlich war ich der Schuldige, wohingegen der Schutzmann in Notwehr und der tätlich Angegriffene war. Hätte nicht der Gast gleich, nachdem ich abgeführt war, ein Dutzend Zeugen, die den ganzen Sachverhalt von Anfang an gesehen hatten, notiert und diese Namen nicht sofort nach der Wache gebracht, wäre nur das eine Bild in Frage gekommen, welches der Schutzmann entwarf. Am andern Morgen wurde ich wieder entlassen; dieser Auftritt machte mich im weiten Umkreis unter den Elementen zum Held. Meine Wirtschaft saß jetzt ständig voll, der ordentliche Bürger räumte zweifelhaftem Publikum das Feld.

Der Staatsanwalt hatte Anklage auf Landesfriedensbruch und tätlichen Angriff erhoben. 3 Monate nach diesem Vorfall hatte ich Hauptverhandlung. Der Vorsitzende stellte sich recht merklich auf die Seite der beiden Schutzleute. Durch die von mir angeführten 10 Zeugen entwickelte sich das Bild zu meinen Gunsten, was einen Freispruch zur Folge hatte. Das Gericht führte aus: das Vorgehen des Schutzmanns sei nicht seiner Instruktion entsprechend gewesen. Er hätte, als er seinen Kollegen auf dem Pflaster liegen sah, meine Personalien feststellen sollen und auf der Wache diesen Fall berichten müssen. Eine dann folgende Untersuchung hätte das richtige Ergebnis gebracht.

6. Kapitel

Ein blondes Mädchen von der Heilsarmee

Die Einnahmen in der Wirtschaft erlaubten mir Ausgaben, die weit über ein gewöhnliches Maß hinausgingen; besondere Verdienste hatte ich aus meiner Spielklubtätigkeit, die sich nach Wirtschaftsschluß abwickelte. Nur Geschäftsleute, die mir und denen ich bekannt waren, hatten Zutritt, um meistens bis in den hellen Morgen hinein zu spielen. Ich mußte das Licht durch schwarze Vorhänge abblenden, damit die patrouillierenden Polizisten von außen nicht sehen konnten, daß in dem Lokal noch Betrieb war. Ein ganzes Jahr kamen diese Spieler in mein Lokal, was nur durch äußerst ruhige, vernünftige Herren möglich war. Was jedoch dem Spürsinn der Polizeipatrouille entgangen war, entging nicht einer Dame von der Heilsarmee, die nächtlich die sogenannten Kriegsrufe in Lokalitäten verkaufte. Das ist ein Blatt, welches die Heilsarmee damals für 20 Pf. vertrieb, in dem ihre Tätigkeit sowie sonstige Aufrufe zur Mithilfe zu lesen waren.

Eine solche Dame, die aus Idealismus diese Blätter in den Lokalitäten der Hamburgerstraße und des Steindamms den Gästen feilhielt, aber sehr wenig verkauft hatte, mußte auf ihrem Weg nach Hause an meinem Lokal vorbei. Es gehört zu dem besonderen Ehrgeiz, recht viele Kriegsrufe zu verkaufen, dann heißt es stets «tüchtige Schwester», die bald zur Leutnantin befördert wird.

Ob diese Dame aus Instinkt oder aus Zufall um diese späte Stunde an die Tür des Lokals faßte, habe ich nicht einwandfrei feststellen können. Jedenfalls ihr leises Pochen an der Tür hatte Ähnlichkeit mit einem der Spielgäste, der nicht anwesend war, was mich veranlaßte, die Tür zu öffnen; bei einem Fremdling hätte ich die Tür sofort wieder ins Schloß gedrückt, aber Damen gegenüber fand ich dies zu unhöflich, weshalb ich sie bat einzutreten. Da die Spielgäste hinten im Klubzimmer saßen, konnten sie mein kleines Abenteuer nicht beobachten. Als ich die Dame frug, womit ich dienen könnte, erwiderte sie, ich möchte verzeihen und gestatten, daß sie einen Kriegsruf anbieten dürfe. Auf die Frage, wie sie zu der Annahme komme, hier um diese Zeit – es war 2 Uhr nachts – noch Gäste zu vermuten, erwiderte sie, hierfür hätte sie ein gutes Auge, sie wisse, daß in jeder zweiten Wirtschaft noch nach der Polizeistunde Betrieb sei. Ihre Bitte, sie ins Klubzimmer zu lassen, um Kriegsrufe anzubieten, mußte ich inhibieren; dies hätten mir die Gäste für ungut genommen. Deshalb löste ich diesen gordischen Knoten mit der Absicht, die ich äußerte, ihr die ganzen Kriegsrufe abzukaufen. Das Benehmen der Dame sowie ihre Allüren hätten jeder Salondame zur Zierde gereicht. Ihre schlanke Gestalt mit den schmiegsamen Bewegungen sowie ihr vom frischen Nachtwind leise gerötetes Gesicht waren von jenem süßen Reiz der reinen Jungfräulichkeit umflossen, ihre großen lichtblauen Augen zeigten in ihren Tiefen einen hervorstrahlenden Glanz, um ihre frischen roten Lippen spielte ein so ausdrucksvolles, lebhaftes Mienenspiel, das dem ganzen Gesicht eine Lieblichkeit aufprägte, in die man sich im Augenblick verlieben konnte. Das Haar trug sie alla Mozart im Zopf, und es zeigte jenes Blond, welches in der Männerwelt stets entzückt.

Meiner Bitte, sich etwas zu verweilen, kam sie deshalb nach, weil ich mich über die ganze Funktion der Heilsarmee aufklären ließ. Meine Fragen gingen so ins Kleinste, daß es einer Engelsgeduld bedurfte, alles zu beantworten. Als sie dann noch ihren großen blauen Heilsarmeehut abnahm, entzückte sie mich in einer Weise, die nichts unversucht ließ, sie derart mit Fragen zu bearbeiten, daß sie fast zwei Stunden blieb. Als ich ihr meine Ansicht dahin ausdrückte, sie sei für diese nächtliche Tätigkeit zu schade, erwiderte sie, diese Tätigkeit interessiere sie sehr. Sie meinte, es würden jederzeit Herren in die Heilsarmee aufgenommen, ob ich mich nicht für diese Tätigkeit begeistere. Ich verneinte mit dem Rat, sie möge den Beruf an den Nagel hängen und lieber eine gute Partie machen, wozu sie ihre ganze Erscheinung berechtigte. Darauf erwiderte sie, wer so viel Eheelend zu beobachten Gelegenheit habe, wie es ihre Tätigkeit mit sich brächte, verliere den Glauben an ein Glück der Ehe.

Als sie Abschied nahm, bat ich sie, jede Nacht bei mir vorzusprechen, ich würde ihr stets den Rest der Kriegsrufe abkaufen, bitte sie aber, so liebenswürdig zu sein, mich wieder so angenehm und entzükkend zu unterhalten wie heute nacht, sie hätte mir damit wirklich eine hohe Freude bereitet. Sie bejahte, schaute mich mit ihren hübschen blauen Augen an, als wollte sie fragen, ist es ehrlich oder unehrlich gemeint. Es bedarf wohl kaum der Erwähnung, daß mein Interesse an den Funktionen der Heilsarmee 1 % war, das an der Dame selbst 99 %. Ihr gutes Deutsch, was sie sprach, ebenso der feine Akzent, den sie anwandte, setzten mit Sicherheit eine Dame aus guter Kinderstube voraus. Ihr Alter konnte 18–20 Jahre sein.

In der nächsten Nacht erwartete ich sie vergebens, was mich sehr mißmutig machte. Die Spielgäste, die ganze Gastwirtschaft hatte kein Interesse für mich. Ich wünschte sie alle zum Blocksberg, um nicht zum

Teufel zu sagen. Hätte ich diese Gäste nicht, wäre ich den Steindamm und die Hamburgerstraße auf und ab gepilgert, um sie zu suchen. Das ganze Leben ist eine Hoffnung, die selbst der Mensch am Grabe noch aufbaut. In solcher neuen Hoffnung verging der Tag bis zur nächsten Nacht. Als es mit Zagen und Hoffen 2 Uhr Nacht geworden war, war ich wie auf die Folter gespannt, bis ich ein leises Klopfen hörte und mir ein Stein vom Herzen fiel, ein Kantstein, der noch heute an der Ecke, wo das Lokal war, liegt.

Ob diese Zauberfee sich extra herausgeputzt hatte oder ob es meine Einbildung war, weiß ich nicht, jedenfalls kam sie mir noch schöner vor wie beim ersten Mal. Hätte mir ein Unparteiischer in die Seele geschaut, er hätte eine Verliebtheit bis über die Ohren festgestellt, auch wenn ich Kutscherohren gehabt hätte. Wieder führten wir eine Unterhaltung, die ich auf 2 Stunden auszudehnen wußte, in deren Verlauf ich festgestellt hatte, daß ihr Vater ein Förster gewesen sei und die Mutter jetzt eine pensionierte Witwe war. Ebenso erfuhr ich, daß sie eine bessere Schule besucht hätte. Nachdem ich ihr den Stapel Kriegsrufe abgekauft hatte, nahm sie Abschied, mit dem Versprechen, bald wieder zu kommen.

Als sie fort war, kam mir alles öde vor, meine ganze Umgebung gefiel mir nicht mehr. Dieses Weib beschäftigte nur noch mein Gehirn, ich war mir selbst ein Rätsel, weil ich in meinem Umgangskreis diverse niedliche Damen kannte, mit denen ich hätte anbinden können. Aber diese Blondine von der Heilsarmee trug in ihrem Wesen eine Bildung und ein Betragen zur Schau, das ihrer Erscheinung den Stempel des Ungewöhnlichen aufdrückte, der mich schon bei Liesbeth so angeheimelt hatte. Sie erinnerte mich an die Legende der Pariserinnen, wo denen erzählt wird, daß die Frauen mit allen möglichen Fehlern zur Welt kommen, aber eine holde Fee hätte sich ihrer erbarmt und ihren Fehlern einen Zauber verliehen, wodurch er sogar als ein neuer Liebreiz wirkt. Diese holde Fee ist die Grazie.

Diesmal wartete ich drei Nächte mit immer steigender Ungeduld, bis in der vierten Nacht wieder ihr leises, mich jetzt wonnig durchschauerndes Klopfen ertönte. Auf meine Frage, warum sie drei Nächte nicht gekommen sei, erwiderte sie, sie hätte nicht den Mut gehabt, in der nächsten Nacht wieder zu kommen, es wäre unfair, mir zuzumuten, jede Nacht 20–30 Kriegsrufe zu kaufen. Ins Ohr hätte ich ihr schreien mögen, komm doch bloß jede Nacht, und wenn du 60 Kriegsrufe hast. Wir hatten wieder eine lange Unterhaltung, bei welcher Gelegenheit ich in artigster Weise bat, sie einmal in die Oper führen zu dürfen. Ihre großen blauen Augen sahen mich an, als hätte ich ihnen ein Rätsel aufgegeben, und warteten ruhig auf die Lösung, während der Mund mit den schwellenden roten Lippen und den schönen weißen Zähnen zu sagen schien: was ich sagen will, wirst du vergebens raten. Als ich meine Bitte wiederholte, antwortete sie: «Wenn ich wiederkomme, gebe ich die Antwort.» Sie wolle mit ihrer Mutter sprechen, wenn die mitginge, würde sie ja sagen, fügte aber hinzu, daß sich solches Amüsement nicht mit ihrer Tätigkeit vereinbare, ihr auch verboten sei. Als ich erwiderte, es sei im Beisein ihrer Mutter restlos schicklich, im übrigen hätten Eva immer Verbote gereizt, lachte sie. Der Abschied wurde mir wieder sauer, weil ich meinem Herzen keine Luft machen konnte.

8 Nächte wartete ich dieses Mal, in welcher Zeit ich mir über meinen Antrag Vorwürfe machte in der Ansicht, diese Blondine damit verscheucht zu haben. Wie mußte ich die Wahrheit erfahren, daß es für einen Liebeskranken in der Einsamkeit wie im Strudel der Großstadt keine Genesung gibt. An der grünen Brust der Natur findet er nur Langeweile, ebenso an ganz anderen weißen Brüsten findet er keine Ruhe, nur heilsame Unruhe. Es heißt, das wirksamste Gegengift gegen die Damen sind die Damen. Dies hieße den Satan durch Belzehub auszutreiben und würde in diesem Falle die Medizin noch verderblicher machen als die Krankheit.

Endlich schlug in der neunten Nacht durch das berauschende leise Türklopfen dieser Fee die Stunde der Erlösung. Als ich nach einiger Unterhaltung etwas zaghaft fragte, ob ich sie mit ihrer Mutter in die Oper führen dürfe, bejahte sie, gab auch gleich den Tag an, wann wir gehen wollten. Sie bat, nicht mit einem Wagen vorzufahren, den Nachbarn würde es nur Gesprächsstoff bieten, wir könnten mit der Straßenbahn fahren.

Auf den Glockenschlag stellte ich mich bei der Mutter ein, die mich sehr freundlich empfing. Sie war eine stattliche Dame, Anfang der 40er Jahre, auf deren Antlitz die Spuren der Schönheit noch nicht verwischt waren. Das Haar war bereits leicht ergraut.

Um mir die Gunst der Tochter zu erwerben, warb ich erst durch Aufmerksamkeit und Komplimente um die Gunst der Mutter. In der Loge plauderte ich recht viel mit der Mutter, die sich durch mich recht angenehm unterhalten wußte, dies hatte ich bald konstatiert. Als ich dann im geeigneten Moment mich über die Tätigkeit der Tochter abfällig äußerte, daß sie für die Heilsarmee viel zu schade sei, schien ich das richtige Thema getroffen zu haben. Sie sagte mir, sie hätte bereits ihrer Tochter diese Sache auszureden versucht, die Grillen seien ihr von einer Freundin, die Leutnantin in der Heilsarmee sei, suggeriert. Dies genügte mir.

Als diese Blondine, H. mit Vornamen, in der Loge an meiner Seite saß, hatte ich somit Gelegenheit, ihre Gesichtszüge zu beobachten. Die Wirkung der Musik, die ich auf ihrem Gesicht beobachtete, glich ganz jenen Licht- und Schatteneffeckten, die uns in Erstaunen setzen, wenn wir Statuen in der Nacht beim Fackelschein beobachten.

Durch die Bekanntschaft ihrer Mutter, hinter die ich mich steckte, war es mir möglich, etwas mehr Fühlung mit dieser Fee zu behalten. Kam sie des Nachts nicht mit Kriegsrufen, besuchte ich am Tage mit irgendeinem Vorwand die Mutter und erkundigte mich nach beider Wohlergehen. Um mich jetzt etwas kürzer zu fassen, will ich bemerken, daß meine monatelangen Besuche und Ausgänge schließlich diese etwas spröde Blondine veranlaßten, meine Neigung zu erwidern und mit einer Verlohnung endeten.

Ihrer Tätigkeit bei der Heilsarmee hatte sie Valet gesagt, was dem vereinten Einfluß der Mutter und mir gelungen war. Nur ein Gedanke hatte jetzt bei mir Raum, diese H. mußte meine Frau werden und wurde es auch. Jetzt wußte ich, daß das Leben nur schön ist an der Seite einer solchen Fee; ich glaubte, im siebten Himmel zu sein – war aber blind. In meiner blinden Liebe war mir für diese Frau nichts gut genug, alle Wünsche suchte ich zu erfüllen, die aber letzten Endes über meine Verhältnisse gingen, andrerseits dieses Weib verwöhnten und zu allem andern durchmauserten als zur Hausfrau und Kameradin. Es kam der Tag, wo ich aus den lachenden Gefilden in jene in Dantes Hölle geschilderten Regionen geschleudert wurde, wo die Verdammten in ewige Eisfelder gebettet werden.

Es ist die Schwäche unserer blutjungen Herrenwelt, der Gestalt sowie dem Bilderbogen (Gesicht) einer Dame den Vorrang ihrer Neigung zu geben, das Herz aber nicht zu studieren. Genau im entgegengesetzten Falle die junge Damenwelt.

Wer kennt nicht die Leidenschaften der ersten Liebe, die im Bündnisse mit dem Tode steht. Sie kennt kein gestern oder denkt an kein morgen, sie begehrt des heutigen Tages unverkürzt. Sie denkt an kein Sparen für die Zukunft und verschmäht alle aufgewärmten Reste der Vergangenheit. Sie ist eine wandelnde Flamme zwischen zwei Finsternissen. Je wilder sie brennt, desto früher erlöscht sie. Wer aber zum zweitenmal von der Glut erfaßt wird, dem fehlt der Glaube an ihre Unsterblichkeit, die schmerzliche Erinnerung sagt ihm, daß sie sich am Ende selber aufzehrt. Bei meiner Liebe zu dieser Blondine glaubte ich, sie könnte nur mit dem tragischen Tode enden. So erinnere ich zum Beispiel, daß wir beide während einer Badereise in Cuxhaven uns in der Abenddämmerung auf der «Alten Liebe» aufhielten, ins Meer schauten und den Gedanken erwogen, beide mit einem Tauende zusammenzuschnüren und im Wasser den Tod zu suchen. In meinem heißesten Rausche für Hel. fehlte mir jeder Gedanke an künftige Nüchternheit; meine nun folgende Schilderung wird ergeben, wie meine hochpoetischen flammenden Leidenschaften ein recht klägliches prosaisches Ende nehmen.

4 Monate nach unserer Verlobung heirateten wir. In den ersten 2 Jahren fiel mir die Eitelkeit meiner Frau nicht auf, im Gegenteil, mir gefiel alles. Grade ihre ganze Einstellung, etwas Besseres sein zu wollen, kitzelte auch meine Eitelkeit; sie präsentierte in der Bewegung, in der Sprache, sowie im Gang alle Arten einer Frau aus der Noblesse, was sie auch meisterlich kleidete und zu ihrer Erscheinung paßte. In unserer Ehe berichtete sie mir auch, wie ihr einmal ein Arzt, ein andermal ein Konsul den Hof machte. Der erste mit ernsten, der andere mit Maitressenabsichten. Wie der Zufall stets eine Rolle spielt, lernte Hel. eine Freundin, Ella, im Bad kennen, die wie gemeißelt mit ihrer schönen Äußerlichkeit und ihren freien Bewegungen zu Hel. paßte. Ella hatte einen Freund, der allerdings verheiratet war, aber wie viele solcher schönen Kinder haben Freunde, deren gegenseitige Liebe eine rein platonische ist, wie sie von Platon in «Phädrus» und «Gastmahl» geschildert wird. Eine solche Freundschaft bestand auch zwischen Ella und ihrem Redakteur Philipp – der so ein schönes Reisebuch geschrieben hat. Es liegt mir fern, in Ella eine Maitresse zu erblicken – trotzdem ich hierin Pessimist bin – aber ich konnte damals nicht umhin, Hel. schließlich vor die Wahl zu stellen, die Freundin – nicht Maitresse – Philipps zu meiden oder mich. Heute bedaure ich es nicht, weil ich jetzt feststelle, daß ich damit auf Ellas und Philipps Haupt feurige Kohlen sammelte. Hätte ich meiner Frau den Verkehr weiter gestattet, so wäre zweifellos, wenn auch ganz schuldlos, irgendwie Ella in diesem großen Petersen-Prozeß genannt worden. Wie hätte sich Philipp entrüstet, der schon – ob aus Eifersucht, will ich nicht behaupten – Ella kritisierte, weil sie mit 2 Herren im Auto gefahren sei. Aber, wie gesagt, den Umgang meiner Frau mit besagter Ella wußte ich nach mancher Mühe zu lösen. Sie sollte sich eine ordentliche Frau als Umgang suchen; eine Dame, an deren Moral ich zweifelte, paßte nicht zu meiner idealen Auffassung. Hier spielte sich eine Tatsache ab, die nicht jeden Tag in die Erscheinung tritt; der Frau eines Verbrechers wird von ihrem Mann der Umgang mit der Freundin eines geachteten Mannes verboten! Dies ist ein Blick hinter die Coulissen einer Großstadt. Es mag reichlich wunderlich klingen, wenn man liest, ich mit

meinem unmoralischen Lebenswandel ängstigte mich, meine Frau möge abfärben. Hierzu kann ich nur äußern, daß ich, bei allen meinen sonstigen verwerflichen und wenig ehrenhaften Handlungen, das höchste Ideal darin erblickte, eine Frau zu besitzen, die von den Schlacken der Erde nicht besudelt war. Diese Überzeugung hatte ich mir bei meiner Hel. verschafft. Hätte ich mit der Fußmatte eines anderen vorlieb genommen, säße ich heute nicht im Bagno, auf dem lebendigen Friedhof.

Ella ging ebenso wie meine Frau sehr gut gekleidet, erhielt auch von Philipp die Mittel, Bäder zu besuchen; wenn das Geld knapp war, nahm sie auch vorlieb mit einer Erholung in Endmundstal, wo auch meine Frau ihr Gesellschaft leistete. Dieser anspruchsvolle Lebenswandel meiner Frau kostete viel Geld, was ich mit ehrlicher Hände Arbeit nicht erreichen konnte. Ihre Wünsche aber zu erfüllen, war mir jedes Mittel recht.

Da Hel. mit Ella stets alleine ihre Erholungen und Reisen machte, hatte meine Frau keine Einsicht in meine Wege. Wie schon angeführt, hatte mein Akt mit den beiden Schutzleuten mich unter den Kreisen, die Gesetze nicht sonderlich achteten, als duften Jungen gestempelt. Unter meinen Gästen beobachtete ich eines Tages einen früheren Genossen, der dem Leser unter Hunderobert bekannt geworden ist. Ein feuchtfröhliches Wiedersehen feierten wir, mit noch zwei weiteren, mir bisher nicht bekannten Ganoven, die Hunderobert bei sich führte. Hunderobert erzählte mir während der Unterhaltung, daß er durch seine beiden Genossen in die Mysterien der Geldschrankknakkerei eingeweiht sei. Seine Liebe für die rechtschaffene Arbeit war unter Null gesunken, hierüber, meinte er, käme er ohne sie weiter.

Naturgemäß kam auch meine Verheiratung zur Sprache, die bei Hunderobert die Frage auslöste, was denn meine Auserwählte für eine wäre, wo sie herstamme, was ihre Eltern sind, und anderes mehr.

Als ich erklärte, meine Frau aus der Heilsarmee geholt zu haben, brachen alle drei in schallendes Gelächter aus, so daß ich mitlachen mußte. Als ich jedoch ihr gutes Äußeres und ihre Bildung schilderte, verstummte das Lächeln, um satyrischen Bemerkungen Platz zu machen. Wie das Sprichwort sehr oft zutrifft, wenn man von jemand spricht, ist er nicht weit, erfuhr ich in diesem Moment. Meine Frau, die ich mit Ella in Travemünde wähnte, trat in leiblicher Gestalt ins Lokal. Ihr plötzliches Erscheinen erklärte sich dadurch, daß ich einen Brief von ihr über Geldsendungen ignoriert hatte. Mir paßte das Getue mit Ella nicht mehr, was ich durch allerlei kleine Intrigen zu zerstören suchte, auch aus dem Grunde, weil ich von meiner Frau nichts mehr hatte und beobachtete, wie sie ganz die Übergeschnapptheit Ellas annahm, die doch auch nur die Tochter eines Feuerwehrmannes war. Meine holde Fee hatte nicht die Gewohnheit, ihr niedliches Köpfchen etwas anzustrengen, wo immer alles Geld herkommen sollte.

Da sie bei ihrem Eintritt in die Wirtschaft nicht zu mir an die Tonbank kam, sondern wie süß schmollende Gemahlinnen sich am Tisch hinsetzte, hier die Verzeihungsstammeleien des Mannes in Empfang zu nehmen, hatte ich ihr Kommen nicht gleich gesehen. Meine Unterhaltung mit den 3 Ganoven nahm mich derart in Anspruch, daß diese mir erst sagen mußten: «Da ist eine bessere Dame gekommen, willst du die nicht bedienen, die scheint sich wohl verirrt zu haben.» Im Nu war ich an den Tisch geeilt, um mit den Worten zurückzuprallen: «Aber Kind, wo kommst du denn her, ich bitte aber doch, warum schreibst du nicht?» Eine Träne auf dem Antlitz meiner Fee war mir zuviel, dann noch ihre weinerliche Stimme, es wäre scheußlich und brutal, sie im Badeort ohne Geld sitzen zu lassen, genügten, um alle Wünsche wieder zu erfüllen. Früher wollte ich ihr in die Ohren schreiben: wenn du soviel Kriegsrufe bei dir hast, wie du schleppen kannst, komme doch zu mir, jetzt: was du in zwei Wochen verbrauchst, da komme ich 4 Monate mit aus. Leise stammelte ich: «Du kannst morgen früh wieder mit dem nötigen Geld abreisen. Laß uns etwas freudiger dreinschauen, die drei an der Tonbank kenne ich, sie brauchen nichts zu merken, daß zwischen uns eine Disharmonie besteht, also komme bitte hinter die Tonbank, nachdem du abgelegt hast.» Hier meinte sie: «Du, Adolf, ich hatte 2 Minuten Gelegenheit, deine Unterhaltung mit diesen dort anzuhören – du warst ja so gütigst, mich zu übersehen –, die gefiel mir absolut nicht, ich hörte Ausdrücke wie das ist ein dufter Junge und andere mir unverständliche Äußerungen.» – «Laß die drei nur deine Kritick nicht hören, es sind Gäste, wir können uns nachher noch genügend über sie aussprechen.» Da sie von der Bahnfahrt abgespannt war, sich überdies über das Ignorieren des Briefs geärgert hatte, ließ sie sich die Schlüssel von mir zur Privatwohnung geben, um zur Ruhe zu gehen.

Jetzt kam die Kritick der drei Ganoven, die unzufrieden waren, daß ich sie nicht vorgestellt hatte. Erst waren sie von der äußeren Erscheinung geblendet, meinten aber, dieses Frauchen passe nicht für mich, in diese Wirtschaft müsse eine tüchtige Frau hinein, keine wie meine, die ich wohl als Nippfigur auf der Kommode verwenden könne.

Mir kam auch zuweilen solche Dämmerung, die stets verschwand, wenn ich meine Frau neben mir hatte. Als wir am Abend zusammen in der Wohnung waren, kam Hel. nochmal auf die drei Gäste zurück, die ihr nicht aus dem Kopfe wollten. Durch einige Redewendungen wußte ich sie von dem Gespräch abzubringen, wonach wir friedlich und angenehm den Abend verbrachten, da ich in der Wirtschaft vertreten wurde. Am andern Morgen brachte ich mein zweites Ich, beladen mit dem nötigen Mammon, an die Bahn, wo sie mit strahlendem Gesicht und leuchtenden Augen Abschied nahm, um wieder Ellas Umgang zu genießen.

Sie hatte keine Ahnung, wie es mit mir finanziell stand, ich hatte ihr fast alle verfügten Barmittel ausgehändigt.

7. Kapitel
Der Geldschrank und der Scharfrichter

Es konnte 2–3 Tage nach diesem Abschied meiner Frau sein, als Hunderobert mit einem Genossen ins Lokal trat. Im Verlaufe einer längeren Erzählung stellte Hunderobert mir die Frage, ob ich nicht geneigt sei, einen Bruch mitzumachen, wo es einem Arnheim zu Leibe gehen sollte. Meine finanzielle Ebbe paßte wie gemeißelt auf diese Frage. Die paar Pfennige, die ich hatte, genügten nicht mal, um die laufenden Rechnungen zu bezahlen.

Wenn es sich lohnt, sagte ich zu Hunderobert, mache ich den Bruch mit, verlassen könnt ihr euch auf mich, das weißt du. Hierzu äußerte er: «Wir bedürfen deiner zum Schmierestehen.» Als ich ihn frug, wo der dritte Genosse sei, mit dem er letztes Mal hier war, erfuhr ich, daß der schwere Lampen hatte und leider am Tage vorher alle geworden (verhaftet) sei.

Hunderobert trug mir die ganze Sache, die er gut ausbaldowert hatte, bis ins einzelne vor. Sein gestern alle gewordener Genosse, der diesen Tipp gebracht, hatte vor einigen Monaten eine Köksch* poussiert, die dort in Stellung war. Auf einem Tanzsalon bei Pingel in Pöseldorf hätte er sie kennengelernt. Im Verlaufe seiner mehrmonatlichen Poussage hätte er sie ausgehorcht, ohne merken zu lassen, um was es sich handle; was er nicht klarkriegen konnte, hätte er durch eignes Baldowern komplett gemacht. Hunderobert war bereits auf dem Punkt angelangt, wo die Brüche als Geschäfte oder Sport behandelt werden. Genauso, wie es mir 2 Jahre später ging. Dieser Bruch war in Eppendorf bei einem Spirituosenfabrikanten zu machen, der mit Familie ein ganzes Haus alleine bewohnte, in dem sich in den Parterreräumlichkeiten das Kontor befand, wo der Arnheim stand.

Hunderobert erklärte mir jetzt eine sogenannte Bettentour, die sich dadurch karackterisiert, daß der Dieb in die Schlafstube schleicht, sich die Schlüssel zum Geldschrank sowie Uhr mit Brieftasche und sonstigen Wertsachen aneignet. In diesem Falle wollte Hunderobert auch in die Schlafstube schleichen, um aus der Hosentasche des Besitzers die Geldschrankschlüssel zu holen. Meine Zweifel über solches Gelingen wußte Hunderobert durch mehrere angeführte gelungene Brüche die-

* Köchin. (Anm. d. Herausgebers)

ser Art zu verscheuchen.

Nachdem wir diese Sache noch etwas feucht begossen hatten, vereinbarten wir ein Stelldichein am Eppendorfer Marktplatz für die kommende Sonnabendnacht um 12 Uhr, wo wir alle drei pünktlich erschienen.

Es war eine warme Augustnacht, die den Vollmond am wolkenlosen Himmel zeigte. Hierdurch waren die Straßen fast hell, was uns zu unserem Vorhaben nicht sonderlich paßte. Nach einigen verscheuchten Bedenken und gegenseitigem Ermahnen, gut wach zu sein, traten wir unsern Weg vom Marktplatz nach dem Tatort an, Hunderobert hielt noch eine kleine Examina an uns beide mit den Worten, wenn er im Haus drin wäre und in die Schlafstube dringe, müßten wir draußen äußerst still sein. Einer müsse in der Stube stehen bleiben, wo er hineinklettere, und der andere draußen. Weiter sagte er, es dauere sehr lange, bis er wieder rauskäme, weil er bei jedem Schritt, den er mache, wieder stehen bleibe, um zu horchen, ob nicht irgendeiner von den Schlafenden aufwache. Auch in der Schlafstube müsse er sich verweilen, damit er im Dunkeln einigermaßen die Gegenstände erkenne, um nicht irgendwo gegen zu laufen, denn Licht könne er nicht machen. Er habe es schon gehabt, daß Leute von dem Lichtschein aufgewacht sind. «Also, ihr müßt draußen Geduld haben. Ist die Polente (Polizeipatrouille) in Sicht, gebt mir stets Bescheid; sollte ich dann gerade in der Schlafstube weilen, ziehe ich mich solange, bis die Polente vorbei ist, auf'n Korridor zurück. Das ist sicherer. Es könnte zufällig einer in der Schlafstube aufwachen und das Schreien anfangen; wenn ich dann aus dem Fenster stürze, laufe ich der Polente direkt auf'n Hals. So, nun wißt ihr Bescheid. Du, Adolf, bleibst draußen, und Schlachterkarl geht mit hinein, letzterer bleibt in der Stube am Fenster stehen, damit du ihn stets über Gefahr zinken kannst, was er mir durch Zungenschnalzen übermittelt.»

Schlachterkarl, eine kompakte Gestalt mit schwarzem Haar und niedriger Stirn, erinnerte mich an jenen stiernackigen Pferdehändler in Aalborg, an den ich den Gaul verscheuert hatte. Er hatte ein paar Arme am Leibe, bei denen man an Rippen- und Knochenbrüche dachte.

Nachdem Hunderobert seine Belehrungen beendet hatte, kam Schlachterkarl mit seinem Text, den er mit den funkelnden Augen eines schwer bedrängten Gladiatoren und schwungvollen Apachengesten begleitete. Er meinte, im Falle einer Flucht dürften wir uns nicht zersplittern, einig müßten wir uns sein. Er präsentierte auch einen Schlagring, wobei er meinte: «Wem ich diesen unter die Kinnlade schiebe, der denkt, im Himmel ist Jahrmarkt.»

Derzeit hatten die Ganoven meistens Schlagringe, nur die wenigsten trugen Schußwaffen; die Schutzleute trugen auch keine Schußwaffen, sondern nur einen halblangen Säbel. In Preußen trugen schon vor dem Kriege die Polizisten, die auf der Straße wachten, Schußwaffen.

Im Verlaufe dieses Gesprächs waren wir am Tatort angelangt. Nach Ganovenmanier wurde erst an dem Hause vorbeigegangen, 6 Augen streiften das Gebäude ab, ob irgend etwas zu beobachten war. Still und friedlich ragte das Haus zum Himmel, nichtsahnend, daß es zum Schauplatz einer verwegenen Handlung werden sollte. Der helle Mond warf sein Licht an die Hinterfront des Hauses, was die Vorderseite für unsere Absicht günstig in Dunkel hüllte. Nachdem wir einen Rundgang von fünf Minuten im Umkreis gemacht und festgestellt hatten, daß nirgends jemand herumstand, der irgendwie uns von weitem beobachten konnte, machten sich Schlachterkarl und Hunderobert an dem Fenster zu schaffen, um es zu öffnen. Ich hatte mich in unmittelbarer Nähe zum Schmierestehen aufgestellt.

Robert hatte mit dem Bohrer, nachdem er diereckt unter dem Fensterriegel durchgebohrt hatte, diesen hochgeschoben, dann das Fenster ziemlich geräuschlos geöffnet. Schlachterkarl stand unter dem Fenster, hatte seinen Kragen hochgeschlagen; ich sah, wie durch die Schlagschatten seiner Brauen die Augen dunkel blitzten, die von dem ganzen Lasterkatalog wußten.

Beide stiegen sie hinein, nachdem ich nochmal zur äußersten Wachsamkeit aufgemuntert wurde. Diese Stelle in Eppendorf war ziemlich abgelegen und still, was solche nächtlichen Aspekte äußerst begünstigte. Einmal nur mußte ich für eine des Wegs kommende Revierpatrouille warnen. Schlachterkarl machte das Fenster zu, hatte Hunderobert gezinkt, worauf beide sich still verhielten, vom Kontor aus auf die Straße schauten und den Schutzmann passieren ließen; ich hatte mich gegenüber der Straße, wo etwas Anlagen waren, im Gebüsch verkrochen. Nichtsahnend patrouillierte der Schutzmann an dieser Stätte vorbei, er schaute hierhin, schaute dorthin, wiegte sich in der Meinung, daß alles friedlich schlafe und er in seiner nächsten Umgebung der allein wachende Mensch sei. Aber wie es im Leben meistens ist, der Schein trügt. Aus dem Hinterhalt blitzten ihn 6 Augen an, verfolgten ihn Schritt auf Schritt, so lange bis seine Tritte unhörbar verhallt waren.

Geräuschlos öffnete jetzt Hunderobert das Fenster, ließ den Ruf eines Lockvogels ertönen, dem ich aus dem Gebüsch antwortete. Der zweite Ruf forderte mich auf, ans Fenster zu kommen, wo er mich aufforderte, gut zu kneistern, er wolle jetzt in die Schlafstube schleichen. Unheimlich war die Gestalt des Hunderobert vermummt, seine Mütze hatte er untergesteckt, das Haar hing in wirren Strähnen über die Stirne, das Gesicht mit einem schwarzen Tuch verhüllt, so daß nur die Augen zu sehen waren. Diese Gestalt hätte genügt, einem schlafenden Menschen, der aufwachte, das Herz in die Schuhe sinken zu lassen, die Glieder zu lähmen und zum Aufstehen unfähig zu machen.

Schlachterkarl hatte sich's am Schreibtisch im Lehnstuhl des Chefs gemütlich gemacht, um mit der Ruhe eines Kannibalen der Dinge, die da kommen sollten, zu harren.

Wie ich Hunderobert frug, ob er bald fertig sei, sagte er, die Sache sei sehr kompliziert, die Inwohner des zweistöckigen Hauses schlafen oben, deshalb müsse er vom Korridor aus die eine Treppe hoch, die zum Oberstock führte, aber mächtig knarre. Er sei vorhin schon oben gewesen, hätte aber gleich wieder runter müssen, weil ich den Schutzmann angemeldet hätte. Weiter sagte er, es könne noch eine Stunde über hingehen, bis das Ziel erreicht sei, er müsse Stufe für Stufe gehen, um nicht Geräusche zu verursachen. Außerdem, sagte er, wie schon erwähnt, sei er bereits vor der Schlafstube gewesen, hätte gelauscht, aber kein Atemholen gehört, weshalb er vorsichtig vorwärtsdringen müsse, um der Gefahr aus dem Wege zu gehen, daß der Schläfer, der ihn vielleicht schon gehört hatte, sich, wenn er wach genug wäre, auf ihn losstürzte oder schußbereit unter der Decke einen Revolver halte. Dies sei ihm alles schon passiert.

Meinen alten Platz an den Anlagen, von wo aus ich die Straße nach links wie nach rechts überschauen konnte, nahm ich wieder ein. Was ich jedoch eben von Hunderobert über die Schlafstube gehört hatte, ertrugen meine Nerven nicht; ein Schauer kroch mir die Wirbelsäule entlang. Bilder des Entsetzens geißelten meine Seele, die riesengroß und schreckhaft vor meinen Blick rückten. Über Erinnerungen derartiger schreckhafter Bilder verfügte ich nicht, plötzliche Bilder von Zuständen und Geschehnissen traten vor meine Augen.

Furchtbar kam mir zum Bewußtsein, wozu 2 Gestalten wie meine beiden Genossen fähig wären. Das Gewissen, was sie besaßen, machte keinen Halt vor der Besudelung ihrer Hände mit Blut.

Noch heute ist es mir etwas Mysteriöses, wie meine Beine sich ganz mechanisch in Gang setzten, auf das Fenster zugingen, es öffneten und hineinstiegen. Trotzdem es dunkel war, sah ich doch das erstaunte Gesicht des Schlachterkarls, das aus den starren Formen eines Fragezeichens nicht herauswollte, weil ich ohne eine Warnung ins Fenster stieg. Schließlich warf er die Frage ab: «Was ist los, was machst du, ist da dicke Luft?» Er hatte kaum die Frage ausgesprochen, als ich schon den Schnalzlaut, der für Hunderoberts Rückkehr nötig war, abgegeben hatte. Im Nu war er bei uns, um ebenfalls seinen Bilderbogen mit dem Fragezeichen zu präsentieren.

Meine Erklärung war kurz und bündig die, daß ich mit ihnen über die Art der Ausführung sprechen müsse, wozu ich sie ersuche, mit mir rauszukommen; wenn sie nicht wollten, gehe ich auf der Stelle meiner Wege; und beenden sie beide allein die Sache so, daß Blut an ihren Fingern klebe, erstatte ich morgen bei der Polizei Anzeige. Solche Sprache warf sie aus allen Himmeln. «Bist wohl verrückt geworden», flüsterten beide, «machst du uns Lampen, machen wir dich auf der Stelle kalt.»

«Wie ihr wollt», erwiderte ich, «kann euch aber versichern, ich mache euch den Kampf sauer.» Hierbei war ich ans Fenster getreten, um auszusteigen. Beide stiegen mir nach, wobei der letzte das Fenster zudrückte. Als wir zirka hundert Meter vom Tatort entfernt waren, ging die Debatte los. «Versaust uns die glatte Sache, machst uns leichtsinnig Lampen, indem du ins Fenster steigst und die Straße unbewacht läßt! Mensch, sage uns bloß, was ist dir ins Gehirn gekrochen? Dir haben sie wohl Kuhmist zwischen deinen Bregen geworfen, aber vergessen, umzurühren.» Solche und andere in Verbrecherkreisen übliche Redensarten ergossen sich über mich.

Als sie ihrer ersten Aufwallung Luft gemacht hatten, erklärte ich ihnen folgende Ansicht: «Wie ich draußen Wache stand, kamen mir dadurch ungeheure Bedenken, daß Hunderobert in die Schlafstube dringen wollte. An dem Bette der Schläfer ist er nicht weit von einem Mord ab, was ich nicht mitmache. Es kam mir auch zu feige und scheußlich vor, zwei Menschen im Bette niederzuschlagen. Können wir so nicht an den Inhalt des Geldschranks heran, laßt die Sache fliegen, dann bietet sich ein anderer Tipp. Wenn wir bemittelten Menschen ihr Hab und Gut schmälern, bewegen wir uns immer noch im Menschlichen, aber nicht, wenn an unsern Fingern Blut klebt.»

Hunderobert meinte hierzu, so weit wäre es auch nicht gekommen, während Schlachterkarl sagte: «Wenn ein Lebenslicht ausgeblasen wird, ist doch auch nichts los, sie fragen ja auch nach uns nicht. Wenn wir im Knast sitzen, was fragen die Hunde danach, ob wir im Arrest verrecken! Ist das vielleicht menschlich, wenn du im Arrest hinter Stangen auf der Pritsche wie ein Raubtier haust!»

«Karl», sagte ich darauf zu ihm, «deine Ausführungen als unrichtig hinzustellen, ist nicht meine Absicht, nur eines möchte ich entgegnen.

Was mit Menschen hinter Mauern gemacht wird, dürfen wir an einem völlig Schuldlosen nicht vergelten. Macht es dich innerlich nicht selbst freier, wenn du sagen kannst, ein Menschenleben habe ich nicht auf dem Gewissen; andrerseits sind wir doch Männer, die diesen Akt nur als Bruch lösen können. Vor ein paar Tagen habt ihr beide bei mir in der Wirtschaft große Bogen gespuckt, über Geldschrankknackerei, und heute zeigt ihr euch so jämmerlich. Redet davon, in die Schlafstube zu dringen, rollt dabei mit den Augen, als wenn ihr schon einen Menschen umgebracht habt, das nenne ich keine Ganoven, das sind ruchlose Mordbuben.»

«Mensch, zügel deine Worte, oder ich stoß dir den Dolch in die Rippen, damit du verreckst wie ein Käfer», rief Karl, der sich damit die Blöße gab, daß ich seine Achillesferse berührt hatte. «Wenn dich der Übermut quält», erwiderte ich, «laß uns statt dem Bruch auf der Stelle ein regelrechtes Matsch ausfechten; bleibe ich am Boden liegen, bläst du mir mein Licht aus, im andern Falle ich dir. Mir kannst du mit Drohungen nicht imponieren, bin jederzeit bereit, den Kampf mit dir aufzunehmen, selbst wenn du heimtückische Arten anwendest.»

Schlachterkarl stieß mehrere Flüche durch die Zähne, ich hörte Worte wie, die Gelegenheit kommt, du linker Hund, du Mistbiene usw.

Auf meine Frage, wo ihre Kunst bleibe, Geldschränke zu öffnen, erklärte mir Robert, ihr extra dazu angefertigtes Gnabbergeschirr* nicht mitgenommen zu haben, weil das Öffnen des Geldschranks mit dem Geschirr einiges Geräusch verursache, was in diesem Fall, wo einen Stock höher die Leute schlafen, nicht angebracht ist.

Auf meine weitere Frage, ob wir den Geldschrank nicht wegschleppen könnten, sagte Robert, dies würde eventuell gehen, koste aber Schweiß. Der Schrank wiege seiner Taxe nach 2–4 Zentner. Außerdem müßten wir sehen, daß wir hier irgendwo eine Karre abhaken, womit wir den Schrank transportieren.

Diese Art, den Bruch zu lösen, verschaffte mir Erleichterung, wir gingen jetzt auf die Suche, eine schottische Karre irgendwie zu stibitzen, was uns schließlich bei einem Schmied gelang. Vorsichtig trugen 2 Mann, einer hinten, einer vorne, die Karre ein Stück des Wegs, damit der Schmiedemeister kein Geräusch vernehme.

Zunächst stellten wir die Karre beim Tatort in den in der Nähe

* Richtig: «Knabbergeschirr», wozu Bohrer, Hammer, Meißel, Brecheisen, Zangen und ein Knabber, eine Art überdimensionaler Büchsenöffner, gehören. (Anm. des Herausgebers)

befindlichen Anlagen so, damit eventuell vorbeikommende Passanten nichts sehen konnten. Nachdem wir noch einmal den Umkreis genau abgesucht hatten, ob alles rein sei, stiegen wir beide, Robert und ich, ins Fenster und ließen Karl diesmal Wache halten. Wir sahen uns beide den Arnheim an, der wohl zirka 4 Zentner wog. Mit Mühe, aber ohne Geräusch transportierten wir ihn ans Fenster, wo wir ihn, nach Entfernung eines 3/4 Mr. langen Sockels, drauf setzten. Wir holten die Karre, auf die wir den Schrank mit vereinten Kräften aufluden. Hinzufügen muß ich noch, daß wir bei dem Schmied außer der Karre ein paar große Stangen sowie ein großes Beil zum gewaltsamen Öffnen des Geldschrankes mitnahmen.

Mit der Karre fuhren wir ein ziemliches Ende die Alsterkrugchaussee hinunter, bogen von dort in einen Nebenweg auf eine Wiese. Bei dieser Gelegenheit fing es an zu schummern. Durch die Umstellung der Handlung, ebenso durch die Auseinandersetzung war es 5 1/2 Uhr geworden. Zuerst sollte ich den Schrank mit der Axt bearbeiten; bevor ich jedoch anfing, konnte ich nicht umhin, dieses komisch groß geformte Blatt des Beils zu bewundern.

Die Sonne ließ ihren ersten gedämpften Schein in Form des Morgenrots sehen und hüllte die ganze Landschaft in feurigen Schimmer. Das Beil, welches ziemlich rostig war, sah, vom Morgenrot beleuchtet, fast blutig aus, was mich im Geiste nach London in den Tower eilen ließ, wo die Axt aufbewahrt wird, mit der Heinrich der VIII. seiner Gemahlin Anna Boleyn das Haupt vom Rumpfe trennen ließ. Die Schwere des Beiles sowie das ungewöhnlich große Blatt legte die Vermutung nahe, daß diese Axt, die wir aus der Rumpelecke des Schmiedes entwendeten, vielleicht eine ähnliche historische Vergangenheit hinter sich hatte.

Schlachterkarl wie Hunderobert hatten ihr Gesicht bereits wieder zum starren Fragezeichen verstellt, weil ich, mit dem Beil in der Hand, dastand und nicht auf den Geldschrank einschlug. Karl meinte schließlich: «Woran denkst du eigentlich? Wenn du uns noch lange aufhältst, bekommen wir noch Zuschauer, die uns in liebevoller Weise sicheres Unterkommen verschaffen.» Ich erklärte ihnen meine Gedanken, daß solche Axt verwendet sei, um in den zarten Nacken einer Königin zu sausen. Welch Teufel von Scharfrichter muß es gewesen sein, diese Handlungen an einem schwachen Geschlecht zu begehen. Den weißen Nacken unserer Damenwelt, der berufen ist, von entzükkendem Geschmeide geziert zu werden, mit einem Beil zu bearbeiten, will ich an diesem Geldschrank rächen, indem ich im Geiste Heinrich den VIII. mit seinem Teufel von Scharfrichter sehe!

Mit wuchtigen Schlägen schlug ich auf den Geldschrank ein. Zuerst sprang die Axt federartig wieder zurück, bis sie mit noch derberen Schlägen beim Schloß in die Platte sauste, das ganze Schloß zertrümmerte und die Kieselgurerde herausstaubte. So lange schlug ich, bis mir der Schweiß von Stirn und Wangen rann und die Geldschranktür geöffnet werden konnte. Nachdem wir dann die inwendig im Schrank befindlichen Kassetten oder eisernen Schiebladen auf dieselbe Weise geöffnet hatten, fiel uns Gold- und Silbergeld in Höhe von 6000 M in die Hände.

Jetzt war es höchste Zeit, daß wir uns drückten. Es war tageshell und 6 Uhr morgens. Mit Eilschritten ließen wir den Ort der Handlung hinter uns und teilten an einer abgelegenen Stelle das Geld, wovon jeder 2000 M erhielt.

2000 M war derzeit ein kleines Vermögen. Hier wird es leicht einleuchten, daß solche Beute eine magische Gewalt für weitere solcher Handlungen in sich barg; wenn noch hinzukommt, daß der Wochenlohn damals für den Arbeiter zwischen 18 und 24 M schwankte, so ist es zu fassen, wenn die Liebe zur Arbeit erdrosselt wurde. Als weiterer Moment spielte jene Fee, die ich zur Frau erwählt hatte, die größte Rolle, um sich auf solche Weise Gelder anzueignen. Am selben Morgen erhielt ich mit der ersten Post einen Brief meiner Frau, in dem sie mir ihr Wohlbefinden im Badeort mitteilte, auch daß ihr Geld noch nicht alle sei. Außer Neckereien entwickelte sie sonst in ihren Zeilen nicht allzuviel Zärtlichkeiten. Hier war die Eitelkeit meine große Schwäche, ein Weib zu besitzen, wo fremde Menschen sagten: «Hübsches Weib.» Nach 14 Tagen kam sie heim und war so liebenswürdig, jetzt zu Hause zu bleiben, was mich zuerst ein wenig wunderte, sich aber nachher dadurch begründete, daß ihre Freundin Ella auch in Hamburg in Eimsbüttel bei ihren Eltern weilte.

Mein erstes Erlebnis mit diesen beiden Feen war eine hohe Anforderung an meine Beherrschung. Gerade als ich Hel. mit einem neuen modernen Kleid, Übergangshut und Abendmantel versehen hatte, hatte sie sich mit Ella zu einem Besuch fürs Altonaer Stadttheater verabredet. Da ich das Gefühl hatte, daß ihr die Umgebung Ellas lieber war wie meine, bot ich meine Begleitung nicht an, wurde auch von Hel. nicht dazu aufgefordert, aber zum Abholen wollte ich mich einstellen. Die Freude, meine Frau in ihrer modernen Hülle vom Theater abzuholen, sie an meiner Seite durch die Stadt, durch ungezählte Menschen führen zu können, entschädigte mich für ihre sonstige abstoßende Art, die ich wiederholt ertragen mußte.

Pünktlich war ich zur Stelle; richtig tendelten die beiden aus der Menge heraus, die aus dem Theater strömte, stiegen in die gelbe Bahn, kümmerten sich aber blitzwenig um mich – Esel, der ich war –, der so stand, daß sie mich sehen konnten, auch gesehen haben.

Sie drehten sich, wackelten und gaggerten wie ein paar Backfische – die sie allerdings nicht mehr waren –, kicherten und zeigten ihre weißen Zähne, als wenn Gott und die Welt nur für sie erschaffen war. An mich, der hinten auf den Perron gesprungen war, dachten diese Holden gar nicht. Am Millerntor stiegen beide aus, ich mit, maulte aber per 10 Meter Distanz. Noch ein wenig Gekicher, ein zärtliches Händeschütteln, und Ella stieg in eine Bahn, die nach Richtung Eimsbüttel fuhr. Jetzt erblickte Hel. mich, kam auf mich mit den Worten zu: «Du, Adolf, laß uns einen Wagen nehmen, ich finde es entzückend, in dieser herrlichen Abendluft in der offenen Chaise zu fahren.» Hierauf erwiderte ich: «Du, Hel., noch entzückender wäre es gewesen, wenn du deiner Pflicht gemäß mich beim Altonaer Stadttheater beachtet hättest und mit mir zusammen gefahren wärest, statt dich gar nicht um mich zu kümmern.» – «Aber ich bitte dich, Adolf, wir kamen aus dem Theater, wo die Nachwirkung dieser Tragödie Ella und mich noch ganz gefangen nahm, auch eine gegenseitige Beurteilung nach sich zog; du bist scheußlich, daß du mir die reine Freude an diesem Stück vergällen willst.»

«Was heißt vergällen, dein Verhalten im Beisein Ellas war verletzend, sie übt meiner Ansicht nach keinen günstigen Einfluß auf dich aus, du zerstörst unsere Harmonie durch diese Freundschaft. Dein Verhalten ist für mich auch ein Theaterstück, dessen Wirkung mich noch so gefangen hält, daß ich keinen Wagen nehmen kann, aber diereckt ein Verlangen habe, vom Millerntor zu Fuß nach Hause zu gehen.»

Diese Andeutung, einen 1½stündigen Weg zu Fuß zu gehen, wirkte wie schlagende Wetter in dem Köpfchen dieser verwöhnten Fee. Die Augen, die eben noch vor Freude und Genuß glänzten, loderten nicht auf in Zorn und Wutblitzen, sondern im Schmollen mit Tränen. In dieser schmollenden Verfassung spazierten wir den neuen Steinweg runter bis zum Großneumarkt, wo die feuchten Augen Hel.s mich bereits soweit umgestimmt hatten, um auf dem Großneumarkt, wo derzeit Chaisen hielten, einen Wagen zu nehmen.

Wir waren ungefähr bis zur Mitte auf dem Großneumarkt angelangt, genau auf jener Stelle, wo ich morgens fünf Uhr Rabenmax angerufen hatte, als ich des Riesen wegen eine Stunde früher das Haus zur Arbeit verließ, weil ich den Kater geschoren hatte. Ich hatte eben die Hand Hel.s berührt, um sie mit der Äußerung, einen Wagen zu nehmen, zu versöhnen, als vom Lokal «Hohenzollern» runter, Ecke alter Steinweg und Großneumarkt, zwei Paare kamen, die beide eine Ladung Alkohol hatten und schon die Blicke des Publikums auf sich zogen! Der eine hatte den Hut etwas im Nacken, der andere seinen etwas auffällig ins Gesicht geschoben, während ihre beiden Damen ihre Hüte etwas schief aufs Ohr gedrückt trugen. Laut und lustig redend, ihre Damen unmäßig weit untern Arm gehakt, kamen sie auf uns zu.

Wir waren ungefähr noch 3 Meter auseinander, als beide: «Hallo, Odsche, wo kumms du denn her!» riefen, auf uns zu eilten, mich und Hel. unterhakten und laut grölten: «Mensch, dor is ja ouk dien hübsche Frou, jetzt möt wie aber erst een Lütten drinken!» Die beiden waren Schlachterkarl und Hunderobert, die 2 Damen aus der Apachenwelt bei sich hatten, wo die freie Lippe Trumpf ist, die sich so gaben, wie sie waren, und sich in jeder Kaschemme zu Hause fühlten. Der krasse Kontrast, den Hel. durch Allüren einerseits, durch Äußerlichkeit andrerseits darstellte, lenkte die Aufmerksamkeit des Publikums auf sich. Hel., die mit allen Fasern ihres Ichs die Dame der Noblesse durchdrückte, war wie vorn Kopf geschlagen. Sie bewegte den Mund wie ein Mensch, der schon satt ist, aber noch etwas runterbringen will und hohl kaut, dabei die Augen verdreht wie ein in Liebessehnsucht vergehender Jüngling. Die Ausdrücke, die Karl und Robert in ihrer derben Gemütsart anwandten, wozu noch in der halben Betrunkenheit alle Rücksicht beiseite gelassen wurde, das war die derbste Lektion, die Hel. kriegen konnte.

Irgendwelche Ausreden anzuwenden, um die Einladung zu umgehen, war ausgeschlossen. Wir wurden begrölt, vorwärtsgeschoben, um erst wieder im Hohenzollerncafé zur Besinnung zu kommen. Hunderobert bestellte gleich für jeden 1 Flasche Wein, Hel. sandte Legionen flehentliche Blicke zu mir hinüber, die ich genauso wenig sah, wie sie mich Esel beim Stadttheater. Als zum Trinken angestoßen wurde, zögerte Hel., was bei Schlachterkarl die Äußerung auslöste: «Schenier dir man nicht, min Deern, büst nich mehr wie wir, wenn ouk een beten glattere Snut hast, kommt nich drauf an, drink man glatt ut, for dir spendier ich een Buddel extra.» Hierbei sangen die beiden Apachenmädels ein unter den Apachen bekanntes sentimentales Lied, wo Karl und Robert mit einstimmten. Der Text lautete:

Meine Mutter, eine geborene Lerche,
ist an allem meinem Leide schuld.

Sie schickte mich nicht zur Schule und zur Kirche,
denn sie war ein großer Trunkenbold.

Davon 6 Verse, die schauerlich waren. Hel. stand auf, um angeblich gleich wiederzukommen; da wir aber so saßen, daß sie nicht aus der Tür gehen konnte, ohne von uns bemerkt zu werden, stand sie ein ziemliches Ende von uns ab, um meinen Blick aufzufangen, was ich schon bemerkt hatte, aber absichtlich ignorierte. Sie wollte mich zu sich winken, um mir jedenfalls zu sagen, sie irgendwie aus dieser Gesellschaft zu befreien. Ich blieb aber ungerührt. Bis den vieren am Tisch die Zeit lang wurde und sie Hel. aufsuchten und wieder an den Tisch schleppten.

Eine Stunde mochte verstrichen sein, als ich im geeigneten Moment mit Hel. ohne Abschied aus der Tür verschwand. Kaum waren wir auf der Straße, als Hel. sich in Vorwürfen gegen mich Luft machte. So etwas sollte ihr nie wieder passieren, sie werde die Wirtschaft nicht mehr betreten, um nicht weiter unter solchem Publikum bekannt zu werden. Wie wohl fühlte sie sich dagegen in der Atmosphäre ihrer Freundin Ella. Solche und vielerlei andere Entrüstungsreden mußte ich hören. Irgendwelche Erwiderungen zu machen, hätte die Übergeschnapptheit Hel.s doch nicht geändert. Es war das erste Mal, wo die Dissonanz unserer Disharmonie eine nachhaltende Wirkung hatte; noch am andern Morgen schmollte Hel., wich allen meinen Versuchen, eine friedliche Unterhaltung anzuknüpfen, aus. Sie setzte sich alleine in die Stube, sorgte weder für den Kaffe noch für sonstige häusliche Arbeiten, zog nach einer Stunde ihre beste Garderobe an und ging fort.

Zum ersten Male empfand ich, daß ich eine Frau mit dem dämonischen Typus geheiratet hatte, wo der Konflickt zwischen leiblicher Schönheit und Teufelsbosheit lag. Ein Meer dämonischer Empfindungen sah ich hier um eine Weiberseele branden. Konnte feststellen, wer heiratet, gleicht einem Landesherrn, der sich mit einem Meere vermählt, er weiß nicht, was er heiratet, was die Tiefen bergen, wieviel Perlen, Ungetüme, unbekannte Stürme. Eine Trennung herbeizuführen, war ich nicht imstande; der Gedanke, Hel. in den Fingern eines anderen zu wissen, hätte mich alle Tantalusqualen durchkosten lassen. Hinzu kam noch, daß sie ein zweites Leben unterm Herzen trug. Dies alleine genügte schon, eine Trennung für Illusion zu halten.

Wieder kittete sich unsere Versöhnung dadurch, sie mit Ella auf Reisen zu schicken; hierzu gab ich die mir zur Verfügung stehenden Barmittel ihr. Als sie mit freudig erglänzten Augen Abschied nahm, sogar nicht gewohnte Zärtlichkeiten bei mir anwandte, stellte ich ihr die Frage, ob sie sich bewußt sei, welche finanzielle Anforderung sie an mich stellte. Hierauf erwiderte sie, ob ich vielleicht Buch führe, was sie gebrauche, oder ob ich bereue, was ich hergab. Sie wisse schon längst, wie berechnend ich ihre Ausgaben verfolge. Diese und noch andere zu meiner Frage unpassenden Äußerungen ließ sie vom Stapel. Entweder wollte sie meine Frage nicht verstehen, oder solche Gedanken hatten in ihrem Köpfchen keinen Raum. Sie war eben der Schmetterling, der die Welt nur im Blumenflor sieht, ein süßes Spielkätzchen, deren Gemahl einen Geldbeutel wie Rothschild besitzen mußte. Vier Wochen nach dem Geldschrankakt auf der Wiese hatte ich kaum soviel Geld, um die angeforderten Getränke zu bezahlen. Die 2000 M waren zu 4/5 für Hel.s Garderobe und Reisegeld draufgegangen.

8. Kapitel
Verhaftung und Freispruch

Wieder mal war ich 3 Wochen allein, ein sogenannter Strohwitwer. Meine ganze Hoffnung setzte ich auf die Niederkunft meiner Frau, die dadurch vielleicht zur Hausfrau durchmauserte. In diesen 3 Wochen ließen sich Schlachterkarl und Hunderobert hin und wieder in meinem Lokal sehen. Sie hatten bereits ihr Geld verjubelt, auch inzwischen ein paar Brüche abgestoßen, die aber nicht besonders lohnend gewesen waren. Jetzt hatten sie aber wieder einen Tipp, zu dem ich eingeladen war, ein Geldschrank, der mit eigens dazu angefertigtem Gnabbergeschirr geöffnet werden sollte. Es war ein Pfandleiher in Borgfelde. In einer Reisetasche hatten sie das gesamte Gnabbergeschirr bei sich, das ich vorläufig im Lokal verstauchen sollte. Um Zufälligkeiten zu vermeiden, stellte ich diese Tasche in die Privatwohnung. Der Bruch war zum Sonnabend auf Sonntag beabsichtigt. Am Freitag kam Hel., nach einer dreiwöchentlichen Abwesenheit, nach Hause, blühend wie eine Rose.

Als ich am Morgen darauf um 11 Uhr aufstand, weil ich vor 5 Uhr morgens nicht aus dem Lokal kam, rief Hel. mich ins Wohnzimmer, zeigte mir die Reisetasche mit dem Gnabbergeschirr, welches sie alles auf den Tisch gelegt hatte und eingehend beschaute. Sie war zufällig auf die Tasche gestoßen. Unter anderm befanden sich in der Tasche mehrere Dietriche, zwei Paar Leisegänger-Schuhe sowie Stangen, Brecheisen nebst 2 großen Beißzangen.

Mit den Worten: «Sage mal, Adolf, was ist das bloß für Geschirr? Diese Dietriche sprechen doch ziemlich deutlich für ihre Bestimmung, wie kommst du zu diesen Sachen?» – «Was du gleich hast, Hel., was sollte es denn groß sein; ein Monteur, der bei mir als Gast verkehrt, bat mich um Aufbewahrung der Tasche, die er heute wieder abholen will. Ich stellte sie hier in die Wohnung, weil ich sie in der Wirtschaft nicht sicher genug wußte.» – «Adolf, du sagst mir doch die Wahrheit, flehentlich bitte ich dich, wenn du irgendwie Wege gehst, bekenne sie, damit ich dich zurückhalten kann, ich überlebte es nicht, wenn du auf solchen Wegen abgefaßt würdest. Denke doch auch an unser Kind, was soll daraus werden. Laß mich die Tasche sofort zur Polizei bringen, an deinen Augen sehe ich, die Sache ist nicht rein.»

Sie stand im Morgenrock am Tisch neben der Tasche, die Haare gelöst, was mich an ihr Jugendbildnis, was ich stets bei mir trug, erinnerte. Ihre flehentliche Stimme, ihr angstvolles Gesicht, alles trug dazu bei, mich offen zu machen. Ich sagte zu Helmi, es ist schon zu spät, was du befürchtest, ist bereits vor sich gegangen. Dein letztes Reisegeld erwarb ich mit den beiden, die wir im Hohenzollerncafé trafen, durch einen nächtlichen Einbruch.

Mit beiden Händen faßte sie sich am Kopf, stierte mich wie eine Wahnsinnige an, brach nach einer Weile, ohne ein Wort zu äußern, in herzzerbrechendes Weinen aus, sank auf die Knie und legte ihr Köpfchen auf einen Stuhl, um sich auszuweinen.

Lange schaute ich diese kniende Gestalt an, ihr Morgenrock war hinten am Halse aufgegangen, wodurch der weiße Nacken mit der schön gefärbten Schulter zum Vorschein kam; in diesem Augenblick überkam mich der Gedanke, dieses Weib wäre die Zierde eines wohlhabenden Mannes geworden, für dich ist sie zu schade. Das Schluchzen erschütterte ihren ganzen Körper, hier hatte ich mich verrechnet, ich war zu weit gegangen. Meine Absicht, ihr im günstigen Moment von meinen Taten zu berichten, um ihre Ansprüche bescheiden zu machen, war verfehlt. Deshalb richtete ich sie auf, trug sie ins Bett, setzte mich neben sie auf den Bettrand und nahm meine Beichte mit dem Bemerken zurück, nur eine Probe gemacht zu haben, wie sie in solchem Falle gegen mich sein würde. Die Tasche mit dem Geschirr gehöre tatsächlich einem Monteur, der sie heute abend um 8 Uhr wieder abholen wollte. Mit hinreißender Leidenschaft, wie ich es sonst für alle meine Opfer und Hingabe nicht gewöhnt war, riß sie mich an sich, wobei sie in ihrem Arm eine Kraft entwickelte, die mich in Erstaunen setzte. «Adolf, ich liebe dich unendlich, nur suche mich zu verstehen, nehme mich so, wie ich bin, und nicht so, wie du mich haben willst.»

Diese Worte ließen in meiner Seele tagelang einen nachhaltigen Wohlklang zurück. Schon glaubte ich, mein Weib gefunden zu haben, um alle schlechten Gedanken und Beurteilungen über sie fußfällig abzubitten; aber dieses von der Natur aus mit einem blendenden Äußeren bevorzugte Weib hatte einen willigen Geist, aber ein mächtig schwaches Fleisch. Ihre Wünsche an Kleidung und Schmuck blieben maßlos. Ein neues Kostüm, was ich heute kaufte, mißfiel ihr 8 Tage später, sie schenkte es ihrer Schwester, belog mich, die Jacke sei verbrannt und den Rock hätte sie ihrer jüngeren Schwester gegeben. Zufällig kam ich hinter diese Lüge. Als ich ihr Vorwürfe darüber machte, schmiegte sie sich an mich, ließ einige Zärtlichkeiten vom Stapel, für die ich immer dieselbe Schwäche zeigte und die ganze Sache mit einer Reihe Küsse für erledigt hielt.

Die Tasche nahm ich mit ins Lokal, weil sie am selben Tag, es war der verabredete Sonnabend, in der Nacht von uns gebraucht werden sollte. Um 10 Uhr kamen Schlachterkarl und Hunderobert, denen ich mein Erlebnis mit Hel. über die Tasche erklärte.

In ihren Augen hatte ich etwas Verächtliches gemacht, daß ich ihr erst solche Beichte machte. «Durch dein Küken», so räsonnierte Robert, «baust du uns nochmal die dicksten Lampen.» – «Sei doch nicht so schlapp diesem Weib gegenüber», meinte Karl. «Ist überhaupt unverantwortlich, solche Rose zu pflücken, die nicht in dein Knopfloch paßt. Hast du nicht letztens im Hohenzollern unsere beiden angesehen, dat is dat richtige Slag, da amüsieren wir uns kräftig mit, huldigen die freie Liebe, und dann weg mit Schaden, morgen taumeln sie in den Arm eines anderen. Die hatten auch keine Ahnung, was wir machten.»

Hierauf sagte ich: «Dies ist alles schön gesagt, aber jeder hat ein anderes Ideal. Eure beiden Apachenmädel können mich absolut nicht interessieren, es lebt eben jeder nach seiner Art. Mit dem Bruch laß uns man noch 8 Tage, also bis zum nächsten Sonnabend, warten, weil dieses Erlebnis mit meiner Frau mir noch zu frisch in der Seele tobt.»

Dies war nicht nach dem Sinn dieser beiden. Nach mancherlei Begründung, begleitet von satyrischen Bemerkungen, wußten sie alle meine Bedenken zu verscheuchen. Hel., die, wenn ich gegen 5 Uhr morgens aus dem Lokal kam, in tiefem Schlaf lag, konnte nicht feststellen, ob ich die Spielgäste bediente oder mich vertreten ließ, um mit den beiden den Bruch zu machen. Ich bedurfte notwendig einer finanziellen Auffrischung, wozu dieser Bruch wieder wie die Faust aufs Auge paßte.

Um 1 Uhr pilgerten wir vom Lokal nach Borgfelde an den Tatort. Wieder spielte sich der Vorgang ähnlich, wie bereits mehrfach geschildert, ab. Von der Hinterfront wurde an einem Fenster Luft gemacht, wodurch wir eindringen konnten. Zum erstenmal sah ich, wie meisterhaft Robert einen Geldschrank fast geräuschlos öffnete. Das Haus hatte nachts keine Einwohner, sondern diente nur zu den Geschäftszwecken und als Lager der Pfänder. Die nähere Art zu schildern, wie der Schrank geöffnet wurde, erübrigt sich wohl, auf dem Titelbild zeigt ein Moment links in der Ecke das gewaltsame Öffnen eines Schrankes.

Es sollte meine letzte Absicht sein, unreifen jungen Leuten aus diesem Bruche Hinweise zur Möglichkeit zu bieten, einen Geldschrank zu öffnen. Jedem jungen Menschen, der mit seinem Leben erst beginnt, kann ich nur zurufen, laß deine Finger davon, nichts geht über deinen unbescholtenen Namen. Wenn deine Eltern dich nach dem Friedhof bringen, können sie dich ehrlich beweinen. Bringt man dich hinter die schwedischen Gardinen, befindest du dich auf dem lebendigen Friedhof. Lieber mit einem Mühlstein am Halse dort ins Meer, wo es am tiefsten ist, als hinter Mauern, wo der Mensch alles begräbt. Armer Mensch, der du bist, der du geistig die Höhe nicht besitzt, um dich von gesetzwidrigen Handlungen fernzuhalten; wenn du in diesem Riesensarg einkehrst, gehst du durch das Räderwerk eines seelischen Martyriums. Alle Reue, alles Aufraffen, ein anderer zu werden, sind ohnmächtige Klimmzüge. Deinen unbescholtenen Namen holst du nicht wieder zurück. Mit einem Federstrich hat ein Richter, dein Mitmensch, ein Bruder nach der kristlichen Auffassung, dein Leben verpfuscht. Mitleidslos wird man dir bei der geringsten Veranlassung in dieser Wunde herumstochern, so daß du in deinem ganzen Leben eine unvernarbte Wunde herumschleppst. Du wirst erleben, daß jeder polizeiliche Schubjack, und deren gibt es viele, ungerührt auf diese oder jene Art in deiner Wunde herumwühlen kann. Ein kleines Beispiel für dieses will ich hier anführen.

Während meiner Untersuchungshaft war ich im Hüttengefängnis untergebracht. In dieser Zeit brachen nächtlich 3 Untersuchungsgefangene aus. Weil einer davon zu dem Petersen-Conzern gehörte, brachte eines der in Hamburg existierenden Revolverblätter den Artikel «Untersuchungsrichter und Polizei in Nöten» in die Öffentlichkeit. Hierzu war nebenstehend mein Lichtbild demonstriert, unter dem die Worte standen: «Aus unserem Kriminal-Archiv». Dieses Bild stammte von einer Aufnahme im Stadthaus, die gleich nach meiner Verhaftung vor sich genommen wurde. Dieses Lichtbild war von einem unbekannten Beamten im Stadthaus an sich genommen und an dieses Revolverblatt abgegeben, jedenfalls für Biergroschen. Der Untersuchungsrichter, Staatsanwalt, Kriminalbeamte nahmen davon Kenntnis, zeigten aber kein Interesse, der Sache auf den Grund zu gehen. Aus der Tragik machte diese Revolverzeitung eine Geschichte, und dazu bot mit einer amtswidrigen Handlung ein polizeilicher Schubjack seine Hand.

Doch jetzt kehre ich an die Stelle zurück, wo ich mit Schlachterkarl und Hunderobert beim Pfandleiher dem Arnheim in wenig gewählter Form zu Leibe rückte. Nach angestrengter Arbeit und Anstrengung aller Nerven gelang es, den Schrank zu öffnen.

Eine ganze Reihe goldener Ringe mit Brillanten, goldene Uhren, Bargeld fiel uns in die Hände. Die vielen silbernen Taschenuhren, ebenso Garderobe, überhaupt alle sonstigen Sachen rührten wir nicht an. Hierin hatte ich mit Hunderobert einen harten Strauß auszufechten. Seine Absicht war, die ganzen Uhren in einen Sack zu packen, ebenso einen Teil guter Garderobe mitzunehmen. Nach allerlei Gedibber hatte ich ihn überzeugt, daß Garderobe wie silberne Uhren nur von Ärmsten verpfändet und bei Diebstahl oder Feuer nur mit dem Versatzwert entschädigt werden. Die Entschädigung entspräche fast nie dem reellen Wert. Weiter sagte ich ihm, hätte er mir von seiner Absicht gesagt, auch Pfänder mitzunehmen, bei denen auf den ersten Blick zu konstatieren ist, daß sie Eigentum unbemittelter Leute sein müssen, hätte ich die Sache nicht mitgemacht. Schließlich einigten wir uns und ließen derartige Sachen alle zurück. Als wir vom Tatort vielleicht 15–20 Minuten entfernt waren, kam uns nichtsahnend ein Schutzmann auf dem Fahrrad entgegen, stieg bei uns ab, trat an uns mit den Worten heran: «Meine Herren, es ist gegen Sie eine Anzeige eingegangen, Sie müssen mal eben mit zur Wache kommen.»

Dieser Schlag aus heiterem Himmel war elektrisierend für mich. Von der Beute trug ich nichts in den Taschen, dafür die Tasche mit dem Knabbergeschirr. Mit einem Ruck warf ich die Tasche fort, um dann mit Windeseile die Flucht zu ergreifen. Die Straße, wo ich hineinlief, war erstens unbelebt, zweitens war es morgens um 5 Uhr.

Was den Schutzmann bewog, mich zu verfolgen und die andern beiden stehen zu lassen statt an die sich zu halten, ist mir bis heute ein Rätsel. Als ich flüchtete, sprang er wieder auf sein Rad. Was ich irgendwie in den Beinen und der Puste besaß, gab ich her, genügte aber nicht, um dem Radler zu entkommen, sondern im Gegenteil, als ich mich umsah, beobachtete ich, daß die Distanz erschreckend kleiner wurde. In diesem Moment war ich an einer reichlich 2 Meter hohen Planke angelangt, die eine Fabrik einzäunte. Nur ein Hinwegklettern über diese Planke konnte mich retten, diese Absicht hatte der Schutzmann, der bereits nah war, beobachtet. Während dieser Aufregung sah ich nicht, daß oben auf der Planke 4 cm lange Nägel mit der Spitze nach oben angebracht waren. In dem Augenblick, wo ich mit beiden Händen oben an die Planke sprang und eben mit den Armen den Körper hochgedrückt hatte, war der Schutzmann an mich heran und zerrte mich an den Beinen. Meine Hände wurden durch das Ziehen des Schutzmannes von den spitzen Nägeln vollständig zerfleischt. Mit einem letzten Ruck warf ich mich auf die andere Seite der Planke, fiel ziemlich günstig, ließ aber die Hälfte meines Sackos in den Händen des Verfolgers, der sofort wieder auf sein Rad sprang, vorne nach dem Eingang in die Fabrik fuhr und dort Einlaß fand. Während dieser Zeit war ich quer über das Gelände der Fabrik bis an den Kanal, wo die

Fabrik angrenzte, geeilt. Von weitem sah ich bereits wieder den Schutzmann heraneilen, was mich zwang, den Kanal durchzuschwimmen. Schwer wurde mir das Landen auf der andern Seite, weil ich mit zerfleischten Händen nichts machen konnte. Durch diesen letzten Akt war der Schutzmann in seiner Verfolgung schachmatt gestellt.

Wie ich an diesem Morgen zu Hause mit den ganz entstellten Händen ankam, lag Hel. noch in tiefem Schlaf. Gegen die sonstige Gewohnheit mußte ich sie wecken, weil ich die Hände nicht gebrauchen konnte. 4 Wochen mußte sie mich füttern. Die Finger standen alle krumm. Über die Entstehung der Verwundung hatte ich meiner Frau eine Mär erzählt, die ich so oft wiederholte, bis ich sie zuletzt mitglaubte.

Hunderobert wie Schlachterkarl hatten sich, wie ich geflüchtet war und der Schutzmann mich verfolgte, mit der Tasche, die ich hingeworfen hatte, aus dem Staube gemacht. Bei mir im Lokal hatten sie sich mehrere Tage nicht sehen lassen, in der Meinung, ich sei gefaßt worden, bis sie in der Zeitung von dieser Flucht, wobei der Täter entkommen, gelesen hatten. Hiernach erschienen sie im Lokal, um meinen Beuteanteil, der sich auf 2000 M. belief, auszuhändigen. Sie hatten bereits die ganzen Sachen an einen Schärfer verkauft. Später, wie sich die beiden erzürnten, hörte ich, wie sie mich bei der Kippe (Anteil) mächtig getrampelt* hatten.

Die Verwundung raubte mir des Nachts den ruhigen Schlaf. Halb träumend, halb wachend phantasierte ich, sah allerlei häßliche Bilder. Einmal sah ich, wie nackte Leichen aus ihren Gräbern hervorkrochen, sah die großen Posaunen des Gerichts, hörte, wie sie ertönten, Töne, in deren bodenloser Untiefe weder Trost noch Hoffnung glimmte. Dann wieder träumte ich von den Heiligen im Himmel, wie sie mit ihren verbleichenden Lippen mich anklagten und ihre frommen Häupter weinend verhüllten. Dann wieder sah ich Gestalten, die sich dauernd drehten, nie wieder aufhielten, aber kein Fleisch am Körper hatten, nur die Skelette drehten sich scharenweise.

Es waren vier bittere Wochen, die ich verlebte, wo ich ganz auf meine Frau angewiesen war, die aber für solche Pflegearbeit nicht taugte. Hinzu kam noch, daß ich in dieser Zeit mit meiner Schwiegermutter einen Diskurs hatte. Auch sie ließ mich empfinden, daß ihre Tochter eigentlich nur für einen Grafen gepaßt hätte, was mich dann zu derben Gegenäußerungen herausforderte.

* «Trampeln» oder «betrampeln»: übers Ohr hauen. (Anm. d. Herausgebers)

Nachdem meine Hände wieder vollständig geheilt waren, bekam ich eines Morgens von 3 Kriminalbeamten Besuch. Ohne sich zu legitimieren, drangen sie unter dem Vorwand «Depeschenbote» in die Wohnung. Ihr rabiates Auftreten gebar einen Zusammenstoß. Erst guckten sie mich an, dann ich sie. Trotzdem ich ohne Kleidung war, weil ich erst auf ihr Klopfen an der Haustür aus dem Bette gestiegen war, hielten sie mir ihren Revolver vors Gesicht. Besonders tat sich ein Riese von 190 cm Größe durch Feigheit hervor. Ohne Veranlassung schlug er mich ins Gesicht, weshalb ich ihm an die Kehle ging und ihn blau anlaufen ließ. Er konnte gerade noch seine Collegen ankrächzen, ihn zu befreien.

In der Verhandlung drehten sie den Spieß um. Trotzdem mein Anwalt sie durch Kreuzfragen der Unwahrheit zieh und dem Vorsitzenden wie der Strafkammer bewies, wie wenig diese drei Kriminalbeamten ihren geleisteten Eid respektierten, stellte das ganze Gericht sich doch auf die Seite dieser drei Zeugen. Der eine beschwor, sie hätten sich legitimiert, der andere verneinte mit der Bemerkung: «Petersen kannte uns.» Dies hätte für einen Privatmann eine Anklage wegen Meineid zur Folge gehabt. Was sich hierin gerade Polizeibeamte erlauben können, da könnte ich empörende Bilder von bieten.

Meine Verhaftung war auf Grund eines anonymen Briefes erfolgt. In Schiffbeck hatten mehrere Schutzleute 4 Einbrecher bei einer Tat überrascht, verfolgt, aber nur einen abgefaßt. Der abgefaßte, der mit dem Spitznamen Kneister genannt wurde, weil er mit den Augen immer blinkerte, wenn er irgend etwas nicht richtig erkennen konnte, war mir gut bekannt. Ebenso sein Kumpane, der blinde Heß, der, wenn er bloß über die Straße sehen wollte, um einen Bekannten zu erkennen, sein scharfes Glas aufsetzen mußte. Auch Ibi, der so hieß, weil er ziemlich klein war und etwas Buckel zeigte, kannte ich.* Das anonyme Schreiben erklärte, daß der blinde Heß, Ibi und ich mit Kneister den Einbruch gemacht hätten, also wir drei die entkommenen Täter seien. Auf Grund dieses anonymen Briefes wurde den Schutzleuten, die an der Verfolgung teilnahmen, von einem Kriminalkommissar mein polizeiliches Lichtbild gezeigt. Hierzu äußerte derjenige von den Schutzleuten, der den Täter bei der Verfolgung am nächsten zu Gesicht bekommen hatte, daß der Täter, nach dem Lichtbilde beurteilt, jünger aussehe. Anschließend bemerkte er, daß er einen Vorarbeiter auf der Horner Rennbahn kenne, dem der eine Täter ganz

* Alle drei gehörten laut den Akten zur «Petersen-Bande». (Anm. des Herausgebers)

ähnlich sei. Hiermit wollte der Schutzmann sagen, daß er solche Physiognomie festhalte. Natürlich, der Vorarbeiter selber käme gar nicht in Frage. Als ich auf dem Stadthause eingeliefert wurde, sagte mir der Kommissar, weshalb ich verhaftet sei. Er sagte, wenn mich die Schutzleute wiedererkennen, ginge ich zur Sache Kneister und Genossen in Untersuchungshaft, wenn nicht, käme ich sofort wieder frei. Daß dem Schutzmann vor meiner Gegenüberstellung mein Lichtbild gezeigt wurde, wußte ich nicht.

Nachdem ich ungefähr 1 Stunde im Stadthaus unten im Keller zugebracht hatte, wurde ich vom Kommissar auf den Korridor geholt, zwischen 8 weitere Arrestanten gestellt und danach aus einem Nebenzimmer ein Schutzmann hervorgeholt. Wir 9 Arrestanten gingen den Korridor einmal hin, einmal zurück. Hiernach trat der Schutzmann auf mich zu, mit der Frage, ob ich Petersen sei, was ich bejahte, worauf er in Gegenwart des Kommissars äußerte: «Jawohl, das ist er.»

Dieses ganze Gebaren sowie eine zaghafte Frage und andrerseits mein gutes Bewußtsein veranlaßten mich zu der Äußerung: «Sie haben mein Bild gesehen, sonst fragten Sie nicht so unsicher, ob ich Petersen sei.» Dieses bejahte der Schutzmann. Den blinden Heß erkannte ein anderer Schutzmann, wogegen Ibi nicht erkannt wurde. Der blinde Heß und ich gingen in Untersuchungshaft, Ibi dagegen wurde entlassen.

Drei Schutzleute nahmen an der Verfolgung teil, denen ich während der Untersuchungshaft gegenübergestellt wurde. Der erste, dem ich schon im Stadthaus gegenübergestellt wurde, wiederholte seine Behauptung, daß ich einer der entkommenen, von ihm verfolgten Täter sei. Der zweite, dem ich noch nicht gegenübergestellt war, sagte, nachdem ich im Zimmer einmal auf und ab gelaufen war, dem Laufen nach sei ich es. Dem Gesichte nach könne er es nicht genau sagen. Hier anschließend will ich im voraus bemerken, daß die Befangenheit des Untersuchungsrichters handgreiflich war und er sich auch nicht scheute, die Protokolle so zu stellen, daß zweifelhafte Punkte ausgemerzt wurden. Erst nachdem ich dagegen protestierte, nahm er zu Protokoll, daß der Schutzmann sagte, dem Gesichte nach könne er es nicht sagen.

Jetzt kam der dritte Schutzmann rein; dieser behauptete, ich sei es nicht, der in Frage kommende Verfolgte sei kleiner gewesen, hätte auch im Gegensatz zu mir, der glatt rasiert war, einen kleinen Schnurrbart gehabt. Diese für mich günstige Aussage brachte den Untersuchungsrichter aus seinem Häuschen; als der Schutzmann noch Erläuterungen machen wollte, sagte der Untersuchungsrichter in aufgeregtem Tone: «Ja, ist schon gut so, gehn Sie man zu, gehn Sie man zu.» Der Schutzmann wurde ganz rot, drehte sich um und ging hinaus. Jetzt wollte der Untersuchungsrichter auch mich abführen lassen, ohne diese letzte Schutzmannsaussage zu Protokoll zu nehmen. Hiergegen protestierte ich abermals, indem ich gerade diese Aussage protokollarisch festgelegt wissen wollte. Dies veranlaßte den Untersuchungsrichter dem Protokollführer gegenüber zur Äußerung: «Nun ja, man sieht ja, was er will.» Mit dem «er» meinte er mich. In dieser Äußerung lag die befangene Ansicht, ich sei schuldig und wolle mich nur rausschwindeln.

Täglich wartete ich auf meine Entlassung, aber vergebens; im Gegenteil, die Anklageschrift erhielt ich, wo der Staatsanwalt als erstes Beweisstück meine Vorstrafe anführte. Aus der Anklageschrift ersah ich, daß der abgefaßte Täter betonte, ich sei nicht sein Komplice, seine Mittäter seien ihm unbekannt. Diese Anklageschrift schien die Sache ernst zu machen, was mich veranlaßte, in meinem Gehirn nach einem Alibi herumzusuchen, was mir auch gelang. 10 Zeugen führte ich an; auf Grund dieses Alibis ließ die Staatsanwaltschaft die Akte nochmals in die Voruntersuchung zurückgehen.

Später ist mir von meinen Zeugen erzählt, wie der Untersuchungsrichter sie angefahren und eingeschüchtert hätte. Mit Gesten und scharfen Redensarten habe er die Aussage als unglaubhaft hinstellen wollen. Trotz allem glückte mein Alibi, auf Grund dessen ich aber nicht entlassen wurde, sondern einen Nachtrag zur Anklageschrift erhielt. Hierin meinte die Staatsanwaltschaft, die Glaubhaftigkeit der Zeugen dem erkennenden Gerichte zu überlassen, von seinem Standpunkt hätte ich trotz scharfer Bewachung Verbindung mit der Außenwelt geschafft.

Nach einer 9monatlichen Untersuchungshaft wurde die Hauptverhandlung eröffnet. Hier spielte sich ein psychologisch hochinteressanter Fall ab. Erst lasse ich eine Kombination vorausgehen. Der Schutzmann, der äußerst günstig für mich aussagte und vom Untersuchungsrichter angefahren wurde, muß diesen Vorfall zweifellos seinen beiden Collegen erzählt haben. Diese wieder haben dann ihre Aussage erzählt, wodurch dem angeschnauzten Schutzmann die ganze Sache klar wurde, weshalb der Untersuchungsrichter ihn so barsch abfertigte. Auf gut Deutsch: er hätte auch sagen müssen, ich sei der entkommene Täter.

In der Hauptverhandlung erklärte ich alles haarklein, besonders das Fiasko mit dem Lichtbild und den 8 Arrestanten im Stadthaus. Der abgefaßte Täter wiederholte, daß ich nicht zu den entkommenen

Tätern gehöre. Nun begann die Zeugenvernehmung. Der erste Schutzmann war der mich belastende. Er erklärte, er kenne einen Vorarbeiter von der Horner Rennbahn, der genauso aussehe wie der eine entkommene Täter. Danach habe er sich die Gesichtszüge des Entkommenen genau eingeprägt, der genau mein Ebenbild sei.

Danach kam der zweite Schutzmann hinein und erzählte, er kenne mich an den Bewegungen im Laufen wieder.

Jetzt kam der dritte Schutzmann, leistete den Eid und erklärte auf die Frage des Vorsitzenden, ob ich einer der entkommenen Täter wäre, daß ich es sei, er kenne mich genau wieder.

Mein Anwalt war sprachlos, ließ sofort vom Vorsitzenden die Aussage dieses Schutzmannes vorlesen, die er vor dem Untersuchungsrichter gemacht hatte. Der Vorsitzende las vor, daß der Schutzmann erst gesagt habe, ich sei es nicht; der sei kleiner gewesen und hätte einen Schnurrbart getragen. Auf die Frage, wie er dazu komme, heute so zu sagen, antwortete der Schutzmann wörtlich: «Und ich sage nochmal, er ist es.»

Eine Stecknadel hätte man im Gerichtssaal fallen hören, wie der Vorsitzende dem Schutzmann seine widersprechende Aussage vorhielt. Vor dem Untersuchungsrichter stand der Schutzmann unter seinem Diensteid, in der Hauptverhandlung unter dem Zeugeneid. Kein Staatsanwalt, kein Richter fühlte sich veranlaßt, diesen Schutzmann zur Rechenschaft zu ziehen.

Nach dem letzten Schutzmann wurden meine 10 Zeugen einer nach dem andern verhört, die alle einstimmig mein Alibi bezeugten. Der Staatsanwalt hielt mich dennoch für schuldig, beantragte 5 Jahre Zuchthaus. Das Gericht zog sich 1 Stunde lang zur Beratung zurück und kam mit einem Freispruch heraus, der aber auch nur an einem Haar hing. Der Vorsitzende erklärte, daß eben ein Zweifel an meiner Schuld sei, was mir zugute käme und den Freispruch zur Folge habe.

Wie ohnmächtig ist ein armer Teufel solcher Befangenheit gegenüber, besonders wenn er mehrfach vorbestraft ist. Noch nie habe ich erlebt, daß einer Beschwerde über einen Untersuchungsrichter wegen dessen befangenem Vorgehen oder Ablehnen desselben stattgegeben wurde. Beschwerden dieser Art wurden aber ungezählt gemacht. Wenn der Untersuchungsrichter die Überzeugung hat, daß der Beschuldigte trotz seines Abstreitens schuldig ist, stellt er von diesem Standpunkt aus seine Kreuzfragen, seine Gegenüberstellungen, seine Protokolle, überhaupt seine ganze Individualität ein. Seine Überzeugung suggeriert er auch den Richtern! In solchem unbewußten Selbstbetrug liegt die Gefahr der Justizirrtümer. Wie leicht es heute ist, einen Mitmenschen zu belasten, da macht sich der Laie kein Bild von, ebenso nicht, wie schwer es ist, solche Belastungen wieder zu entkräftigen.

Von diesem Thema genug, ich kehre zu dem Moment zurück, wie ich in der Wohnung verhaftet wurde und wie meine Frau dies seelisch verdaute. Einer jungen Frau, die mit allen Fasern des «Ich» an den Freuden des Lebens hängt, auch aus dem Bann idealer Mädchenträume noch nicht heraus ist, brachte die Verhaftung ihres Mannes eine derbe Ernüchterung. Ihr ganzes Gesicht barg eine Fülle von Fragen in sich, die sich wie eine Lawine gewaltmäßig in den Mund hineindrängten, der aber in der seelischen Erschütterung nicht zum Reden zu bewegen war. Selbst die von den Beamten ihr gestellten Fragen war sie unfähig zu beantworten. Ein Abschiednehmen wurde mir verweigert, wodurch mir während meiner Haft nur das mit Fragen angefüllte Antlitz und die großen blauen Augen in Erinnerung blieben. Während der ersten Monate meiner Untersuchungshaft durfte ich keinen Besuch annehmen, in den Augen des Untersuchungsrichters war ich schuldig. Diverse Briefe wechselten wir, woraus ich entnahm, daß Hel. sehr litt, jedoch weniger um mein Los als um ihre Notlage. Die ersten 4 Monate bezahlten die Meinen den Unterhalt für Hel., danach stellten sie es ein und zwar mit Grund. Sie war wieder unter die Fittiche ihrer Mutter geschlüpft und hatte den gesamten Hausstand für Spottgelder verkauft.

In geistiger Beziehung war Hel. keine beschränkte, sondern eine ziemlich aufgeweckte Frau – Beweis dafür, daß sie sich in meiner Abwesenheit einen Freund der Noblesse aneignete, der ihre finanzielle Ebbe ständig in Flut verwandelte –, aber dennoch hatte sie, wie ich schon anschnitt, in ihrer Seele eine krankhaft phantastische Runzel, woraus die Halluzinationsdünste ihr in den Kopf stiegen. In einem solchen Dunstmoment mag eine Vision ihr einen Streich gespielt haben, die ihr die Ansicht in ihr niedliches Köpfchen pflanzte, sie sei zu einer aristokratischen Partie geboren.

Mein Bruder hatte während meiner Untersuchungshaft das Lokal verkauft, Hel. dagegen den Hausstand, wodurch ich bei meiner Entlassung von allem entblößt war. Durch die Freundschaft, die meine Frau mit dem Consul hatte, hatte unsere Eintracht einen Riß bekommen. Auch trug Hel. ihre Nase höher wie vorher, was mich öfters zu derben Ausdrücken hinriß, die ein Hamburger Schauermann in seiner derben Art anwendet.

3 Tage nach meiner Entlassung trafen wir uns im Uhlenhorster

Fährhaus zu einer längeren Aussprache. Als ich Hel. neben mir in gutsitzender, moderner Kleidung sitzen sah, war ich wieder verschossen in sie, hatte ihr aber gewaltig an den Bauer gestoßen, als ich die angeblich platonische Freundschaft bezweifelte. Noch heute sehe ich ihren roten Lippenmund reden, wie sie die Worte äußerte: «Aber Adolf, wenn du an der Harmlosigkeit zweifelst, tust du mir Unrecht und beleidigst mich; du solltest mich kennen und solche Zweifel bekämpfen, dies würde dir in meinen Augen Achtung verschaffen, im andern Falle muß ich dich verachten!» Als ich dann erwiderte: «Aber Puppchen, ziere dich nicht allzusehr, solche Freundschaften können zu 98 % nicht unter die Lupe genommen werden», war sie etwas erbost und meinte: «Hast du solche häßliche Phantasie aus dem Gefängnis mitgebracht? Überhaupt was für Ausdrücke wendest du an? Puppchen!»

Hel. standen bereits die Tränen in den Augen, was mich wieder wie so oft geneigt machte, ihr alles zu glauben. Nur in meinem Sinn dachte ich: «Da brat mir doch einer 'nen Storch! Sollte es wirklich einen Consul als Freund geben, der die Moneten hergibt, ohne das Weib zu begehren?» Eine ganze Weile dachte ich über dieses Thema nach, ohne eine befriedigende Antwort gefunden zu haben. Mir fiel in Gedanken das Bild von dem Zellenwagen ein, der die abgeurteilten Gefangenen vom Untersuchungsgefängnis Hamburg nach der Strafanstalt Fuhlsbüttel überführt. Hiervon hatte man Postkarten angefertigt und oben auf dem Wagen einen Storch mit einem neugeborenen Kinde im Schnabel aufgedruckt. Vor einigen Jahren passierte es, daß eine Dame im Frauengefängnis, die bereits 2 Jahre in Haft saß, ein Kind zur Welt brachte. Dieses Ereignis ließ die Kombination zu, daß es nur im Zellenwagen, wo Männlein und Weiblein zusammen transportiert wurden, vom Storch hineingebracht sein konnte. Ohne Hel. anzuschauen, fragte ich: «Du, Hel., kommen die Kinder vom Storch?» – «Was soll diese Frage», sagte Hel., «die ist mir zu unserm Thema nicht verständlich.» – «Ich meinte nur so, diese Kindermär erinnerte mich an angeblich platonische Freundschaften.» – «So, nun verstehe ich dich», meinte Hel., «also auf zynische Art und Weise willst du mir verständlich werden. Ich danke dir, kann dir aber versichern, ein Zusammenleben machst du durch den Zweifel an meiner Ehre zur Unmöglichkeit.» – «Ja, Kind, ich will es dir gerne glauben, aber nur, weil ich in dich vernarrt bin.»

Auf diese Weise gingen die Auseinandersetzungen noch eine Weile vor sich, bis ich sah, daß unser Zusammenleben von ihrer Seite abgelehnt wurde. Dies ergrimmte mich derart, daß ich ihre verwundbare

Stelle berührte. Ete pe Tete, wie sie war, konnte ich sie nicht schlimmer treffen, wenn ich in Gegenwart von fremden Menschen in einem besseren Lokal aus der Rolle fiel. Wir hatten Essen bestellt und waren beim Fleisch, wobei ich das Messer zum Essen nahm und zwei servierte Semmeln mit den Händen zerdrückte und wie einen Apfel verzehrte. Natürlich schauten anwesende Gäste nach uns hin. Hel. wurde purpurrot, stieß mich unterm Tisch mit dem Fuß und mochte den Kopf nicht wieder hochheben. Ohne eine Miene zu verziehen, aß ich weiter, nahm auch das Treten mit den Füßen ruhig hin. Worte fand sie nicht mehr, sie machte kurzen Schluß, um sich dann zu verduften – ich mit. Als wir dann an der Schönen Aussicht spazierten, ergoß sich ein ganzer Kübel von Vorwürfen über mich, bis wir uns am Hofweg an einer Straßenbahnhaltestelle trennten.

Da bei meinen Eltern kein Platz war, bezog ich ein Logis bei fremden Leuten, einer Witwe, wo ich die schuldlos geschiedene Tochter kennenlernte, zu der ich in Beziehung trat. Diese Dame, die ich mit Vornamen B. nenne, war im Karackter ganz das Gegenteil von meiner Frau. In ihrer äußeren Erscheinung war sie keine Hel., ein – wenn man sich so ausdrücken kann – nicht häßliches Dutzendgesicht. Eine von jenen Frauen, die in jeder Hinsicht auf den Mann aufpaßte. Zuerst fühlte ich mich unendlich wohl, aber nach und nach war doch die Sprache des Herzens nicht zu töten. Ob es das eine Kind war, was nach meiner Entlassung bei meiner Mutter großgemacht wurde, oder ob ich einen Fimmel besaß und an den besseren Allüren Hel.s Gefallen hatte, kann ich nicht beantworten, konnte nur die Tatsachen feststellen, daß es mich mit Zaubermacht nach Hel. hinzog, eine Sehnsucht, die sich täglich erhöhte, trotzdem ich bei B. eine ausgesuchte Aufpassung hatte, hingegen bei Hel. vernachlässigt wurde.

Auf B. paßte das Sprichwort: «Nicht hübsch, aber treu und friedlich.» Jeder frägt, wie kommt es? Mit den hübschen Frauen ist es wie mit dem Gold. Im Golde hausen Dämonen, die alle unsere Wünsche erfüllen. Ebenso ist es mit der Schönheit eines Weibes. Die Dämoninnen des Goldes wie jene der blendenden Frauenschönheit sind uns gram ob ihrer Lakaienart, womit sie uns dienen müssen, und in geheimer Tücke kehren sie die Erfüllung unserer Wünsche zu unserem Unheil und ungezählten Nöten.

Während ich mit der B. harmonierte, hatte ich durch Bekanntschaft einen Lagermeister-Posten bei der Firma Reichold u. Co. Kieselgurwerke erhalten, wo ich einen guten Lohn erhielt. Während ich hier arbeitete, brachte es der Zufall mit sich, daß ich mit meiner Frau zusammentraf, wie sie unsern Sohn bei meiner Mutter besuchte. Hierbei einigten wir uns wieder, die Ehe gemeinsam aufzunehmen. Was war aber ein Wochenlohn von 40–45 M für eine jetzt erst recht durch die Gelder des Consuls verwöhnte Frau, der im Zusammenleben mit der B. vollständig zu allem hingereicht hatte.

Jetzt hieß es einen neuen Hausstand schaffen, auch hierin hatte Hel. Wünsche, die für meinen Stand ehrlicher Weise unerfüllbar waren. Hinzu kam noch eine unangenehme Bombe. Mein Chef frug mich eines Morgens, ob ich gute Freunde hätte, was ich nicht gleich verstand. Aber bevor ich das Rätsel lösen konnte, übergab er mir einen Brief mit den Worten: «Lesen Sie mal!» Ganz mechanisch nahm ich den Brief, ging ins Lager, um ihn zu lesen, wobei sich alles um mich drehte. Bevor ich es richtig fassen konnte, mußte ich den Brief 6mal lesen.

Es war ein anonymer Brief, wo mitgeteilt wurde, daß ich mehrfach wegen Diebstahl hinter Schloß und Riegel gesessen hätte, auch Geldschrankknacker sei und wohl demnächst meinem Chef den Geldschrank erbrechen würde.

Als der Chef zirka 14 Tage nach diesem Brief morgens ins Kontor kam, prallte er zurück – der Geldschrank war in der vergangenen Nacht von Einbrechern erbrochen; sie waren aber nur bis an die inneren Fächer gedrungen, wodurch der Inhalt unberührt blieb. Hierüber war ich selber schwer ergrimmt, diese Tat konnte nur mit dem Schreiber des anonymen Briefes in Verbindung stehen.

Es lag jetzt in der Natur der Sache, daß mein Chef mißtrauisch werden mußte, was ich schon in den nächsten Tagen empfand und mit der Entlassung endigte, der ich meiner Empfindung nach auf halbem Wege entgegengekommen war.

Diesen Schurkenstreich mit dem Brief sowie dem anschließenden Einbruch zu rächen, war meine nächste Aufgabe. Deshalb tauchte ich zwei Wochen Abend für Abend in einem Schanklokal unter, wo fast ausschließlich Gesetzesbrecher kamen. Es dauerte nicht lange, bis ich die 3 Täter ausfindig gemacht hatte. Die Seele dieser drei war ein 4schrötiger Maurergeselle, der bereits mit 15 Monaten das Zuchthaus absolviert hatte. Daß solche Leute auch ihren Anhang hatten, selbst bei allen Schurkenstreichen, sagte ich mir im voraus, weshalb ich mir einen Schlagring in die Tasche steckte.

Es war an einem Sonnabendabend, wie ich mit der Absicht in die Kaschemme trat, diesem vierschrötigen Manne eine derbe Lektion zu erteilen, die ihm die Knochen im Leibe lockerte. Die Kaschemme war angefüllt mit 30 bis 40 Menschen, größtenteils alles Bekannte. Apachen, deren Tätigkeit einsetzte, wenn der ehrliche Bürger sein Haupt zur Ruhe legte. Gleich an der Theke stand mein gesuchter Maurer, auf den ich gleich mit den Worten losging, wie er dazu komme, auf meiner Arbeitsstätte den Schrank zu erbrechen, ebenso vorher einen anonymen Brief zu schicken. Selbstverständlich stritt er alles ab, verriet sich aber durch sein Erbleichen, als ich ihm seine 2 Genossen sowie einige Details der Ausführung nannte, die mir der dritte Genosse, dem ich bei einer passenden Gelegenheit einen Revolver vorgehalten hatte, zu bekennen oder über den Haufen geschossen zu werden, gebeichtet hatte.

Als der Maurer mir ins Gesicht alles abstritt, und das mit ziemlich herausfordernder Geste, schlug ich ihn mit der Faust ins Gesicht, daß er in die Knie sank. Ebenso schnell war er wieder hoch, riß aus der Tasche einen Schlagring und drang auf mich ein, was mich veranlaßte, blitzartig auch meinen Schlagring in der Tasche über die Finger zu ziehen und dem Maurer derart den Kopf zu bearbeiten, daß ihm das Blut in Strömen über das Gesicht lief, wodurch er einem roten Siouxindianer mehr glich wie einem Maurer. An Kraft war er mir zweifellos überlegen, dafür aber unbeholfen und plump. Nicht einen Schlag erhielt ich. Unser Kampf spielte sich erst in der Kaschemme ab, dann auf der Straße, dann wieder im Lokal. Als ich den Maurer wieder ins Lokal trieb, traten ihm mehrere Ganoven zur Hülfe, denen wohl das starke Bluten bedenklich wurde. Dies beobachtend hob ich einen Stuhl hoch, um ihn auf die Köpfe der Angreifer sausen zu lassen. Bei dem ersten Schlag schlug ich unbeabsichtigt die elektrische Beleuchtung entzwei, und so unglücklich, daß sämtliche Lichtstellen versagten. In diesem Dunkel hatte sich der Maurer, der bereits zusammengebrochen war, wieder aufgerafft, sich an mich herangeschlichen und mir im Dunkeln mit einem dolchartigen Messer einen derben Stoß ins Gelenk des Armes versetzt, wodurch mein Arm vollständig erlahmte.

Dieser ganze Auftritt hatte eine mehrhundertköpfige Menschenmenge herbeigelockt. Als sie den blutigen Maurer sahen, setzten verschiedene Alarmflöten in Tätigkeit, um die Revierpolizisten herbeizulocken. Solche Alarmflöten tragen vielfach Zivilisten oder nicht uniformierte Beamte bei sich. Als ich den Dolchstich im Arm hatte, drückte ich mich aus dem Knäuel, was mir in dem dunklen Gewirr in der Kaschemme nicht allzu schwer wurde. Der Dolchstich hatte keine Gelenksehne getroffen, wodurch er in einigen Wochen vollständig, ohne die geringsten Folgen, heilte.

Als ich den zweiten Kumpan suchte, hörte ich, daß er bei einem nächtlichen Bruch auf der Grindelallee von Revierpolizisten beobachtet, verfolgt und während der Flucht erschossen sei.

Diese 3 Täter* gleich, wie sie mir bekannt wurden, der Polizei zu nennen, widersprach meinem Karackter! Hinsichtlich der Handlungen an sich, soweit es sich um einen Bruch handelte, war ich nicht besser wie alle 3. Deshalb stand es mir vom moralischen Standpunkt nicht zu, die Leute verhaften zu lassen. In dieser Beziehung hatte ich genug vor meiner Tür zu fegen. Und richtig genommen, hat solche Lektion, wie der Maurer intus hatte, schon oft im Leben besser geholfen als langwierige Strafen, die vielfach das Gegenteil bewirkt haben. Bei dem Maurer hatte sie allerdings auch nicht geholfen; heute, wo ich hier 15 Jahre verbüße, sehe ich ihn hier mit 8 Jahren Zuchthaus wieder.

Meine Arbeitslosigkeit, die Art, wie ich meine gute Stellung verloren hatte, sowie meine Attacke mit dem Maurer hatten bei meiner großen Energie, die ich in meinen besten Jahren besaß, eine verderblichen Rochus in meiner Seele angehäuft. Alle tröstenden Worte, die die B. mir in die Ohren raunte, waren verzischende Tropfen auf einem heißen Stein. Auch die Sehnsucht, mit Hel. wieder die Ehe aufzunehmen, wurde täglich größer, trotzdem ich das Bewußtsein eines Antonius von seiner Kleopatra hatte. Dieses trug zu einer seelischen Mißstimmung bei. Als mir dann die B., die von meiner Absicht und Vereinbarung mit Hel., die Ehe wieder aufzunehmen, noch keinen Schimmer hatte, von «Hoffnung» sprach, von «besseren Zeiten», hatte ich einen Begriff von dem seelischen Leid unseres herrlichen Wagner, der seinen Lebensüberdruß mit den Worten ausdrückte: «Die Welt ist grundschlecht, man kann sie nur hassen und verachten lernen.»

Wie beneidete ich in dieser Stimmung den versoffenen Bettler. Nur solange er nüchtern ist, ist seine Wohnung eine ärmliche Hütte, sein Weib in Lumpen gehüllt, sein Kind hungrig. Einige Gläser Branntwein genügen, dieses ganze Elend plötzlich zu überwinden; seine Hütte verwandelt sich zum Palast, sein Weib in eine geborene Prinzessin und sein Kind in die wohlgenährteste Gesundheit. Was sonst ein Phantom ist, bringen ihm einige Gläser Branntwein so lebend nahe.

Auf solche Art die rauhe Wirklichkeit zu versenken, war gegen meine Natur, ein Versuch scheiterte kläglich. Um meine Stimmung zu verscheuchen, ging ich in die Wohnung meiner Eltern, um mich an dem natürlichen Gespiele und Geplauder meines Sohnes zu erfreuen. Vielleicht war die Absicht ein Selbstbetrug, wohinter das Verlangen

* Sie tauchen in den Akten als Mitglieder der «Petersen-Bande» auf. (Anm. d. Herausgebers)

lauerte, meiner Frau zu begegnen, die vielleicht bei dem Kind zu Besuch weilte.

Als ich in die Haustür meiner Mutter trat, wurde ich nicht beachtet. Der Gesang meiner Frau, die in der Stube bei dem Kinde saß, veranlaßte mich, auf dem Korridor zu lauschen. Sie sang dem Kind das bekannte Kinderlied vor:

Eia, popeia, was raschelt im Stroh,
es sind die lieben Gänslein,
sie haben keine Schuh.
Der Schuster hat Leder,
kein Leisten dazu,
drum kann er auch nicht machen
den Gänslein die Schuh.

Für den Außenstehenden hätte dieser Gesang, wobei sie eine ganze Reihe Verse folgen ließ, kaum einen besonderen Eindruck gemacht. Mir aber drang diese Stimme, gerade in ihrer naiven Aufmachung, süß und heimlich in die Seele. Ihr Gesang klang mir, als wenn er aus der Brust einer sterbenden Nachtigall kam, der wie hilfesuchend und totzärtlich an den steinernen Häusern widerhallte.

Eine Weile blieb ich noch stehen, wobei mir eine ganze Reihe Gedanken, häßliche wie gute, gleich sausenden Wolken im Kopf herumjagten. Auch der Gedanke fehlte nicht, ob neue gesetzwidrige Wege, die ich gehen müßte, um alle Wünsche dieses Weibes zu erfüllen, am Platze wären? Konnte mich nicht der Zufall wegen dieser oder der nächsten Tat in die Arme der Nemesis liefern? Würde dieses Weib, wenn ich im Bagno weilte, mir ein treues Angedenken bewahren? Oder bald den Sinnlichkeitsschreien unterliegen, die jedes Andenken ersticken, weil sie in wilden Nächten vom Wollustrausch hungriger Triebe gezeugt werden?

Die Stimme meines Kindes, welches den ersten Vers nachzusingen versuchte, verscheuchte alle Gedanken und veranlaßte mich einzutreten. Mein Gruß wurde mit: «Guten Tag, Otti» und: «Guten Tag, Papi» erwidert, was mich so anheimelte, daß ich mich die nächsten Minuten glücklich fühlte und alles vorangegangene Toben der Seele erstickte.

Meine Stellungslosigkeit, deren Ursache und den Kampf mit dem Maurer erzählte ich Hel., was sie gar nicht begreifen konnte, auch ohne tieferes Empfinden aufnahm.

Ihr Gespräch lenkte sich bald auf die Gründung eines neuen Hausstands, ohne einmal zu fragen, wo die Gelder hergenommen werden sollten. Als ich darauf sagte, ich müßte erst das Geld dazu anschaffen, hatte sie keine Frage, wie ich es anschaffen würde, sondern sah in mir den Ehemann, der schon alles zurechtfummeln würde.

Oft bin ich aus ihr nicht schlau geworden, wie sie überhaupt über solche finanziellen Angelegenheiten dachte. Mit ihr solche Thematas durchzunehmen, war zwecklos. Wiederholte Male hatte ich es versucht und jedesmal kläglich Schiffbruch gelitten. Entweder sie schmollte oder weinte, als wenn ich ihr nichts gönnte.

9. Kapitel
In Frack und Zylinder zum Einbruch

Während meiner Untersuchungshaft hatte ich einen Kaufmann, der nach 4 Monate langer Haft mit Einstellung des Verfahrens entlassen wurde, kennengelernt. Es war ein mir sehr sympathischer Mensch, weil er gute Manieren und alles Breite in seinen Redensarten entbehrte, wie man es in Ganovenkreisen reichlich derb erleben kann.

Hier mag die Macht des Geistes eine Rolle gespielt haben, weil wir uns beide ausgezeichnet verstanden. Er war mein Zellennachbar und in der Freistunde beim Spazierengehen mein Hintermann, bei welcher Gelegenheit wir uns unsere Leidensgeschichte austauschten, soweit dies bei Umgehung des Sprechverbotes möglich war. Wenn abends alles zur Ruhe war, unterhielten wir uns durch Klopfen an der Wand, welches dem Ticken eines Morseapparats glich und auch nach solchen Punkten für unsere Verständigung berechnet wurde!

Auf diese Art punktierte er mir eines Abends die Frage, ob ich ihm nicht einen Kassiber (heimliches Schreiben) in die Außenwelt befördern könnte. Dies bejahte ich und führte es zu seiner Zufriedenheit aus, was ihm große Freude bereitete, so daß er mir als Gegenleistung das Versprechen gab, nach meiner Entlassung für mich eine gute Stellung zu beschaffen, da er gute Beziehungen hätte.

Was in dem Kassiber stand, habe ich nie erfahren, auch nie nachgefragt, hatte aber an seiner freudigen Miene, die er zur Schau trug, als er die Antwort respektive das Stichwort von draußen erhalten hatte und mir es mitteilte, das Empfinden, daß es zu seiner Entlassung beitrüge, sie vielleicht gar bewerkstelligte.

Dieses Kaufmannes erinnerte ich mich, um ihn gleich am selben Abend zu besuchen. Hier muß ich noch vorauf bemerken, daß ich ihm als Zellennachbar auch die beiden Ganoven, Hunderobert und Schlachterkarl, karackterisierte, auch die gesetzeswidrigen Handlungen, die ich mit ihnen verübte. Über den Geldschrank, den wir zertrümmerten, und die von Hunderobert beabsichtigte Bettentour war er ganz besonders erstaunt.

Mein Besuch war gleich von Erfolg gekrönt; er saß mit seiner Frau und zwei Kindern beim Abendbrot und empfing mich aufs herzlichste. Während unserer ersten harmlosen Unterhaltung, die in Gegenwart der Frau und der Kinder geführt wurde, ließ ich meine Augen an den

Sachen im Zimmer umherschweifen, betrachtete auch die Frau mit ihren niedlichen zwei Kindern. Es liegt in der Natur des Menschen, alles nach dem ersten Eindruck und dem Schein zu beurteilen.

Es war ein Eßzimmer, in dem ich empfangen wurde, das Buffet, die Kredenz, die Stühle, der Ausziehtisch, alles war von gediegener moderner Arbeit. Die wunderbaren Stores, der echte Teppich, die guten Bilder an der Wand, besonders die Beobachtung des Waltens einer sorgsamen Hausfrau, der Friede, die Zufriedenheit der Familienmitglieder, die aus ihren Augen hervorleuchtete, alles berührte mich bitter und ließ mich so restlos etwas Einsames, Verlassenes in meiner Seele empfinden, wenn ich an das Nichts dachte, vor dem ich stand. Wie bettelarm fühlte ich mich dieser Familie gegenüber, wie reich war dieser Kaufmann schon in dem Besitz einer solch guten Hausfrau.

Nach Beendigung des Abendbrotes zog die Hausfrau sich mit ihren beiden Kindern in feinfühliger Weise zurück, wodurch wir uns freier unterhalten konnten; in dem nun folgenden Verlauf der Unterhaltung erfuhr ich von diesem Kaufmann, daß er manches versucht hatte, sich emporzuarbeiten, aber ohne Erfolg, alles hätte leider nicht geklappt. Jetzt habe er mit einem Aristokraten einen leider nicht erlaubten Spielklub aufgemacht. Nur durch die feine Aufmachung und die gewählten Gäste sei die Sache immer gut gegangen. Sein Verdienst sei glänzend, was mir seine ganze Aufmachung bestätigen müsse.

Als ich ihm meine ganzen Erfahrungen mit meiner Stellung, meine momentane Lage, schließlich noch meine Absicht mitteilte, einen Hausstand zu gründen, kratzte er sich hinter den Ohren, wie man es in schwierigen Lagen macht. Mir eine Stellung zu verschaffen, sei er im Augenblick nicht in der Lage, werde aber alle Beziehungen ankeilen, mir eine gute Beschäftigung zu besorgen.

Nachdem wir uns über alles mögliche unterhalten hatten, schilderte er mir die Person seines Mitinhabers des Spielklubs. Ein Mann mit blauem Blut in den Adern, ein «von», aus gräflichem Hause, aber, wie nichts Neues, dem Spielteufel verfallen. Im übrigen ein interessanter Kerl, dem man überhaupt nicht böse sein könne, den müsse ich auf jeden Fall kennenlernen. Die Angehörigen hätten sich von ihm losgesagt, weil sie seine Schulden nicht mehr bezahlen wollten, die er bei Juden machte, um es beim Bakkarat und Roulett zu verspielen. Ferner erklärte mir der Kaufmann, daß er verheiratet sei, eine allerliebste Frau und Tochter besitze und von einer Rente lebe, die ihm von seinen begüterten Angehörigen monatlich ausgekehrt werde, die aber für ihn bei seinen Ansprüchen nicht für die Woche reiche. «Gerade heute gehen wir nicht in den Klub, da wollen wir ihn mal in seinem Heim aufsuchen», erklärte er weiter.

Wir verabschiedeten uns von seiner Frau nebst Kindern und fuhren mit der Straßenbahn nach dem besseren Viertel von Hamburg. Als wir ausstiegen, pilgerten wir noch 5 Minuten zu Fuß und langten dann in einer stillen ruhigen Straße an. Im Treppenhaus fuhren wir mit dem Fahrstuhl in den zweiten Stock. Dadurch, daß der Kaufmann einen Schlüssel zum Fahrstuhl hatte, sah ich, wie intim er mit diesem «von» war, weil doch sonst nur Einwohner einen Schlüssel zum Fahrstuhl erhalten. Ebenso wie das Mädchen auf unser Klingeln aufmachte und der Kaufmann, ohne zu warten, gleich in den Salon trat, sagte mir dasselbe.

Im Salon war dieser «von» mit seiner Frau allein anwesend. Die Tochter war bei einer Freundin, was ich in der laufenden Unterhaltung erfuhr. Nachdem mein Führer mich vorgestellt hatte und ich Platz zu nehmen gebeten war, bat der Kaufmann den «von», mit seiner Frau die Partie Schach, wobei sie saßen, als wir eintraten, zu Ende zu spielen, wir würden gerne so lange warten. Als «von» mit Frau meinte, auf mich als Fremden Rücksicht nehmen zu müssen, bat auch ich dringend, die Partie weiterzuspielen.

Während das Ehepaar die Partie zu Ende spielte, hatte ich so recht Gelegenheit, diese beiden Menschen zu beäugeln. Er war nur schmächtig, Ende der 30er Jahre, machte den Eindruck eines Lebemannes. Sein Gesicht zeigte einen schlaffen Zug, wie er Spielertypen eigen ist. Scharffunkelnde Augen rissen das Gefühl wieder raus. Sein zusammengepreßter Mund, der jedes Geheimnis unverbrüchlich zu wahren schien, berührte etwas beklommen; man stand vor einem Rätsel, dessen Lösung verweigert wurde. Ein volles, leicht ergrautes Haar stand nicht unschön zu diesem Gesichte.

Die Frau schien von ähnlichem Alter wie ihr Gemahl zu sein. Ein sentimentaler Zug um einen schmalen Lippenmund gab dem Gesicht etwas Hübsches, das sich, wenn sie lächelte, noch erhöhte, ein Lachen, das sie nicht zu ausgeprägt, sondern in kleidsamer Art zeigte. Trotz ihrer zirka 38 Jahre war sie schlank, und die Rytmen ihrer Bewegungen drückten der Gestalt den Stempel des Feinen auf. Beim Spiel schaute sie aufmerksam in das Gesicht ihres Mannes, wenn er seinen Blick auf das Schachspiel hielt und drüber nachsann, welchen Zug er machen wollte. Hierbei sah ich, daß diese Frau ihren Mann noch mit unverminderter Glut liebte und als Dulderin alle Schwächen ertrug. Als sie nachher am Flügel saß und die herzergreifende Musik aus «Tristan und Isolde» an unsere Ohren rauschen ließ und ihr Gesicht mit den braunen Dulderaugen belebte, mußte man dieser Dame gut sein, sie wirkte einfach bezaubernd.

Wäre ich nicht in meine Hel. verschossen, hätte ich jeden Mann um diese Frau beneiden können. Bis spät in die Nacht waren wir mit diesem Ehepaar zusammen. Zum erstenmal empfand ich, wie angenehm, wie magisch die Atmosphäre einer Dame ist, die auf eine bevorzugte Kinderstube zurückschaut. Nur dem Wesen dieser Frau mag es zuzuschreiben sein, daß die Ehe sich harmonisch entwickelte. Hier war sie ständig die Gebende, er nur der Empfangende.

Bevor ich mich für diesen Abend von dem Kaufmann verabschiedete, erzählte mir dieser auf dem Heimweg, der «von» hätte eine Sache für mich, die auszuführen eine ziemliche Verwegenheit verlangte. «Von» wollte mir aber diese Sache persönlich erklären. Deshalb wolle er, der Kaufmann, mich an einem der nächsten Abende im Spielklub einführen. Als ich ihn frug, wie «von» überhaupt auf meine Person komme, die ihm doch wildfremd sei, erklärte er mir, daß von X schon seit Jahren mit ihm in Beziehungen stünde und derzeit auch für ihn tätig war, damit er seine Freiheit wieder erlangte. Hierbei spiele der von mir während meiner Haft in die Außenwelt beförderte Kassiber eine Rolle.

Nun, erklärte mir der Kaufmann weiter, sei es verständlich, wenn er «von» als Freund alle Erlebnisse aus der Untersuchungshaft erzählte, unter anderm auch, wie dieser Kassiber in die Außenwelt gelangt sei. Weiter hätte er seinem adligen Freund die von mir erzählten Handlungen mit Hunderobert und Schlachterkarl wiedererzählt. Ganz besonders habe sich «von X» eine sogenannte Bettentour erklären lassen und daran anschließend den Wunsch geäußert, diesen Menschen kennenzulernen.

Diesen Kaufmann, den ich in Untersuchungshaft kennenlernte, nenne ich zur besseren Verständigung in Zukunft Plapp. Also dieser mein Freund – Pferdediebe nennen sich auch Freunde – sagte mir, daß er «von X» heute abend in auffälliger Weise zu verstehen gegeben habe, daß ich der Mann sei, den er wünsche kennenzulernen und den er ihm aus seiner Haftbekanntschaft karackterisiert habe. Plapp lud mich zum Sonnabendabend, 7 Uhr, zu sich, um mich von da in den Spielklub zu führen. Danach trennten wir uns.

Mein Weg zu Plapp, um eine Stellung zu erzielen, war resultatlos verlaufen, dafür hatte ich ein Rätsel mit auf den Weg bekommen, das durch die Person des «von X» schwer zu lösen war und mich in ein Labyrinth von Gedanken jagte. Der Gedanke, daß solche Adresse auch zu Verbrechen gewöhnlicher Art neigte, wollte bei mir keinen festen Fuß fassen, sondern veranlaßte mich zu sanguinischen Hoffnungen. Also Sonnabend – noch 3 Tage – sollte ich «von X» im Spielklub von einer Seite kennenlernen, die ich mir in meiner Wiege nicht habe träumen lassen.

Es war bereits 3 Uhr nachts, als ich nach Hause zurückkehrte und von der Hamburgerstraße in die Elsastraße einbog, wo ich noch mit der B. zusammenwohnte. Vor einer Gaslampe blieb ich stehen und überzeugte mich von meiner Barschaft. Es waren ganze drei Mark. Das rettete mich eben noch vor dem Nachlaufen der Hunde, wie man im humoristischen Sinne sagt, wenn der Mensch völlig ohne Geld ist.

Während ich weiterging, begegnete mir eine alte Frau, die von Ascheimer zu Ascheimer ging und mit einer Hand den Inhalt nach Lumpen, Knochen, Metall oder sonstigen Sachen, die noch zu verwerten waren, durchwühlte. Da ich stets auf gute Kleidung hielt und nach solchem Firniß heutzutage der Mensch beurteilt wird, konnte man von dieser Frau auch nichts anderes erwarten, als daß sie mich für einen feinen Mann hielt. Diese Auffassung mußte sie veranlaßt haben, mich um eine Gabe anzusprechen, mit der Betonung, sie habe noch 3 kleine Kinder zu Hause, die sie oft nicht satt machen könnte. Ich gab die letzten 3 M der Frau, die als Dank allen Segen auf mich herabflehte. Jetzt beeilte ich mich nach Hause zu kommen, damit mir die Hunde nicht nachliefen; es ging aber klar, 1 Minute später war ich zu Hause.

Am andern Morgen kam mir meine finanzielle Ebbe in ihrer ganzen Wirklichkeit wieder vor Augen. Dieses veranlaßte mich, das Schuldenbuch aus meiner Schanktätigkeit als Wirt aus der Kommode zu nehmen, um zu kombinieren, wer wohl einige Gewähr biete, seine Zechschulden zu begleichen. Meine Wahl traf einen Maurerhandlanger, dessen Zechschulden die Höhe von 80 M erreicht hatten. Seine Wohnung hatte er auf dem Heinskamp, wo ich ihn noch am selben Tage, gleich nach Feierabend, aufsuchte.

Es war gegen 7 Uhr abends, als ich die Wohnung dieses Maurerhandlangers betrat, dessen Tür nicht verschlossen war, und, ohne daß ich gehört wurde, in die Küche treten konnte. Hier fand ich eine Frau vor, mutterseelenalleine, tief in Gedanken versunken. Die Gestalt war dürftig, schmal und hatte – soweit man die Hautlappen über den Gesichtsknochen noch so nennen konnte – eingefallene Backen, deren ungesunde Röte Schwindsuchtrosen verrieten. Deutliche Spuren von Kummer, Krankheit, Entbehrung waren um Mund und Augen sichtbar.

Jeder Mut war mir vergangen, hier noch Schulden kassieren zu wollen. Als die Frau mich bemerkte, erschrak sie und frug dann nach meinem Begehr, wozu ich erwiderte, ihren Mann sprechen zu wollen. Der sei nicht zu Hause, meinte sie, müsse aber jeden Augenblick kommen, ich möchte so lange Platz nehmen. Hierbei rückte sie mir einen Küchenstuhl heran, den sie mit der Schürze abgewischt hatte.

Da der Ehemann nicht kam, war es verständlich, daß ich mit der Frau eine Unterhaltung anknüpfte, in deren Verlauf ich das krankhafte Äußere der Frau betonte. Hier mochte ich wohl die traurigste Seite berührt haben, weil die Frau offen wurde und ihr ganzes Leid hervorkramte.

Was diese Frau an Kummer und Elend an mir vorbeispazieren ließ, kann die Feder gar nicht wiedergeben. Im Durchschnitt hatte ihr Mann im Jahr nur 8 Monate Arbeit und setzte regelmäßig ein Drittel seines Wochenlohns in Alkohol um. Bei alldem sei er gutmütig, selbst im Rausch nie brutal. Sie zeigte mir ihre drei Kinder in einer Nebenstube, die auf der Erde schliefen und nur mit alten Kleidungsstücken zugedeckt waren. Eins der Kinder wurde von dem Licht, das die Frau in der Hand trug, munter und schaute ganz verdutzt drein. Auch diese Kinder trugen den Stempel der Entbehrung und Unterernährung. Das älteste war 6, das jüngste 3 Jahre alt.

Ungefähr eine Stunde hatte ich mit der Frau geplaudert, als ihr Mann nach Hause kam, der mir gleich, als er meiner ansichtig wurde, die Worte entgegenbrauste: «Hallo, Flegenwirt*, du wullt Schulden holen. Deit mi let, ick bün blaß, heff keenen Cent.»

Dieses verneinte ich, log, zufällig des Wegs gekommen zu sein und mich eines Stammgastes erinnert zu haben, dem ich einen Besuch abstatten möchte. Dies schien ihn zu beruhigen. Seine Dosis Alkohol schien er auch bereits wieder im Balg zu haben. Betrunken war er dieteckt nicht.

Wir unterhielten uns jetzt zu dreien, wobei ich den Ehemann auf die ungeheure Verantwortung aufmerksam machte, die er durch die Vernachlässigung seiner Kinder auf sich lade. Jeder Groschen, den er unnütz vertrinke, bilde eine Anklage für ihn. Er nahm mir solche Moralpredigt nicht für ungut, sondern meinte, der Geist sei willig, aber das Fleisch sei schwach. Hier anschließend sagte er, ob ich ihm nicht mal Hilfe leisten könne bei einer Sache, wo ein Stück Geld bei zu holen sei. Er hätte zu mir Vertrauen. In meinem Lokal hätte er

* «Flegenwirt» oder «Fliegenwirt»: Kneipen- oder Kaschemmenwirt. (Anm. d. Herausgebers)

beobachtet, wie Gäste, die er kenne, die nie arbeiten, aber immer gut leben, zu mir besonderes Vertrauen hatten. Daraus schließe er, daß ich gesund sein müßte. (Gesund sein heißt in der Verbrecherwelt soviel wie dufte. Der keinen verrät, dem man alles vertrauen kann.) Auch die Sache mit dem Schutzmann hätte ihn sehr interessiert.

Zuerst faßte ich nicht gleich den Sinn, deshalb sagte ich, mit Freude würde ich Hilfe leisten, wenn er Geld verdienen könne.

Nach einigem Versteckspielen kam er mit seinem Vorhaben heraus. An der Ecke von der Straße, wo seine Wohnung lag, wohnte ein Schlachtermeister, den er wiederholt beobachtet habe, wenn er Sonnabendabends mit seiner gefüllten Kasse nach Geschäftsschluß in eine Stube neben dem Laden gehe und dieses Geld in einem an der Ecke am Fenster befindlichen Geldschrank verschließe. Die Fenster befänden sich 1½ Mtr über der Erde von der Straße aus; von da könnten wir den Schrank leicht forttragen, der dem Augenschein nach gut zu schleppen sei. Außerdem gehöre dem Schlachtermeister noch die Reihe Häuser von der Ecke bis an das Haus, wo er, der Handlanger, drin wohne. Demnach müsse der Kerl schwer Marie (viel Geld) haben.

Dieser ganze Vorschlag paßte für meine Lage wie die Faust aufs Auge, weshalb ich mit dem Handlanger die Sache ins Kleinste besprach. Meine Bedenken, die ich ihm äußerte, weil wir nur zwei Mann seien, wozu doch mindestens ein dritter Schmiere stehen müsse, unterdrückte er durch die Äußerung, daß seine Frau sich an der Ecke hinstellen könne, um zu kneistern.

Ausreden konnte ich ihm dieses nicht. Dieser Handlanger verfügte selbst in der bedrängtesten Lage über seine Frau. Sie hieß Anges, abgeleitet von Agus, das Lamm, die ganz ihrem Namen nach die Dulderin war. Als ihr Mann diese Verfügung über sie äußerte, sagte sie kein Wort, schlug nur die Augen auf und zeigte mir etwas Flehendes, gepaart mit Ergebung. Ob ich's richtig deutete, wenn ich annehme, daß diese Frau mit ihrer stummen Augensprache meinte, auf sie keine Rücksicht zu nehmen, war schwer zu sagen, jedenfalls erklärte ich mich bereit, diesen Tipp mit abzustoßen, wie man in der Verbrecherwelt sagt, wenn ein Tipp (Diebstahl) vollführt werden sollte.

Für die Ausführung wurde der Sonnabend abgemacht, um 1 Uhr nachts sollte ich bei ihm in der Wohnung sein. Geeignetes Geschirr zum Erbrechen des Geldschranks konnte der Handlanger besorgen. Einen Block Sperrhaken brachte ich für etwaige Fälle mit. Dieser übliche Block ist in Ganovenkreisen typisch. 2 Sperrhaken sind durch eine Niete verbunden, wodurch sie alle auseinanderzuziehen sind, ähnlich wie ein Fächer.

Nachdem wir die Sache genügend abgekatert hatten, nahm ich Abschied und ging nach Hause.

Für denselben Sonnabend war ich von Plapp eingeladen und traf zur festgesetzten Stunde abends 7 Uhr bei ihm in der Wohnung ein. Er hatte mir ans Herz gelegt, einen Frackanzug und eine weiße Krawatte anzulegen, um keinen Anstoß zu erwecken. Einen solchen Frack hatte ich noch von meiner Hochzeit her, der aus der äußersten Ecke hervorgeholt wurde. Ebenso ein Zylinder.

In dieser Aufmachung zu erscheinen kostete mich eine ganze Portion Selbstüberwindung, weil ich nicht über einen Pfennig verfügte. Von der B. lieh ich mir 15 Pf. Fahrgeld für die Straßenbahn. Als ich in Überzieher und Zylinder in der Bahn hinten auf dem Perron stand, hielt ich die 15 Pf. krampfhaft in der Hand fest, in der Angst, sie verlieren zu können und mich dann beim Schaffner unsterblich blamieren zu müssen.

Plapp beichtete ich meine finanzielle Ebbe, um ihm gleich klarwerden zu lassen, daß mir im Klub keine Kosten entstehen dürften. Hierüber beruhigte er mich mit der Äußerung: «Es ist für alles gesorgt.»

Gegen 9.00 kamen wir im Klub an. Er war im Zentrum der Stadt, in einer der Straßen mit bestklingenden Namen, in einem – quasi – Pensionat mit feinster Aufmachung.

Erst kamen wir vom Korridor in eine Vorstube, wo eine gesetzte Dame uns mit einem ewig gefälligen Lächeln die Garderobe abnahm. Dann traten wir in einen wunderbar hell erleuchteten Salon, in dessen Mitte ein zirka 4 Meter langer Tisch stand, wo rundherum in feinen Lederklubsesseln Spieler und Spielerinnen saßen. In der Mitte des Tisches stand ein Roulett-Spiel, an dem des Kaufmanns Freund, «von X», saß und die Kugel warf. Die Spieler waren zu sehr an dem jedesmaligen Einrollen der Kugel interessiert, um auf mich ihr Augenmerk lenken zu können, deshalb konnte ich mich ungestört am Querende des Tisches in einen Klubsessel werfen und alle Spieler betrachten.

Hier sah ich sympathische wie abstoßende Gesichter. Herren, alle im Frackanzug mit Stehkragen und weißem Schlips, Damen in den elegantesten Abendkleidern, an Hals und Händen blendenden Schmuck. Ein Herr in Monockel, dem der Junker aus allen Knopflöchern äugelte, amüsierte mich durch seine Grimassen, die er zog, wenn sein Geld weg war. Unausgesprochene Flüche verrieten die Lippen. Ebenso lenkte eine Dame, die Plapp mir später als eine Baronin kennzeichnete, besonders mein Augenmerk auf sich. Diese Baronin pflasterte geradezu das Geld auf die Zahlen. Dann zeigte sie kurz vor dem Einrollen der Kugel eine Unruhe, die sich der ganzen Gestalt bemächtigte; sie wupperte in ihrem Klubsessel auf und nieder wie ein heißer Kartoffelpuffer in der Pfanne. Neben ihr saß als ständige Begleiterin eine 19jährige Nichte, eine Komtesse, die mit Sorge oder mit Freude Tantes Pech oder Glück verfolgte. Selbst spielte sie nicht.

Nach Einrollen der Kugel sagte «von X» die Gewinne an, zahlte gegen, nahm mit stoischer Ruhe die Harke und zog die Schips auf beiden Seiten ein. Die Schips, die an Stelle von Geld verwendet werden und an einem kleinen eingerichteten Kassenschalter zu haben waren, waren aus Elfenbein angefertigt. Diese Schips, die mit 5, 10, 20, 50 und 100 ausgezeichnet waren, sind meistens aus Horn hergestellt, manchmal sogar aus Pappe. Diese aus Elfenbein angefertigten karackterisierten die feine Aufmachung.

Auch für die feinsten Erfrischungen war in einem geräumigen Nebenzimmer gesorgt. Hier wurde nicht bezahlt, alles wurde am Schlusse von den beiden Bankinhabern beglichen.

Um 11 Uhr wurde der Schlitten zum Bakkarat hergeholt. Hier beobachtete ich hohe Einsätze, worin sich wieder die Baronin hervorhob.

Als ich die Baronin bei ihrem Spiel einen Augenblick aufmerksam beobachtete, weil mir noch alles neu war, blickte die Komtesse mich an. Ob es von mir Einbildung oder Selbstbetrug war, ist möglich, jedenfalls kam es mir so vor, als wenn sie mich etwas länger anschaute, als man sonst wohl einen Menschen flüchtig anblickt.

Es ist doch eine bekannte Tatsache, daß Menschen, die sich zum erstenmal im Leben sehen, nach dem ersten Blickwechsel sich zueinander hingezogen fühlen. Solches empfand ich in dem ersten Blick, den ich mit dieser Komtesse wechselte. Die kleine Beobachtung erwähne ich voraus, weil diese Komtesse später eine besondere Rolle spielte.

Gegen 12 Uhr ließ von X sich durch seinen Freund Plapp ablösen, um sich mit mir eingehend zu unterhalten, da er mir bis jetzt nur einen flüchtigen Gruß hatte bieten können. Wir zogen uns in die Erfrischungsstube zurück, warfen uns jeder in einen Klubsessel und ließen uns Zigarren und Kognak kommen.

Bei dieser Gelegenheit trat von X nach einer kleinen Einleitung mit seinem Anliegen hervor, wovon mir Plapp Andeutungen gemacht hatte, daß es eine ziemliche Portion Verwegenheit benötige. Es war eine regelrechte Bettentour, die ich in dem Schlosse seines bejahrten Vaters ausführen sollte. Es handelte sich nicht um Wertsachen oder Geld, sondern um ein Testament, das ich holen sollte, damit von X es vernichten könne.

Von X war von drei Kindern das älteste und nach den Traditionen des Hauses derjenige, der beim Tode des Vaters das Schloß mit seinen großen Ländereien übernimmt. Die andern Kinder wurden abgefunden. Hier war solche traditionelle Übernahme bei dem Alter des Vaters absehbar nahe, da auch die Mutter schon mehrere Jahre tot war. In diesem Falle aber war der älteste, also dieser von X, mit dem ich mich unterhielt, enterbt, weil er leidenschaftlicher Spieler war und die Befürchtung bei seinem Vater entstanden sei, daß er das Schloß und die Ländereien an den Mann bringe. Deshalb sei die Schwester, die hinter ihm komme, zum Erben des Gutes ernannt. Von X sei auf Pflichtteil gesetzt, wovon er bereits einen bedeutenden Teil erhalten habe.

Nach dieser Erklärung ließ ich eine Reihe Wenns und Abers vom Stapel, mit denen er nicht gerechnet hatte. Seine Absicht, mir von dem Schloß sowie den in Frage kommenden Zimmern eine gute übersichtliche Skizze zu entwerfen, überbrückte nicht alle Hindernisse. Besonders genaue Erklärungen mußte er mir geben, wann sein Vater den festesten Schlaf habe, damit ich die Geldschrankschlüssel aus seinem Nachtschrank, der vor seinem Bette stand, rausholen konnte.

Nach seinen Erklärungen hatte das Schloß eine Unzahl von Zimmern, wo ich das richtige schwer ausfindig machen würde, aber stundenlang nachtwandeln konnte und nachher ganze Bücher von Schloßspuk und Gespenstern schreiben könnte. Hinzu kam noch das Vorhandensein eines Molosserhundes, der nächtlich seine Umtriebe auf den Korridoren hielt, um ungebetenen oder aus Versehen mit Willen verirrten Gästen Beine oder den Garaus zu machen. Für diese unheimlichen Dienste versprach mir von X 10 Tausend Mark in bar und, falls er das Schloß mit seinen Ländereien übernehme, eine Inspektorstelle mit der Verpflichtung, mich vorher landwirtschaftlich ausbilden zu lassen.

Nach kurzer Überlegung versprach ich, die Sache auszuführen. Danach verabschiedeten wir uns, ich ging noch eine kleine Weile in den Spielsaal, ließ noch einmal den ganzen Prunk an mir vorübergleiten, um dann meinem Versprechen gemäß an die Stätte der grausigen Armut zu eilen. Die Uhr war bereits 1 Uhr, was mich veranlaßte, Plapp um 10 M anzuhauen, die er mir bereitwilligst aushändigte. 20 Minuten später stand ich mit Hilfe eines Autos in der Wohnung des Handlangers.

Der Absprache gemäß sollten sie die Tür nicht abschließen. Sachte klinkte ich auf, schlüpfte leise in die Küche, ohne dort jemand zu erblicken. Danach ging ich ebenso leise in die Stube, wo die Kinder schliefen. Hier fand ich das Ehepaar, jeder auf einem Stuhl mit dem Kopf an der Wand eingenickt. Eine Petroleumlampe, die ziemlich weit runtergeschraubt war, erhellte das Zimmer spukhaft. Die schlafenden Kinder an der Erde, die beiden Ehegatten, mit halboffenem Munde auf dem Stuhle entschlafen, boten ein grausiges Bild.

Erst rüttelte ich den Ehemann wach, der sofort das Licht hochschraubte und mit seinem Gelächter über meine Aufmachung die Frau aufweckte. Seine Äußerung: «Mensch, kummt de Kerl hier mit'n Angstrohr und Stickbeerplücker* an und wull mit mir en Geldschrank knacken, de is woll verrückt worden!» brachte mich selbst ins Lachen.

Wir wurden uns aber schnell einig. Meinen Überzieher und Rock zog ich aus und dafür einen blauen Kittel des Handlangers an; ebenso für den Zylinder setzte ich einen alten Hut von ihm auf, der mehr einer abgesägten Regentonne als einem Hut ähnelte, weil der Boden durch war und an einer Seite der Hutrand fehlte.

½ Stunde nach meiner Ankunft zogen wir dreispännig los. Dieses Bild von uns dreien hätte bei der Polizeiausstellung von 1926 ein besonderes Interesse geboten. Die Frau ohne Kopfbedeckung, beide Hände unter die Schürze gesteckt, sah mit ihrem abgemagerten schmächtigen Körper aus wie der leibhaftige dürre Tod und ging an der einen Seite; der Mann, der sich erst durch ein genügendes Quantum Alkohol Mut angetrunken hatte und gleich einem Romanist glaubte alles vollbringen zu können, in Kittel, Mütze und Maurerhose, sah aus wie ein Clown im Zirkus und ging auf der andern Seite von mir. Ich in der Mitte, mit Lackstiefel, sauber gebügelter Hose, einem Maurerkittel über dem Oberkörper, wo der Kragen mit dem weißen Schlips am Halse hervorlugte, und einer Kopfbedeckung alla Karneval, sah aus wie einer, der irgendwo fluchtartig das Feld räumen mußte, alla König Richard der III., nur daß ich kein Königreich für ein Pferd bieten konnte.

In den nächsten paar Minuten standen wir am Tatort, der nicht weit von der Wohnung des Handlangers ablag. Rabenschwarze Nacht sowie Grabesstille begünstigte unsere böse Handlung. Wir blieben alle drei unter dem in Frage kommenden Fenster stehen, wo nach einer kurzen Unterhaltung die Rollen verteilt wurden. Die Frau, die kein Wort äußerte, nur eine stumme Zeugin war, bat ich, in angemessener Ferne Umschau zu halten und, falls irgendwelche Gefahr drohe, uns in Kenntnis zu setzen. Der Handlanger stellte sich mitten auf die

* Handstock. (Anm. d. Herausgebers)

Straße und kneisterte nach dicker Luft, währenddessen ich das Fenster anbohrte und nach einer Weile öffnen konnte.

Eben hatte ich das Fenster wieder rangedrückt, um den Handlanger in Kenntnis zu setzen, als die Frau in schnellem Schritt mit den Worten auf uns zu kam, daß sie um die Ecke der Straße lauter behelmte Schutzleute gesehen hätte. Aus den Augen dieser Frau stierte die grenzenlose Angst, in welcher sie zweifellos Gespenster gesehen hatte; deshalb hielt ich den Handlanger fest, der seine Beine zur Flucht in Bewegung setzen wollte, ohne sich um seine Ehehälfte zu kümmern. Nachdem ich die Frau etwas beruhigt hatte, gingen wir alle drei der Richtung zu, wo die angeblichen Schutzleute sich aufhalten sollten. Uns hatte doch bis jetzt keiner gesehen, deshalb konnten wir ruhig an den Schutzleuten vorübergehen. Wir umkreisten im Umkreis von Hunderten von Metern den Tatort, ohne die geringste Spur von Gefahr zu beobachten. Einige Passanten und eine Patrouille, der wir begegneten, gingen an uns vorüber, ohne ein Augenmerk auf uns zu werfen. Unsere komische Garderobe fiel der Dunkelheit wegen nicht auf.

Wieder standen wir alle drei vor dem aufgebohrten Fenster, um die Rollen zu verteilen. Diesmal bat ich die Frau, ruhig nach Hause zu gehen, was der Mann ablehnte; sie nahm es in stiller Resignation hin. Darum bat ich sie, den Tatort weiter zu meiden, um im Falle einer Entdeckung völlig außer Schußlinie zu sein. Sie ging ab, schlug noch einmal die verängstigten Augen zu mir auf, um mir in stummer Sprache zu sagen, sie hätte mich verstanden.

Jetzt stieg ich erst alleine durchs Fenster in die Wohnstube des Schlachtermeisters hinein; den Geldschrank fand ich gleich in der einen Fensterecke, wo ich äußerst geräuschlos alles entfernte, was im Wege stand, um den Schrank ans Fenster zu rücken, was ich alleine jedoch nicht fertigbringen konnte. Aus diesem Grunde forderte ich durch Gesten den Handlanger, der draußen am Fenster stand, auf, hineinzusteigen. Mit vereinten Kräften gelang es uns, den Schrank ohne Störung auf die Fensterbank zu stellen. Von hier aus schleppte ich den Schrank auf der Schulter um die Ecke, in die nächste Straße, in die Anlagen hinein, wo wir ihn im Gebüsch verschwinden ließen.

Jetzt suchten wir erst die Frau auf, die uns aus den Augen gekommen war. Nach einigem Suchen fanden wir sie auf einer Vortreppe sitzen, die Schürze vorm Gesicht. Als wir näher traten, weinte sie vor Freude. Sie erklärte, ganz deutlich gesehen zu haben, wie man uns abführte; sie mochte nicht nach Hause gehen, weil sie damit rechnete, auch geholt zu werden. Wir brachten sie jetzt erst nach Hause, weil wir auch das Brechgeschirr für den Schrank holen mußten.

In der Wohnung des Handlangers angekommen, hatte ich wieder Gelegenheit, Menschentragödie und -kommödie zu beobachten. Die Frau stürzte erst in die Stube, kniete auf die Erde und küßte der Reihe nach ihre Kinder vor Freude, zu ihnen zurückkehren zu können.

Der Handlanger eilte in die Küche, von wo ich in der Stube das Glucksen des Trinkens aus einer Flasche hörte. Gewaltig goß er einen auf die Lampe.

Nachdem Licht angemacht war, erklärte ich, das Erbrechen des Geldschranks nur dann auszuführen, wenn die Frau zu Hause bliebe. Ihr Weinen vor den Kindern hatte mich erschüttert; diese Frau hatte $^5/_4$ Stunden während unserer Handlung mehr gelitten, wie der Handlanger und ich für die Tat hätten leiden können, falls wir Jahre dafür hinter Mauern gewandert wären.

Diesem Vorschlag fügte sich der Handlanger, nahm das Brechgeschirr und ging mit mir nach der Stelle, wo der Schrank lag. Die Uhr war bereits $3^1/_2$ Uhr; ein erster Hahnenschrei erinnerte uns, daß Eile nötig sei. Nachdem der Handlanger seinen Posten als Schmieresteher eingenommen hatte, rückte ich dem alten Geldschrank zuleibe, den ich ungefähr nach einer Stunde aufgequält hatte. Vom Schlüsselloch aus hatte ich erst etwas Luft gemacht und dann mit einer großen Zange das Schloß bloßgelegt, so auch beim 2ten Schlosse. Mit dem Inhalt füllten wir sämtliche Taschen. Derzeit hatten wir noch mit ganz geringen Ausnahmen nur Metallgeld.

Als wir wieder in der Wohnung des Handlangers anlangten, saß die Frau noch neben den Kindern. Auf einer Wolldecke auf der Erde in der Küche entleerten wir unsere Taschen und zählten eine volle Stunde. Die Gesamtsumme war 6000 M, wovon der Handlanger 3000 und ich 3000 M erhielt.

Die Gefahr lag nahe, daß der Handlanger sich jetzt durch Trinken verdächtig machen könnte oder die Frau durch auffällige Ausgaben. Deshalb wurde bis in den hellen Morgen hinein Rat gehalten. Die Frau versprach, das Geld an sich zu nehmen, und der Mann, keine Trinkerei anzufangen. Damit die Frau vor allen Dingen etwas Möbel und Betten kaufen konnte ohne sich verdächtig zu machen, versprach ich, 2 Tage später mit einem Herrn in Zylinder und Equipage vorzufahren und den Eheleuten zu eröffnen, daß von einer alten Tante eine Erbschaft von 3000 M in bar an sie auszuhändigen sei. Dadurch wurden schnüffelnde Nachbarn getäuscht und von jeder andern Idee abgebracht.

2 Tage später erschien ich mit von X, dem ich die ganze Sachlage anvertraut hatte, in einer Equipage vor der Wohnung des Handlangers, wonach das Ehepaar die abgekaterte Mär der Nachbarschaft

zum besten gab und die Glückwünsche in Empfang nahm. Als wir mit dem Wagen hielten und die Treppen hochstiegen, beide im Zylinder, gingen alle Fenster und Türen auf. Alles suchte seine Neugier zu befriedigen. Mit offenem Munde starrten uns die Nachbarn an. Jetzt konnte die Frau ungeniert kaufen.

Am Morgen nach der Tat zog ich den Handlangerkittel wieder aus, machte mich mit dem Zylinder in der Hand so unauffällig wie möglich aus dem Staube. Als ich bei der B. ankam, war ich ein Mann von 3000 M. Dieses Bewußtsein machte erst wieder den Menschen aus mir. Die B. wußte nicht anders, daß ich aus dem Spielklub kam. Als ich ihr soviel Geld aushändigte, um sich von unten bis oben neu einzupuppen, blickte ich in dankerfüllte Augen, die ich bei meiner Frau nicht kannte, und doch zog es mich jetzt doppelt zu Hel. hin. Schon am nächsten Abend suchte ich sie auf und übergab ihr zur Gründung eines Hausstandes 2000 M. Eben vor dem Kriege konnte man sich für 1200 bis 1500 Mark eine 3 Stubenwohnung mit Bad einrichten. Als ich Hel. das Geld, das ich in Gold umgewechselt hatte, in zwei Tausendmarksrollen aushändigte, sah ich keinen Enthusiasmus, nur eine kleine aufflakkernde Freude, die bald verrauscht war. Auch jede Frage, wie ich zu dem Gelde gekommen war, blieb aus; dieses Frauenherz war unergründbar.

Meine Absicht war, falls die Testamentssache mit dem von X klappte, Hel. in Seide zu hüllen und im Spielklub einzuführen, wo sie sich zweifellos wohl fühlte. Hier konnte sie ihre Phantasie erfüllt sehen, sich im Kreise eleganter Damen und gebückelter Smokings bewegen. Meine Hoffnung, Hel. aus ihrer schlummernden Seele zu wecken und zu leidenschaftlicher Liebe zu erwecken, dachte ich durch Erfüllung ihrer erdenkbaren Wünsche zu erreichen. Wollte nichts unversucht lassen, dieses Weib aus einem ihr unsympathischen Milieu in ein ihrer Sehnsucht entsprechendes zu führen. Wenn sie auch von schlichten Eltern herstammte, so änderte dies an ihrer Verschrobenheit nichts. Dieses Weib, das wußte ich, von Grund auf umzuformen, war Wahnsinn; eher hätten Posaunenstöße die Mauern Jerichos gefällt. Nur einen seelisch angenehmen Ton aus diesem menschlichen Instrument herauszulocken war meine Absicht, damit ihr ganzes Wesen einem schönen Liede ähnelte.

10. Kapitel
Die Bettentour im gräflichen Schloß

Mittlerweile war auch der Sonntag herangerückt, wo ich mit dem Grafen das Stelldichein zur Orientierung des Schlosses hatte. Pünktlich fanden wir uns in Hamburg auf dem Hauptbahnhof ein und fuhren um 8 Uhr abends ab. Um 1 Uhr waren wir in dem Dorf, wo wir aussteigen mußten. Von dort hatten wir noch eine gute Stunde zu Fuß zurückzulegen, bis wir das Schloß erreichten.

Um von niemand erkannt zu werden, gingen wir feldeinwärts, so daß wir an die Hinterfront des Schlosses herankamen, wo es durch einen Wald gedeckt wurde, unter dessen Schutz wir ungesehen heranpirschen konnten. Nachdem wir den Wald durchquert hatten, sahen wir das Schloß vor uns, das spukhaft zum Himmel ragte. Eine sternenklare Nacht leistete unserer Orientierung Vorschub. Der Graf hatte seinen Hut ins Gesicht gedrückt und seinen Kragen hochgeschlagen, wodurch die ganze Gestalt etwas Kesses erhielt.

Zirka eine Stunde hielten wir uns bei dem Schloß auf, in welcher Zeit der Graf mir eine gründliche Aufklärung gab. Besondere Schwierigkeiten waren in der Erklärung über das Öffnen des Geldschranks entstanden. Hierbei bedurfte es der Kenntnis der Rosetten, wovon 8 Stück an dem Schrank mit Buchstaben angebracht waren. Durch die Buchstaben wurden die Rosetten gestellt, gedreht und bei richtiger Anwendung sprang ein Riegel (Verberger) vom Hauptschloß zurück, damit überhaupt der Schlüssel ins Schlüsselloch eingeführt werden konnte.

Gegen 3 Uhr traten wir den Heimweg an und waren um 4 Uhr am Bahnhof. Der erste Zug fuhr erst 6 Uhr früh, deshalb mußten wir uns noch 2 Stunden verweilen, die mir jedoch äußerst schnell vergingen, weil der Graf von einem bedeutenden Wissen beherrscht war und angenehm unterhalten konnte. Hier, an diesem Ort, verlebte er seine Kindheit, seine Ferien und selbst als Student noch manche Stunde. Deshalb war ihm der Gedanke unerträglich, nach dem Tode seines bereits bejahrten und kränkelnden Vaters die ihm lieb gewordene Scholle in die Hände einer verheirateten Schwester übergehen zu sehen.

Auf meine Erwiderung, daß, falls das Testament vernichtet würde und der Graf dem Spiel huldige, die Scholle letzten Endes doch verlorengehe, sagte er, so etwas wäre ausgeschlossen, er hätte sich mit Frau und Kind geeinigt, durch notarielle Beglaubigung die Sache so zu arrangieren, daß, falls er große Spielschulden mache, seine Frau Inhaberin des gesamten Besitzes sei und seine Spielschulden nicht mehr bezahle, was ihm den Spielklub verleiden müsse.

Hier dreinreden wollte ich nicht, hatte aber meine Zweifel, ob er die Sache mit seiner Frau so deichseln konnte. Einwenden tat ich nur, daß die Vernichtung des Testaments, dessen Herbeischaffung unendliche Mühe und Gefahren in sich berge, zwecklos sei, wenn Spielschulden den ganzen Besitz unter den Hammer bringen würden. Er gab mir nochmals seine Versicherung, daß er dies zu verhüten wisse.

In der Nähe des Bahnhofs fanden wir eine öffentliche Ruhebank, wo wir ungesehen die Zeit zu dem ersten Zug abwarten konnten. Hier tauschten wir gegenseitig unsere Erlebnisse aus. Ganz eingehend schilderte ich ihm eine von Hunderobert gemachte Bettentour, auf welche Art die Sache mit dem Testament auch erledigt werden sollte. Seine Besorgnisse, seinem Vater im Schloß kein Haar zu krümmen, wußte ich mit der Erklärung zu verscheuchen, daß ich nicht feige genug sei, einem Menschen in solcher Ohnmacht nach dem Leben zu trachten. Bei eventueller dicker Luft verlasse ich mich auf meine Gewandtheit im Laufen und Springen.

Von seinen Erzählungen aus seinen Kreisen, von denen ich in naiver Art höhere Auffassungen in meiner Gehirnzentrale aufgespeichert hatte, wurde ich gründlich aufgerüttelt. Seine Wege hatten ihn auch an den Hof Kaiser Wilhelms des II. geführt. Auch über diesen Erdenpilger wurde mir ein Bild entrollt, das im krassen Kontrast zu meinen Auffassungen stand. Besonders hatte ihn (den Grafen) der ungeheure Eigendünkel Wilhelms des II. oft angewidert. Er war unnahbar für einen greifbaren logischen Rat. Auch erzählte er mir, wie der Zar von Rußland seinerzeit ein großes Friedensmanifest erließ, das an Wilhelm dem II. scheiterte, der hierzu äußerte: «Ich verlasse mich auf Gott und mein Schwert und scheiße auf die ganzen Beschlüsse!» In Wilhelms Umgebung hielten sich am besten eckig geschnitzte Hampelmänner, die sich nach jedem Schnürchen bewegten. Um ein Beispiel anzuführen, erzählte der Graf mir sein Erlebnis auf Wilhelms Jacht. Während einer Tour hatte Wilhelm unter anderen bevorzugten hohen Tieren auch einen Admiral während eines Zechgelages in der Kajüte bei sich. Der Admiral war betrunken – Verzeihung, solche Leute sind nur animiert, betrunken ist der Proletarier. Hier nahm Wilhelm eine Flasche Sekt und goß sie dem Admiral bis auf den letzten Tropfen über die Glatze und amüsierte sich köstlich darüber. Der

Admiral äußerte hierzu die Worte: «Sehr gnädig, Eure Majestät, sehr gnädig, Majestät.»

Ein ähnliches Bild konnte ich dem Grafen aus meinen Kreisen erzählen, das sich in einer Kaschemme abspielte, wo sich zwei Ganoven ein paar ½ Liter Bier in die Fresse gossen und, weil sie besoffen waren, sich gegenseitig anlächelten. Daß solche Saufulks auch von Stellvertretern Gottes gemacht werden, hätte ich mir nicht träumen lassen. Jedenfalls wird der liebe Herrgott, wenn er lange Weile hat, aus dem Fenster sehen und sich seinen Stellvertreter in Doorn anschauen.

Um 6 Uhr kam der erste Zug, der uns wieder nach Hamburg schaffte. Der Graf lud mich vor unserem Auseinandergehen noch zu einem Imbiß in seinem Hause ein. Hier genoß ich wieder die Umgebung seiner Frau, die mit Walten und Allüren bezaubernd auf mich wirkte. Schon um diese Frau hätte ich die Sache vollführt. Als ich im Verlaufe unseres Imbisses aus der Unterhaltung, an der sich die Frau beteiligte, zu entnehmen meinte, daß sie im Bilde sei, begeisterte mich die Tat doppelt. Sie äußerte einmal zu ihrem Gemahl die Worte: «Hoffentlich hast du dich nicht erkältet? Soll ich dir etwas Heißes bringen lassen?» Als sie dies ausgesprochen hatte, empfand sie ihre Unvorsichtigkeit und schaute mich an, was mich sofort kombinieren ließ, sie wisse, wo ihr Mann heute nacht gewesen sei. Sie wollte an meinen Gesichtszügen beobachten, ob ich wohl aus ihren unvorsichtigen Worten kombinierte, daß sie von der ganzen Sache wußte. Ob es mir glückte, weiß ich nicht, jedenfalls setzte ich die gleichgültigste Miene auf, die ich gelernt hatte aufzustecken, um diese Dame ihren Fehler nicht empfinden zu lassen.

Nach diesem angenehmen Imbiß nahm ich Abschied und kam nachmittags bei meiner B. an. Diese hatte sich mit neuer Garderobe versehen, worüber ich mein Urteil abgeben sollte. Diese Dame hing ehrlich an mir und hätte mich auf andere Wege gebracht. Unendlich schwer fiel es mir deshalb, ihr meine Absicht zu eröffnen, daß ich mit Hel. die Ehe gemeinsam führen wollte.

Die Salven, die verfolgende Patrouillen mir nachsandten, machten mir nicht soviel Unruhe wie Frauentränen. Als ich denselben Abend trotz äußerster Müdigkeit noch mit ihr ins Hansa-Theater ging, sah ich ihre Augen fröhlich leuchten. Das Tragen guter Kleider und ein geliebter Mann an ihrer Seite machte dieses bescheidene Menschenkind restlos glücklich.

Als wir abends nach Hause gingen, fing ich mit versteckten Redensarten an, ihr die Trennung beizubringen. Ich sehe noch ihre Augen vor mir, wie sie immer größer wurden und zuletzt, als sie verstanden hatte, in Tränen sich badeten. Da war aller Trost vergebens, der Tränenbach mußte erst genügend hervorgequellt sein. Alles Versprechen, für sie zu sorgen, verfing nicht. Diese Seele war in ihren Grundfesten erschüttert.

Mein Los, was ich heute trage, sehe ich für solche geschlagenen Herzenswunden als Buße an.

Als wir nach Hause kamen, war ich vor Müdigkeit bald fest entschlafen, weil ich in der vergangenen Nacht kein Bett gesehen hatte. Morgens gegen 4 Uhr erwachte ich von einem Geräusch. Es war die B., die noch in ihren guten Kleidern auf einem Stuhl neben mir am Nachtschrank saß und schluchzte. Alles Bitten war fruchtlos, und ich bereute schon bitter, nicht einfach fortgeblieben zu sein, ohne ein Wort von Trennung gesprochen zu haben. Meine Hoffnung, falls die Sache mit dem Testament klappte, ihr Geld zum Ankauf eines Geschäftes geben zu können, beruhigte mich und ließ mich bald wieder einschlafen. Wie ich dann um 8 Uhr wieder erwachte, war die B. verschwunden und auf dem Nachtschrank lag ein Zettel mit den Worten: «Vor mir hast Du Ruhe.»

Sofort zog ich mich an und setzte die Mutter davon in Kenntnis, die mir, statt mit mir Rat zu halten, wo sie eventuell zu suchen war, denselben Tränenbach vorführte. Jetzt wurde mir die Sache zu «mucksch», ich türmte und machte einen Spaziergang in die Barmbecker Feldmark, wo ich auf einer Weide Kühe und Pferde vorfand. Hier stellte ich mich 2 Stunden ans Stakett und schaute das Vieh ebenso blöde an, wie es mich anschaute. Heute weiß ich nicht mehr, was mir alles durchs Gehirn ging. Jedenfalls philosophierte ich, daß das Vieh in Herzensangelegenheiten kühler handelt, heute mit der Mutter und morgen mit der Tochter poussiert und alles andere fertigbringt, aber nicht ins Wasser geht, um sich zu ertränken.

Aus diesem Viehmilieu drückte ich mich bald wieder und suchte meine Frau auf, die bei ihrer Mutter wohnte. Eine Wohnung hatte sie schon gemietet, auch schon Sachen gekauft. In ein paar Tagen konnten wir das Nest beziehen. Als ich Hel. von meiner Absicht, sie im Spielklub einzuführen, erzählte, auch erklärte, welches Publikum sie dort vorfände, leuchteten ihre Augen, wobei sie mir um den Hals fiel und mich küßte. So etwas hatte ich ganz selten erlebt; also war ich vielleicht auf dem richtigen Wege, dieses Weib aus ihrer Lethargie herauszuholen.

In den späten Abendstunden verließ ich sie, um die Wohnung bei der B. aufzusuchen. Beim Eintreten in die Schlafstube prallte ich fest zurück. Wohlbehalten lag die B. im Bett und ließ bei meinem Eintreten einen etwas gelinderen Tränenbach wie am Abend vorher fließen. Wie ich ihr einige Vorhaltungen über die Zeilen auf dem Nachtschrank machte, die mich in solche Ängste versetzt hatten, meinte sie, ich hätte es nicht verdient, daß sie noch lebe. Meinethalben hätte sie sich ertränken müssen, damit ich sie während meines ganzen Lebens auf dem Gewissen gehabt hätte. Nur ihrer Mutter wegen hätte sie sich nochmal besonnen.

Solche kleinen schmollenden Auffassungen und Wünsche fand ich für berechtigt und ließ nochmals nichts unversucht, sie zu trösten, was diesmal nicht ganz auf unfruchtbaren Boden fiel. Mit Tränen in den Augen meinte sie in ihrer lieben guten Art, ich würde doch nicht lange bei der andern bleiben und wieder bei ihr anklopfen. Darauf frug ich, ob sie mich dann wieder nähme, worauf sie antwortete: «Aber nur, wenn du dich verpflichtest, mich nicht wieder im Stich zu lassen.»

In dieser Nacht waltete in diesem kleinen Heim, welches die B. mit ihrer Mutter innehatte, wieder der gewohnte Friede. Hier hatte der Philosoph recht: «Die Zeit ist der beste Arzt, sie heilt alle Wunden.»

Am andern Morgen nahm sie ihre Guitarre – im Volksmund «Schinkenknochen» genannt –, spielte mir eine von ihr selbst gemachte Melodie und sang dazu den Text von Heinrich Heines satyrischer Art. Für diesen Dichter interessierte sie sich ganz besonders und konnte viele Stellen auswendig. Der Text sollte sich auf Hel. und mich beziehen. Sie sang:

Eine übergeschnappte Signora erwählte
zum Gemahl mich, ward meine Vermählte,
und geschlossen ward bald unsere Ehe.
Wehe mir Armen! Wehe!
Bald befreiten von ihr mich Korsaren,
ich verschob sie an die Barbaren,
ehe sie sich es konnte versehn –
Bravo, Biskroma! schön! schön!

Dies freute mich weit mehr, als es mich treffen konnte; sie machte sich Luft und hatte das Schwerste überstanden. Andrerseits sagte mir eine leise innere Stimme, die aber noch keine Macht über mich hatte, daß B. im Grunde genommen recht hatte.

Nach Verlauf dieser Erlebnisse mit der B. war der Sonntag herangerückt, wo ich die Handlung für den Grafen vollführen sollte. Ausgerüstet mit allem Nötigen betrat ich den Hauptbahnhof, wo mich der Graf der Abmachung gemäß an die Bahn brachte. Diesmal konnte ich mich überzeugen, daß die Frau im Bilde war, weil sie sich erstens mit eingefunden hatte und zweitens mir einen warmen Schal und ein kleines Paket mit Butterbroten aushändigte. Noch einmal prägte er mir den Namen des Hundes ein, falls der mich irgendwie überraschen oder ich mich auf den verkehrten Korridor verirren sollte, wo der Hund sich meistens aufhielt. Auch eine gut entworfene Skizze, die alle Zimmer des Schlosses zeigte, übergab er mir.

Das Bewußtsein, daß die Frau im Bilde war, ließ mich mit doppeltem Eifer an die Ausführung der Tat gehen. Wenn es Engel unter den Frauen gibt, so konnte man diese Frau wohl als solchen bezeichnen.

Nachdem wir uns eine Weile unterhalten hatten, setzte der Zug sich in Bewegung. Ein letztes Winken, und das Ehepaar kehrte um, um die Treppe nach dem Ausgang zu hinaufzuschreiten. Aus dem Zug sah ich, wie die Frau sich bei ihrem Gemahl fester unter den Arm hakte und zusammenschauerte. Grausig mochte sie empfinden, wie ein Mensch in Nacht und Gefahr hinausfuhr, solche verwegene Tat zu vollbringen.

Den Zug hatte ich so gewählt, daß er schon um 10 Uhr an der betreffenden Station war, wo ich aussteigen mußte. Um wieder ungesehen an das Schloß heranzukommen, schlug ich denselben Weg feldeinwärts ein, den ich mit dem Grafen gegangen war. Eine feuchte rabenschwarze Nacht umgab mich, die so recht in dem Menschen das Gruseln schaffen konnte, wenn er auf solchem Wege wie ich wandelte.

Um 11 Uhr hatte ich die Lichtung des Waldes erreicht und die Hinterfront des Schlosses vor mir. Das vorige Mal, wie der Graf bei mir war, hatte das Schloß nicht den unheimlichen Eindruck auf mich gemacht wie jetzt. Besonders der viereckige Turm, der an einem Ende des Schlosses riesengroß zum nachtschwarzen Himmel hinaufragte, erinnerte mich an die Blütezeit der Ritter mit ihrer Wegelagerei. Ob in diesem Turm unter Ratten und Spinnen auch Kaufleuten vor Kummer und Elend das Haar erbleicht war, weil sie das Lösegeld nicht aufbringen konnten oder die Zeit zu lang wurde, bis ihre Lieben das Geld brachten? Oder war es ein Hungerturm von Pisa?

Oben im Turm war ein Fenster noch beleuchtet. Wartete vielleicht so ein Turmwächter schon auf mich, um mich in das unterste Verließ zu werfen, wo mein Heulen und Zähneklappern ungehört verhallte? Das Geschrei zweier Eulen, die vom Turm mit Geräusch im Walde verschwanden, erschreckte mich. Dieses Geräusch verscheuchte alle spukhaften Gedanken und spannte meine Nerven an.

Nachdem ich 1 Stunde das Schloß rundum auf dicken Socken, die ich über die Stiefel gezogen, umschlichen und nichts Verdächtiges beobachtet hatte, pirschte ich mich an den von dem Grafen bezeichneten Heu- und Strohschuppen heran, wo ich eine Leiter finden konnte. Um diese Leiter zu holen, mußte ich an den Gesindestuben vorbei. Eben hatte ich die Leiter vom Haken genommen, als die Tür von der Gesindewohnung aufging und in schlurfenden Schritten ein baumlanger Kerl an mir vorüberging, der zu der hinter dem Schuppen befindlichen Toilette wollte. Stehenbleiben konnte ich nicht, verschwinden auch nicht mehr, deshalb warf ich mich platt auf die Erde und lugte, den Kopf unter den Armen, nach dem Baumlangen hin. In dieser Lage mußte ich so lange verharren, bis der Mann wieder ins Haus ging. In diesem Dreck lag ich ½ Stunde. Der Baumlange schien in der Toilette weiterzuschlafen. Endlich drückte er sich wieder. Die Sache fing ja gut an. Alle Gerüche von Pferd, Schwein und Kuh hatte ich schon durch dieses Liegen in der Pfütze an mir. Nebenbei hatte ich noch einen derben Klapper von der Nachtfrische bekommen. Mit den Zähnen konnte ich diereckt einen Walzer klappern. Wehe dem Knecht, der mich angefaßt hätte, denn mit dem hätte ich mich bis zum Knock out warm geboxt.

Schleunigst nahm ich jetzt die zirka 10 Mtr lange Leiter, setzte sie am Turme an und stieg in das nicht geschlossene Turmfenster hinein. Das vorhin oben im Turm erleuchtete Fenster war jetzt dunkel.

Zuerst horchte ich 10 Minuten, vernahm aber kein Geräusch. Schritt für Schritt ging ich auf den über die Stiefel gezogenen Socken bis an die erste Tür, die ich mit einem mitgebrachten Dietrich öffnete. Hier legte ich mich an die Erde, nahm meine Skizze heraus, beleuchtete sie mit einer abgeblendeten Taschenlampe, ob ich richtig war und wie ich zu gehen hatte. Wieder lauschte ich erst etwas, um dann wieder Schritt für Schritt im langen, einmal rechts, einmal links abbiegenden Korridor entlang zu schreiten. Nachdem ich noch eine Tür aufgeschlossen hatte, stand ich vor einer Treppe, die nicht auf meiner Skizze stand. Also zurück, ich war verkehrt gegangen und lief nach den Angaben des Grafen Gefahr, in den Teil des Schlosses zu gelangen, wo der Molosserhund sich aufhielt.

Wieder legte ich mich auf die Erde und suchte mit der Taschenlampe die Skizze ab. Jetzt sah ich meinen verkehrten Weg. Nach der Skizze mußte ich beim ersten Rechtsabbiegen des Korridors durch die Tür, die in diesem Winkel lag. Von dieser Tür aus, die ich übersehen hatte, gelangte ich auf einen anderen Korridor, wo links und rechts Türen abgingen. Der Skizze nach sollte die fünfte Tür die Schlafstube des Grafen sein und am Ende dieses Korridors sein Arbeitszimmer, wo der große Geldschrank stand.

Vor der Tür, wo der alte Graf schlief, lauschte ich eine ganze Weile, konnte aber weder ein Schnarchen noch ein lautes Atmen hören. Eine Standuhr in einem andern Zimmer schlug 1 Uhr. Also die Geisterstunde war vorüber. Nach den Angaben des Sohnes sollte der Vater am sichersten nach 1 Uhr schlafen. Demnach mußte ich die richtige Zeit vor mir haben.

Leise, den Atem angehalten, alle Nerven gespannt, nahm ich den Türdrücker in die Hand, klinkte die Tür äußerst leise auf und blieb ohne jegliches Geräusch stehen. Nach einigen Minuten machte ich die Tür so weit auf, daß ich hineingehen konnte, blieb aber erst wieder stehen. Bevor ich weiter vordrang, knipste ich die ziemlich abgeblendete Taschenlampe einmal auf, um alle Gegenstände und Konturen zu beobachten.

Ein weicher Teppich lag auf der Erde, auf dem ich mich auf Händen und Füßen in kriechender Stellung vorwärtsschlich. Vor dem Bette des alten Grafen machte ich halt. Da ich mich schon eine Stunde in den dunklen Räumlichkeiten des Schlosses aufhielt, konnte ich ohne Licht so viel sehen, daß ich nirgends gegenlief.

Der alte Graf hatte die eine Hand auf der Decke liegen, an deren kleinerem Finger sich ein großer Brillantring befand, der sogar im Dunkel ein schönes Feuer zeigte. Sein Atemzug war sehr leise, er schien zu träumen, weil er die Lippen bewegte, als wenn man spricht. Seine Gesichtszüge waren ganz die des Sohnes; dieselbe Lippenstellung, und etwas schlaffe Züge.

Zentimeterruckweise zog ich die Nachtschrankschieblade auf, ständig dem Schläfer ins Gesicht schauend. Als ich die Schieblade ganz auf hatte, mußte ich hochkommen und mit der Taschenlampe einen gedämpften Lichtstrahl in die Schieblade hineinbringen. Ein großes Bündel Schlüssel erblickte ich, das zweifellos Geräusch gemacht hätte, wenn ich es rausgenommen hätte. Deshalb nahm ich die ganze Schieblade, verließ das Schlafzimmer und fand nach einiger Mühe das Zimmer, in dem der Geldschrank stand.

Hier fing ich mit der Zahlenzusammenstellung der Rosetten an, wie sie mir der Sohn erklärt hatte. Erst wollte und wollte es nicht klappen, der Verberger sprang nicht vom Schlüsselloch zurück. Schon fing mir der Mut an zu sinken, aber ich versuchte es noch ein letztes Mal. Da, ein Geräusch, was mich erst zusammenfahren ließ, aber nachdem ich geleuchtet hatte, sah ich, daß es der Verberger war, den die Feder freigegeben hatte.

Jetzt fiel es nicht mehr schwer, den Schrank zu öffnen. Nachdem ich die beiden Schlösser aufgeschlossen, zog ich mit kräftigem Ruck die große Geldschranktür auf. Der Schrank war 2 Meter hoch und zirka 5/4 Meter breit, ein Koloß.

In den Schrank leuchtete ich mit der unabgeblendeten Taschenlampe hinein. Nach einigem Suchen fand ich das versiegelte Testament, welches ich erstmal sicher an mich nahm; dann sättigte ich meine Neugierde an dem übrigen Inhalt. Außer einem Teil Geld war der gesamte Familienschmuck in 2 größeren Fächern untergebracht. Besonders beäugelte ich ein Diadem, worin ein nicht unbedeutender Stein von mindestens 5–6 Karat funkelte. Nur waren die Steine nicht mit der Anzahl Fassetten versehen, die die moderne Schleiferei heute schafft. Es waren alles Steine mit 24 Fassetten, wohingegen heute 48 in Brillanten geschliffen werden. Ebenso waren die Fassungen unmodern.

Mitnehmen konnte ich weder vom Gelde noch von dem Schmuck, sonst wäre die ganze Testamentsentwendung bemerkt. Schweren Herzens trennte ich mich von dem Reichtum und schloß den Schrank, ohne Spuren zu hinterlassen, wieder ab. Den Verberger brauchte ich jetzt nur vors Schloß zu drücken, wo er von selber einschnappte. Auch die Stube schloß ich wieder ab, brachte auch die Schieblade mit den Schlüsseln wieder in die Schlafstube des alten Grafen, was ich ebenso geräuschlos und unbemerkt erledigte wie das Holen derselben. Leise klinkte ich die Schlafstubentüre wieder ein.

Leichten Herzens eilte ich den Korridor entlang, dem Turmfenster zu, wo ich eingestiegen war.

Eben bevor ich am Ende des Korridors angelangt war, hörte ich ein komisches Geräusch, was mich veranlaßte, schnell die Tür zu erreichen, die mich wieder in den Turm führen sollte. Soweit kam es aber gar nicht; im Nu fühlte ich mich von hinten gepackt. Am Zerren und Reißen an meinem Oberarm bemerkte ich sofort, daß es kein Mensch war, sondern der mir vom Sohne des alten Grafen karackterisierte Molosserhund! Jedenfalls hatte ihn das Geräusch, welches das Einschnappen des Verbergers verursachte, angelockt, oder der Zufall.

Eben noch so freudig gestimmt, das Ziel erreicht zu haben, erlebte ich einen Höllensturz der himmelanstürmenden Titanen aus «Egmont».

Blitzartig bückte ich mich, wobei der Hund ganz auf meinem Rükken herumtorkelte und mir schon mit seinem Gebiß den Oberarm von allem Zeug entblößt hatte. Zweifellos hätte er mir sein Gebiß ins Genick versenkt, wenn ihn hier nicht der mir von der Gräfin am

Hauptbahnhof ausgehändigte Schal, den ich 2mal um den Hals geschlagen hatte, daran gehindert hätte.

In dieser Situation nannte ich diverse Male den Namen des Hundes mit dem Zusatz «Was machst du denn, pfui, schäm dich!» Diese Äußerung, die mir der Sohn für Eventualitäten mit auf den Weg gab und die immer angewandt wurde, wenn der Hund etwas Verbotenes ausübte, wirkte wie elektrisierend. Kaum hatte ich die Äußerung zweimal gemacht, als der Hund von mir abließ und, nachdem ich wieder aufrecht stand, an mir emporsprang, um nach Hundeart zu wedeln. Die Dunkelheit kam mir zu Hülfe, sonst würde der Hund mich als Fremdling erkannt haben. Ein Schauer kroch mir die Wirbelsäule entlang. Der Hund war, auf den Hinterbeinen stehend, größer als ich. Nachdem ich ihn mit seiner Wedelei abgewehrt hatte, war ich einige Schritte vorwärts gegangen und durch die Tür, die in den Turm führte, verschwunden. Hinter mir schlug ich die Tür zu, die mich jetzt vom Hunde trennte. Schleunigst verschwand ich von dieser grausigen Stätte und brachte die Leiter wieder an ihren Ort.

Wie ich den Heimweg antrat, war es bereits 4 Uhr morgens. Das Blut rieselte mir vom hinteren Oberarm noch immer nach der Hand zu. Bös hatte mir der Hund in ½ Minute zugesetzt. Das Zeug an der hinteren Schulter und am Oberarm war vollständig zerrissen. Dadurch wurde die Reise in der Bahn gefährlich. Im Wald zog ich das Jackett aus, band die Wunde mit meinem neuen halben Oberhemd zu und dann den Schal drüber. Das Jackett zog ich so an, daß nur ein Arm durchgesteckt war, den andern hielt ich unter der Jacke im Winkel, so wie man einen verwundeten Arm üblich trägt.

Um 6 Uhr stieg ich in den ersten Zug. Glücklicherweise fand ich ein Coupé allein, wo sich während der Fahrt nur einmal ein Fahrgast einstellte, der nach einigen Stationen den Zug wieder verließ. Da es ein Bummelzug war, hielt er auch auf dem Sternschanzenbahnhof, wo ich ungenierter aussteigen konnte. Um 11 Uhr stieg ich hier aus, nahm ein Auto und fuhr bis kurz vor die Wohnung des von X.

Als ich hier klingelte, erschien zufällig die Tochter, die mich noch nicht gesehen hatte. Übernächtigt, dreckig und zerlumpt, wie ich aussah, schien die Tochter mich nicht richtig verstanden zu haben, als ich sagte: «Ich möchte den Herrn sprechen», denn sie warf die Tür wieder ins Schloß mit der Bemerkung: «Kommen Sie ein andermal wieder!» Zweifellos hatte sie mich für einen Bettler angesehen. In dieser Lage war ich etwas gereizt veranlagt, weshalb ich mit einem derben Faustschlag an die Tür schlug und dabei ziemlich anhaltend klingelte. Darauf hörte ich die Tochter in der Wohnung rufen: «Papa, komm doch bitte schnell her, hier ist ein aufdringlicher Mann, der gegen die Tür schlägt und andauernd klingelt, weil ich ihm nichts gegeben habe. Bringe ihn doch einmal aus dem Hause!»

Gleich darauf stellte sich die Mama statt des gerufenen Papas ein, die die Haustür mit den Worten weit aufmachte: «Was fällt Ihnen ein, mein Herr! Soll mein Mann Sie erst auf die Straße setzen?» Sie hatte es kaum ausgesprochen, als ich aus dem dunklen Flur in eine etwas heller beleuchtete Stelle in der Wohnung trat. Sofort erkannte sie mich, bat um Entschuldigung, machte der Tochter einen Vorwurf, nicht besser zugehört zu haben, und rief den Gemahl herbei, der flugs zur Stelle war.

Sie hatten mich erst morgen früh erwartet, weil ich bei der Abfahrt äußerte, nach der Tat, ob gelungen oder nicht, erst nach Hause zu fahren und auszuschlafen.

Als das Ehepaar mich in meinem Aufzug beobachtete, waren sie beide stumm; meinen Anblick mußten sie erst verdauen. Auf ihren Gesichtern standen ängstliche Fragen. Hier mußte etwas Fürchterliches passiert sein. Sie wagten keine Frage. Als ich mein Jackett ablegte und die Wunde aufband, wo rundum alles voll Blut war, herrschte in dem Salon, wo wir uns befanden, tiefes Schweigen. Die Tochter wurde beauftragt, in der Badestube alles klarzumachen, dem Dienstmädchen aber keine Anweisung zu geben.

Als ich das Testament auf den Tisch legte, sah ich den Grafen am ganzen Leibe zittern, während die Frau sich entfärbte. Wie die Tochter rief, es sei alles in Ordnung, preßte der von X, bevor ich in die Badestube ging, das Wort heraus: «Hast du mit meinem Vater gekämpft? Lebt er, oder hast du ihn ins Jenseits befördert? Sprech es nicht aus, du tötest mich!»

«Nein», sagte ich, «es war der Molosserhund, der mich, als ich fertig war, überraschte.» Ein tiefer Seufzer der Erleichterung entrang sich der Brust des Grafen, er umarmte mich vor Freude, während die Frau Freudentränen weinte.

Nachdem ich gebadet hatte, wurde ich von der Frau verbunden, wobei die Tochter alle Handreichungen machte. Ein Anzug vom Grafen, der mir allerdings etwas zu klein war, sowie reine Wäsche machten mich erst wieder zum Menschen. Nachdem ich gefrühstückt und eine dicke Schieberzigarre angezündet hatte, erzählte ich den ganzen Hergang. Beide Gesichter – die Tochter war fortgeschickt – kamen aus dem Staunen nicht heraus.

Als ich mit der Erzählung fertig war, meinten beide, wenn ich ihnen durch das Testament sowie Nebenumstände, die sie wüßten, nicht den

Beweis lieferte, würden sie es für Phantasie halten, statt für ein wahres Erlebnis.

Es war menschlich verständlich, daß beide Gatten vor Neugierde brannten, den Inhalt des Testaments zu erfahren. Deshalb lösten sie die Siegel und vertieften sich ganz abwesend in die Zeilen. Da mich der Inhalt absolut nicht interessierte, das Testament aber ziemlich umfangreich war und es demzufolge eine Weile dauerte, bis es durchgelesen war, schlief ich fest ein. Mein seelisches Gleichgewicht war durch das Bad mit der anschließenden zarten angenehmen Behandlung wiederhergestellt. Mein Schlaf war so fest, daß ich nicht merkte, wie man mir die Beine auf einen Sessel legte und unter den Kopf ein Kissen geschoben hatte; ebenso merkte ich nicht, daß beide Gatten den Salon verlassen hatten. Um 6 Uhr erwachte ich mit einem Riesenhunger, worüber er und sie sich wunderten.

Als ich nach dem Inhalt des Testaments frug, sagte mir von X., der Inhalt entspreche ganz ihrer Darstellung, die sie mir bereits gegeben hätten, daß er aufs Pflichtteil gesetzt sei, das nächstälteste Kind, also die Schwester, Schloß und Ländereien erhalte. Auch sei angeführt, daß er von dem Pflichtteil bereits eine große Summe erhalten habe. Leider aber, meinte von X., sei meine Mühe umsonst gewesen, dieses Testament habe noch eine Abschrift, die sich in den Händen eines Notars und Testamentsvollstreckers befinde. Diese Kenntnis wirkte niederschmetternd auf beide Gatten. Als ich dies bemerkte und drüber lachte, wie sie darüber mißgestimmt sein konnten, meinten sie, ihnen sei das Lachen vergangen. Wie ich hierauf aber äußerte, nach der Kreishauptstadt zu fahren, um dort bei dem Notar das Duplikat zu holen, erheiterten sie sich wieder.

Halbe Arbeit leistete ich nicht, versicherte ich beiden, aber eins bedinge ich, 5000 M. müßte ich erstmal haben, ich sei abgebrannt, was von X. als selbstverständlich ansah. Noch am selben Abend erhielt ich die 5000 M. und wurde zum andern Montag mit meiner Frau zu einem Familienabend eingeladen.

Wie ich abends mit dem verbundenen Arm bei der B. ankam, mußte ich eine erfinderische Fiole bauen, wie ich zu der Verwundung gekommen war. Mein Anzug, den ich trug, der mir aber zu klein war, fiel ihr auf, meine Lüge mußte also hiermit übereinstimmen. Herhalten mußte das Märchen, daß wir, als wir aus dem Klub kamen, ohne Grund von Rowdies angerempelt wurden. Ihr Angriff veranlaßte uns zur Verteidigung, wodurch eine regelrechte Keilerei entstand, aus deren Verlauf ich die Verwundung am Arme davontrug. Bei einem Freunde sei ich verbunden und ebenso mit Garderobe versehen, da die meinige vollständig zerrissen sei. Als die B. meinen Verband besah, meinte sie, der könne sitzen bleiben, der sei äußerst fürsorglich angebracht. Der sei jedenfalls von Frauenhand vollführt, was ich bejahte. Hier sprach der Instinkt des Weibes.

Am andern Tage nahm ich von der B. Abschied, der, nachdem ich ihr noch 1000 M zurückgelassen hatte, sich leidlich abwickelte. Als ich bei meiner Frau ankam, mußte zuerst dasselbe Märchen für meinen verwundeten Arm herhalten. Hel. hatte einige Fragen sowie eine kleine Kritick für meine Erzählung. Damit war für sie die Sache erledigt.

Die ganze Einrichtung unseres neuen Heimes war sehr gut vollendet. Die 2000 M, die ich ihr ausgehändigt hatte, waren draufgegangen. Auch unseren Sohn hatte sie bereits von meiner Mutter geholt. Dieses Familienidyll hatte ich erstrebt, und es machte mich fürs erste glücklich. In diese Frau war ich vernarrt, stundenlang konnte ich in der Wohnung dem Hantieren Hel.s zuschauen. Ihr Gang, ihre rytmischen Bewegungen fesselten mich immer wieder neu und veranlaßten mich, sie oft an mich zu reißen und ihr Gesicht mit Küssen zu bedecken. Gerade daß dieses Weib nur geschehen ließ, aber nicht in Leidenschaft erwiderte, machte mich nur leidenschaftlicher. Hätte diese Evastochter meine stürmische Liebhaberei abgewehrt, wäre ich vielleicht bald erkaltet; statt dessen ließ sie mich nach Herzenslust gewähren.

Noch am selben Tag führte ich Hel. ins Schneiderinnen-Atelier, wo Maß für ein modernes Kleid genommen wurde, mit der Bedingung, daß es in 6 Tagen fertig sein mußte. Auch ein Brillantring sowie Busennadel und Collier wurden beim Juwelier gekauft, wobei Hel.s Augen leuchteten und sie mir noch begehrenswerter machten.

Inzwischen fuhr ich mit dem Grafen nach der Kreishauptstadt, wo der Notar wohnte, um die ganze Lage zu beäugeln. Der Notar wohnte bedeutend günstiger für die Tat. Es war ein zweistöckiges Haus, wo die Büroräume im Parterre und die Schlafstube im ersten Stock lagen. Nachdem wir uns genügend orientiert hatten, fuhren wir wieder nach Hamburg. Abgemacht wurde, daß ich 4 Wochen später mit dem letzten Zug abends vom Hauptbahnhof abfuhr, um den Tipp abzubeißen. Mein Oberarm würde in der Zeit leidlich wiederhergestellt sein.

Schon mittags begann die Vorbereitung für die Einladung abends bei dem Grafen. Eine Friseurin und Manicurin mußte ihre ganze Kunst an Hel. anwenden. Als sie fertig war, blendete sie mich, ich fand sie zu schön, um sie jetzt anzutasten. Zu der eingeladenen Zeit fanden wir uns bei von X. ein. Die Frau empfing uns. Wie Hel. abgelegt hatte, meinte die Gräfin: «Herr Petersen, Sie haben guten Geschmack, Ihre Frau ist schön!» Solche Komplimente berauschten mich und machten mich nur noch verliebter. Als der Graf in seiner Art, Frauen zu begegnen, Hel. eine Verbeugung machte, sah ich, wie sie sich wohl fühlte, mit denselben Allüren experimentierte, die ihr so gut standen und die sie so gerne vom Stapel ließ.

Auch der Kaufmann mit seiner Frau war anwesend, der mir ein gleiches Kompliment über Hel. machte, mir auch noch zu meiner erfolgreichen Handlung mit dem Testament gratulierte. Der Abend entwikkelte sich äußerst angenehm. Die ergreifende Musik, die die Gräfin dem Flügel entlockte, ebenso die Gesangsbegleitung, die abwechselnd von von X, von Hel. und der Kaufmannsfrau geleistet wurde, hinterließen die angenehmsten Eindrücke in meiner Seele, wo ich in trauriger Stunde oft von zehrte.

Am meisten verfolgten meine Augen Hel., deren ganze Erscheinung mich in den siebten Himmel versetzte. Bis nachts um 3 Uhr blieben wir in dieser Gesellschaft. Als wir Abschied nahmen, hatte der Graf ein Auto vorfahren lassen, in das er Hel. hineinkomplimentierte. Als wir vor unserer Wohnung angelangt waren, trug ich Hel. mehr aus dem Wagen und die erste Etage hinauf, als daß sie ging; es war eine süße Last.

Als sie ihre gute Kleidung abgelegt hatte, trug ich sie vor das Bett unseres Kindes, das wir beide im Schlaf lange anschauten. Hierbei umschlang ich Hel., herzte und küßte sie, in der Hoffnung, dieses Weib aus der Lethargie herauszuschleudern, aber vergebens, sie gab nicht zurück.

Noch 2 Stunden hänselte ich mit ihr, sie lachte, war vergnügt, ließ alles mit sich geschehen, aber erwiderte nicht. Einen Eisklumpen hätte ich in Glut verwandelt, aber dieses Weib blieb kalt; trotzdem wurde ich noch versessener.

Ob Hel. in meine Seel schaute, vielleicht ein kalt berechnendes Weib war, die wußte, wenn sie leidenschaftlich erwiderte, würde ich erkalten, halte ich noch für unmöglich. Wenn das der Fall war, mußte dieses Weib eine Beherrschung besitzen und eine fast übermenschliche Energie. In all unserm Hänseln, Spielen und Genießen immer nur die Empfangende, die gestattende zu bleiben, müßte fabelhaft sein. Oder sollte hier der Deckel zum Topf nicht passen, sollte ich nicht der richtige sein? Wollte dieses Weib vielleicht einen Mann, der sie, statt daß er sie auf Händen trug, beherrschte, tyrannisierte, schlug? Alle solche Fragen blieben ungelöst.

In einer dem entsprechenden Stimmung knüpfte ich mit dem Grafen eine offene Unterhaltung an. Er meinte, ich müsse nichts unversucht lassen. Was bei Hel. durch Liebe nicht zu erreichen war, konnte sicher durch das Gegenteil erreicht werden. Ein Beispiel gab er mir aus seinen Erlebnissen. Ein Freund von ihm, aus der besseren Gesellschaft, hatte bei seiner Gemahlin mit Schlägen erreicht, was er mit Hingabe und Liebe nicht erreichen konnte. Dieser Freund hatte sich extra einen Rohrstock angeschafft, und wenn seine Frau nicht von Zeit zu Zeit eine sanfte Abreibung erhielt, hatte er nichts von ihr. Er meinte: «Das sind perverse Frauen, aber nicht die schlechtesten.»

Diesen Versuch habe ich bei Hel. nie gemacht, in der Befürchtung, daß ich sie dann in die Flucht geschlagen hätte.

11. Kapitel
Von Wettgeldern und Juwelen

Bei gelegentlichen Rennbahnbesuchen lernte ich in der Zeit, als ich die Wunde am Oberarm trug, einen Buchmacher kennen. Ohne daß wir uns vorher überhaupt kannten, fühlten wir uns zueinander hingezogen. Diesen Buchmacher nenne ich Kunz, in Wirklichkeit hieß er anders. Besagter Kunz war in seiner Karackterveranlagung gerade das Gegenteil von mir, trotzdem sympathisierten wir gegenseitig. Besonders in seiner Lebensweise leistete er ganz Entgegengesetztes. Er war das Gegenteil von einem Kamel, das 14 Tage arbeitet, ohne zu trinken. In allen Schichten war er bekannt, weil er nebenbei Juwelenhändler war. Er besaß kein öffentliches Ladengeschäft, sondern wohnte auf der Etage, hatte aber trotzdem einen guten Kundenkreis. Nebenbei hatte er eine ziemliche Reihe Wirte, die ihm die von ihren Gästen gesammelten Wetten gegen einen Prozentsatz aushändigten. Sogenannte Stakes.

Hierbei verdiente Kunz enormes Geld. Diese Buchmacherei betrieben wir beide zusammen, wobei Verlust wie Gewinn auf Halbpart ging! Die Sache war für mich sehr rentabel und ohne viel Mühe. Mit dem Rade fuhr ich die von ihm in Kenntnis gesetzten Wirte ab, um die Stakes nach Abzug der Prozente in Empfang zu nehmen. Kunz fuhr zu dem gleichen Zweck die andere Hälfte der Wirte ab. Nachdem wir dann die Renntelegramme erhalten hatten, wurden die Stakes, die Sieger aufwiesen, ausgerechnet und an die Wirte zurückgeliefert. Die Überschüsse wurden geteilt.

Wenn's dem Esel aber zu wohl geht, geht er aufs Eis.

Bei Kunz verkehrte hin und wieder ein Mensch, aus dem ich erst nicht klug werden konnte; bald aber stellte ich fest, daß dieser Bursche meine Papiere gefunden hatte und auch bei Klemm und Lampe arbeitete. Also das «Mein» immer mit dem «Dein» verwechselte. Um mich kurz auszudrücken: ein Fassadenkletterer von verwegenstem Wasser.

Von diesem Gesellen, ich kann auch ruhig sagen «Meister», nenne ich nur den Spitznamen, «Fuchs». Er war leise wie ein Fuchs, frech und schlau wie ein Fuchs! Nebenbei bemerkt war diese Haubitze im Grunde der Seele kein schlechter Kerl. Am wohlsten fühlte er sich, wenn's Eulenspiegel-Sachen auszuhecken gab, hierbei hatte er stets alle Lacher auf seiner Seite.

Sein Äußeres war das denkbar harmloseste. Kleine pfiffige Augen, eine gesunde Gesichtsfarbe mit frischen roten Backen. Im Gespräch hatte er ständig einen kleinen Grienscher in den Mundwinkeln. Hier konnte man mit Recht sagen, der Schein trügt. Hier wohnte das Verbrechen hinter der Stirn und zog das Gewand der Unschuld an.

Gleich und gleich gesellt sich gern würde hier zutreffen. Wir befreundeten uns, wodurch ich erfuhr, daß Kunz die Errungenschaften seiner Fassadenkletterkünste kaufte, also «glatter Schärfer» war. Fuchs' Kleptomanie qualifizierte sich nur auf Schmuck und Marie (Geld). Was er hierin schaffte, war fabelhaft, für den Laien Phantasie. Wenn Fuchs alle gemopsten Schmucksachen in einen Hut legen sollte, müßte der Hut so groß sein, daß sich «Pispeta», das Riesenweib vom Dom* drunter verkriechen könnte. Nach unserer Befreundung hatte Fuchs mich bald in die Mysterien der Fassadenkletterkünste eingeweiht. Von Eingeweihten wurden wir Max und Moritz genannt. Fuchs war der Moritz.

Gleich unser erstes Schnippchen, das wir der Nemesis schlugen, verlangte Akrobatenkünste und hätte mehr Wert gehabt, wenn wir's einem Auditorium im Hansa-Theater vorgeführt hätten.

Ein viel Schmuck besitzender Erdenpilger, der sich vorsichtshalber in der 4. Etage sein Nest mit einem faszinierend schönen und jungen Weibe gebaut hatte, war unglücklicherweise zwei Jüngern Mephistos wie Fuchs und mir getippt worden. Von der Wohnungstür aus war diesem Schmuckinhaber nicht beizukommen. Hier hatte er sich mit Sicherheitskette und Sicherheitsriegel versehen.

Dies veranlaßte Moritz, sich von diesem Etagenhaus mit Läufern auf den Treppen und Fahrstuhl die Hinterfront anzuschauen. Als Neuling neugierig auf die Art, wie Fuchs seine Angelegenheiten erledigte, verfolgte ich mit Aufmerksamkeit Moritz' Augen, die er an der Hinterfront des Hauses umherschweifen ließ. Eine halbe Minute genügte, da sah ich, wie Moritz mit seinem kleinen Auge blinzelte, seinen Grienscher aufsteckte** und die Worte brauchte: «Der ist glatt zu machen.»

Noch in derselben Nacht vollführten wir die Tat. Bis zum ersten Balkon verwandten wir eine in der Nähe aufgefundene Leiter. Dann stellte sich der eine auf des andern Kopf, so daß der oberste schon wieder mit den Händen an den nächsten Balkon reichen konnte. Auf diese

* Hamburger Jahrmarkt. (Anm. d. Herausgebers)

** Grienen, grinsen. (Anm. d. Herausgebers)

Weise gelangten wir auf den Küchenbalkon in der 4. Etage. Hier bohrten wir das Fenster an, drangen in die Küche und von da in das Arbeitszimmer, wo ein Geldschrank stand, dessen Schlüssel aufsteckte. Eine ganze Reihe Schmuckstücke fielen uns in die Finger, die uns Kunz alle abnahm.

Da Kunz nur den Materialwert bezahlen konnte und hierfür auch nur Schärferpreise bot, ist es verständlich, daß oft teurer Schmuck mit kunstvoller Arbeit traurige Schärferpreise brachte. Rosen und ganz kleine Brillanten bringen fast nichts. Von 1/4 Karat an haben die Steine beim Schärfer erst einen annehmbaren Wert. Alles Edelmetall wanderte in den Topf (wurde eingeschmolzen). Die Steine wurden zur Verwendung bei anderen Schmuckstücken ausgebrochen. Gerade dieses Prinzip der Vorsicht hielt Kunz aufrecht, und es schützte ihn vor der Nemesis. Bevor er von jemand kaufte, nahm er ihn unter die Lupe, aber so, wie es nur von Menschenkennern gehandhabt wird. Noch heute ist er ein unbescholtener Mann, was er von meiner Seite aus auch bleiben soll. Schon aus dem Grunde trage ich ihm ein gutes Andenken nach, weil er ein Mann von Wort war, was er mir in den allerselbstlosesten Fällen gehalten hat. Wenn ich hiergegen die ehrenwörtlichen Versprechungen halte, die Ehrenmänner der Hamburger Justiz, Landrichter und Staatsanwalt mir gegeben haben und die in schnödester Weise gebrochen wurden, so kann ich mit Recht sagen, daß Kunz, der den Gesetzen nach ein Dunkelmann ist, diesen Juristen, die dem Gesetze nach Ehrenmänner scheinen, im Karackter noch als Vorbild dienen kann.

In dieser Zeit, wo ich in Beziehungen zu Fuchs und Kunz trat, mangelte es mir nicht an Geld. Deshalb konnte ich Hel. alle Wünsche befriedigen. Auch im Spielklub hatte ich sie eingeführt, wo sie sich lässig in den Klubsessel warf, alle Komplimente der Herrenwelt an sich vorbeirauschen ließ und sich seelig fühlte.

12. Kapitel
Nächtlicher Besuch beim Notar

Die Testamentsgeschichte hatten wir mehrere Wochen aufgeschoben, weil von X auf Umwegen erst lauschen wollte, ob in seinem väterlichen Hause von dem Diebstahl des Testaments etwas bemerkt war. Was dort passierte, konnte er nur von einem entfernten Verwandten erfahren, der mit den Seinen Verbindung hatte, ihm aber ergeben war. Es waren etwa zwei Monate nach der Entwendung des Testaments vergangen, als von X mir abends nach Schluß im Klub äußerte, es sei nichts im Hause bemerkt worden, auch nicht mein Erlebnis mit dem Molosserhunde. Jetzt sei es an der Zeit, zu versuchen, beim Notar das Duplikat wegzuholen.

Am folgenden Sonntag reiste ich, wieder mit allem ausgerüstet, an den Tatort. Als ich um das Haus herumschlich, hatte es bereits 12 Uhr geschlagen. Aber noch immer war im Büro Licht. Stunde auf Stunde verrann, eine Ewigkeit schien es mir zu sein. Bis 5 Uhr morgens wartete ich vergebens auf das Auslöschen des Lichtes und fuhr um 5½ Uhr mit dem ersten Zug unverrichteter Sache wieder nach Hamburg zurück, wo ich mittags beim Grafen erschien, dem ich das Resultat mitteilte. Ändern konnten wir an der Sachlage auch nichts, sondern nur staunen über die nächtliche Tätigkeit des Notars. Nachdem wir genügend Hin und Wieders an Kombinationen gegenseitig ausgetauscht hatten, wurde der folgende Sonnabend statt eines Sonntags für diese Ausführung angesetzt.

Wieder erschien ich am festgesetzten Sonnabend mit dem Nötigen ausgerüstet am Hauptbahnhof, wo von X mit Frau bis zur Abfahrt mir Gesellschaft leisteten.

Dieses Mal war ich mehr vom Glück begünstigt; kein erleuchtetes Zimmer war in dem ganzen Hause des Notars zu beobachten. Da die Uhr erst 11 Uhr abends zeigte, war anzunehmen, daß die Familie vielleicht ausgegangen war; deshalb war es zweckmäßig, noch 2 Stunden zu warten. Um 1 Uhr sprang ich hinten in den Garten, der bis an die Hinterfront des Hauses mündete, wo sich Tisch und Stühle befanden, die ich an das Parterrefenster rückte, wo ich aufstieg und das Fenster anbohrte. Im Verhältnis zu der ersten Handlung auf dem Schloß waren hier weit weniger Hindernisse zu überwinden.

Nachdem das Fenster geöffnet war, stieg ich in ein großes Vorzimmer hinein, von dem aus durch 2 weitere Türen das Büro erreicht wurde, in dem ein noch größerer Geldschrank wie in dem Schlosse vorhanden war.

Mit viel Geduld und Mühe gelang es mir, auf allen vieren die eine Treppe, die vom Parterre in die erste Etage führte, hinaufzukriechen. Jede Stufe knackte, was mir jedesmal durch Mark und Bein ging, mich auch nach jedem Knacken veranlaßte, erst wieder eine Zeitlang nach eventuellen verdächtigen Geräuschen zu lämpen (lauschen).

Oben angelangt, war bald die Schlafstubentür entdeckt, vor der ich deutlich ein leises Schnarchen hörte. Leise nahm ich den Drücker in die Hand, um die Tür aufzuklinken, aber – bah – sie war von drinnen verschlossen, und der Schlüssel steckte auf. Das war eine bittere Enttäuschung, in der die knackende und knarrende Treppe wieder runtergestiegen werden mußte. Im Büro setzte ich mich in den Stuhl des Chefs. Die Fenster lagen nach der Straße raus. Da eine große Gongschlaguhr im Büro dumpf zwei Uhr verkündete, es also noch sehr früh, auch im ganzen Haus nicht das leiseste Geräusch zu hören war, blieb ich auf dem Stuhl sitzen und blickte eine halbe Stunde auf die Straße. Während dieser ½ Stunde wurde über so manches nachgegrübelt, wobei die Absicht zur Welt kam, den Geldschrank mal in Augenschein zu nehmen.

Einen Koloß von Arnheim hatte ich vor mir, der mindestens seine 20 Centner wog. Ein Abklopfen der Türplatte sowie das Losnehmen der Basquille überzeugte mich von zirka 12 mm Stärke, wobei mit kaltem Geschirr kaum was zu machen war.

Unter den Geldschrankknackern sind zwei Arten typisch, die für das gewaltsame Öffnen der Schränke angewandt werden: kalt und warm. Kalt heißt, mit Knabberwerkzeug und Reißzange, und warm, mit Schneidebrenner zu arbeiten. Als ich in der Kaschemme unter Ganoven zum erstenmal eine Unterhaltung über Geldschrankknakkertätigkeit mit anhörte, kam mich das Grausen an, weil ich die Ausdrucksweise erst nicht verstand. Da fielen Ausdrücke wie: «Der muß kalt gemacht werden» oder «Den haben wir kalt gemacht». Das Wort Geldschrank hört man in der Unterhaltung unter den Ganoven überhaupt nicht. Da heißt es: «Das war eine harte, grüne oder steife Kiste.»

Der Geldschrankknacker erbricht im allergünstigsten Falle mit kaltem Geschirr einen Schrank bis zu 10 mm Plattenstärke. Dann verfügt er über das beste Knabbergeschirr und eine tüchtige Energie, gepaart mit Kräften. In anderen Fällen wendet er Schneidebrenner an, wozu er sich besondere kleine Flaschen mit Kohlensäure usw. anfertigen läßt. Hierzu gehören selbstverständlich Beziehungen. Das Schneiden ist aber nicht überall angebracht. Erstens ist das Geräusch des Brenners ziemlich groß, zweitens müssen alle Fenster dementsprechend abgedeckt werden, um den hellen Lichtschein für die Straße unbemerkbar zu machen.

Die dritte Tour, Geldschränke zu öffnen, indem man versucht, die ordnungsmäßigen Schlüssel dem Inhaber aus der Schlafstube zu entwenden, habe ich bereits beschrieben, ist aber in den wenigsten Fällen von Erfolg gekrönt, weil selbst die Originalschlüssel noch lange nicht immer das Öffnen des Geldschranks ermöglichen.

Bei diesem Geldschrank, vor dem ich stand und in dem sich das Testament des Grafen befinden sollte, war jedes gewaltsame Öffnen nicht angebracht, weil dann das Testament gleich vermißt worden wäre. In Möglichkeitsbetrachtungen versunken, wie dieses Testament zu erreichen war, machte ich es mir in dem Lehnstuhl des Chefs gemütlich. Ob ich nun etwas Nervöses an den Fingern hatte oder in Gedanken versunken an einem Schlüssel, der an dem Seitenteil des amerikanischen Rollschreibtischs steckte, herumfummelte, weiß ich nicht. Jedenfalls erschrak ich nicht wenig, als durch meine Fummelei an dem Schlüssel eine Jalousie an dem Seitenteil des Schreibtischs mit starkem Geräusch runtersauste.

Wie von einer Tarantel gestochen, sprang ich vom Stuhl auf, bereit, nach allen Regeln in solcher Lage einen Hasen zu machen. Dadurch aber, daß alles gleich wieder still war, beruhigte sich mein Gemüt schnell wieder, um einer nicht geringen Neugierde, wodurch das Geräusch entstanden, Platz zu machen.

Die Ursache hatte ich bald festgestellt. An diesem jetzt nicht mehr modernen amerikanischen Schreibtisch, der in der Mitte eine große und an den Seitenpfosten eine kleine Rolljalousie hatte, mußte der Schlüssel nicht weit genug rumgedreht gewesen sein und bei meinem Berühren die Feder losgelassen haben, die die Jalousie freigibt, wenn nicht zugeschlossen ist.

Durch dieses Runterfallen der Jalousie wurden mehrere Schiebladen sichtbar, deren Inhalt meine weitere Neugierde erweckte. Die eine zog ich hervor, hielt die Taschenlampe hinein und glaubte erst an eine Vision, überzeugte mich aber von der Wirklichkeit, indem ich das Bund Schlüssel herausnahm.

Geldschrankschlüssel unterscheiden sich selbst für den Laien sofort von anderen Schlüsseln. Mir fiel ein Stechschlüssel ins Auge, weil der Geldschrank, den ich vorhin gründlich beschaut hatte, ein Stechschloß hatte. Hierbei wird der vierkantige Schlüssel, an dessen breitem Ende alle Einfeilungen für die Zuhaltungen angebracht sind, nur ins Schlüsselloch gesteckt, etwas Druck angewandt und dann mit der Basquille (Drücker) gearbeitet. Ein zweites kleines Schloß oben an der Tür hatte ich auch aufgeschlossen.

Mit einem Zischgeräusch, wie es Geldschränken eigen ist, öffnete sich die schwere Tür. Drinnen befanden sich eine Reihe Fächer, deren Schlüssel alle an dem Bund waren. Von Fach zu Fach suchte ich alles durch, und wie es beim Suchen gewöhnlich geht, so war es auch hier: im letzten Fach fand ich das Gesuchte. Jedes Stück legte ich an derselben Stelle wieder hin, schloß den Schrank wieder ab, legte die Schlüssel wieder an den Ort, zog die Jalousie wieder hoch und drückte mich auf demselben Weg, auf dem ich gekommen war.

Durch das kleine Oberfenster schob ich den Riegel des untersten großen Fensters, das ich aufgebohrt hatte, wieder zu, verschmierte das kleine Bohrloch, entfernte Tisch und Spuren im Garten und verschwand mit dem ersten Zuge, der mich wohlbehalten wieder nach Hamburg brachte.

Diesmal ging ich erst nach Hause, um richtig auszuschlafen, darauf stellte ich mich am andern Morgen kurz vor Mittag beim Grafen ein. Wie ich ihm das Testament auf den Tisch legte, meinte er, ich könne hexen und blau färben. Dieses Mal hatte die Sache nicht den fürchterlichen Eindruck wie das erste Mal, in meiner zerrissenen Aufmachung, deshalb waren beide Ehegatten in einer gehobenen Stimmung. Ob nun etwas von der Entwendung der beiden Testamente bemerkt werde, sei Aufgabe des Grafen, der seine Fühler bei Verwandten ausstrekken müßte. Hierüber, meinte er, solle ich unbesorgt sein.

3 Tage später war ich im Besitz der zweiten 5000 M, womit ich die kleine gute B. besuchte. Wie ich bei ihr eintrat, zeigte sie mir erst wieder ein Tränenantlitz, das sich bald wieder änderte. Als ich, meinem Versprechen gemäß, für eine Existenz zu sorgen, ihr die Hälfte von den 5000 Mark aushändigte, empfand ich, daß dieses gute Herz sich mehr über meinen Besuch und das Worthalten freute wie über das Geld selbst. Die Geschenke, die ich der B. machte, habe ich nie zu bereuen brauchen. Sie war selbst in meinen von allen Häschern verfolgten schlimmsten Stunden dasselbe anhängliche Weib, die mich immer um meiner selbst willen liebte und nie um des Mammons willen. Selbst als sie über meine Wege eine Ahnung hatte, änderte sie sich nicht, sondern mußte sich erst von mir mit Gewalt von der Schwelle entfernen lassen, als ich nachts von einem Komplicen zu einer Tat abgeholt wurde. Kein Ermahnen, kein gutes Zureden half, mich durchzulassen. Ihre Worte vernehme ich heute noch in nächtlichen

Träumen in meiner Zelle: «Adolf, geh nicht fort, ich verzichte auf alle Annehmlichkeiten; du gehst deinem Unglück entgegen. Ich lasse dich nicht durch, nur mit Gewalt kannst du mich von der Schwelle entfernen.»

Meine Verurteilung zu 15 Jahren Zuchthaus erschütterte sie. Das Haupt der Medusa, das Sinnbild des Schrecklichen, hat nie einen solchen Schrecken hervorgebracht wie diese Nachricht bei der B.

Es war Mitternacht, wie ich von B. Abschied nahm. Auf dem Wege nach meiner Wohnung ließ ich im Geiste die B. wie Hel. Revue passieren, wobei Hel. stets den Sieg davontrug. Zu ihr zog es mich immer noch mit Zaubermacht hin.

Leise schloß ich die Wohnungstür auf und gelangte unbemerkt in die Schlafstube. Auch nicht das Lichtanknipsen auf dem Nachtschrank wurde bemerkt. Erst kniete ich vor dem Bette unseres Kindes nieder, um mich an den naiven Zügen satt zu sehen und leise einen Kuß auf die Stirn zu drücken. Es war etwas Ahnungsvolles, was im Bewußtsein meiner bösen Wege mir in die Seele schlich, daß ich mich bald von diesem Kinde trennen mußte, das ich wie ein Heiligtum liebte. Danach stellte ich mich vor dem Bette meiner Frau auf, die mit wenig geöffnetem Munde schlief. Um ihre Gesichtszüge einmal ganz deutlich zu beobachten, kniete ich auch vor diesem Bette nieder. Sie sah etwas blaß aus, eine ernste Linie auf der Stirn machte sie frauenhafter, wodurch sie mir schöner als je erschien. Meine Augen glitten in scheuem Entzücken über das ruhige Gesicht, von der Stirn zu den Wangen, zu der Nase und dem schwellenden Mund, der, wenn er plauderte, mir Sirenengesang war. Ein Zucken in den Mundwinkeln verriet, daß sie träumte.

Wie war es möglich, so philosophierte ich im Selbstgespräch, an dieses Weib ohnmächtig gekettet zu sein. Losreißen dünkte mich wie ewige Nacht, sie um mich haben das Paradies.

Ihr bloßer weißer Hals, der aus dem Spitzenhemde hervorschaute, berauschte mich und erstickte jede warnende Stimme. Als ich sie so zirka ½ Stunde angeschaut hatte, machte sie die Augen auf, erschrak erst, wie sie mich sah und äußerte: «Oh, Adolf – wie erschreckst du mich! Wo kommst du her, ich habe dich gar nicht gehört, bist du schon lange hier?» Weiter äußerte sie: «Furchtbar hatte ich geträumt! Deutlich sah ich dich mit der Waffe in der Hand, aus der Tod und Verderben sprühte, von Polizisten sowie einer großen Volksmenge umringt. Dann sah ich, wie sie dich halb tot zur Wache schleiften, wie du blutüberströmt liegen bliebst. Sage mir doch bloß, was ist das für ein Traum?»

«Ach Kind», erwiderte ich, «ängstige dich nur nicht, Träume sind Schäume. Außerdem, wenn ich in solche Lage käme, bist du mich los und eröffnest wieder die Freundschaft mit dem Consul, aber natürlich nur alla Plato.»

«Ja, Adolf, diese deine ironische Seite kehrst du mir ja mit Vorliebe heraus, ohne zu empfinden, wie du mir Unrecht tust; ich bitte dich von Herzen, ein anderes Thema anzuschneiden, sonst würden wir in Disharmonie geraten.»

Ganz damit einverstanden, erklärte ich: «Wir wollen uns mit unserer Unterhaltung mal auf ein anderes Gebiet wagen, in der Hoffnung, daß du nicht böse bist. Du bist so liebenswürdig, mir meine Frage zu beantworten. Sage mal, Lieb, wie gefällt dir überhaupt das ganze Leben?»

«Diese Frage ist etwas unverständlich, weshalb ich sie ohne weitere Erklärung nicht beantworten kann.»

«Aber Kind, ob du mit deinem Leben zufrieden bist, kannst du mir doch sagen.»

«Antworte ich richtig, muß ich äußern, ich fühle mich wohl. Eine gleiche Frage stelle ich dir.»

«Diese Frage will ich dir ohne Umschweife beantworten: ich fühle mich nicht wohl, und zwar aus mehreren Gründen. Erstens stehe ich mit einem Bein im Zuchthaus, zweitens entbehre ich deine Liebe; drittens deine großen Ansprüche ans Leben, ohne deren Erfüllung du mir auf sicher eines Tages Lebewohl sagen würdest, kann ich, ohne fortwährend am Zuchthaus entlangzustreifen, nicht erfüllen.»

Kaum hatte ich dieses ausgesprochen, stierte sie mich wie eine Marmorstatue mit irren Augen an, sprang aus ihrem Bett, stürzte an das des Kindes, wo sie sich, ohne mir eine Antwort gegeben zu haben, in Schluchzen Luft machte. Dieses Mal war ich, um sie über meine dunklen Wege aufzuklären, an die Grenze gegangen. In dieses Weibes Gehirn ging es nicht hinein. Für die Kameradschaft, die den Kampf ums Dasein gemeinsam kämpft, war sie unzugänglich.

In ihrer Auffassung war der Mann in der Ehe verpflichtet, für alles zu sorgen, die Frau aber mit allem Alltäglichen zu verschonen, sonst ist er Tyrann und macht für die Frau die Ehe zur Hölle. Solche Frauen können zum Hineinbeißen schön sein, sind aber hysterisch.

Ihr Schluchzen, ihr Knien vor dem Kinde, nur mit einem Nachthemd in dem kalten Zimmer bekleidet, genügte, um mich meine Äußerung bereuen zu lassen. Mit einer seidenen Daunensteppdecke bedeckte ich sie, setzte mich neben sie und suchte mit Zärtlichkeiten Hel. wieder ins Geleise zu bringen. Anscheinend hatte ich sie doch schwer getroffen. Erst als ich sie ins Bett zurückgetragen hatte, beruhigte sie sich wieder.

Nach einer Weile fing sie wieder an zu plaudern, was auch mich wieder ins Gleichgewicht brachte. Wie ich in zärtlicher Weise sagte: «Du, Hel., schenke mir doch endlich mal deine Liebe und laß uns beide bescheiden durchs Leben eilen, dann machst du mich glücklich», erwiderte sie: «Was willst du noch von mir, ich sage doch nie etwas. Du kannst ganz über mich verfügen, nichts schlage ich ab. Nur tyrannisiere mich nicht mit solchen Worten, wie du erstens anwandtest, sie gellen mir noch fürchterlich in den Ohren.»

Ein weiteres Gespräch hierüber sah ich als überflüssig an. Hel. blieb Hel., unzugänglich für Wirklichkeiten, welche ich ihr auftischen wollte.

Nie habe ich wieder versucht, Hel. mit diesem Thema zu unterhalten. Nur eine Bombe konnte sie aufrütteln, die auch nicht mehr allzulange auf sich warten ließ.

So, wie sie war, verdaute ich jetzt Hel., fühlte mich wohl, wenn sie mich des öfteren in den Spielklub begleitete und sie mir ihre leuchtenden Augen zeigte. Sie umzuformen war Phantasie. Shakespeare mag es in seinem Schauspiel «Der Garstigen Bezähmung» auf der Bühne gelungen sein, eine Frau in natura im Karackter umzuformen.

Mein Versuch, Hel. meine Wege zu erklären, war gescheitert, also Pech, wo sich gewöhnlich eins noch zum andern gesellt. In meinem Schicksal war wohl eine Pechader vorgesehen.

Zu gewohnter Stunde trat ich am Morgen nach dieser Nacht bei Kunz ein, um die Wetten zusammenzuholen. Bis Mittag blieb ich dann gewöhnlich bei ihm, bis die Rennbahntelegramme kamen, nach denen wir Gewinne und Verlust verrechneten. Danach gingen wir erst zum Mittagessen, was Hel. deshalb nie vor 3 Uhr fertigmachte. Im Kochen hatte sie allerdings nichts los, weil sie Milchsuppe als Vorspeise recht oft anbrennen ließ. Aber die Liebe duldet alles, so auch angebrannte Suppen.

Wie wir ruhig beim Rechnen waren, sauste Kunz vom Stuhl hoch, und wäre hintenüber geschlagen, hätte ich ihn nicht gehalten, mit den Worten: «Donnerwetter, haben die uns aber angefressen, wir sind geplatzt. Hier», sagte er weiter, «ist eine Aufwette, wo das erste Pferd mit 200 M Sieg rausgekommen ist.» Und wenn's da Geld drauf gab, sollte es auf ein weiteres Pferd gesetzt werden. Dieser Spinner, ein Außenseiter, ging in einem andern Rennen als erster durchs Ziel, wo es 300 drauf gab. Danach erhielt der Inhaber dieser Wette 6000 M.

Als wir alle Stakes durchgerechnet hatten, hatten wir für diesen Außenseiter außer dieser Aufwette noch einige diereckte dazwischen. Insgesamt mußten wir 18000 M auszahlen. Fast alle Buchmacher hatten geradezu katastrophalen Reinfall. Manche versagten, wollten oder konnten nicht bezahlen, waren natürlich damit erledigt.

Auf meinen Part kamen 9000 M. 6000 M besaß ich, die andern 3000 M borgte ich mir.

Am selben Abend kam als drittes Pech die Verhaftung von Fuchs hinzu. Weshalb, das wußte ich nicht, konnte es auch nicht von seiner Frau erfahren, weil die selbst nichts wußte.

Mit solcher Stimmung tippelte ich am selben Abend planlos 2 Stunden in der Stadt umher. Es war 5 Uhr und bereits dunkel. Ob der Teufel mich führte, oder ob seine Jünger einen Erdenpilger hatten, dem sie eins auswischen wollten, wozu ich als Werkzeug dienen sollte, konnte mir keiner beantworten. Tatsache ist jedenfalls, daß ich ganz mechanisch am Hallerplatz vor einem hochherrschaftlichen Etagenhaus stehenblieb, hier in einem zu dem Hause gehörenden Garten ein großes Schild beobachtete, wo Wohnungen von 8 bis 10 Zimmern angeboten wurden, die mit allem erdenklichen Komfort ausgestattet waren, wobei auch auf einen eingemauerten Geldschrank hingewiesen wurde.

Was nun Reklame ist, weiß man, da wird aus einer Mücke ein Elefant gemacht. So auch hier, ein Geldschrank verminderte sich hier zu einer Kassette, die in die Wand eingelassen war, wie man es in besseren Etagenhäusern viel hat.

In einer der nahen Straßen entdeckte ich einen Eisenkrämer, bei dem ich für meine letzte Barschaft 1 Taschenlampe und einen kleinen Bohrer kaufte. Hiermit stieg ich von der Hallerstraße aus durch Villengärten und gelangte an die Hinterfront des eben erwähnten feinen Etagenhauses. Gleich dem rechten Parterre glaubte ich in Firma Klemm und Lampe einen Besuch abstatten zu können.

Hier in Hamburg haben alle besseren Häuser ihre Schlafstuben nach hinten, was mir durch ein Hineinleuchten in das von mir kombinierte Fenster auch bestätigt wurde. Diese Wohnungen hatten eine lange Flucht Zimmer, deshalb auch einen langen Korridor, an dessen Ende die Schlafstube lag.

Bevor ich zur Tat schritt, schlich ich mich an ein anderes beleuchtetes Fenster heran, das zur selben Wohnung gehörte. Hier schaute ich in ein großes Zimmer hinein, wo die ganze Familie, insgesamt 8 Personen, am Tische saßen und ganz nach feiner Leute Art achielten (aßen), vor sich die Fleischtöpfe Egyptens. Ein Mädchen in sauberem schwarzen Kleid und weißer Schürze und niedlicher Haube schleppte heran, sowie was verlangt wurde. In der Mitte des Tisches saß die ziemlich korpulente Mama, die reinhaute, als wenn sie 10 Stunden Holz gehauen hätte. Auf ihrem Schoß, der breit genug war, hatte sich ein kleines Wachtelhündchen so eingerollt, daß es genau das Gesicht seiner Herrin beobachten konnte.

Ob diese Hunde von Geburt an solche Kalbsaugen haben, oder ob dieser sie nur so verdrehte, weil die Herrin einen Batzen Fleisch vermuffelte, den hier im Zuchthaus zwanzig Mann zusammen nicht im Essen finden, oder ob der kleine Kerl mich schon hinterm Fenster gespürt hatte und mir mit den Augen bei seiner Herrin Lampen machen wollte, konnte ich nicht feststellen.

Dies konnte mich aber alles nicht abhalten, das Fenster der Schlafstube aufzubohren. Solche Leute haben in der Schlafstube Bettvorleger, wo man sich, ohne Geräusch zu machen, im Zimmer bewegen kann. Die Schlafstubentür stand ungefähr 10–20 cm auf, wodurch ich den Korridor entlangsehen konnte.

In diesem Moment öffnete sich das Eßzimmer, aus dem das Serviermädchen heraustrat, um etwas aus der Küche zu holen. Zu gleicher Zeit flitzte auch das Wachtelhündchen mit raus, raste den Korridor entlang auf die Schlafstube zu und fauchte mich ganz jämmerlich an. Alle zärtlichen und leisen Schmeicheleien blieben erfolglos, sein Krakeelen mit dem Bellen hätte ihm kein großer Köter besser nachgemacht. Auf einmal erscholl die Stimme der Herrin: «Anna, bringen Sie mir Belli mal her, der macht ja einen fürchterlichen Skandal.» Das hieß für mich verschwinden, weil Anna den Hund aus der Schlafstube holen mußte. Deshalb drückte ich beim schleunigen Verlassen der Schlafstube das Balkonfenster wieder zu. Der Hund hatte sich beruhigt, sein Ziel war erreicht, er hatte den Spitzbuben aus dem Zimmer getrieben. Deshalb schien er sich von Anna anfassen zu lassen, was ich kombinierte, weil ich sofort wieder hinter dem Eßzimmerfenster äugelte, ob irgend jemand was gemerkt hatte. Der Hund lag bereits wieder auf dem Schoß der Herrin, die jetzt Kompott in das Innere ihres Körpers wandern ließ, wobei mir das Wasser im Munde zusammenlief.

Diesmal sah ich deutlich, wie das kleine Hündchen seine Kalbsaugen nach dem Fenster richtete, aus denen die diabolische Freude blitzte, mich an meinem Vorhaben verhindert zu haben. Trotzdem rückte ich wieder zur Offensive vor, hatte aber kaum das Schlafzimmer wieder betreten, als mein kleiner vierbeiniger Gegner wieder angerast kam und mich ankläffte. Wieder erscholl die Stimme der Herrin, diesmal in etwas energischerem Ton: «Anna, was ist heute bloß mit Belli, bringen Sie mir ihn mal her. Und achten Sie drauf, wenn Sie das Zimmer verlassen, daß Belli nicht immer mit rausläuft.»

Die Worte der Herrin «Was hat Belli bloß heute?» veranlaßten mich wieder zur schleunigen Räumung des Feldes, um mir nochmal hinter dem Fenster des Eßzimmers die Gesichter anzuschauen, ob aus deren Mienen irgendein Verdacht zu schöpfen war. Aber die Sache ging klar: Anna kam gerade mit Belli angeschleppt, den sie wieder auf den Schoß der dicken Mama legte. Belli erhielt einen leichten Schlag mit der Hand, der mehr einer Liebkosung glich. An den Lippen der Herrin konnte ich feststellen, daß sie zu dem zärtlichen Schlag noch eine Bemerkung machte. Dies schien den Hund zu beleidigen; er ringelte sich tiefer in den Schoß, machte die Augen zu und schmollte, als wenn er sagen wollte: «Na, wenn ihr es nicht besser haben wollt, dann man zu.» Diesmal war die Reihe an mir, in diabolischer Weise den Hund hinter dem Fenster durch die Gardinen anzugrinsen.

Zum dritten Male schlich ich in die Schlafstube, drückte jetzt leise die Tür ins Schloß, drehte ebenso leise den Schlüssel um, wodurch die Tür verschlossen war und keiner mich überraschen konnte.

Mein erstes Ziel war der Kleiderschrank, wo auf der Tür zum Wäscheabteil der Schlüssel steckte. In diesen Fächern haben bessere Leute meistenteils ihre Schmucksachen, wenn nicht hierfür extra ein Toiletten-Tisch vorhanden ist.

Als erstes erblickte ich einen Schlüsselkorb, aus dem ich bald den Schlüssel für einen Wandschrank feststellte. Hiernach suchte ich die Wände ab. In Frage konnte nur die Hauptmauer kommen, sagte ich mir. Typisch ist hierbei auch das Überhängen der Wandschränke mit Bildern oder dergleichen. Ohne lange zu suchen, fiel mir ein Bild auf, das über der Waschtoilette an der Hauptmauer hing. Wie ich das Bild abhob, hatte ich den in der Reklame angepriesenen eingebauten Geldschrank vor mir. Im Quadrat etwa 25 mal 25 cm. Der von mir vermutete Schlüssel paßte. Zwei Couverts, eine Brieftasche sowie ein Schmucketui waren der Inhalt, was ich, ohne es zu besehen, in die Tasche verschwinden ließ.

Vor dem einen Bett war ich gegen etwas gestoßen, was ich mit der Taschenlampe untersuchte. Es waren ein Paar elegante Chefferdamenstiefel*. Da in derselben Straße, wo ich wohnte, eine mir bekannte Witwe mit mehreren Kindern ihr Domizil hatte, die mir schon mal in einer bedrängten Lage durch ein gutes Zeugnis geholfen

* Vermutlich ist Chevreau, Ziegenleder, gemeint. (Anm. d. Herausgebers)

hatte, auch wußte, was für ein Bumann ich war, steckte ich für diese Frau die Stiefel ein, weil sie gelegentlich mir gesagt hatte, wenn mir mal Damenstiefel Größe 38 in die Finger fielen, sollte ich an sie denken.

Bevor ich ging, schlich ich nochmals an das Eßstubenfenster heran, um festzustellen, ob die Luft noch rein war. Die dicke Herrin saß wie ein kleiner Bachus mit Belli auf dem Schoß noch auf ihrem Stuhl. Das Gesicht hatte etwas Naives, keck in die Welt Schauendes an sich, was so richtig zu ihrem starken Umfang paßte. Trotzdem sie zu Pharaos sieben fetten Kühen gezählt werden konnte, fand ich sie hübsch und würde ihr heute, wo ich mich zu einer anständigen bürgerlichen Auffassung durchgemausert habe, lieber was bringen als nehmen. Sie unterhielt sich mit einem Herrn, der ihr gegenüber saß, und wenn nicht öfters ein Lachen über das niedliche runde Gesicht huschte, hätte ich aus den Bewegungen des Mundes annehmen können, sie wiederkäute, da ich hinter dem Fenster nichts hören konnte.

Irgendwelche Betrachtungen über den eventuellen Besitz eines solchen niedlichen korpulenten Frauchens stellte ich nicht erst an. Dies hätte mich mit dem kleinen Evangelium in Konflikt gebracht: «Wenn du nur in Gedanken deines Nächsten Weib begehrst, hast du schon die Ehe gebrochen.»

Ohne die Beute in Augenschein zu nehmen, ging ich um Harvestehude rum über die Krugkoppelbrücke zuerst zu der Witwe, wo ich die Stiefel abladen wollte. Wie ich bei dieser Witwe anklopfte, es mochte um 7½ Uhr rum sein, kettete sie die Tür ab und ließ mich in die Küche eintreten. Vorauf bemerken will ich, daß bei armen Leuten die Küche Wohnstuben-, Salon- und Eßstubenersatz ist. Am Tisch saß ein mir unbekannter Herr in den 20er Jahren. Zuerst stutzte ich, weil er ganz der Schmiermicheltyp war, wofür ich ihn auch hielt. Ein «Bulle», wie der Ganove vom Oranienburger Tor in Berlin wohl sagt und den der harmlose Bürger mit «Kriminalbeamter» betitelt.

Albert Dettmann*, du kennst doch den Rummel als Kriminalbeamter, der die Gebrüder Strauß und den Mädchenmörder Großmann hinter schwedische Gardinen brachte.

Bloß, Albert, den Segen, den der junge Strauß angeblich auf dein Haupt herabfleht, weil du ihm das Leben und die Möglichkeit, ins bürgerliche Leben zurückzukehren, ließest, kann ich nicht einsehen.

* Dettmann verhaftete die Brüder Strauß, die im Berlin der zwanziger Jahre eine ähnliche Rolle spielten wie Adolf und Arnold Petersen in Hamburg. (Anm. d. Herausgebers)

Heute bist du «Flegenwirt» der Blumenseite. Man hat mir viel von dir erzählt, hab dich aber persönlich nicht kennengelernt. Besuchen will ich dich einmal als Gast in deinem Lokal, um dir zu sagen, was mir nicht an dir gefiel.

Dein Aushorchen in den Kaschemmen bei Ganoven, die nichts zu essen hatten und die du erst satt machtest, gefiel mir nicht. Den Hunger machtest du dir dienstbar, das Gespenst des Menschen, das war unfair. Der dufte Bulle arbeitet anders, der studiert die Eigenschaften des Verbrechers, beobachtet seine Schwächen, die gerade bei dieser Sorte Menschen typisch sind, und bringt sie danach zur Strecke. Für das feine Auge eines Kriminalbeamten trägt jeder Mensch das Stigma seiner Tätigkeit. Hier ist es die Macht des Geistes, die die Gestalt, ob fein oder gewöhnlich gekleidet, genau unterscheidet, ob Bürger oder Verbrecher. Hier spielen das Verhalten, die Allüren, die Bewegungen, die Lebensweise, die Haltung, die Art, sich zu geben, alles eine Rolle. Besonders den Berufsverbrecher lernt der intelligente Kriminalbeamte bald von jedem andern Menschen zu unterscheiden. Jeder Verbrecher hat seine Ideale, diese sind ganz besonders in der Verbrecherwelt typisch.

Doch genug hiervon, Albert, in der Unterhaltung will ich dir Zug um Zug beweisen, wie auch die dunkelste Tat ohne Judasdienst aufzuklären ist, mit der Vorausbemerkung, mich selbst für Aufklärungen nicht herzugeben. Bei den heutigen Kriminalbeamten paßt das Sprichwort: «Viele sind erwählte und wenige berufen.» Blinder Eifer, Strebertum, Eitelkeit, Ruhmsucht verderben mehr, wie sie nützen.

Jetzt kehre ich zurück in die Küche der Witwe, wo der von mir taxierte Bulle saß. Die Frau hatte jedenfalls denselben Eindruck, daß dieser Herr den Typus eines Schmiermichel trug, deshalb stellte sie mir den Herrn als Hauswirt vor, und da der Frau ihre Verhältnisse mir bekannt waren, sagte sie offen heraus, daß sie 3 Monate mit der Miete im Rückstand sei, die der anwesende Herr kassieren wolle.

Von Natur aus bin ich etwas ironisch, ziehe Leute recht gerne durch den Kakao, aber stets in harmloser Weise, nie beleidigend. Aber so fein, daß sie, wenn sie dahinterkommen, persönlich doch auf 80 sind. Zuerst nahm ich die Partei des Hauswirtes, indem ich sagte: «Ja, beste Frau, das ist so eine Sache. Der Hauswirt muß sein Geld haben, der sitzt auch nicht auf Rosen.» (Dabei hatte dieser Herr 5 große Etagenhäuser und zwei Terrassen* mit Hinterwohnungen, in welchen auch diese Witwe wohnte.)

* Enge Passagen mit Hinterhäusern. (Anm. d. Herausgebers)

Meine Äußerung gefiel dem Hauswirt, es machte ihn sicher, jetzt zweispännig sein Opfer zu bearbeiten. Er meinte: «Jeder anständige Mensch bezahlt seine Miete. Die nicht bezahlen, wollen es nicht, die muß man einfach raussetzen.» Der Witwe war das Weinen nahe; sie meinte, sie könne mit dem besten Willen nicht bezahlen. Noch einmal äußerte ich hierzu: «Wenn aber jeder so sagen wollte, was sollten dann die armen Hauswirte machen?» – «Na, das wollte ich auch meinen», sagte der Hauswirt, zog seine Zigarrentasche und bot mir eine Zigarre an. Die Witwe staunte, daß ich so ganz auf die Seite des Hauswirts trat, sie kannte mich gar nicht wieder; wie ich ihr aber mit den Augen zuwinkte, wußte sie Bescheid. Noch eine ganze Weile ging das Reden so hin und her, bis ich den Hauswirt sacken ließ.

Zuerst frug ich ihn, ob es denn nicht möglich sei, daß in den vielen Wohnungen, die er hätte, eine Witwe umsonst wohnen könnte; durch solche Sache hätte er schon im Himmel einen Lohn vorweg, es sei doch immer von Wert, hier unten von den Sünden etwas abzuzahlen. Besonders die Hauswirte, die säßen im Himmel alle an einem Ort alleine, sie seien die Ausgestoßenen, weil gerade die Witwen sie im Himmel fürchterlich anklagten. Der Hauswirt schaute mich an und meinte, mir fehle jedes Verständnis von den Lasten eines Hauswirtes; ich sei wohl bei einem Pfaffen in der Lehre gewesen, ich sollte ihn damit verschonen. Wenn die Witwe nicht in 14 Tagen die Miete begleiche, werde er sie raussetzen. Jetzt frug ich ihn, ob er sonntags zur Kirche gehe, worauf er sagte, dazu habe er keine Zeit. Danach sagte ich zu der Witwe, Frau A.: «Haben Sie vielleicht eine Bibel hier, woraus ich die Stelle von dem Fegefeuer und dem Heulen und dem Zähneklappern mal vorlesen kann, damit ein Verstockter in sich kehrt?»

Dies war dem Hauswirt zu viel; er wurde krebsrot, meinte, wenn ich ihn durch den Kakao ziehen wollte, solle ich mir andere Leute suchen, dazu sei ich zu dumm. Er bedaure überhaupt, sich mit mir in eine Unterhaltung eingelassen zu haben; er finde meine Einmischung ziemlich vorlaut.

Mit einer Drohung gegen die Witwe stand er auf und wollte gehen. Hier sagte ich ihm, er solle mal die Rechnung machen, was die Witwe zu zahlen hätte. Dabei bat ich, den Hut abzunehmen; ob er bei seinesgleichen auch mit Hut am Tische sitze oder sich nur bei den Ärmsten so etwas herausnehme. Er drehte sich um und frug mich, ob ich die rückständige Miete bezahlen wolle, was ich bejahte, worauf er sich hinsetzte und seinen Hut abnahm.

Die Beute, die ich in der Tasche hatte, konnte ich in Anwesenheit des Hauswirtes nicht hervorholen. Deshalb sagte ich, er möge sich einen Augenblick gedulden, worauf ich zur Toilette ging. Hier sah ich erst mal die Brieftasche nach, in der sich eine ziemliche Reihe Hundertmarkscheine befanden, während in den 2 Couverts in dem einen 2 und in dem andern 3 Tausendmarkscheine steckten. Durch diese Beobachtung wurde ich in Geberlaune versetzt. Die Stiefel stellte ich in die Ecke und erschien wieder in der Küche, hatte aber in die Innentasche von der Weste zirka 20 Blaue lose eingesteckt.

Der Hauswirt rechnete mir 60 Mark und einige Pfennige zusammen. Wie ich die Weste aufknöpfte, staunte der Hauswirt und ließ mit seinen Augen nicht von meinen Fingern ab; er schien es gar nicht begreifen zu können, daß ich wirklich die Miete bezahlen wollte. Oder er hatte vielleicht gedacht, der holt einen Revolver raus und hält mir den unter die Nase. Wie er aber die Anzahl Hundertmarkscheine sah, gab er einen Seufzer der Erleichterung von sich.

Von mir mag es Großschnäuzigkeit gewesen sein, als ich ihn frug, wie hoch die Jahresmiete ist. Als er mir 245 M nannte und ich ihm drei Lappen hinschob, gleich für ein Jahr die Miete abzuziehen, war es erst mäuschenstill in der Küche. Dann sagte der Hauswirt, das hätte er in seinen Hinterwohnungen noch nicht erlebt, ein ganzes Jahr Miete im voraus erhalten zu haben. Er wurde jetzt gesprächig, erkundigte sich nach meinem Namen, den er die Ehre haben möchte, kennenzulernen, und so weiter.

Meinen Namen nannte ich ihm nicht, indem ich sagte, wenn er bei Leuten in die Wohnung käme, wo er nicht mal seinen Bibi (Hut) abnehme, brauche er auch meinen Namen nicht zu wissen.

Nachdem er Quittung geleistet hatte, schob er ab. Die 55 M, die er zurückzahlte, ließ ich für die Witwe zurück. Sie hatte das Schauspiel königlich amüsiert, sie bedankte sich ehrlich. Als ich ihr dann noch die Stiefel holte, freute sie sich wie ein Kind, paßte sie gleich an und meinte: «Die sind höchstens ein- oder zweimal getragen. Passen wie angemessen, scheinen aber einer feinen Dame gehört zu haben.» Nachdem ich sie gebeten hatte, durch Schweigen mir den Dank abzustatten, nahm ich Abschied.

Als ich zu Hause ankam, war Hel. schon zu Bett gegangen, so daß ich ungeniert in der Wohnstube die Beute besichtigen konnte. Rund 10000 M waren es; in dem Etui war ein Einstein-Brillantring von einem Karat.

Nach diesem Erlebnis schien die Pechader einer Geldader gewichen zu sein. Auch Fuchs stellte sich nach 8 Tagen wieder ein. Ein ihm bekannter Einbrecher hatte ihn für sein Alibi angegeben, was ihm der Untersuchungsrichter nicht abnahm; er hielt Fuchs für den Komplicen. Unsere Strafprozeßordnung gibt einem Richter das Recht, wenn der Schein eines Verdachtes vorliegt, den Haftbefehl zu erlassen. Fuchs war auf eine Haftbeschwerde entlassen worden. In diesem Falle war er wirklich unbeteiligt.

Nach dem schweren Verlust bei der Buchmacherei ließ ich diese Sache fahren, wonach Kunz die Sache wieder allein deichselte.

An einem der nächsten Abende stellte ich mich mit Hel. wieder im Spielklub ein und erfreute mich an dem Collier, welches ich an ihrem Halse leuchten sah. Den Einstein-Brillantring hatte ich von Kunz in ein Collier umfassen lassen. Ein lupenreiner Stein, der sich durch ein gutes Feuer auszeichnete. Der Kaufmann, den ich Plapp betitelt habe, setzte sich neben mich. Hierbei tauschten wir unsere Erlebnisse aus. Auch er hatte in letzter Zeit im Spielklub große Verluste gehabt, er müsse deshalb nach einem Nebenerwerb suchen. Wir einigten uns beide, ein Compagnie-Geschäft zu eröffnen, wozu wir 20 Mille zusammenwarfen. Seinen Kenntnissen im Kaufmännischen vertraute ich voll und ganz, weshalb ich mich von ihm in allem leiten ließ. Durch Vermittlung seines Freundes, des Grafen, hatte er nicht unbedeutende Beziehungen, wodurch er glaubte, mit Erfolg ein Exportgeschäft zu gründen. Die Firma sollte auf seinen Namen gehen, ich dagegen nur stiller Compagnon sein.

Am Dovenfleet mieteten wir ein Contor, kauften die nötige Einrichtung und honorierten erst eine Dame als Contoristin.

Die Sache ging erst nur flau, bis nach einem halben Jahr eine gute Besserung eintrat. Wir mußten eine zweite Dame einstellen, weil die Arbeiten im Contor sich häuften. Wir waren auf dem besten Wege, eine gute Existenz zu besitzen, hatten auch einen Lehrling im Contor für Wege und Adressenschreiben angenommen, als mit allen Fanfaren und Geschrei der Krieg am 1. August 1914 verkündet wurde.

Plapp wurde gleich eingezogen. Das Geschäft ging zurück, bis es nach 3 Monaten aufgelöst wurde! Da ich wegen meiner Vorstrafe aus dem Heer ausgestoßen war, hatte ich mit dem Kriege nichts zu tun, habe aber nicht versäumt, mit den Gesetzen und der Polizei den Guerillakrieg zu führen; mit dem Unterschied, daß ich keinen Schützengraben bezog, sondern eine Unreihe von unangemeldeten Wohnungen. Mein Ersuchen beim Generalkommando, mit ins Feld ziehen zu dürfen, wurde abgelehnt.

Mein Kumpan Fuchs war auch gleich eingezogen und schrieb mir nach 6 Monaten schon von der russischen Grenze.

13. Kapitel
Der verschluckte Kassiber

Bald nach Beginn des Krieges lernte ich unter den Ganoven einen Menschen kennen, den sie Büffel nannten, weil er schwer im Gang war und schwer wie ein Büffel begriff. Den einzigen Respekt, den er hatte, verschaffte er sich durch seine Faust. Wem die auf den Schädel sauste, der verfügte gleich über Plattfüße.

Dieser Büffel wußte mich für einen Bruch zu interessieren, wo zwar kein Geld, sondern Schore (Ware) geholt wurde, und zwar gleich fuderweise, die wir in einem gemieteten Lagerschuppen unterbrachten.

Daß man keine schulpflichtigen Kinder für Handlangerdienste in solchen Angelegenheiten verwenden soll, gehörte auch zu den Unbegreiflichkeiten dieses Büffels, der seine beiden Jungens im Rucksack Ware aus diesem Schuppen zu seinen Eltern schleppen ließ, was er sich für seine Bedürfnisse reservierte. Freundliche Nachbarn, denen dieses Schleppen der Kinder ungereimt erschien, glaubten die Sache erst gereimt zu wissen, wenn sie – nicht unheimlich, sondern heimlich – die Polizei in Kenntnis setzten.

Auf Grund dieser Denunziation eines Nachbarn stellten sich andern Morgens zwei Schmiermichel in dem Keller ein, wo die beiden Jungen die Ware hingeschleppt hatten, um gleich in besorgter Weise alles unter ihre Fittiche zu nehmen. Auch die beiden Jungens nahmen sie unter dieselben und quetschten aus, was eben zur Aufklärung nötig war.

Aus dieser Quetsche ging die Wissenschaft des Schuppens hervor, der noch allerlei corpus delicti in sich barg. Von diesem Schuppen und der Kinderquetsche kam die Polizei unschwer auf Büffel und mich.

Büffel nahmen sie denselben Nachmittag in die liebevolle Nummer – man nennt sie sicher, trifft aber nicht immer zu. Für mich spielte der Zufall eine Rolle. Wie ich gerade Büffel aufsuchen wollte, sah ich ihn schon von weitem zwischen zwei Kriminalbeamten gehen, die ich kannte; was für mich auf der Stelle ein «Kehrt um, marsch!» bedeutete.

Um sicher zu sein, ob die Verhaftung Büffels auch mich berührte, stellte ich mich in dementsprechender Entfernung vor meiner Wohnung auf und stand dort 2 Stunden, ob sich irgend etwas einstellte, um mich den Weg Büffels gehen zu lassen.

Richtig stellten sich die beiden Beamten ein, die Büffel geholt hatten, nur mit dem Unterschied, daß in meiner Wohnung der saubere Vogel ausgeflogen war. Eine Stunde blieben sie in der Wohnung in der Hoffnung, das gesuchte Individuum stellte sich ein, aber in solchen Sachen kann man nicht nach Adam Riese rechnen, da rechnet man zweimal. Als sie eben fort waren und ich mich überzeugt hatte, daß sie in sicherer Entfernung waren, sauste ich in die Wohnung, um zu hören, was die Beamten wollten, andrerseits zu sehen, welchen Eindruck die Sache auf Hel. gemacht hatte. Die Beamten waren jedoch Hel. sehr freundlich begegnet und hatten ganz harmlose Fragen gestellt, besonders solche, wie sie mich etwa treffen konnten, mit dem Zusatz, die Sache sei belanglos, sie wollten mir nur notwendig einige Fragen stellen. Beim Fortgang baten sie Hel., ihren Mann zu grüßen; wenn er käme, möge er so freundlich sein, auf der Wache vorzusprechen oder morgen früh um 8 Uhr zu Hause bleiben.

Diese Fiole kannte ich von der Schmiere genügend, mir genügte schon ihr Erscheinen mit zwei Mann. Hel. hatten sie getäuscht. Sie meinte, ich solle ruhig zur Wache hingehen, ich sei mir doch nichts bewußt. Um sie nicht aufzuregen, sagte ich: «Gut, ich kann auch hingehen», ging aber nicht hin.

Als erstes suchte ich mir jetzt eine Stiekumbleibe (unangemeldete Wohnung), die ich bei meinem großen Bekanntenkreis schnell und sicher fand.

Eine Tochter von meiner Logisgeberin schickte ich am andern Morgen mit der nötigen vorsichtigen Instruktion zu Hel., damit ich hörte, ob jemand dagewesen sei. Hel. wurde für den Abend an eine sichere Stelle hinbestellt. Hier erklärte sie mir, daß heute morgen die beiden Beamten wieder erschienen seien, die ganze Wohnung mit einer Durchsuchung auf den Kopf gestellt hatten und im Vergleich zu gestern abend sich geradezu tacktlos benommen hätten. Sie sei ganz alle von diesem Auftritte, möge gar nicht wieder in die Wohnung zurück. Ihre Tacktlosigkeit, erklärte ich Hel., ist ihre Wut, daß ich nicht so dumm war wie sie und auf ihren Senf, zur Wache zu kommen, einging.

«Was fange ich bloß an», meinte Hel., «wo warst du heute nacht, kommst du nicht mit nach Hause?» Solche und andere Fragen stellte Hel., die ich ihr mit den Worten beantwortete: «Unser Zusammenleben ist vorläufig aus, wir können uns hin und wieder in meiner heimlichen Wohnung treffen, das ist alles.» Wir müßten sehen, wie die Sache ablaufe.

Hel.s Fragen, ob ich denn etwas gemacht hätte, beantwortete ich ausweichend. Wie sie die ganze Sachlage verdaute, mußte ich nun mal beobachten. Fürs erste nahmen wir für diesen Abend Abschied, um uns zum Sonntag wiederzutreffen.

Um diese Zeit, wo ich dickste Lampen hatte, kam Fuchs zum erstenmal auf Urlaub; er brachte gleich vier Wochen mit, die wir zum Abbeißen von diversen Tipps verwandten.

Einer dieser Tipps war eine Bettentour bei einem Bäckermeister, für den Fuchs aus mir nie erklärlichen Gründen in Verdacht kam. Er war gerade 2 Tage wieder an der Front, als bei ihm Haussuchung gemacht und eine Brieftasche gefunden wurde, die der Bäckermeister mit Sicherheit als diejenige erkannte, die ihm in der fraglichen Nacht, wie ihm die Schlüssel aus der Schlafstube geholt wurden, aus seinem Geldschrank entwendet sei.

Die Folge war, daß Fuchs von der Front nach Spandau in Untersuchungshaft wanderte, jedoch beim ersten Verhör in der Schreibstube einen Hasen machte und nach einigen Tagen hier in Hamburg anlangte.

Wie er sich bei mir meldete, meinte er: «Geteilte Lampen sind halbe Lampen.» Die Polizei hätte festgestellt, daß ich mit Fuchs verkehrte, und mich daher für den Einbruch bei dem Bäckermeister mit verdächtigt, ein Verdacht, der sich bestärkte, weil ein Wirt, der neben dem Bäckermeister wohnte, in der fraglichen Nacht 2 Männer vor dem Gebäude des Bäckermeisters gesehen haben wollte, die Lichtbildern nach mit Fuchs und mir identisch seien.

Danach hatte ich eine Suppe mit Büffel und eine mit Fuchs auszulöffeln. Fuchs wohnte an derselben Stelle, wo ich unangemeldet wohnte.

Daß wir beide steckbrieflich verfolgt wurden, bedarf wohl kaum der Erwähnung.

Mit Hel. kam ich des öfteren zusammen, besuchte auch die Frau des Grafen, ebenso die von Plapp. Der Graf war hoher Offizier, der in der Uniform sehr stattlich aussah, war aber in seiner Tätigkeit oft auf Urlaub. Als ich ihm meine Lage erklärte, in der ich mich jetzt befand, war er sehr ungehalten, daß ich mich mit solchen Streichen abgegeben hätte. «Was soll nun aus Ihnen werden», so meinte er. «Mein Vater kann jeden Tag hinscheiden; dann wärst du mit Frau und Kind zu mir gekommen, wie wir abgemacht haben.» Auch die Frau machte mir Vorwürfe.

Hel. dagegen kannte ich bald nicht wieder. Kein bedauerliches Wort kam über ihre Lippen; sie konnte es auch nicht fassen, daß ich etwas verbrochen hatte. Schenkte ich ihr reinen Wein ein, wäre sie bös zu Kehr gegangen.

Es war Dezember 1917, der Krieg hatte schon alle Häßlichkeiten geboten. Die Hungerblockade hatte ihre Wirkungen bereits in Form von Lebensmittelkarten gezeigt. Um ständig Lebensmittel nebenbei zu hamstern, klopfte man hie und dort seine Bekannten ab. So besuchten auch Fuchs und ich einen mir bekannten Makler, dem es einerlei war, was er makelte, der nicht unter die Lupe nahm, ob es mein oder dein war, wenn er nur verdienen konnte. Er wohnte an der Ecke Richardstraße und Wandsbecker Chaussee in dem großen Eckhaus.

Wie wir in dieses Etagenhaus hineingingen, müssen zufällig in der Bahn ein Kommissar mit einem Oberwachtmeister, beides Kriminalbeamte, vorbeigefahren sein, wovon der erstere mich genau kannte.

Nach einer Stunde verließen Fuchs und ich wieder ganz ahnungslos dieses Haus. Wir hatten kaum das Parterre erreicht, als in der dunklen Ecke im Treppenflur die eben genannten beiden Kriminalbeamten auf uns zusprangen. Fuchs entwischte eben noch aus der Tür, während ich, der etwas hinter Fuchs die Treppe runterkam, überwältigt wurde. Auf der Straße unternahm ich noch einmal einen Befreiungsversuch, wobei der Kommissar, der mich am Arm hatte, mit zu Fall kam. Wie ich mit dem Kommissar auf der Erde lag, schlug der Oberwachtmeister mir seinen schweren Handstock über den Kopf, daß mir das Feuer aus den Augen sprühte. Statt mich wie der Kommissar anzupacken, schlug er aus Feigheit wie ein Tier auf mich los. Der Kommissar verbot ihm sofort das weitere Schlagen. In greifbarer Nähe war die Polizeiwache auf der Wandsbecker Chaussee, wo ich 5 Minuten später schon im Keller saß, die Hände in Eisen gelegt.

Mit der Droschke kam ich nach dem Untersuchungsgefängnis, weil gegen mich ein Haftbefehl vorlag. Zwei Stunden nach der Sistierung saß ich bereits in der Zelle in Einzelhaft, wo ich die häßliche Wirklichkeit seelisch zu verdauen anfing.

Man muß es erlebt haben, wie einem Menschen zumute ist, wenn sein Leben einen derartigen schroffen Wandel durchmacht. Wie Bergenfluten brechen verzweifelte Gedanken in die Gehirnzentrale ein. Wie mancher vertrug diese seelische Marter nicht und beging Selbstmord. Als ich eine Weile mein Gehirn zermartert hatte, öffnete sich in meiner Zellentür eine Klappe, in der sich das Gesicht eines Aufsehers zeigte, der mich aufforderte, die in meinem Schrank befindliche Schale herzulangen und Essen in Empfang zu nehmen. Hierin wurden mir 5/4 Liter Reissuppe verabreicht. Ausgesucht Reis esse ich nicht, hinzu kam die prosaische Aufmachung – alles in einem Topf. Dies genügte, um mich vollständig satt zu machen. Gegen 5 Uhr wiederholte sich das Schauspiel durch die Klappe; diesmal war es Kaffe – Negergetränk –, dazu ein derber Kanten trockenes Schwarzbrot – Spitzbubenkuchen –, der ebenso unangerührt blieb.

Um 7¾ Uhr läutete eine große Glocke 2 schwere Schläge, die das Aufsuchen der Lager ankündigten und das Ausdrehen des Lichts in den Zellen zur Folge hatten.

Jetzt war es Nacht, die sonst dem Menschen Balsam für Wunden ist, die ihm am Tage geschlagen wurden. Nicht so im Gefängnis in der einsamen Einsperrung. Hier zeigt die Nacht alle Schreckgespenster, alle Ängste und seelischen Foltern. Es kommt die Reue hinzu, ein häßliches Gespenst, gepaart mit der Angst vor den Konsequenzen.

Es mochte 12 Uhr nachts rum sein, als ich außerhalb des Zellenfensters ein Gespräch hörte. In dieser Verfassung sind menschliche Stimmen Abwechslung und lassen alte Lebensgeister wieder neu aufleben. Im Nu hatte ich meinen Schemel ans Fenster gestellt, kletterte oben drauf und lauschte, wo das Gespräch herrührte. Bald hatte ich festgestellt, daß es von zwei Zellennachbarn herrührte, die einen Stock unter mir lagen und sich über Ausbruchsabsichten unterhielten. Wie eine liebliche Schalmei erklang mir in dieser Lage das Wort «Hunderobert». Dies veranlaßte mich, ihn anzurufen und mich zu erkennen zu geben, worauf Hunderobert in seiner derben Art rief: «Hallo, Flegenwirt, hebbt se di snappt?» Nachdem wir die ersten Erkennungsgrüße ausgetauscht und uns gegenseitig das Faktum gesagt hatten, weshalb uns die Kralle der Gerechtigkeit in ihre Klauen nahm, wurde ich in die Ausbruchsabsichten eingeweiht, wofür ich mich sofort begeisterte.

Eine Feile, die mir zum Durchsägen der Eisenstange fehlte, erhielt ich noch in derselben Nacht von Hunderobert, die ich mit einem Bindfaden, den ich aus der Matratze löste, heraufzog.

Hier muß ich abschweifen, um folgendes Erlebnis zu schildern: Bei meiner Sistierung hatte ich in der Seitentasche 2 Tausendmarkscheine und einen Hundertmarkschein, wovon mir der Kommissar in seinem blinden Eifer nur 1 Tausendmarkschein und den Hundertmarkschein herausnahm. Den andern Tausendmarkschein wußte ich so am Leibe anzubringen, daß ich ihn mit ins Gefängnis hineinschmuggelte. Jeder weiß, daß man für Geld den Teufel tanzen lassen kann. Für diesen Tausendmarkschein fand ich bald einen Aufseher, der mir einen Brief an meinen Kumpan Fuchs beförderte. Viel hätte nicht daran gefehlt, wäre diese Sache mächtig schief gegangen. Der Aufseher wollte den Brief mittags mitnehmen, wurde aber ganz plötzlich derart krank, daß er mir nicht mehr Bescheid sagen konnte. Ahnungslos schrieb ich den Brief fertig und las ihn zur Beseitigung etwaiger Fehler noch einmal durch. In diesem Moment sah der stellvertretende Aufseher durch den Spion, der in jeder Zellentür in Mannshöhe zum Durchsehen angebracht ist. Derzeit lagen auf den Korridoren der Isolierstation noch Läufer, wodurch nichts zu hören war, wenn der Aufseher, meistens noch auf Zehenspitzen, herangeschlichen kam, um den Gefangenen zu beobachten. Ziemlich schnell schloß dieser Aufseher, der gesehen hatte, daß ich einen Kassiber las, die Tür auf und forderte mich in barschem Ton auf, den Kassiber, den ich blitzschnell zusammengeknittelt in die Hosentasche gesteckt hatte, herzugeben. Mehrere Male bat ich, mich den Kassiber wegwerfen zu lassen, ohne Gehör zu finden. Im Gegenteil, jedesmal erhöhte der Aufseher seinen barschen Ton. Wie ich schließlich sah, daß alle Versuche scheiterten, steckte ich den Kassiber mit den Worten in den Mund: «Na, wenn Sie nicht wollen, daß ich ihn vernichte, schlucke ich ihn unter, kriegen tun Sie ihn auf keinen Fall!»

Dieser Ausgang entsprach nicht dem Wunsche des Aufsehers, welcher in einem Kassiber einen guten Tipp sah, um in den Augen seiner hohen Vorgesetzten als ein tüchtiger Untergebener zu gelten. In seiner Enttäuschung befahl er mir, sofort mit zum Arzt zu kommen, der noch anwesend war. «Den Kassiber wollen wir schon kriegen», meinte der Aufseher auf dem Wege von meiner Zelle zum Arztzimmer, als er sah, wie ich mit den Zähnen kaute, um den Kassiber – einen halben Conzeptbogen – zu zermalmen. Eben bevor wir beim Arzt anlangten, versenkte ich den Kassiber, der schon Papierbrei war, mit einem «Schluckunter» in den Magen hinab.

Dem Arzt erklärte der Aufseher den Sachverhalt und knüpfte anschließend das Ersuchen daran, mir ein Brechmittel einzugeben, was aber von mir verweigert und vom Arzt abgelehnt wurde. Hiernach führte mich der Aufseher unverrichteter Dinge wieder in meine Zelle zurück.

Am andern Morgen kam ich vor den Leiter des Untersuchungsgefängnisses zum Rapport. Dieser Herr war sehr ungehalten, daß der Aufseher den Kassiber nicht erwischt hatte, besaß auch die Unverfrorenheit – um nicht Dummheit zu sagen –, mich nach dem Inhalt des verschluckten Schreibens zu fragen. Meiner Art, stets ohne Umschweife zu antworten, kam ich auch hier nach, indem ich sagte: «Das sollten Sie gerade nicht wissen.» Wie eine Rakete stieg dieser Herr mit den Worten von seinem Stuhl hoch: «Unerhörte Frechheit, die Sie sich hier herausnehmen; ich werde dafür sorgen, daß Sie ganz exemplarisch bestraft werden.» Damit war ich abgefertigt, um am andern Morgen vor den Dierecktor geführt zu werden. Prophezeit waren mir von dem Aufseher 6 Wochen Arrest. Der Dierecktor, der sich absolut nicht beeinflussen ließ, sah die Sache milder an und dicktierte mir 3 Tage Entziehung der warmen Mittagskost. Als ich in meine Zelle zurückkehrte, frug der Aufseher mich, was ich erhalten hätte, worauf ich sagte: «6 Wochen Arrest.» – «Sehen Sie», meinte er, «hätten Sie mir den Kassiber ausgehändigt, wäre die Sache lange nicht so schlimm geworden; ich habe es nur gut gemeint, als ich Sie aufforderte, ihn herzugeben.»

Als am andern Tag die Verfügung an die Station ging, mich meine 3 Tage Kostentzug verbüßen zu lassen, war der Aufseher sprachlos. Er kam denselben Tag von der Station fort, weil der Erkrankte nach 3 Tagen wieder in Dienst trat.

Jetzt schrieb ich aufs neue ausführlich an Fuchs, erklärte ihm meine Ausbruchsabsicht und genau die Stunde am Sonntagmorgen, wann er die Leiter an die Mauer ansetzen sollte. Um die Gewißheit zu haben, daß die Zeilen in seine Finger gelangt seien, sollte er sich am folgenden Tag nachmittags um 3 Uhr oben am Wall beim Stadtgraben einstellen. Punkt 3 Uhr erschien Fuchs, flötete seinen Refrain: «In der Nacht, in der Nacht, wenn die Liebe erwacht und am Himmel der Mond schelmisch lacht.» Dieser Refrain wurde von uns beiden stets angewandt, wenn irgend etwas war, um den andern zu warnen oder, wenn wir uns trafen, ob alles in Ordnung sei. Da mein Zellenfenster von der Stelle am Wall, wo Fuchs sich eingestellt hatte, ziemlich entfernt lag, hatte er sich ein Fernrohr mitgebracht, wodurch er mich deutlich erkennen konnte.

Hunderobert hatte ich von dieser Hülfe in Kenntnis gesetzt. Danach mußten wir Sonntagmorgen 7 Uhr bereit sein. Das Stangendurchfeilen mußte äußerst vorsichtig vor sich gehen. Nicht allein die Aufseher, noch weit mehr die Mitgefangenen sind es, die man zu fürchten hat. Wenn ein Zelleninsasse sägt, ist es von den Nachbarn neben, unter und über ihm zu hören. Die meisten Ausbrüche scheitern an dem Verrat der Mitgefangenen.

Mit allen solchen Eventualitäten hatte ich zu rechnen. Deshalb feilte ich nur in sehr gewählten Augenblicken, die am sichersten vorhanden waren, wenn recht viel Geräusch gemacht wurde. In den meisten Fällen wird nachts oder gleich nach dem Zubettgehen gesägt. Dies vermied ich, weil das Haus zur Nachtzeit mäuschenstill ist und jedes Geräusch leicht gehört wird.

Die von Hunderobert erhaltene Dreikantfeile eignete sich nicht besonders zum Durchfeilen einer daumendicken Stange, weil ich hiermit eine breite Spur feilen mußte. 5 Tage hatte ich Zeit, bis die Stange durch sein mußte. Regelmäßig dreimal am Tage, wenn das Essen zu den Zellenklappen – Futterluken – hineingereicht wurde, feilte ich gute 10 Minuten. Durch das Geklapper mit dem Essenkessel war von meinem Feilen nicht viel zu hören. Die Spur verschmierte ich stets mit zerkautem Schwarzbrot, weil die Stangen hin und wieder revidiert wurden.

Am Tage verbrachte ich die meiste Zeit mit dem Verscheuchen der Sperlinge, die das zerkaute Brot, das ich in die Feilspur geschmiert hatte, herauspickten. Mit welcher Frechheit diese Vögel sich immer wieder – es war Winter – einstellten, war staunenerregend. Wie ein Leonidas den Thermopylenpaß verteidigte, mußte ich die Feilspalte gegen die Sperlinge verteidigen, die ihren Sieg aber ständig verzeichneten, wenn ich von der Freistunde zurückkehrte. Danach mußte ich die Spur wieder mit ausgekautem Brot verschmieren.

Mittlerweile war der letzte Abend herangekommen, wo ich mit einigen letzten Feilstrichen die Stange durch hatte. Nachdem die 2 schweren Glockenschläge für den Beginn der Nachtruhe erschallt waren, fing ich an, mit Berserkerwut ziemlich geräuschlos die eiserne Bettstelle zu zerbrechen, um aus den Teilen eine Leiter herzustellen. Um die langen Stücke Flachblech, worauf die Matratzen lagen, aus der Bettstelle zu entfernen, mußte ich rundherum die Stangen zerbrechen. Zur weiteren Sicherheit knotete ich das Bettlaken mit der wollenen Bettdecke zusammen, falls die eiserne Hängeleiter versagen sollte. Die Höhe war zum Runterspringen ungeeignet, weil ich im dritten Stock lag und unter den Fenstern noch eine kasemattenartige Vertiefung war.

Am andern Morgen punkt 7 Uhr, als der Posten sich zur Ablösung an die Pforte begab und bevor sich der andere einstellte, wobei 8–10 Minuten vergingen, ertönte der Refrain: «In der Nacht, in der Nacht, wenn die Liebe erwacht» usw. Dann kam erst der Kopf von Fuchs und dann sein halber Körper über die Mauer zum Vorschein. Rittlings setzte er sich auf die Mauer und stellte eine Leiter in den Hof. Schnell warf ich meine fabrizierte Leiter und das Bettuch aus dem Fenster, die ich vorher schon genügend von drinnen an der nicht durchgefeilten Stange befestigt hatte.

Eine Etage tiefer blieb ich einen Moment auf dem Fenstergesims bei Hunderobert stehen, der mir am Abend vorher, auf meine Frage, ob er seine Stange durchhabe, erklärte, sie bedürfe nur noch eines kräftigen Stoßes. Deshalb trat ich mit den Füßen an die betreffende Stange, aber ohne Erfolg. Hunderobert hatte sich in dem noch durchzusägenden Rest verrechnet. Da ich keine Zeit mehr zu verlieren hatte, ließ ich mich ganz auf den Hof runter, lief die Leiter hinauf, die ich dann wieder an die Außenseite der Mauer stellte, und stand 5 Minuten nach 7 Uhr wohlbehalten in der Ringstraße im Vollbesitz meiner Freiheit.

Jetzt mußte ich erst wieder zu Büffel zurückkehren. Dieser schwer begreifliche Erdenpilger hatte versucht, den Kopf dadurch aus der Schlinge zu ziehen, daß er mich als den Täter hinstellte, er hingegen nur der Käufer resp. ein Begünstiger war. Diese Darstellung erschien dem Untersuchungsrichter unglaubhaft und veranlaßte ihn, dem Kommissar die Notwendigkeit meiner Verhaftung zu unterbreiten. Nach vieler Mühe war es dem Kommissar gelungen, mich durch Zufall festzunehmen, wie ich's bereits geschildert habe. Der Untersuchungsrichter glaubte mich nun sicher zu haben und wollte mich, wie nun einmal ein Beschuldigter jeder Willkür hinsichtlich der Länge der Untersuchungshaft dem Untersuchungsrichter ausgesetzt ist, einige Zeit sitzen lassen. Trotzdem ihm meine Vernehmung wichtig war, ließ er mich bis zu dem Ausbruch sitzen, ohne mich zu verhören. Daß ich aber wieder einen Hasen machte, kippte ihn vollends aus den Schuhen.

Der Kommissar, der sich in seinem Ehrgeiz unbefriedigt sah, trat gegen mich mit außergewöhnlichen Mitteln auf, um meiner wieder habhaft zu werden. Wegen zweier Diebstähle, für die ich beschuldigt wurde, bewirkte er beim Regierungsrat einen Aufruf mit meinem Lichtbild an die Bevölkerung, der an sämtliche Anschlagssäulen, Wachen und in vielen Städten Deutschlands angeklebt wurde und zu meiner Ergreifung dienen sollte. Der Inhalt war folgender:

> 200 M. Belohnung
> Der in Barmbecker Verbrecherkreisen bekannte
> J. Adolf Petersen, geb. so u. so,
> ist in der Nacht vom 22. zum 23. Dezember 1917
> aus dem Untersuchungsgefängnis ausgebrochen.

Dann folgte die Personenbeschreibung mit der Schlußbemerkung, daß P. von der Staatsanwaltschaft gesucht werde und auf die Ergreifung obige Belohnung ausgesetzt sei. Rechts in der Ecke befand sich ein Lichtbild.

Ausbrüche aus dem Untersuchungsgefängnis waren absolut nichts Neues. Unter diesen Ausbrechern befanden sich wiederholt solche, die wegen häßlicherer und weit zahlreicherer Faktums hinter Schloß und

Riegel saßen, aber niemals mit solchem Mittel in der Öffentlichkeit breitgetreten wurden, wie hier bei mir angewandt war. Diese öffentliche Brandmarkung war der erste Anlaß zu meiner besonderen Berüchtigung, die sich nachher vielfach in einer überspannten Phantasie auswirkte, auch veranlaßte, mich für alle besonders großen Diebstähle in den Zeitungen als Täter zu verschreien. Hierin leistete speziell der hier geschilderte Kommissar, der sein Ressort im Stadthaus hatte, Unglaubliches.

Ganz besonders will ich hier hervorheben, daß ich wohl einsah, wie schuldig ich war, und auch bereit war, die Konsequenzen zu tragen, aber nie und nimmer 1916 bis 1918*, wo in den Hamburger Gefängnissen die Gefangenen vor Hunger die Wände hochgingen. Mich langsam hinmorden zu lassen, besaß ich zuviel Energie und Selbsterhaltungstrieb. Hier, in Fuhlsbüttel in der Strafanstalt sind die Gefangenen wie Fliegen hingestorben. Täglich fuhr der Leichenwagen ein und aus. 1918, bald nach der Revolution, platzte die Geschichte mit den den Gefangenen entzogenen Lebensmitteln auf, die mit der sofortigen Entfernung des Dierecktors endete. In allen Zeitungen, selbst in New-York, ging ein Schrei der Entrüstung durch die Bevölkerung über diese Untat, die viele Gefangene das Leben kostete. Die ganze Presse schrie nach auswärtigen Juristen, die diese Sache gegen den Dierecktor untersuchen sollten, weil die hiesigen versagen könnten. Der vorläufig vertretende Dierecktor brauchte bei der Entfernung seines Vorgängers die Worte: «Wir sehen uns wieder, aber nicht in dem Anzug, den Sie jetzt tragen, sondern in dem da», und dabei zeigte er auf einen Zuchthausgefangenen. Um mich kurz auszudrücken: die Sache endete ganz im Sinne einer ausgeprägten Klassenjustiz. Der entfernte Dierecktor wurde nach einiger Zeit der Suspendierung Oberstaatsanwalt, was er heute noch ist.

Mein ganzes Leben hätte sich anders gestaltet, wenn man meinem Wunsche stattgegeben hätte, mich ins Feld zu schicken. Ein Hauptmann vom Generalkommando nahm diesen Antrag auf, ließ mich aber ohne Antwort. Ich war eben wegen meiner Vorstrafe aus dem Heere ausgestoßen und deshalb für den Krieg nicht gewünscht.

Jetzt will ich zurückkehren zu dem Moment, wo ich meine Freiheit durch den beschriebenen Ausbruch erlangt hatte. In was für einer Lage ich mich jetzt befand, war ich mir bewußt. Äußerste Vorsicht mußte

* Petersen befand sich, was er hier nicht erwähnt, vom 4. April 1916 bis zum 1. März 1917 als Berufsverbrecher im Gefängnis Fuhlsbüttel in Sicherheitshaft. (Anm. d. Herausgebers)

mein Motto sein, wenn ich nicht über kurz oder lang wieder im Bagno sitzen wollte.

Ein Leben zu führen wie jene Mönche von La Trappe entsprach nicht meinem unruhigen Geiste, meinem Temperament. Mir ging es wie Orpheus, dem Sohn der Meduse Kalliope, der sich gegen das Verbot nach seiner Gattin umschaute und von thrakischen Weibern zerrissen wurde.

Zuerst ging ich mit Fuchs in unsere unangemeldete Wohnung, wo wir beratschlagten, was anzufangen sei. Die Polizei, die machte es mit mir, wie die Entente es mit den Deutschen machte, sie verhängte über mich die Hungerblockade, indem sie mir sämtliche Lebensmittelkarten bei der betreffenden Schule sperren ließ. Schon am Abend desselben Tages, an dem ich morgens ausgebrochen war, begab ich mich mit Fuchs auf die Suche nach Lebensmitteln, und zwar mit richtigem Instinkt nach jener Gegend, wo die meisten Menschen zu finden waren, die da riefen: «Wir halten durch!», nach den besseren Gegenden Hamburgs.

Es war abends gegen 7 Uhr. Morgen war Heiligabend. Wir konnten wohl sagen: «Eslein streck dich», aber noch nicht: «Tischlein deck dich.» Bei uns war Schmalhans Küchenmeister.

Fuchs und ich betraten mit einem Elefantenappetit von der Klopstockstraße aus die Gärten und gelangten so in die Hintergärten der herrschaftlichen Häuser des Alsterufers. Unsere Absicht war, die Speisekammern mit einer Taschenlampe zu beäugeln. Trotzdem überall Eisenstangen waren, ließ sich stets irgend etwas ausfindig machen, um an eventuelle Lebensmittel heranzukommen.

Wir hatten ungefähr geräuschlos einige Kellerfenster beleuchtet, ohne etwas entdeckt zu haben, was quantitativ nicht im Verhältnis zu den Lebensmittelkarten stand, als in einem Zimmer das elektrische Licht angeschaltet wurde! Wir trauten unsern Augen erst nicht. Wie Schusterkugeln verdrehten wir die Augen und grinsten mit diabolischer Freude die vielen Lebensmittel in der Speisekammer an.

Madam selber ließ ihre Blicke an der Reihe der Conservendosen entlangschweifen, um 2 Dosen junge Erbsen zum Mitnehmen auf einen kleinen Tisch hinzustellen. Wir konnten im dunklen Hintergrund alles beobachten, ohne von der Dame bemerkt zu werden. Besonders hatten Fuchs und ich ein Fleischbrett im Auge, auf dem etwa 4–5 Pfund Mürbebraten und nebenbei dasselbe Quantum Hack lagen. Es gab damals 60 gr. Fleisch die Woche; danach war dieses Fleisch gehamstert. Auch eine große Schale dicker Schokolade fiel uns auf, die anscheinend, mit Wasser oder Milch verdünnt und aufgekocht, trinkfertige Schokolade abgab.

Die nichtsahnende Madam hielt sich nach unseren Begriffen viel zu lange in der Speisekammer auf. Uns lief schon das Wasser im Munde zusammen. Die Schokolade verzehrte ich schon im Geiste. Endlich erbarmte sie sich. Sie nahm noch die Hälfte von dem Hack, einige Dosen Conserven und ein Paket Butter mit und entfernte sich. Da sie von der Speisekammer in die Küche trat, wo auch Licht war, konnten wir beobachten, daß sie selbst die Kammer abschloß und den Schlüssel an sich steckte.

Vorsichtig untersuchten wir die Stangen und stellten fest, daß keine Querstangen zur Steifung verwandt waren. Mit vereinten Kräften gelang es, sie wo weit auseinander zu biegen, daß Fuchs als der schmalere hindurchkriechen konnte. Als erstes kamen Butter, Fleisch und die Schokolade an die Reihe. Dann so viel Conserven, wie wir in zwei dort vorgefundenen Kisten tragen konnten. Hiernach schleppten wir die Kisten bis zum Esplanaden-Tunnel, wo wir ein Auto nahmen, das uns wohlbehalten in unsere heimliche Wohnung brachte.

Bei den Leuten, wo wir wohnten, waren 2 minderjährige Kinder, die beide einen großen Becher Schokolade erhielten; die schauten uns an, als wären wir Götter, und die Mutter kam aus dem Staunen nicht heraus, daß es noch so schöne Sachen gab. Wie sie einige Dosen Conserven erhielt, legte sie selbige in den Schoß und streichelte sie, wozu sie äußerte, sie müsse sich erst richtig überzeugen, ob sie nicht träume, deshalb müsse sie die Dosen immer wieder anfühlen.

Noch in derselben Nacht suchte ich Frau und Kind auf, die am Tage zu besuchen zu gefährlich war. Hel. wußte nicht anders, als daß ich in Untersuchungshaft sei. Die Zettel mit meinem Bild kamen erst 2 Tage nach den Ferientagen an die Anschlagssäulen und die Wachen, weil sie erst angefertigt werden mußten.

Mit Sehnsucht brannte ich, Hel., deren Bild immer noch mit unverminderter Liebe in meiner Seele stand, wiederzusehen. Grade unverhofft in ihre Nähe zu gelangen, um zu beobachten, wie sie die Trennung ertrug, reizte mich.

Das Haus, in dem sich unsere Wohnung befand, selbst in der Nacht zu betreten, war gefährlich; ich mußte damit rechnen, daß sie von Kriminalbeamten Nacht und Tag beobachtet wurde, weil man aus meinen Briefen, die ich an Hel. vom Untersuchungsgefängnis aus schrieb, genau wußte, wie ich auf sie eingeschnitten war. Aus diesem Grunde betrat ich mit einem Rucksack mit Lebensmitteln und diversen Dietrichen ein Etagenhaus, welches das 8e weiter längs war. Es war 1 Uhr nachts, der 24. Dezember 1917. Es regnete, wodurch alles ungemütlich erschien und fast keine Menschenseele auf der Straße zu sehen war. Mit Sperrhaken schloß ich das Treppenhaus auf, zog meine Stiefel aus, ging leise nach dem Boden, schloß hier die Vortür zum Boden auf, hinter mir wieder zu und stieg auf einer vorhandenen Leiter aus der Luke aufs Dach.

Von hier aus pilgerte ich die 8 Dächer entlang, die bis zu dem Hause führten, wo Hel. wohnte; drei Dächer waren schräge, der Regen hatte sie schlüpfrig gemacht, weshalb ich gezwungen war, stellenweise auf allen vieren zu kriechen. In dieser Situation dachte ich an mondsüchtige Nachtwandler, in deren Reich ich mich bewegte. Hoffentlich begegnete ich keinen, die zweifellos, wenn sie einem wachen Menschen auf ihrer Nachtwanderung begegneten und angesprochen wurden, in die Tiefe hinabsausten. Die Sache ging aber gut; wie der Bergmann im Schacht, verschwand ich in der Luke des gewünschten Hauses, schwarz wie ein Schornsteinfeger.

Leise schloß ich die Wohnungstür auf, schob von innen den Riegel über und schlich an das Bett der Gattin. Um sie nicht vorher zu wekken, bevor ich ihre Züge eine Zeit lang geschaut hatte, schaltete ich kein Licht an, sondern nahm meine Taschenlampe, die ich so hielt, daß auf ihr Gesicht nur ein gedämpfter Schein fiel. Da ich die Lampe mit einem grünen Stück Papier abgeblendet hatte, wurde ihr Gesicht genau wie vom Mondschein beleuchtet.

Diesmal hatte sie sich fest in die Decke eingewickelt, nur das Köpfchen schaute hervor. Wieder war der Mund ganz wenig geöffnet, was einen tiefen Schlaf verriet. Um sie nicht zu wecken, kniete ich nicht wie voriges Mal an ihrem Bette nieder, sondern stellte mich 1 Meter ab. Ihre Gesichtszüge waren ruhig und friedlich, sie verrieten nicht, womit die Seele sich am Tage beschäftigte. Um dieses Menschenkind hatte ich 14 Tage lang gebangt, sie nicht wiederzusehen, und jetzt stand ich vor ihr. Alle nervenanspannenden Momente, all die tausend Ängste waren vergangen, belohnt durch den Anblick dieser Frau.

Ich sah in ihr eine Tochter des Zeus, jenes weibliche Genie der Tragödie, Melepomena, und wünschte, ich wäre der Sohn der Meduse Kalliope, der sie mit der Leier bezauberte, um sie zum leidenschaftlichen Weibe umzuformen!

Vertieft in die griechische Götterlegende trat ich an das Bett meines Kindes, auf dessen Gesicht der kindliche reine Friede ruhte. Nach einer Weile ging ich in die Wohnstube und kehrte mit einem Stuhl an Hel.s Bett zurück, was ohne Geräusch vor sich ging, weil ich keine Stiefel anhatte. Vom Stuhl aus beobachtete ich sie mehrere Stunden, und wie ich sie immerfort anschaute, fielen mir die Worte von Mephisto im Faust ein, wo er sagt:

> Doch warum heftet sich mein Blick auf jene Stelle?
> Ist jenes Weibchen dort den Augen ein Magnet?
> Warum wird mir auf einmal lieblich helle,
> Als wenn im nächtgen Wald uns Mondenglanz umweht?

Unsere schwere Schlaguhr in der Wohnstube schlug mit dumpfen Schlägen 5 Uhr. Dies ermahnte mich, an meinen Rückzug zu denken, den ich nur im Dunkeln zurücklegen durfte. Hel. wecken wollte ich nicht, sondern die nächste Nacht, am 1. Feiertag, wiederkommen. Deshalb legte ich meinen Rucksack mit den Lebensmitteln auf den Tisch, schrieb einen Zettel mit folgendem Inhalt, den ich daneben legte: «Liebes Weib! Heute nacht bewachte ich mehrere Stunden vor Deinem Bette Deinen Schlaf, schaute Dir ununterbrochen in Dein liebes Antlitz. Wenn ich, ohne Dich zu wecken, wieder in Nacht und Nebel, wie ich gekommen war, verschwand, tat ich es in dem Bewußtsein, daß Du für die Lage Deines Mannes kein Herz hast, der wie ein gehetztes Tier, wenn auch durch eigene Schuld, umherstreift. Aus dem Gefängnis brach ich aus. Verbrenne diese Zeilen sofort, wenn Du sie gelesen hast. Dein Adolf!» Danach trat ich auf dem bereits beschriebenen Wege meinen Rückzug an.

In der nächsten Nacht eilte ich auf demselben Wege in unsere Wohnung. Diesmal weckte ich sie sofort mit einem Kuß. Mit entstellten Zügen und irren Augen schaute sie mich an, als wenn sie einen Geist erblickte. Es dauerte mehrere Minuten, bis sie sich gesammelt hatte und sich in die Wirklichkeit zurückfand.

Meinen Ausbruch, alles was ich durchmachte, erzählte ich ihr, malte alle Ängste vor ihrer Seele, aber ohne das Mitgefühl zu finden, was ich suchte. Ihre wiederholten Worte waren: «Schrecklich, schrecklich ist es mit dir.»

Wir holten den Tannenbaum in die Schlafstube und stellten ihn in der Nähe des Bettes auf, in dem unser Sohn schlief, ohne ihn munter zu kriegen. Still saßen wir bis morgens 6 Uhr am Tannenbaum und feierten eine Weihnacht, die alle traurigen Stimmungsmomente an uns vorüberhuschen ließ. All' mein Herzen, all' meine Umarmungen an Hel. konnten ihren Mut nicht beleben. Ihre Zukunft lag ihr zu grau vor den Augen, sie war nur veranlagt, gute Stunden zu genießen. Nachdem ich meinem Kinde einen Kuß auf die Stirn gedrückt und Hel. umarmt hatte, verschwand ich wieder wie Nikodemus in der Nacht.

14. Kapitel
Flucht über Dächer

Es ist eine bekannte Tatsache, daß der Mensch im Karackter, in seiner Seele wie in seiner ganzen Lebensweise nie still steht. Er geht vorwärts oder rückwärts. In dem Milieu, wo Fuchs und ich uns bewegten, wird es ziemlich klar einleuchten, daß unsere Streiche nicht kleiner wurden, sondern größer. In solcher Geistesrichtung tiftelten Fuchs und ich uns gleich nach den Feiertagen eine Sache aus, wo wir uns beide dran gesund stoßen wollten, also so viel Geld zu ergattern suchten, daß wir genug hatten. Mit solcher Absicht lenkten wir unser Augenmerk auf einen Juwelenladen in der Gerhofstraße in Hamburg, in dessen Schaufenster Schmucksachen im Werte von einer Million Mark ausgelegt waren, die jedoch des Nachts im Geldschrank verwahrt wurden.

Zu diesem Geschäfte lenkten wir in den Abendstunden unsre Schritte, um uns in die Herrlichkeiten zu vertiefen, auch Beobachtungen anzustellen, wie die Sache zu inszenieren sei.

Jetzt muß ich etwas ablenken, um die zufällige Begegnung eines Kriminalbeamten zu erklären.

Dieses Juwelengeschäft hatte auch andere Spitzbuben auf sich gelenkt, die uns beiden jedoch völlig unbekannt waren. Am selben Tage, nachmittags, als Fuchs und ich abends vor dem Schaufenster standen, wollten vier Einbrecher die Ladenscheibe zertrümmern, wertvolle Schmucksachen zusammenraffen und im Auto flüchten. Wie die Polizei dahintergekommen ist, habe ich nicht erfahren, sondern nur, daß alle 4 bei der Absicht, die Tat auszuführen, von Kriminalbeamten überrumpelt und sistiert wurden.

Ungefähr 3 Stunden später, gegen 7 Uhr, beäugelten Fuchs und ich vom Schaufenster aus die Juwelen, als ein uns bekannter Kriminalbeamter in den Laden trat, der jedenfalls hinsichtlich der beabsichtigten Schaufensterzertrümmerung noch irgendwelche Fragen zu stellen hatte.

Ausgesucht hatte dieser Herr seinen berühmten Polizeihund bei sich, der nach den Erzählungen seines Herrn, besonders wenn der einen Schluck zu viel getrunken hatte, wofür er bekannt war und was recht oft vorkam, Ungeheures leistete und auch bereits geleistet hatte.

Prinz (so hieß sein Hund) setzte sich, wenn es sein mußte, zur Verfolgung eines Verbrechers hinten auf den Puffer eines Eisenbahnwagens und fuhr ohne seinen Herrn nach Berlin. Wenn der Kriminalbeamte seine Schnurren über Prinz losließ, mußte alles lachen; keiner glaubte solche Mär, nur sein Herr war davon überzeugt. Als Schönheitsfehler hatte Prinz nur ein Auge, konnte damit aber besser sehen wie andere Hunde mit zwei. Sein Herr war, abgerechnet einige Schwächen, die wir alle besitzen, sonst kein schlechter Kerl. War trotz seines Berufes ein Mensch.

Dieser Herr mit seinem einäugigen Airdale-Terrier erkannte uns, als er die Tür des Ladens zumachte und hierbei über den Ausbau des Schaufensters auf die Straße sah. Mit lautem Rufen: «Das ist ja Petersen und Fuchs» – er nannte meinen Kumpanen bei seinem richtigen Namen – riß er die Tür auf, ließ eine Signalpfeife ertönen und schrie hinterher: «Halt sie! Halt sie!» Selbst war er zu komplett, um sich an der Verfolgung zu beteiligen, schickte uns aber seinen mysteriösen Polizeihund Prinz auf die Fersen.

Wie der Kriminalbeamte uns erkannte, hatte auch ich ihn sofort erkannt und Fuchs zugerufen: «Du, dicke Luft, das ist ein Schmiermichel, komm, wir hauen ab.» Und wie der Kriminalbeamte zu pfeifen anfing, sausten wir bereits in die Königstraße hinein.

In diesem Zentrum der Stadt, wo es von Menschen stets sehr belebt ist, hatten wir durch das Lärmen von Prinz seinem Herrn gleich eine große Anzahl Menschen hinter uns, die sich an der Verfolgung beteiligten.

Fuchs hatte das Pech, von einem der Verfolger hinten am Kragen gefaßt zu werden, was bei mir auch einer versuchte; ich riß aber blitzschnell vorne alle Knöpfe auf, machte die Arme nach hinten lang weg, worauf meine Verfolger mir den Rock vom Leibe zogen. Auch Prinz wollte mir Schwierigkeiten machen, indem er mich in grimmiger Weise immer in die Hacken biß. Ob ihn meine Lackstiefel ärgerten oder ob ich ihm zu schnell lief, konnte ich Prinz in dieser Lage nicht fragen. Um ihn aber loszuwerden, gab ich ihm mit der Hacke einen ziemlich unsanften Haken unter die Kinnlade. Dieser Taback schien Prinz zu stark zu sein. Er stürzte sich jetzt auf einen meiner Verfolger, wodurch ich etwas Luft bekam.

Wie ich in rasendem Tempo in die ABC-Straße einbog, waren auch hier die Passanten durch das Geschrei «Halt ihn» aufmerksam gemacht. Ein etwas vierschrötiger Herr stellte sich mir ziemlich bramstig mit weit geöffneten Armen entgegen und glaubte, mich schon sicher in seinen liebevollen Armen aufgefangen zu haben. Ich tat so, als wenn ich diereckt in seine geöffneten Arme eilte, schoß aber wie eine Rakete unter durch und sauste vorbei. Enttäuscht, mit wutentstellten Zügen drehte sich dieser Herr sofort um und verfolgte mich mit neuer Lunge, mit neuer Puste.

Viele Hunde sind des Hasen Tod, dachte ich, verschwand in einem Treppenhaus und eilte nach dem Boden, wo ich meine Puste etwas aufpumpen konnte. Die drei bewohnten Etagen waren beleuchtet, während die Bodentreppe unbeleuchtet war. Meine Verfolger machten vor der dunklen Bodentreppe Halt und standen eine Etage tiefer, die beleuchtet war. «Kommen Sie runter, sonst schießen wir rauf», rief mir der enttäuschte vierschrötige Herr hinauf. «Kommen Sie ja nicht rauf, sonst schieße ich runter», gab ich zurück.

Mittlerweile war ich wieder in voller Puste, schloß leise, mit einigen Dietrichen, die ich für eventuelle Fluchten stets bei mir führte, die Vorbodentür auf, hierbei hin und wieder Äußerungen erwidernd, um die Verfolger von meiner Absicht nichts empfinden zu lassen.

Auf dem Boden stand, wie fast in allen Etagenhäusern, eine Leiter, die zur Dachluke führte. Diese stieg ich leise hinauf, kletterte hinaus und eilte das Dach entlang. Leider ging der Weg nicht weit. Nach zwei Dächern gleicher Höhe folgte ein Haus mit einem Stock tiefer. Jetzt war guter Rat teuer. Das Hinaussteigen aus der Luke schien nicht ganz ohne Geräusch abgegangen zu sein, denn auf einmal sah ich die Gestalt des Vierschrötigen aus der Dachluke steigen.

In dieser Situation stieg ich einen Schornstein herunter, der von dem einen Stock tiefer liegenden Dach an der Stirnwand des Hauses hochging, auf dem ich mich befand. Eben war ich unten, als auch mein Verfolger seinen Kopf über dem Dachrand zeigte und beabsichtigte, mir auf demselben Wege zu folgen. Dies veranlaßte mich, den Schornstein, der aus zusammengesteckten gelben Steingutröhren bestand, von unten wegzureißen. Mit ziemlichem Gepolter kam der ganze Schornstein herunter, was meinen Verfolger nicht wenig enttäuschte und wütig zur schnellen Umkehr zwang. Jetzt eilte ich mehrere Dächer entlang, ohne irgendwo einen richtigen Ausweg zu finden. So mochte ich zirka 10 Minuten einen Weg in die Tiefe gesucht haben, als ich wieder meinen fanatischen Vierschrötigen auf dem Dach erblickte, von wo aus ich den Schornstein heruntergerissen hatte. Wieder sah ich ein triumphierendes Antlitz. Bis an die Hinterhäuser vom Gänsemarkt ging die Flucht, wo alle Dächer ein Ende hatten und ich vor der gähnenden Tiefe stand. Es war ein zweistöckiges Hinterhaus vom Gänsemarkt. Mich mit dem Vierschrötigen einzulassen, hielt ich für verkehrt, wir wären schließlich beide in die Tiefe gesaust. Kurz entschlossen ließ ich mich an der Dachrinne hängen, klammerte mich an das Regenrohr, das von der Dachrinne aus dem Hause runterlief, und wollte hieran runterklettern. Kaum hatte ich mich an dieses Rohr geklammert, als es wegriß und mit mir in den Hof sauste. Im Fallen fiel ich auf die im Hof angebrachte Gaslampe, wobei ich die Kugel mit hinunterriß.

Im Nu stand ich wieder auf den Beinen, ging aus dem Torweg über den Gänsemarkt in die Schwiegerstraße hinein, ohne von irgend jemand beachtet zu werden, wodurch ich entkam.

Fuchs war von der Streife sofort nach der Kaserne Bundesstraße gebracht und an die Arrestanstalt abgeliefert, weil er Soldat war, also nur mit der Militärbehörde zu tun hatte. Noch am selben Abend sollte er nach der Festung Spandau überführt werden. Von einem Unteroffizier mit zwei Gemeinen wurde Fuchs, an Händen gefesselt, abends 11 Uhr nach dem Sternschanzenbahnhof gebracht. Bevor sie von der Bundesstraße abmarschierten, wurde ihm eröffnet, daß man, sobald er versuche zu fliehen, ihm nachschießen würde, wozu vor seinen Augen die Gewehre geladen wurden.

Auf dem Sternschanzenbahnhof, auf der Fernzüge-Seite, standen die 3 Soldaten mit Fuchs am äußersten Ende des Bahnsteiges, also am entgegengesetzten Ende des Eingangs. Am Ende des Bahnsteiges, wo alle vier standen, befinden sich 4 kleine Stufen, von denen man aufs Geleise gelangt.

Fuchs sagte, während sie auf den Fernzug warteten, ob er seine leichte Notdurft verrichten könnte, worauf der Unteroffizier sagte: «Gehen Sie dazu die Stufen hinunter!»

In diesem Moment fuhr auf dem Geleise nebenan in langsamem Tempo ein Güterzug vorbei. Trotz den gefesselten Händen sprang Fuchs wie ein Kängeruh durch die Räder auf die andere Seite, von hier aus weiter unter andern Güterwagen durch und entkam. Mit erbleichenden Gesichtern standen die Soldaten ratlos da. Der Zug pfiff jetzt und setzte ein schnelleres Tempo an. Diesen 3 Begleitpersonen hatte man Fuchs ganz besonders auf die Seele gebunden; trotzdem waren sie mit ihm nur bis zum Sternschanzenbahnhof gekommen, wo sie schon wieder umkehren konnten.

Die Wohnung, die ich mit Fuchs gemeinsam bewohnte, hatte nach der Straße zu einen kleinen Vorgarten. In dieser Stube, wo der Vorgarten angrenzt, saß ich am späten Abend nach der Flucht über die Dächer, ein Buch von Shakespeare über König Richard den III. lesend, an der Stelle, wo er fliehen mußte und ein Königreich für ein Pferd bot, als es am Fenster klopfte. Da es 12 Uhr nachts war, glaubte ich, daß es Häscher waren, drehte sofort das Licht aus, um zu lauschen. Das Klopfen wiederholte sich, trotzdem rührte ich mich nicht.

Da – was war das? –, ganz leise durch die Fensterritzen ertönte der Refrain: «In der Nacht, wenn die Liebe erwacht.» Jetzt machte ich die Zuggardine zurück und erblickte Fuchs, der mir seine gefesselten Hände an die Scheibe hielt. Fenster aufmachen, ebenso reinschlüpfen, war eins.

Mit einer großen Feile feilte ich ihm in der Küche die Fesseln von den Händen.

Mit großen Lettern stand am andern Tage unsere verwegene Flucht in allen Zeitungen. Verschiedene dichteten noch etwas hinzu. Selbstverständlich kam Prinz bei der Sache mit dem höchsten Lob davon, denn nur er hatte Fuchs gestellt. Daß Fuchs wieder entwischt sei, sei nicht die Schuld Prinzens. Von dem Hackenschlag, den Prinz unter die Kinnlade erhalten hatte, konnte er seinem Herrn nichts erzählen, sonst hätte sein Herr ihn vielleicht zu einem Medium geschickt, die Prinz ins Ohr geraunt hätte, wo der Exlord sich aufhielt. So aber, wo sein Herr nichts von dem Schlag wußte, sollte Prinz nicht persönlich werden, der hatte andere schwere Probleme zu lösen. Fuchs und mich nahm der Prinz nur wahr, wenn wir ihm über den Weg liefen.

Auf unserm Weg kamen wir oft an Litfaßsäulen und Wachen vorbei, überall prangte meine Photographie; was mich veranlaßte, mich überall mit einem Dietrich über das Gesicht zu kratzen. Nur auf dem Jungfernstieg malte ich in der Sylvesternacht mit Tintenstift vor die 200 M eine 10, so daß es nun 10200 Mark waren. Dann malte ich auf das Bild, das mich glattrasiert zeigte, einen großen Schnurrbart und eine unnatürlich große Clownnase. Dann blieb ich von ferne stehen. Bald umstanden viele Menschen die Litfaßsäule, die sich über das Bild mit den Worten amüsierten: «Seht mal, für diesen Clown hier 10200 Belohnung.»

2 Tage später kam ich in Wandsbeck die Lübecker Straße beim Marktplatz entlang und erblickte im Schaufenster des Kühlschen Kohlenkontors mein Bild. Ein Lehrjunge stand davor, die Zeilen verschlingend. Wie ich mich neben ihn stelle, sagt er: «Dat mutt ja ein ganz gefährlichen Kerl sien!» Ihm beipflichtend sagte ich: «Wenn ich dem Kerl begegnen würde, ginge ich ihm weit aus dem Weg, der schießt einen gleich runter.» – «Jo, dat glöv ick ouk», setzte der Lehrjunge hinzu. Wir gingen dann zusammen bis an die Holstenstraße, beide auf dem Wege über den Petersen eine vernichtende Kritick haltend. Als ich mich von ihm getrennt hatte, meinte ich im stillen: «Da sage noch einer, das Leben ist selbst in der Tragödie keine Komödie.»

15. Kapitel
Ausbruch in der Pfingstnacht

Es waren drei Monate nach dem Ausbruch aus dem Gefängnis verflossen. Die Jahreszeit neigte sich dem Winterende zu, als an einem Abend meine Schritte sich nach dem Graskeller* lenkten, in eine Stehbierhalle, die sich «Helgoland in Sicht» nannte. «Helgoland in Not» hätte vielleicht in diesem Moment, wo ich das Lokal betrat, besser gepaßt.

Hier war ich von einem Bekannten hinbestellt, der mir eine Summe Geldes aushändigen wollte. Mir war diese Stehbierhalle unbekannt. Aber in dem Moment meiner Zusage hatte ich den Ort weniger überlegt; nachher war ich mir meiner Prinzipienlosigkeit bewußt. Bewußt, daß das Zentrum der Stadt mir eine Höhle des Löwen geworden war.

Kaum hatte ich mich 10 Minuten in dem Lokal aufgehalten, als acht behelmte Polizeibeamte eindrangen. Hinaus aus der Tür ging's nicht mehr, denn draußen lauerten nochmal so viele Behelmte. Aus diesem Grunde suchte ich das Lokal von hinten zu verlassen und sprang die Treppe nach der Toilette hinunter. Im Springen wurde ich noch von einem Behelmten vor die Brust gefaßt, dessen ich mich aber ebenso schnell durch einen Gegengriff entledigte.

Die Toilette hatte jedoch nur 2 kleine Fenster, die ein Hindurchschlüpfen zur Illusion machten und nebenbei gesagt in den Fleet mündeten. Wie der Fuchs saß ich in der Falle gefangen, aus der mich die Behelmten mühelos hervorholen konnten. Von den Behelmten umringt einerseits und von einer neugierigen Zuschauermenge andrerseits, ging die Prozession nach dem Stadthaus, das 1 Minute entfernt lag.

Noch am selben Abend wurde ich zu Fuß nach dem Untersuchungsgefängnis geführt. An jeder Hand einen Behelmten mit der Kette, und vorn und hinten ein Kriminalwachtmeister mit dem Revolver in der Hand.

In den Augen der Polizei wurde ich durch den Ausbruch aus dem Gefängnis mit einem gefährlichen Nimbus umhüllt. Solcher gefährlichen Einschätzung verfällt jeder, der aus dem Gefängnis auf ordnungswidrige Weise verduftet.

* In der Nähe des damaligen Polizeipräsidiums. (Anm. des Herausgebers)

Die häßlichste Handlung verliert hinter Mauern mit der Zeit ihr Grauen, wenn der Betreffende sonst nur ruhig ist. Jedoch selbst bei dem Harmlosesten wird die Einstellung eine gefährliche, wenn er ausbricht. Wie ich im Untersuchungsgefängnis abgeliefert wurde, schätzte man mich, wie eben geschildert, ein.

In der Zelle wurde ich noch mit Handschellen belegt. Ebenso mußte ich mein Zeug des Nachts vor die Tür legen.

Der Leiter des Untersuchungsgefängnisses, der jedes Gefühl für die Leiden eines Insassen abgelegt hatte, stellte sich hinsichtlich meines gelieferten Ausbruchsstückchens etwas subjektiv auf mich ein. Es ist gewiß immer etwas Unangenehmes für einen Leiter, wenn ein Insasse ausbricht. Dies war aber im Untersuchungsgefängnis in Hamburg nichts Neues mehr, und deshalb von dem Leiter ungerecht, sich subjektiv auf die Sache einzustellen.

Für meinen Ausbruch wurden mir vom Untersuchungsrichter 4 Wochen Dunkelarrest bei Wasser und Brot zudicktiert. Nebenbei trug ich Tag wie Nacht Handschellen. Als schikane Beigabe wurde ich von dem Arreststations-Beamten in einer Arrestzelle untergebracht, wo ein Vorgänger das Closettbecken in Stücke geschlagen hatte. Statt mich nun in die leere Nebenzelle zu legen, wo eine Wassertoilette vorhanden war und worum ich bat, kam ich in diese Zelle, wo ein Urinkübel hineingestellt wurde. Von drinnen wurde vor dem Fenster, dicht verschlossen, eine Eisenklappe angebracht, die die Zelle vollständig dunkel machte.

Hier ist wieder der Beweis erbracht, wie der Gefängnisbeamte jedes Gefühl von Menschlichkeit abgelegt hatte und nur darauf sann, den Gefangenen das Leben zu erschweren. Dieser Beamte hatte diereckt seine Freude daran, mich in die Zelle ohne Wasserclosett zu legen.

Wie ich in dieser Zelle hauste, den vollständig verpesteten Urinkübel vor der Nase, völlig dunkel, hungernd und frierend, war ich weit unter einem Tier untergebracht. Es ist nicht zuviel gesagt, daß der Mensch hier nur lebendiger Kadaver war. Derselbe Leiter, der solche Unterbringung mit ansah, derselbe Unterbeamte, der noch seine besonderen Schikanen an einem Wehrlosen verübte, saßen sonntags in der Kirche und zeigten sich als gottesfürchtige Menschen, und hatten dabei den Teufel im Leibe.

Wie verbittert ich mich auf solche Menschen einstellte, die den Insassen noch weit unterm Tier herabwürdigen, brauche ich wohl weiter nicht anzuschneiden. Daß solche Menschen aber in ihrer Stupidität so weit sinken und glauben, mit solchen Handlungen Menschen zu bessern, ist fast unglaublich.

Es lag nicht in meiner Natur, mich an solchen Menschen zu vergreifen; ihnen aber mit List ein Schnippchen zu schlagen, das ihre Dummheit grell beleuchtete, sollte meine Rache sein.

In dieser Verfassung hatte ich reichlich Zeit zu grübeln. Nachts auf der harten Pritsche floh mich der Schlaf; dann eilten meine Gedanken an die Stätte, wo Hel. weilte, das von mir geliebte Weib. Visionenhaft erschien sie mir in meiner Zelle; ich glaubte, sie an mich reißen zu können, und griff ins Leere. Dann wieder peinigten mich Eifersuchtsgedanken. Im Fieber und mit heißen Wangen schlich die Nacht, die mir eine Ewigkeit dünkte, dahin. Genauso langsam verlief der Tag.

Täglich wurde ich eine halbe Stunde auf den Hof in frische Luft geführt; in der Zeit wurden die Eisenklappe und das Fenster zur Durchlüftung geöffnet. Trat ich aus der dunklen Zelle, war ich zuerst von dem Licht geblendet. Es bedurfte einer Zeit, bevor ich mich an das Licht wieder gewöhnt hatte.

Morgens und abends erhielt ich 250 gr. Brot, das aber keinen Nährwert hatte, weil ein großer Prozentsatz des Brotes aus Rüben hergestellt wurde. Hiernach war es natürlich, daß ich total abmagerte und, da ich nicht rasiert wurde, mit dem Vollbart eine passende Figur für Oberammergau abgegeben hätte.

Zuletzt wurde ich mehrfach schwindelig und so matt, daß mir die halbe Stunde auf dem Hof spazieren zu gehen schwerfiel. Aber wie alle Leiden ein Ende nehmen, nahmen auch die meinigen ein Ende.

Als meine Arreststrafe zu Ende war, wurde ich im dritten Stock in Einzelhaft gelegt. Die Eisenfesseln behielt ich nach wie vor an den Händen. Des Nachts mußte ich auch hier mein Zeug herauslegen. Meine Zelle wurde erleuchtet und die Klappe von meinem Spion wurde hochgestellt, so daß jede Nachtrunde hineinsehen konnte, ob ich noch da war.

Wie man den Menschen folterte und quälte, läßt sich schwer beschreiben. Erst 4 Wochen Dunkelarrest, dann nachts einen brennenden Gasglühstrumpf vor der Nase. Wie solche Manöver dem Menschen das Augenlicht verderben, wird jeder einsehen. Aber alle solche Qualen versteckten die Schächer hinter dem Wort «aus Sicherheitsgründen». Eine zweite Brutalität, die sich der Leiter des Gefängnisses glaubte an mir erlauben zu können, war die Nichtabnahme der Handschellen beim Essen. In der unbeholfensten Weise mußte ich mir mittags das Essen zu Munde führen. Auf solche Weise wollte der Leiter sich an mir rächen, weil ich ihm nicht erzählte, wo ich die Feile zum Durchsägen der Stange beim vorigen Ausbruch herhatte und wer mir die Leiter angesetzt hatte, damit ich über die Mauer gelangte.

Für seine Voreingenommenheit suggerierte er eine Reihe Unterbeamte. Karacktere, die nach jedem Wind den Speichel leckten und in der Gefängnis-Cronik als böswillige Beamte bezeichnet werden können. Natürlich gab es immer noch eine Reihe Beamten, die eine gewisse Grenze nicht überschritten und noch Mensch zu Menschen waren.

An einem Nachmittag trat der Anstaltsleiter persönlich in meine Zelle. Er knüpfte ein gleichgültiges Gespräch an. Nicht etwa, um sich um mein Wohlergehen zu kümmern, sondern jedenfalls, um sich zu überzeugen, ob seine Anordnungen hinsichtlich meiner sicheren Verwahrung ausgeführt wurden. Im Laufe dieses Gespräches bat ich ihn zu veranlassen, daß mir die Handschellen abgenommen würden. Dieses stand aber nicht in seinem Programm.

Unter seiner Dienstmütze, die er ziemlich weit über die Stirn gezogen trug, lauerten zwei kalte Augen, aus denen jedes Atom von Mitgefühl hinweggewischt war. Mit solchen Augen, die stechend und gehässig dreinschauten, stellte er einen Nero vor, der sich an den Qualen sterbender Kristen in der Arena ergötzte.

Auf den Hinweis über die Brutalität, mir beim Essen die Handschellen nicht abzunehmen, ließ er eine Reihe Floskeln vom Stapel, die in mir Haß und Verachtung bis zur höchsten Potenz gebärten, weil sie jeder Logik entbehrten. Selbst wie ich mein Wort gab, dann nicht das geringste mir zu Schulden kommen zu lassen, begegnete ich nur demselben kalten Blick.

Als ich alle guten Worte aus meinem Sprachrohr abgeschossen hatte und alle guten Absichten und Versprechen für gescheitert betrachtete, ging ich zu derben Worten über, um diesem mitleidlosen Gesellen zu zeigen, daß mir seine Peinigungen nicht imponierten, auch ihren Zweck verfehlten. «Dann schmiede ich einen Fluchtplan, der Sie an den Pranger stellt!» platzte ich heraus.

Dies hatte er nicht erwartet. Mit karger Beherrschung und vernichtenden Blicken erwiderte er: «Machen Sie, was Sie wollen, ich habe mich gesichert. Es laufen am Tage zwei bewaffnete Beamte ständig auf dem Hof herum, und nachts sind die Posten da! Sie spielen mit Ihrem Leben.» Hiernach verließ er ohne Gruß die Zelle.

Das war mir bewußt, diesen Erdenpilger konnte ich nur mit einer gelungenen Flucht aus seinem Häuschen bringen. Aber wie? Am Tage war es Phantasie, und nachts war es ganz ungeheuer schwer. Gefesselt, kein Zeug an, Licht in der Zelle und die Klappe vom Spion hochgestellt! Es konnte nur eine ganz neue und fein ausgetiftelte Sache von Erfolg sein.

Nachdem ich mehrere Tage und Nächte tausenderlei Möglichkeiten in meinem Gehirnkasten durchgeknetet hatte, blieb meine letzte Zuflucht Fuchs.

Man sagt, wenn die Not am größten, ist Gott am nächsten. Hier konnte ich sagen, wenn zum Überlaufen voll ist der Kelch des Leids, ist die Hülfe nicht weit.

Es war 1918, 8 Tage vor Pfingsten, morgens 4 Uhr und schon hell, als ich das Lied von der Straße heraufschallen hörte: «In der Nacht, in der Nacht, wenn die Liebe erwacht» usw. Wie von einem elektrischen Strom emporgeschnellt, sprang ich ans Fenster hoch, welches nach dem Holstenglacis hinaus lag, und schaute auf die Straße. Dieses Lied konnte nur von Fuchs sein und galt, wie bereits angeführt, als Verständigungssinn für alles.

Richtig, er war es!

Jetzt setzte eine Mimik ein, begleitet von Gesten, wie sie nur von zwei Menschen ausgetauscht werden konnten, die solche kongeniale Geister waren wie Fuchs und ich. Nach einer halben Stunde Verständigungsgesten nahm Fuchs wieder Abschied. Das Resultat war, daß er mir Hülfe leisten wollte zu einer Flucht. Wie, das sollte ich ihm zwei Tage später, wenn er wiederkäme, durch Gesten oder sonstwie übermitteln. Deshalb grübelte ich darüber nach, wie ich einen Kassiber in die Hände von Fuchs schaffen konnte.

Hierin hatte ich schließlich folgendes ausgeheckt. Meine beiden Strumpfbänder, die mir des Nachts belassen wurden, weil an sich harmlos, waren aus gutem Zuggummi. Aus dem Handfegerstiel und dem Holzmesser band ich eine Gabelform zurecht, an deren Enden ich die Strumpfbänder befestigte. Mit einem Stück Leder von meinem Stiefellatz verband ich durch Bindfaden die beiden losen Enden der Strumpfbänder. Nun hatte ich ein Katapult, wie man sie als Kind fürs Spielzeug verwendet und damit kleine Steine und Erbsen schießt.

Mit solchem Schußapparat schoß ich Fuchs mit kleinen viereckigen Stückchen Seife beschwerte Kassiber diereckt auf die Straße.

Hier muß ich ablenken, um eine Erklärung zu geben, damit der Fluchtplan, den ich ausgegrübelt hatte, verstanden wird. Es ist üblich, wenn im Untersuchungsgefängnis nachts einer zu Toben anfängt und die Nerven mit ihm durchgegangen sind, daß der Betreffende in den Keller, wo sich zwei Tobzellen befinden, runtergebracht wird. Die Tobzellen waren für den Flügel, wo ich lag, auf der Arreststation, von der aus auch eine Tür Verbindung hatte, die zum Tunnel führte, der wiederum die Verbindung mit dem Gefängnisgebäude herstellte. Hier werden sämtliche Gefangene durchgeführt, die zur Verhandlung oder zur Vernehmung vors Gericht kommen sollten.

Die Tunneltür ist selbstverständlich des Nachts geschlossen, während am Tage ständig ein Beamter aufschließt und die Gefangenen, die vorgeführt werden sollen, durchläßt. Hierdurch sah ich den Schlüssel, weil ich selbst des öfteren durchgeführt wurde.

Fuchs sollte nun des Nachts vom Stadtgraben aus ins Gerichtsgebäude eindringen, an diese Tunneltür heranschleichen und sie aufschließen. Danach mir ein Zeichen von der Straße aus geben, damit ich im Bilde sei. Er hatte, um dieses zu bewerkstelligen, 4 Türen zu öffnen. 3, bevor er an die Tunneltür heran kam.

Nach sorgfältiger Beobachtung aller hierzu in Frage kommenden Verhältnisse fertigte ich Fuchs eine Skizze mit genauer Beschreibung an. Fuchs wußte, wenn ich etwas in dieser Beziehung erklärte, konnte er blindlings drauflos ackern. Schilderte ihm auch, welche Sperrhaken er zur Öffnung der 4 Türen benötigte.

Mein gesamter Fluchtplan war nun kurz der, daß ich des Nachts, sobald ich das Signal von Fuchs hörte, daß die Tunneltür aufgeschlossen sei, Lärm in meiner Zelle machen wollte, was in dem diensttuenden Beamten den Anschein erwecken mußte, als wenn ich einen sogenannten Kittchenkoller bekommen hätte, eine Haftpsychose. Dies mußte meine Verlegung in die Tobzelle nach sich ziehen, die, wie schon geschildert, im Souterrain lag, wo sich die Tunneltür befand. Sobald nun die Nachtwache aufschloß und mich, wie es üblich war, aufforderte, die 3 Etagen runter nach dem Keller zu gehen, wollte ich auf dem Wege dorthin sukzessive unauffällig einen kleinen Abstand durch Schnellergehen schaffen, die letzte Treppe zum Souterrain in rasendem Tempo hinunterspringen und dann durch die Tunneltür sausen. Diese ganze Flucht hatte ich mit mathematischer Gewißheit berechnet, daß sie klappen mußte.

Zwei Tage später stellte Fuchs sich wie verabredet morgens 4 Uhr wieder ein, um von mir die nötigen Anweisungen zu erhalten. Um nicht in seinem Getue von Straßenpassanten beobachtet zu werden, stieg er in dem Garten des Anstaltsleiters in einen Baum, der ihn durch seine grünen Blätter, womit der Frühling ausgesucht an diesem Baum sehr verschwenderisch umgegangen war, für jeden des Weges Kommenden vollständig unsichtbar machte. Die Sache erhielt für mich einen noch größeren Reiz, weil der Garten des Anstaltsleiters für diese Fluchtsache mit verwandt wurde.

Nachem Fuchs nach der Richtung meines Fensters die Zweige etwas auseinandergebogen hatte, gingen die Verständigungen vor sich. Um restlos alles zu erfassen, was ich miemte, hatte Fuchs sich mit einem

Fernrohr versehen, weil die Entfernung vom Garten bis zu meinem im obersten Stock gelegenen Zellenfenster immerhin noch eine angemessene war.

Ein lächelndes Grinsen machte sich auf Fuchs' Komikerantlitz bemerkbar, wie er sah, daß ich die Fesseln losgefummelt hatte und ihm mit dem Katapult einen Kassiber diereckt zu dem Baum hinschoß. Solche ausgetiftelten Sachen waren stets Wasser auf Fuchsens Mühle. Nachdem wir noch einige Minuten gemiemt hatten, verschwand Fuchs, um sich den Inhalt des Kassibers zu Gemüte zu ziehen. Aus dem Kassiber konnte er, außer den Beschreibungen aller Verhältnisse, herauslesen, in der Nacht vom 1. auf den 2. Pfingsttag die Tunneltür aufzuschließen. Um 1 Uhr nachts sollte er sein Erscheinen mit dem Lied «In der Nacht» usw. ankündigen. Sobald er die Sache erledigt hatte, das Lied «Deutschland, Deutschland über alles» pfeifen.

Gerade solches Lied war von mir gewählt, um auch nicht im geringsten verdächtig zu werden. Selbst der gewissenhafteste Straßenpolizist wird nachts nicht einen Passanten beargwöhnen, der das Lied «Deutschland über alles» pfeift. Wohingegen jedes andere Signalpfeifen für uns einen ungünstigen Zufall schaffen konnte.

Pünktlich 1 Uhr nachts in der zweiten Pfingstnacht ertönte pfeifend das Lied «In der Nacht, in der Nacht, wenn die Liebe erwacht» usw. Alle Nerven angespannt, wartete ich. Im Gefängnis war es mäuschenstill und ruhig, nichts Verdächtiges vernahm ich in meiner Zelle. Ich kannte Fuchsens Art, Schritt für Schritt seine Arbeit vorsichtig zu vollenden. Es mußte bald 3 Uhr sein, zwei Stunden war er schon an der Arbeit. Die ersten Boten des Tages kämpften schon mit den letzten der Nacht. Sollte Fuchs irgendwie Malheur gehabt haben oder sonstwie verhindert worden sein? Sicherlich hätte er sich wieder auf der Straße bemerkbar gemacht, bevor er die Ausführung aufgegeben hätte.

Da – ein Lied, so deutlich und laut, eben nachdem es drei Uhr vom nahen Turme der Gnadenkirche geschlagen hatte, «Deutschland, Deutschland über alles». Ein Stein fiel mir vom Herzen. Ob er zum Eckstein geworden war, konnte ich nicht erst feststellen.

Jetzt hieß es für mich, den Rest zu liefern. Laut und das Haus unruhig machend schlug ich Lärm, schimpfte auf den Anstaltsleiter, der mich langsam ermorden wolle. Er möge doch antreten, damit wir einen ehrlichen Kampf machen könnten, usw., faselte ich.

10 Minuten später schon stellten sich drei Beamte der Nachtwache ein. Vorsichtshalber hatten sie den Unteroffizier vom Soldatenflügel, der während des Krieges im Untersuchungsgefängnis eingerichtet

war, mitgebracht. Alle drei mit umgeschnallten Revolvern.

Sie schlossen mit den Worten auf: «Was ist denn mit Ihnen los? Wer sollte Sie wohl umbringen wollen, kommen Sie mal raus und gehen Sie da hinten die Treppe runter!»

In dem Bewußtsein, daß das Gefängnis vollständig verschlossen war, ebenso meiner gefesselten Hände wegen und weil ich nur mit Unterhose, Hemd und Strümpfen bekleidet war, ließen sie mich voraufgehen und argwöhnten nichts darin, daß ich einen kleinen Abstand schaffte, der sich bis zur letzten Treppe merklich vergrößerte.

Auf der letzten Treppe sauste ich los, sauste durch die Tunneltür, durch die drei weiteren geöffneten Türen des Gerichtsgebäudes und stand in 1 Minute in den Anlagen am Holstenwall, wo auch schon Fuchs grinsend auf mich zutrat.*

Die Nachtwache nahm die Sache erst nicht so tragisch, wie ich lossauste, da es nichts Neues ist, wenn nachts einer tobt und in die Tobzelle geführt werden soll, daß er im Gefängnis noch mal rumrennt. Als die Nachtwache aber sah, wie ich durch die Tunneltür gesaust war, standen sie erst wie entgeistert. Sie mußten solches erst fassen. Bevor sie es jedoch geistig verdaut hatten, war ich schon mit Fuchs im Torweg auf dem Dammtorwall und ließ mir mit einigen Feilstrichen die Fesseln losfummeln.

In dem Torweg wohnte ein alter Droschkenkutscher, dessen verregneter Zylinderhut an der Wand hing. Diesen setzte ich auf. Fuchs hatte trotz meines Ersuchens kein Zeug mitgebracht, weil ihm ein Paket, nachts getragen, leicht zum Verhängnis werden konnte. Dafür hatte er aber in der Paulinenstraße ein sicheres Unterkommen geschafft.

Es war bereits hell, wir begegneten schon Passanten, die Frühtouren zu Pfingsten machten. Vom Holstenplatz nach der Paulinenstraße war immerhin noch eine ordentliche Strecke in solchem Aufzug zurückzulegen. Konnte mir darum nicht anders helfen, als Faxen zu machen. Meine Unterhose paßte zu diesen Faxen. Sie war, der damaligen Mode entsprechend, verschiedenfarbig und Tricko.

In der Eimsbüttlerstraße begegneten wir einem Trupp Passanten und, um das Pech vollzumachen, einer Revierpatrouille. Schon von weitem wurden Passanten wie Polizist auf uns, die wir das Heiligengeistfeld querten, aufmerksam. Den Zylinderhut auf, der von Altersschwäche trotzte und lauter Quetschfalten hatte, machte ich lauter

* Die Darstellung dieses Ausbruchs wird durch eine in den Akten befindliche genaue Skizze des Fluchtwegs aus dem Untersuchungsgefängnis bestätigt. (Anm. d. Herausgebers)

Sprünge, ging mitten durch die Passanten und an dem Schutzmann vorbei. Mit Komikerfaxen die Menge begrüßend, lachte alles, selbst der Polizist amüsierte sich köstlich. «Das ist aber ein lustiger Pfingstausflügler!» hörte ich hinter mir dreinreden.

Auf diese Weise gelangte ich sicher in den von Fuchs geschafften Schlupfwinkel.

Auf Umwegen erfuhr ich, wie der Anstaltsleiter am andern Morgen, als er von meiner Flucht erfuhr, förmlich gerast hatte. So etwas ging ihm über den Strich. Meine Drohung, einen Fluchtplan zu schmieden, hatte ich in Erfüllung gebracht. Meine Rache für seine Brutalität, mir beim Essen nicht mal die Fesseln abzunehmen, hatte ich erfüllt.

16. Kapitel

Die Butter auf dem Brot des Staatsanwalts

In allen Zeitungen stand diese ins Mysteriöse greifende Flucht sensationell geschildert. Die einen beschrieben sie mit Bewunderung, die anderen mit Verzerrung. Je regierungsfreundlicher die Zeitung, je mehr war die Sache ins Häßliche verzerrt. Als König der Ausbrecher wurde ich jetzt von der Presse betitelt.

Diesmal wurde keine Belohnung ausgesetzt, auch kein Lichtbild öffentlich verbreitet. Man war eben blamiert. Jetzt arbeitete die Polizei im stillen, um meiner wieder habhaft zu werden. Um das Publikum gegen mich möglichst munter zu halten und mich unsympathisch zu machen, wurden alle größeren Verbrechen, zuletzt ein Mord, auf mein Conto geschrieben. In allen Zeitungen hallte meine Name über Verbrechen wider.

Einmal sollte ich einen Einbruch vollführt haben, wo die Täter verfolgt wurden, aber entkommen waren und wo ich Offiziersuniform getragen hätte. Deutlich hätte man mich erkannt. Ein andermal sei ich als alte Frau angetreten, dann in der Uniform eines Postbeamten, dann wieder als Schutzmann. Dann wieder hatte man mich abgefaßt, jedoch nur in der Phantasie. Auf diese Weise schwirrten gegen mich immer neue Zeitungsartikel.

Jetzt kam die Revolution im November 1918, bei der ich aufgefordert wurde, hier oder dort eine Rolle zu spielen, so oder so, dies lehnte ich jedoch ab.

In Anbetracht der Lebensmittelknappheit und der uns von der Polizeibehörde gesperrten sämtlichen Lebensmittelkarten, blieb Fuchs und mir nichts anderes übrig, als Lebensmittel zu schieben oder zu hamstern.

Unser Leben durfte sich nur im Hintergrund des pulsierenden Lebens abspielen und mußte sich mehr auf das nächtliche beschränken, wenn wir unsere Freiheit möglichst wenig in Gefahr bringen wollten. Deshalb blieb uns nichts anderes übrig, uns in der Nacht die nötigen Lebensmittel zu verschaffen.

In einer Nacht hatten wir zu solchem Zwecke alles versucht, jedoch ohne Erfolg, als wir ein wenig verstimmt den Heimweg nach unserer Stiekumbleibe (heimliche Wohnung) antraten. Wir passierten die Borgfelderstraße und blieben, unserem Drang entsprechend, vor einem besseren Fettwarengeschäft stehen. Das eine der großen Schaufenster zeigte uns – allerdings nur in Attrappen – die schönsten Lekkerbissen, die uns veranlaßten, diesem Laden einen wenig empfehlenswerten Besuch abzustatten und der Kleptomanie ein Gastspiel zu geben.

Es war ein schöner Sommermorgen, bereits 4 Uhr und schon hell. Um überhaupt in das Geschäft eindringen zu können, mußten wir uns an die Hinterfront des Hauses begeben. Weiter bedurfte es einer Leiter, um durch ein im Hochparterre liegendes Fenster ins Geschäft zu gelangen. An der gegenüberliegenden Böschung, die mit «Oben-Borgfelde» bezeichnet wird, erblickten wir diese Leiter, die einem Laternenanzünder für die Reinigung seiner Lampen diente, aber angeschlossen war und von uns gewaltsam gelöst wurde. Mittels dieser Leiter gelangten wir dann in kurzer Zeit in das Geschäft.

Wir hatten uns eben ein zirka 20 Pfund schweres Paket mit Butter und anderen Lebensmitteln zurechtgepackt, als wir verdächtige Geräusche hörten. Wie in solchen Lagen eigen, standen wir, Glieder und Nerven angespannt, still, der Dinge wartend, die da kommen sollten. Wir spannten denn auch nicht lange, als uns eine fürchterliche Gewißheit überzeugte, daß man uns beobachtet hatte. Mit 3 Kriminalbeamten drangen sie auf demselben Wege wie wir in den Laden und hielten uns den Revolver vor die Nase.

Fuchs war mächtig eingeschüchtert, was mir an ihm sonst fremd war. Zurück konnten wir nicht. Die Ladentür war geschlossen. Ich sah keine andere Rettung, als in den Schaufensterausbau zu springen, sah aber zu meinem Schrecken, daß vor dem Schaufenster auf der Straße ein Schutzmann mit blankgezogenem Säbel stand, auch der Dinge harrend, die da kommen sollten.

Trotzdem sprang ich in den Ausbau hinein, zwischen die Flaschen, Kruken und allerhand Attrappen, trat nach einigen schnell geführten Fußtritten die große Spiegelscheibe ein, daß das Glas, das von den Wellen, die eine solche große Scheibe durch Fußtritte macht, bevor sie zerspringt, in tausend Splittern auf die Straße bis zum Fahrdamm sprang, dem Schutzmann um die Ohren, daß er beiseite springen mußte. In diesem Moment sauste ich hindurch, jagte in wilden Sprüngen davon und entkam. Fuchs nahm man fest.

Am andern Tag stand ein sensationeller Artikel in der Zeitung, mit der Überschrift: «Ein Gastspiel von Petersen und X», dann die Beschreibung der Flucht. Es war üblich, wo Fuchs festgenommen wurde, wurde ich ohne weiteres als der Entkommene kombiniert. Im andern Falle Fuchs.

Jetzt war ich alleine; Fuchs wieder in Spandau (Festung), an Füßen und an der Mauer gefesselt.

An mir war jetzt die Reihe, alleine Lebensmittel zu schaffen. Meistenteils konnte man ja für vieles Geld Lebensmittel kaufen, jedoch recht oft nicht. In solchen Fällen hätten die Lebensmittelkarten ausgeholfen, die ich aber, wie schon geschildert, nicht erhielt, weil die hochlöbliche Kriminalpolizei in ihrer Ohnmacht zu einem Mittel griff, das zweifellos, im umgekehrten Falle angewandt, als die verruchteste Handlung gegeißelt worden wäre. Um solche Auffassungen zu erklären, will ich eines meiner langen Reihe Beispiele anführen.

In dieser Zeit, wie Fuchs fest saß, kam mein jüngerer Bruder*, der aktiver Soldat war und ununterbrochen im Schützengraben verbracht hatte und bei der letzten Verwundung verschüttet wurde, wobei er sein Gehör verloren hatte, vom Felde zurück zum Kasernendienst. Er war in Schleswig in Garnison und mußte jetzt als Cherseant Rekruten ausbilden.

Damit ich nicht mehr nächtlich auf Lebensmitteldiebstähle losgehen sollte, knüpfte er Beziehungen an, die mich mit Lebensmitteln ausreichend versorgten. Unter anderm hatte er eine Beziehung zu einer Meierei angeknüpft und sandte des öfteren so viel Butter, daß ich sie mit den Angehörigen nicht verzehren konnte. Die übrige Butter verkaufte ich an eine Jugendgespielin in Eimsbüttel, die dort eine Krämerei und Fettwarengeschäft betrieb. Unter ihre Kunden, die auf solche Extrabutter zu laufen wußten, gehörte eine Frau, die nach Erhalt von einem oder zwei Pfund «gute Butter» jedesmal die bittenden Worte brauchte: «Bitte, Frau A., Sie sagen doch niemand etwas? Sie wissen, mein Mann ist ja Staatsanwalt.» Meine Jugendgespielin hat ihr Wort gegeben und stets aufrecht gehalten. Sie hätte es selbst mir nicht gesagt, wenn ich es nicht zufällig gehört hätte, als ich in der Wohnstube neben dem Laden saß. Darauf habe auch ich der Jugendgespielin das Wort geben müssen, dieser Frau nie Unangenehmigkeiten zu machen, was ich auch gehalten habe. Hier in diesem Buch wende ich es nur als philosophische Betrachtung an, um zu zeigen, daß der eine nicht besser ist wie der andere. Ob Spitze oder Schwanz.

Doch nun das Gegenstück, um meine angeführte Auffassung zu begründen. In der Lage, in die ich durch meine Handlungen hineingebracht war, konnte ich mich der Familie nicht widmen. Wohl machte ich Frau und Kind satt und nahm ihnen die Sorge ums Brot. Dieses konnte aber keine Hel. befriedigen. Ihr mußten wohl endlich die

* Arnold Petersen. (Anm. d. Herausgebers)

Augen aufgegangen sein. Jedenfalls peinigten sie Gewissensbisse, andererseits die furchtbare Blamage, die sie durchmachte durch mein Tun und Treiben. Sie sprach nicht mehr, ließ alles Essen und Trinken stehen und welkte sichtlich dahin. Wenn ich nächtlich auf mysteriöse Art in die Wohnung meiner Frau schlich, hatte ich das Bild des Jammers vor mir. Auch das Kind vernachlässigte sie.

Erschüttert von solchem Bilde, ließ ich nichts unversucht, dieses Weib, was ich an meine Fersen gefesselt hatte, aus ihrer Lethargie zu befreien. Aus diesem Grunde mietete ich auf den Namen einer mir ergebenen Witwe eine große Wohnung von 2 Stuben an der Verbindungsbahn und nahm meine von ihrem Mann geschiedene Schwester zu mir. Auf diese Weise war einer stets in der Umgebung meiner Frau. Andererseits hatte ich hierdurch mit meiner Schwester und dem Kinde ein kleines Familienidyll geschafft. Die Wohnung hatte ich gleich für ein ganzes Jahr im voraus bezahlt, um bei der Hauswirtin den Eindruck zu schaffen, es nur mit finanzierten Leuten zu tun zu haben.

Meine Frau nahm nur etwas Milch und Eier zu sich; und als wenn der Teufel mir die Pechfunzel angezündet, legte sich auch mein Sohn mit schwerem Fieber nieder. Während dieser Krankheit reiste meine Schwester 1mal die Woche aufs Land und hamsterte Eier. Frau und Kind hielt ich damit hoch.

Zu diesen Hamstereien gehörte Glück, und Pfiffigkeit. Wie vielen wurden an den Bahnhöfen die gehamsterten Sachen wieder abgenommen, die vielfach in einen Sack wanderten, der keinen Boden hatte, um mich sinnbildlich auszudrücken. Dieses Pech hatte auch meine Schwester mit einer Handtasche, in der 20 Eier waren. Da ich die Art und Weise aus dem ff kannte, wo die beschlagnahmten Eßwaren vielfach blieben, hatte ich meine Schwester hierüber aufgeklärt und examiniert, wenn man ihr die Eier mal abnehmen sollte, die Tasche aufzumachen und auf die Erde zu schütten, was sie auch in diesem angeführten Falle treu befolgte und so nicht beitrug, Gendarmen zu mästen.

Hierauf folgte eine Anzeige wegen Kriegsvergehen. Die Wut um die Eier war groß. Wie meine Schwester Verhandlung vor dem Schöffengericht in Hamburg hatte, verkleidete ich mich als Postbote, um im Zuhörerraum die Sache mit anzuhören.

200 M. Geldstrafe war das Resultat. Hiergegen legten wir Berufung ein. Wieder erschien ich in Postuniform im Zuhörerraum während der Verhandlung.

Es ist natürlich, daß ich diesen Vorfall meiner Jugendgespielin bei einem gelegentlichen Besuche erzählte und sie auch das Urteil lesen ließ. Hierbei stutzte sie und sagte: «Du, Adolf, der Staatsanwalt, der in der Verhandlung mitwirkte, ist ja der Ehemann der Frau, die bei mir immer unter der Hand Butter käuft und die du mal hörtest, wie sie mich bat zu schweigen, weil ihr Mann Staatsanwalt war.»

Hier anschließend will ich die Rede wiedergeben, die der Staatsanwalt vom Stapel ließ. Der Vorsitzende schloß die Beweisaufnahme, und zum Staatsanwalt hingewendet sagte er: «Bitte, Herr Staatsanwalt!»

Dieser, in seinem schwarzen Talar, erhob sich und sagte: «Ich beantrage, die Berufung zu verwerfen. Was die Angeklagte anführt, ist nicht stichhaltig. Wie viele haben kranke Familienmitglieder zu Hause und verstoßen nicht gegen die Kriegsgesetze. Wir sind gezwungen, uns an die Rationen zu halten. Und nur wenn wir durchhalten, können wir diesen Heiligen Krieg gewinnen. Jeder muß sein Teil dazu beitragen, ob im Schützengraben oder hinter der Front. Darum das Losungswort: ‹Wir halten durch.› Dieses möchte ich der Angeklagten noch mit auf den Weg geben.»

Das Gericht verwarf die Berufung. Wir bezahlten die 200 M. und hamsterten weiter; ebenso kaufte die Frau des Staatsanwalts bei meiner Jugendgespielin Butter weiter. Und Du, lieber Leser, staunst und wirst sagen: «Der Schein regiert die Welt.»

Nach mehreren Wochen Betthütens kamen Hel. und Kind wieder auf die Beine. Mein nie versiegender Humor hatte das fertiggebracht. Was nützte es, wenn ich niedergeschlagen dahingewandelt wäre? Es hätte meine Lage nicht verbessert, im Gegenteil, meine Energie nur zerstört. Daß ich alle Energie brauchte, sollte ich recht bald erfahren.

Die kleine B., der ich meine heimliche Wohnung mitgeteilt hatte, ließ mich unbemerkt nach den Anlagen zwischen Luisen- und Hammerweg abends 9 Uhr hinbestellen. Sie hatte aber keine Ahnung, daß ihre Wohnung in der Auenstraße schon längere Zeit beobachtet wurde. Die Polizei hatte ermittelt, daß die B. zu mir in Beziehungen gestanden, und sie eines Morgens mit einem Besuch beehrt. Man fand mich jedoch nicht in ihrer Wohnung, hatte aber allerlei verfängliche Fragen gestellt, um rauszuhorchen, ob sie nicht meinen Aufenthalt wisse. Diesen Besuch der Polizei sowie die Fragestellungen wollte sie mir mitteilen.

Ahnungslos verließ sie ihr Haus. Daß ihr zwei Kriminalbeamte folgten, merkte sie nicht. Zufällig trug sie einen Hut mit einem weißen seidenen Band, der gut sichtbar war, wodurch die Kriminaler weiten Abstand halten konnten.

Wir hatten uns kaum in den Anlagen auf eine Bank gesetzt, als ich knarrende Schritte kommen hörte, die mir deshalb auffielen, weil es schon 9 Uhr abends und bereits schummerig war. Um solche Zeit verirrte sich wohl ein Liebespaar an solchen Ort, aber eine einzelne Person fällt gleich auf. Stets auf alles gefaßt, trat ich sofort auf die herannahende Person zu, die mich auch gleich fragte, wer ich sei, was ich mit den Worten quittierte, was es ihn anginge, er solle mir erst mal sagen, wer er wäre.

Ohne eine weitere Antwort zu geben, zog er aus der einen Rocktasche das Polizeischild hervor, um sich zu legitimieren, und zur gleichen Zeit aus der andern Tasche einen Revolver, den er mir vor die Brust hielt.

Ebenso schnell schlug ich die Hand mit dem Revolver hoch, machte kehrt marsch, sauste dem Luisenweg zu, von dort in die Eiffestraße hinein, dann wieder in den Hammerweg und von hier unter einer Holzplanke hindurch in die Hintergärten des Hammerwegs und Dimpfelwegs. Nun kletterte ich von Garten zu Garten und endete schließlich an der Hammer Landstraße, überquerte diese und verschwand in die Schwarze Straße, wodurch ich entkam.

Diese Flucht verlief natürlich nicht so harmlos, wie eben geschildert wurde. Wie ich dem Kriminal den Revolver hochschlug und absauste, raste er hinter mir her, lief gegen eine Hecke, die er im Halbdunkel nicht gleich gesehen hatte, über die ich jedoch hinweggesprungen war, und feuerte seinen Browning hinter mir her leer. Eine Kugel schlug mir hellweg am Oberarm durch die Muskeln. Auch schrie er hinter mir her aus Leibeskräften: «Haltet ihn, haltet ihn!»

Der Arm war mir vollständig lahm und gebrauchsunfähig, dafür aber die Beine desto tüchtiger. Die Reihe Verfolger ließ ich schnell hinter mir. Wie sie sahen, wie der Verfolgte sausen konnte, gaben sie die Sache schnell wieder auf.

Wie ungeübt und unüberlegt der Kriminal drauflos schoß, ist kaum zu beschreiben. 5 Zentimeter vom Herzen ging die Kugel mir von hinten in den Arm durch die Muskeln. Also rücksichtslos hatte er mir nach dem Leben getrachtet und mich dabei verfehlt. Hätte er seiner Pflicht entsprechend nach den Beinen gezielt, wäre ich todsicher gestellt worden, denn er schoß auf mich aus 2 Meter Entfernung 6 Schüsse ab.

Sein Schicksal hat ihn 2 Jahre später auch ereilt. Wegen Verbrechen in Amt sah ich ihn in Fuhlsbüttel mit 1 Jahr Gefängnis wieder.

Sein College, den er bei sich hatte, war jedenfalls anständiger; der blieb an der Straße stehen und versuchte, die Sache mit List zu verfolgen, was ihm aber sein ungestümer College vereitelte.

Den Arm trug ich wochenlang in der Binde und reinigte mir den Schußkanal selber. Auf diese Weise war der Arm in 2 Monaten wieder vollständig kontakt.

Kaum war ich wieder richtig im Tackt, als ein neues Erlebnis mich aus der Fasson zu bringen drohte. Mehrfach trug ich die Uniform eines gemeinen Soldaten, weil es nicht meine Natur war, mich mit fremden Federn zu schmücken. Sonst hätte ich mich gleich zum Leutnant gemacht. Die Uniform sollte mich nur unkenntlich machen.

So pilgerte ich eines Abends an der Alster entlang, wo mir ein Leutnant mit einer jungen Dame begegnete. Es war eben dunkel und die Straße vom Regen etwas schlüpfrig, besonders wo ich ging und wo keine Fliesen waren. Der Leutnant, ein frischgebackener, der jedenfalls seine Angebetete bei sich hatte, wollte auch seiner Dame zeigen, daß er ein forscher Mann war.

Ich ging ganz in Gedanken an ihm vorbei, ohne zu grüßen, was ich sonst, schon meinethalber, stets aufrecht hielt. Kaum hatten wir uns gekreuzt, als er auf mich zutrat und sagte: «Warum grüßen Sie nicht? Zeigen Sie mal Ihren Urlaubsschein!» Perplex von dieser Anrede stellte ich mich auch noch lässig hin. Mir kam dieses Erlebnis zu unvorhergesehen. Einen Urlaubsschein hatte ich überhaupt nicht. Wieder fuhr er mich an: «Stellen Sie sich überhaupt mal vorschriftsmäßig hin und ziehen Sie die Knochen ran.»

Diese zweite barsche Anrede genügte, um mich wieder zur Besinnung zu bringen. Ich schämte mich auch der Dame gegenüber, die ein sehr sympatisches Äußeres präsentierte. An ihrem Mienenspiel meinte ich zu kombinieren, daß ihr der ganze Auftritt zuwider war.

Er hatte eben die zweite barsche Anrede vom Stapel gelassen, als ich dem forschen Herrn Leutnant einen kräftigen Stoß unter den Kinnladen gab, daß er hintenüber schlug, mit seinen gelben Glacéhandschuhen in den Dreck glitschte. Ich sauste gegenüber in die Gurlittstraße hinein.

Mein Herr Leutnant war aber kein Drümpel*. Im Angesicht seiner Angebeteten war ihm dieser Ausgang empörend. Wutentbrannt sprang er schnell wieder auf, sauste hinter mir her und schrie aus Leibeskräften: «Haltet ihn.»

Von der Gurlittstraße sauste ich in die Lange Reihe hinein, wo grade ein Straßenbahnwagen an einer Haltestellte hielt, um den ich rund herum lief und feste mitrief: «Haltet ihn.» Durch mein Laufen um den Straßenbahnwagen und dann mein Mitschreien «Haltet ihn»

* Einfaltspinsel. (Anm. d. Herausgebers)

hatte ich Verwirrung in die Verfolgung gebracht. Eine große Menschenmenge hatte sich angesammelt und war bereits in die Danzigerstraße hineingeeilt. Keiner wußte mehr, wer denn überhaupt gehalten werden sollte.

Schon sah ich meinen Leutnant immer noch wutentbrannt die Menge absuchend, was mich veranlaßte, in einen Zigarrenladen zu verschwinden, dessen Inhaberin mir gut bekannt war und bei der ich mich hinten in der Küche gründlich verpustete. Ob mein Herr Leutnant noch heute da steht und sucht, weiß ich nicht, mich fand er jedenfalls nicht, denn als ich eine Stunde später wieder auf die Straße trat, war die Luft rein.

Nach diesem Fall kleidete ich mich in Zukunft außer im Spielklub als Feldwebel. Als solcher habe ich keinen Zusammenprall wieder gehabt. Wenn ein Feldwebel mal in Gedanken ist, sagt kein Leutnant einen Ton; den frägt man auf der Straße auch schwerlich nach einem Urlaubsschein.

17. Kapitel
Die Nichte der Baronin

In dieser Periode trat ich wieder mit Plapp, dem Kaufmann, dem Freund des Grafen, in engere Beziehung. Als erstes rief er wieder einen Spielklub ins Leben, in welchem als erste Gäste wieder die Baronin mit Nichte glänzten.

Plapp, der durch einen Granatsplitter das rechte Auge im Felde eingebüßt hatte, wurde vom Soldatendienst vollständig befreit. An Stelle des natürlichen Auges prangte jetzt ein Glasauge.

Auch meine Frau führte ich wieder in den Klub ein, wo ich an ihren leuchtenden Augen kombinierte, daß sie in ihrem Element war.

Nach ihrem Krankenlager schien sie mir noch eisiger im Herzen geworden zu sein. Wenn sie im Hause saß, beobachtete ich oft, wie sie gedankenverloren gleich einer Bildsäule stundenlang in ihrem Stuhl verbrachte. Mein Versuch, sie aus solchen Grübeleien aufzurütteln, scheiterte immer an den Worten: «Du, Adolf, laß mich doch, ich möchte so gerne nicht gestört sein, gönne mir diese Momente.»

Noch immer hungerte ich um die leidenschaftliche Gegenliebe dieses Weibes. Wie der Ertrinkende sich an seinen Strohhalm klammert, hatte ich immer noch an die kleinsten Beobachtungen Hoffnung geknüpft, bis ich zuletzt verzweifelte.

In dieser Zeitspanne betrat ich mit Plapp den Spielklub, in dem die Nichte der erwähnten Baronin, eine Komtesse, die ich hier von jetzt an mit dem Vornamen Elli bezeichne, anwesend war. Ihr wirklicher Vorname war anders. Aus Pietätsgründen taufe ich sie um.

Wie schon beim ersten Mal begegneten sich unsere Blicke und hafteten einen Moment länger wie wohl sonst üblich zwischen zwei fremden Menschen.

Sie war um 2 Jahre jünger wie Hel., eine Brünette, eine 22jährige. Ihre Gestalt war schlank und von sympatischem Ebenmaß. Das Gesicht konnte man als Dutzendgesicht bezeichnen, solange sie schwieg. Einen faszinierenden Eindruck gewann es, wenn sie sprach. Hierbei kamen 2 Reihen blendend schöner Zähne zum Vorschein, die das Gesicht in eine Konstellation brachten, die absolut nicht im Einklang stand, wenn sie den Mund geschlossen hielt.

Diese Beobachtung machte ich am selben Abend, als ich am Roulett die Kugel drehte und übersah, eine Transversale gegenzuzahlen.

Hierauf wurde ich von Komtesse Elli aufmerksam gemacht. Während sie sprach, schaute ich sie an und war wie gebannt von ihren veränderten Gesichtszügen. Der Mund, wenn er sprach, belichtete das Gesicht mit einem lebhaften Schimmer, zu dem die zwei leuchtenden Augen geradezu phänomenal paßten.

Ob es mein langes Hungern nach Hel.s Liebe oder wieder das stetig fortschreitende Schicksal war, was mich trieb, mag heute dahingestellt sein. Tatsache ist, daß der Anblick dieses veränderten liebreizenden Gesichtes mich eigenartig durchrieselte und noch den ganzen Abend angenehm nachwirkte. Die Wirkung warf mich vollends aus meinem seelischen Geleise. Elli war vollständig in den Vordergrund aller meiner Gedanken gerückt.

Ich hatte nicht eher Ruhe, bis ich Plapp aus meinem Herzen Luft machte. Sein Rat, diese Gedanken zu ersticken, verhallte ungehört. Er mußte mir helfen. Schließlich, wie er sah, daß ich von der Sache nicht abzubringen war, stellte er sich auf meine Seite, selbst interessiert, wie diese Liebesaffaire wohl verlaufen würde.

Plapp machte mich zum stillen Compagnon des Spielklubs. Hierdurch wurde ich mehr in den Mittelpunkt gezogen. Ständig stand ich danach mit Plapp abwechselnd am Roulett und warf die Kugel. Um mindestens einmal am Abend Komtesse Elli zum Sprechen zu bringen, machte ich irgendein Versehen. In den Zwischenzeiten, wo Plapp mich ablöste, stellte ich durch gut gewählte Art eine Frage an Elli, die sie mir in sehr artiger Weise beantwortete. Wie im Rausch verbrachte ich jedesmal die ersten Minuten von dem Anblick ihres blendend veränderten Gesichtes.

So mochten einige Wochen dahingegangen sein, als ein unbändiges Feuer in mir für diese Komtesse aufgelodert war. Wie eine Wohltat empfand ich jetzt Hel.s kalte Behandlung. Was mich sonst schwer drückte, war mir jetzt eine Erleichterung. Für mich hatten nur noch die Stunden Inhalt, wo ich Elli anschauen und zum Sprechen veranlassen konnte.

Von nun an hatte ich kein Interesse mehr, Hel. noch ferner mit in den Klub zu nehmen.

Nebenan im Erfrischungszimmer, wo für die Spieler Erfrischungen unentgeltlich verabreicht wurden, fand auch Elli sich öfters ein. Hier gab es noch Sachen, die den Laien 1918 in Erstaunen gesetzt hätten. Schokolade, guten Kaffe, Tee, Kognak, eine Reihe Weine und Butterbrote. Wie Plapp zu all diesen Sachen immer noch kam, habe ich nie gefragt. Ich wußte nur, daß er ausgezeichnete Beziehungen hatte. Zu diesen gehörte nach wie vor die Person des Grafen. X war bereits im

Besitze der Ländereien seines Vaters, der zwei Jahre nach der Entwendung des Testaments verstorben war. Ganz plötzlich erschien er an einem Abend in Zivil im Spielklub. Bis zum frühen Morgen saßen wir im Erfrischungsraum und kramten gegenseitig unsere Erlebnisse aus. Da der Graf im Generalstab war, hatte er eine bessere Orientierung in der Kriegslage, wie die Presse es dem Volke immer in den glänzendsten Farben zu oktroieren suchte. Den Krieg zu gewinnen, sei gar nicht mehr an zu denken, schilderte er uns. Wie der Krieg enden würde, könne er allerdings nicht sagen, sei aber der Ansicht, daß es sich katastrophal gestalten würde.

Ich frug ihn, ob auch Lehmann II.* jetzt, wo seine Sonne sich verdunkle, Buße tue, damit sich für seine Untertanen der Himmel wieder lichte, wie es der Kaiser von China macht, wenn Sonnenfinsternis eintritt.

Er sagte mir darauf wörtlich: «Dazu ist Wilhelm viel zu viel Egoist. Er denkt mehr an die Seinen und seinen Reichtum, um sie in Sicherheit zu bringen, als an alles andere.»

Weiter schilderte er mir den Verlauf mit dem Testament. Über das Nichtvorhandensein sei alles sprachlos gewesen. Der Notar, der das Testament eröffnen wollte, hätte immer wieder seinen Geldschrank durchsucht, aber vergebens. Auch das Gericht habe sich eingemischt, jedoch ohne Erfolg. Keiner hatte Licht in diese mysteriöse Sache bringen können. Dieses und jenes hätte man gemunkelt, dabei sei es geblieben. Am hartnäckigsten hätte ein Schwager von ihm versucht, das Dunkel zu lichten, aber auch ohne Erfolg. Alle seien überzeugt, daß etwas passiert sei, aber keiner konnte einen triftigen Anhaltspunkt bringen. Augenblicklich sei die Sache beigelegt mit dem Ergebnis, daß man ihn, den Grafen, von allen Seiten anfeinde, daß er dem aber mit der Stirn begegne. Wie ich ihm dann meine Lage und Erlebnisse schilderte, war er recht ungehalten. Das, was er jetzt mit mir vornehmen wolle, könne er unmöglich zustande bringen. Bitteres Unrecht tue ich meiner Familie, die ich jetzt im sicheren Hafen untergebracht hätte. Er wollte sein Wort einlösen und mich als Inspektor auf seinen Ländereien unterbringen.

Wie ihm dann noch Plapp meine auflodernde Neigung für Elli erklärte, war er sprachlos. Hier, meinte er, liefere ich den Kulminationspunkt in meinem Draufgängertum. Sein Abraten fachte das Feuer für Elli nicht aus, im Gegenteil. In dem Erfrischungsraum knüpfte ich bei einer passenden Gelegenheit das erste längere

* Wilhelm II. (Anm. d. Herausgebers)

Gespräch mit ihr an. Ich wußte es auf Standesunterschiede zu lenken, um Ellis Ansichten kennenzulernen. Hierin entwickelte sie eine wohlbedachte Anschauung, die mir ihre allgemeine gute Bildung und ihre schlichte Auffassung zeigte.

Nichts beobachtete ich von übertünchten Adelsbegriffen, nichts von Behauptungen über blaues Blut. Vom Menschen sprach sie, von anerzogenen Begriffen. Sie entwickelte im großen ganzen Thomas Carlyles Anschauungen über Menschen und Freiheit. Ihre eigenen Worte, die in meiner Erinnerung ewig haften, waren die, daß jeder Mensch von seinen Mitmenschen abhängig ist, «entweder durch die sanfte Fessel der Liebe oder durch die eiserne Kette der Notwendigkeit».

Im weiteren Verlauf des Gesprächs frug ich sie, warum sie sich nicht am Spiele beteilige. Hierauf erwiderte sie: «Ich würde mich nie daran beteiligen, ich genüge nur einer Pflicht meiner Tante gegenüber, bei der wir alles versucht haben, sie vom Spiele abzubringen, aber ohne Erfolg. Da sie einmal in ihrer Nervosität beim Nachhausefahren ihre Handtasche mit 20000 M. und mehreren Bergwerksaktien im Auto hat liegen lassen, ohne wieder in den Besitz zu gelangen, begleite ich sie ständig in den Spielklub. Aus diesen Gründen fühle ich mich nicht sonderlich glücklich, weil meine Seele zwischen zwei Mächten leben muß und doch keine von beiden meiden kann. Aber wenn ich wochenlang einer zwingenden Notwendigkeit hier im Klub genügt und die furchtbare entsetzliche Anbetung des goldenen Kalbes mit angesehen habe – oh, dann flüchte ich, die Arme wie nach einem Heiligtume gereckt, früh morgens in den Garten meiner Tante, um Natur um mich zu haben. Alleine, alleine, schreit es dann in mir.»

Wie linder Hauch legten sich diese Worte auf meine Seele. Wie schüttete sie gerade mir ihr Herz aus? War es das Zueinanderhingezogenfühlen, das vom Menschen zum Menschen springt und alle Kluft der Stundesunterschiede hinwegräumt? Oder war ein Funke meines lodernden Feuers für Elli in ihrer Seele übergesprungen? Oder war es das gegenseitige Verstehen des rein Menschlichen?

Mit öfteren Unterhaltungen gedieh die Sache so weit, daß ich Elli mit Tante durch gediegen arrangierte Weise beim Spielende nach Hause begleitete und beim Abschied ihre Hand drückte. Diese Errungenschaft machte mich kühner. Es gehörte von nun an zu den öfteren Erscheinungen, daß ich Tante und Nichte nach Hause brachte, bis ich von den Damen für einen Nachmittag zum 5 Uhr-Tee eingeladen wurde.

Bei dieser Gelegenheit bekam ich etwas Einsicht in die Familienverhältnisse. Ellis Mutter wohnte mit ihrer verwitweten Schwester zusammen. Ihre Anschauungen waren andere als die Ellis. Gerade hinsichtlich der Standesunterschiede war sie streng konservativ, während die Tante hierin liberal dachte, sich im übrigen nur für das Spiel interessierte und hierin völlig aufging.

Elli stellte mich der Mutter als Kaufmann Fin* vor. Unter diesem Namen war ich von Plapp im Spielklub eingeführt. Bei der Mutter kam mir noch der Umstand zugute, daß sie nicht hören und sich dadurch unseren Gesprächen nicht widmen konnte.

Beide Schwestern waren sehr begütert, und deshalb hatte das Wort «Not» in ihrer Orthographie keinen Platz. Grade der Zurückgezogenheit dieser Damen mochte es zuzuschreiben sein, daß Elli so leicht keine Herrenbekanntschaft aus ihren Regionen machte. Weil man dieser Sache völlig gleichgültig gegenüberstand, in der sicher wiegenden Ansicht, daß mein harmloser Verkehr im Hause nichts Bedeutendes nach sich ziehen konnte, ließ man uns gewähren.

Mit solchem harmlosen Verkehr vergingen mehrere Wochen. Unsere Unterhaltungen waren immer angenehmer ausgeklungen. Einmal hatten wir uns über den Geschmack der Damen über Herren und umgekehrt unterhalten. Elli hielt mit ihrem Geschmack nicht hinterm Berge, indem sie meinte, sie könne nur ein Mann interessieren, der energisch sei und nicht allein das Männliche durchblicken lasse. Sie müsse stets das Gefühl haben, sich unter den Fittichen des Mannes zu wissen, der sich jederzeit in allen Lebenslagen mit Erfolg für sie einsetze und alles Kleinliche und Tägliche des Lebens von ihr fern halte. Ihr imponiere eine Rittergestalt aus dem 15. Jahrhundert, die mit Schild und Speer beim Turnier sich den Damen mit ihren kühnen Leistungen zeigte.

Dieser Einblick in Ellis Seele entzückte mich. Hier glaubte ich, einen kleinen Hang zum Außergewöhnlichen zu spüren, einen Hang zum Abenteuerlichen, der nur mit Geschick vom Keim zur Frucht entfaltet werden mußte. In kühnen Zügen entwickelte ich ihr meine Erlebnisse im Schützengraben, wußte ihr phantastische Leistungen so rege vor die Seele zu malen, daß ihre Augen leuchteten und sie begeistert lauschte.

Oft forderte sie mich ganz von selbst auf, weitere Sachen zu schildern, bis sie eines Tages wie in plötzlichem Impuls ausrief: «O nehmen Sie mich doch mal mit ins Feld! Ich verkleide mich als Mann!»

* Den Akten nach gab sich Petersen oft als Kaufmann Fiedler aus. In einem anderen Spielklub nannte er sich Krüger. (Anm. d. Herausgebers)

Gute Elli, dachte ich im stillen, ich hätte dich wohl nach Hagenbeck mal mit in den Schützengraben nehmen können, weiter aber nicht.

Nach und nach wurden wir so vertraut, daß wir kleine Neckereien austauschten, gegen Abend, wenn es schummrig wurde, Versteck im Zimmer spielten, während die Mutter sich zurückgezogen hatte und die Tante in ihrem Zimmer am eigenen Roulett saß und Systeme ausgrübelte.

Bei einem solchen Versteckspiel hatte ich Ellis Taschentuch nach langem Suchen im Halbschummer hinter ihrer Stuhllehne gefunden. Sie amüsierte sich köstlich, daß ich so lange suchen mußte, und zeigte mir beim Lachen ihre schönen Zähne. Dies veranlaßte mich in meiner grenzenlosen Liebe für Elli, sie an mich zu reißen und eine Reihe Küsse auf ihre schwellenden Lippen zu drücken. Wie ich sie wieder losließ, lehnte sie sich in ihren Stuhl zurück und schloß die Augen. Ich setzte mich neben sie und wartete ängstlich auf die Wirkung. Entweder hieß es gehen oder Gehör. Sie blieb aber in derselben Stellung sitzen. Ob es ihr wohl angenehm war und sie die Wirkung seelisch nachrauschen ließ? Oder ob sie überlegte, was sie machen sollte?

Für mich waren es bange Momente, ich zitterte förmlich um den Ausgang. Mir war wie einem Menschen, der auf der Anklagebank saß und die Zurückkunft der beratenden Richter abwartet, von denen Freiheit oder Bagno abhängt. Immer mehr spannte sie mich auf die Folter. Immer noch hielt sie die Augen geschlossen.

Ich stand auf, um mich zu überzeugen, ob sie überhaupt noch die Augen geschlossen hielt, wozu ich, weil es zunehmend dunkler wurde, dicht an ihr Gesicht herankommen mußte. Aber leider, die Augen hielt sie noch geschlossen.

Nun hielt ich das Ohr dicht heran, ob sie atmete. Ja, es waren ruhige Züge. Dies veranlaßte mich, ihre Hand zu berühren und leise ihren Namen zu nennen. «Elli, bist du mir böse?» Hierbei streichelte ich ihre Hand und führte sie an meine Lippen.

Endlich regte sie sich und antwortete mir: «Nein!»

Wie Himmelsposaunen rauschte mir dieses «Nein» in den Ohren. In dieser berauschenden und betäubenden Seeligkeit fing ich an zu reden: «Elli, geliebtes Weib, darf ich dich besitzen? Bitte mach mich reich, oder töte mich.»

Sie gab mir keine Antwort, drückte aber meine Hand. Diese stumme Sprache genügte mir und rieselte mir angenehm prickelnd durch alle Glieder. So saßen wir noch eine Stunde im Dunkeln. Das Haus war mäuschenstill.

Elli bat des Anstandes halber um Aufbruch, da es 10 Uhr geworden war. Mein «Gute Nacht, Engel» erwiderte sie mit «Gute Nacht, Schatz».

Wie sich alle Hausdächer unter dem Eingriff Asmodäus öffnen, öffneten sich auf meinem Zuhauseweg unter dem Eindruck von Ellis Gegenliebe alle Paradiesestore. Nur in einem Taumel von Jubel und Gesang sah ich die Welt.

In solcher Jubelstimmung betrat ich unser Heim. Hel. und das Kind lagen im tiefen Schlaf, aus dem sie bei meinem Eintritt erwachte. Ob der Instinkt des Weibes witterte, daß ich an einer anderen Blume genippt hatte, oder kam ihre besonders kühle Behandlung diesen Abend von meiner ihr sehr bemerkbaren Jubelstimmung, die sie nicht teilte? Ich erhielt kaum Antwort auf meine Fragen. Alle Versuche, eine Unterhaltung anzuknüpfen, scheiterten. Als ich danach zu singen anfing und Bajazzo nachahmte, ging sie aus ihrem Häuschen.

«Sage mir, Adolf, was ist mit dir, daß du hier noch in so später Stunde zu singen anfängst? Wie ein schauriger Hohn klingt es auf unsere Lage, auf unsere Zukunft. Jeden Augenblick kann das Haus von Häschern umstellt werden, um dich in Ketten abzuführen und mich und Kind schutzlos dastehen zu lassen. Ich könnte mir dich unter deiner Gewissenlast nur als einen geduckt Dahingehenden denken, als einen Aussätzigen unter Gesunden.»

Diese Worte von Hel.s Lippen, deren Verschwendungssucht mich doch zu immer neuen Taten veranlaßte, die ich abgöttisch liebte und der ich jeden Wunsch erfüllte, ernüchterten mich vollständig. Sie war aufgestanden und hatte mir Abendbrot gemacht und saß jetzt in der Wohnstube auf dem Sofa. Das lange blonde Haar wallte ihr auf die Schulter hinab, und ihr Busen wogte hinter einer schneeweißen Frisierjacke. Mit ihren kleinen Füßen war sie vor Erregung aus ihren gestickten Pantoffeln geschlüpft.

Ungestüm stand ich vom Tisch auf, nahm ihren Kopf in beide Hände, drückte sie aufs Sofa nieder, sah ihr in die Augen und rief mit zerrissener Seele: «Hel., das sagst du mir, für die ich gelitten und alles getan. Laß uns beide dein Haar nehmen und uns erdrosseln.»

Hierbei nahm ich ihr wallendes Haar, wand es mir um den Nacken und wartete ihre Antwort ab.

Ihre weiße Frisierjacke war ganz aufgegangen, ich sah, wie ihr voller weißer Busen schwer wogte, sah, wie sie marmorweiß erbleichte und die Worte anwandte: «Mache, was du willst, Adolf. Mache unser Kind zur Waise, und erlöse mich von allen schweren Gedanken.» Schlaff ließ sie ihren Arm vom Sofa herabhängen, ganz der Dinge harrend, die kommen sollten.

Ich verglich ihr Antlitz mit Ellis, das ich vor kurzem mit Küssen bedeckt hatte. In ihrem Gesicht lag Ergebung ins Schicksal, lag der ganze Reiz eines blühenden Weibes in den besten Jahren. Noch einmal kämpfte ich im Anschaun Hel.s zwischen ihr und Elli. Noch einmal schwankte ich, kniete vor dem Sofa nieder, indem meine Seele noch einmal nach der Liebe dieses Weibes schrie. «Hel.», rief ich, «mir fehlt nur deine leidenschaftliche Gegenliebe, um die ich bald ein Jahrzehnt kämpfe. Wie ein Verzweifelnder ringe ich um deine Kameradschaft. Alle meine Taten, alles Sehnen galt doch nur dir. Deine Verschwendung lege ab und schließe mich in dein Herz, so wie *dein* Bild in meine Seele geritzt ist, und du machst mich und dich glücklich.» Dann legte ich meinen Kopf an ihren weißen Busen und weinte.

Sie ließ mich gewähren und verharrte, ohne sich zu rühren, in dieser Stellung.

Es mochte in dieser Lage ½ Stunde vergangen sein, als ich mich erhob, erhob als ein anderer. Die Eiskruste um Hel.s Herz würde ich nie schmelzen, das hatte mir dieser letzte Auftritt, restlos sicher, vor Augen gebracht. Dieses Weib hatte eine faszinierende Hülle, aber keine Seele. Geboren zum Spielkätzchen eines Fürsten, hätte sie ihre Umgebung angenehm geblendet, aber darüber hinaus war sie kalt wie eine Marmorstatue. Ihr weiteres Leben mit Aufklärungen über meine Handlungen umzuformen, war Unsinn. Wollte sie ihr Leben nicht ganz vertrauern, durfte ich sie nie wieder empfinden lassen, daß sie Schuld an meinen Wegen hatte. Selbsterkenntnis war gleich Null.

Bei Hel. konnte nur noch der Irrtum das Leben leidlich gestalten, das Wissen wäre bei ihr der sichere Tod gewesen.

Aus diesen Gründen verfolgte ich meinen Weg an Ellis Fersen weiter. Sorgte für Frau und Kind in materieller Beziehung und widmete mich in seelischer Richtung nur dem Kind, mit dem ich jeden Morgen in der Sandbank in den Sternschanzenanlagen bis Mittag aus Sand Kuchen backte, wobei ich mich an seinem fröhlichen Geplauder erfreute, alle Sorgen beiseite schob, «mit Kind war» und lebte.

In solchen Sandbänken konnte ich meine Betrachtungen machen, wie Einflüsse von andern Kindern aus vernachlässigten Kinderstuben eine Rolle spielen können. Auch wie verschiedenartig Eindrücke von Kindern aufgenommen und abgelehnt werden.

Als mein Kind in dem ersten Schuljahr die Realschule am Berliner Tor besuchte und in den Jahren war, wo gute und schlechte Eindrücke von Belang für das spätere Leben sind, beobachtete ich ihn des Nachmittags stundenlang bei seinen Spielereien mit gleichaltrigen Jungen, ohne daß er wußte, daß sein Vater in der Nähe war.

Aus den Erfahrungen meiner Jugend tat ich es, andrerseits das Sprichwort im Auge habend: «Der Apfel fällt nicht weit vom Stamm, so wie das Schaf blökt, blökt das Lamm.» Nach meinen Feststellungen an meinem eigenen Kinde sind diese Worte illusorisch.

Mit Ausnahmen spielen für das spätere Leben eines Kindes die Eindrücke und Beobachtungen eine Rolle, die das Kind auf der Straße von schlecht erzogenen Kindern aufnimmt. Ein Beispiel: Meinen Sohn beobachtete ich schon längere Zeit, mit welchen Kindern er spielte, konnte aber nichts Nachteiliges für ihn feststellen. Bis ich eines Nachmittags sah, wie er von einem mir gleich in die Augen fallenden Jungen eine kleine Flöte geschenkt erhielt. Ich merkte mir den Jungen und ging meines Wegs. Am Abend plauderte ich mit meinem Kinde und brachte das Gespräch auf den Jungen mit der Flöte. Er erzählte mir sofort, daß dieser Junge noch einem von seinen Spielkameraden eine Flöte geschenkt habe. Ich nahm die Flöte an mich und suchte am nächsten Nachmittag diesen Jungen, der aus der Nachbarschaft war, auf. Er kam mir in seiner ziemlich ärmlichen Kleidung verdächtig vor. Es paßten die Geschenke nicht dazu.

Wie ich den Jungen gefunden hatte, sagte ich ihm auf den Kopf zu, daß ich gesehen, wo er die Flöten hergenommen hätte. Nach kleinen Kniffen erhielt ich die Beichte, daß der Junge die Flöten bei einem Galanteriewarengeschäft gestohlen hatte.

Ich züchtigte oder schimpfte den Jungen in keiner Weise, wie das Usus ist, sondern ging mit dem Jungen in das Geschäft, erzählte es der Frau, bei der er dann weinend Abbitte tat. Darauf kaufte ich ihm ein doppelt so teures Stück Spielzeug, wofür er mir aber versprechen mußte, so was nicht wieder zu tun. Meinen Jungen klärte ich auf, nie wieder etwas anzunehmen. Der fremde Junge grüßte mich stets sehr artig. Es hatte ihm imponiert, daß er keine Strafe sah, keine Vergeltung, sondern Liebe.

Hier ist das Beispiel, daß nur kleine Symptome sich auswirken können, um die Seele des Kindes zu vergiften. Hierin könnten alle Mütter und Väter ihre Beobachtungen machen und manche arme Kinderseele, die heute entgleist und als ein Deklassierter überall getreten und getroffen wird, retten. Jede Mutter und jeder Vater hat mal auf Stunden Zeit, das eigene Kind heimlich zu beobachten, welchen Umgang es hat.

Mein Sohn ist heute bei meiner geschiedenen Frau und eines der ordentlichst erzogenen Kinder, das in der Schule stets gelobt wird. Auch von Hel., das sei ihr zum Lobe gesagt, wird er mit Argusaugen bewacht.

18. Kapitel
Die Beichte am Schillerdenkmal

Am folgenden Abend traf ich Elli wieder im Klub. Mit andern Augen sahen wir uns jetzt an, wie zwei Menschen, die sich im Herzen einig waren. Im Erfrischungsraum fanden sich unsere Hände. Elli erwiderte leidenschaftlich meine Liebe, so wie ich es von einem Weibe suchte. Allabendlich brachte ich sie nach Hause. Mehrmals in der Woche fand ich mich bei ihr ein, wo wir uns dann, sobald wir uns alleine wußten und Mutter und Tante ihrem altgewohnten Pläsir nachhingen, umschlangen und in Seeligkeit untertauchten.

So vergingen einige Wochen in seeligem gegenseitigen Aufgehen.

Dieses Weib mit ihren ästhetisch fein entwickelten Formen kettete mich so, daß ich nachgrübelte, wie ich sie an meine Fersen heftete und wie sie eins mit mir in Gesinnung werden sollte. Im Geiste ließ ich Liesbeth und Hel. an mir vorübergleiten. Dieser Zipfel, den ich jetzt erfaßt hatte, sollte mir nicht wieder aus den Fingern gleiten.

Jetzt will ich erst wieder zu Fuchs zurückkehren. Er trat auch wieder auf den Plan, war wieder mit Einsetzung aller seiner Pfiffigkeit aus der Festung Spandau entwichen. Wir biederten uns wieder aufs Neue an und schlugen der Nemesis diverse Schnippchen. Fuchs, der mich des öfteren vor dem Spielklub zum Schluß erwartete, folgte mir und Elli in Abstand und wartete abseits, bis ich sie nach Hause begleitet hatte.

An einem solchen Spielklubschluß hatte Fuchs mich wieder mal abgeholt, dieses Mal aber, um eine Sache auszufressen, wo wir einen Arnheim erbrechen wollten. Er wartete, bis Elli ins Haus geschlüpft war.

Elli als liebendes Weib hatte naturgemäß nach allen Richtungen in mich einzudringen versucht, wer ich war und was ich betrieb. Hierbei war ihr aufgefallen, daß, sobald sie ins Haus geschlüpft war, ein Mann auf mich zutrat, mit dem ich dann zusammen weiterging. Ohne mir diese Beobachtung zu offenbaren, von der ich absolut nichts gemerkt hatte, nahm ich diesen Abend wie immer von Elli mit einem Kuß Abschied, wonach sie in der Villa verschwand.

Meiner Schilderung, daß ich felddienstunfähig und wegen Herzfehler ganz vom Soldatendienst befreit war und von einem nicht unbedeutenden Kapital lebte, mochte sie mit einiger Skepsis begegnet sein, wie sie meine mysteriösen Zusammenkünfte mit einem unbekannten Herrn beobachtet hatte.

An diesem Abend pilgerte ich mit Fuchs von Ellis Wohnung nach ihrem Abschied der Lombardsbrücke zu. Wir setzten uns auf einer Bank beim Schillerdenkmal. Hier hatte Fuchs vorher das Geldschrankgeschirr versteckt, welches er jetzt zum Vorschein holte. Die Uhr war bereits 1½ Uhr nachts.

Hier muß ich abschwenken, um eine Sache zu schildern, die am Ende wieder an den eben verlassenen Punkt anknüpft. Unter andern Bekanntschaften hatte ich ein Ehepaar, dessen Gemahl schon Jahre mit mir befreundet war, ein Herr, der selbst keine unehrlichen Handlungen vollführte und stets in angesehener Stellung war. Bei ihnen ging ich ein und aus. Dieses Ehepaar hatte ich für Spottgeld mit allem versehen, was heutzutage das Leben mit Freude würzt. Goldene Herrenuhr, Armbanduhr für die Frau, ein Collier, für ihn einen Brillantring, und so einiges mehr, was diese Leute sich sonst nicht anschaffen konnten. Diese Sachen waren aus Diebesbeute. Sie wurden so umgearbeitet, daß eine Eigentumserkennung ausgeschlossen war.

Derzeit war meine Ansicht die, daß es diesen Sachen einerlei sei, ob sie am Leibe von reich begüterten Menschen oder an armen prangten. Die Begüterten hatten sich bald neue Sachen gekauft, und hier war ein Ehepaar glücklich. Meine Diskretion kannten sie, und selbst hatten sie absolut nichts mit der Polizei zu tun.

Dieser Ehemann war Feldwebel und hatte im Felde einen Kameraden kennengelernt, der wiederum alle Gepflogenheiten eines Geheimen Oberregierungsrats in der Rabenstraße, Ecke Alsterufer, kannte. Bei den gemeinsamen Wachen zwischen diesen beiden Soldaten im Schützengraben waren die Wohnungsverhältnisse und Eigenarten des Geheimrats erzählt worden. Ganz harmloser Weise waren sie ausgeplaudert, ohne Absicht, ohne Zweck.

Wie dieser mir bekannte Ehemann auf Urlaub war, kramte er mir im Beisein seiner Frau alles Gehörte aus, wie ich ihn besuchte. Jetzt aber nicht mehr harmlos, sondern mit der Absicht, diesem Geheimrat einen Besuch mit kleptomanischen Absichten abzustatten. Das Hervorstechendste seiner Erklärung war, daß sich in der ersten Etage der Villa ein Zimmer befand, das mit einer ganz modernen Tresortür versehen war, in dem ein Geldschrank und mehrere Safes standen. Ferner, daß hier viel Silber und Schmuck untergebracht seien. Auch auf ein Bild an der Wand wurde ich aufmerksam gemacht, das ein kolossales Vermögen kostete. Abzustoßen, wie man in der Gaunersprache unter anderen Ausdrücken sagt, wenn etwas ausgefressen werden soll, sei die Sache am besten von Sonnabend auf Montag. Während dieser Zeit weilten die Herrschaften auf ihrem Schlosse. Dann sei nur das Personal anwesend. Auch das Vorhandensein eines äußerst scharfen Dobermanns wurde mir plausibel gemacht.

Mit diesen Kenntnissen ausgerüstet, hatte ich mir die Villa bereits zweimal angesehen und wegen des Vorhandenseins des Hundes kombiniert, daß diese Sache nur so abzustoßen war, daß ich gleich auf den Balkon der ersten Etage steigen mußte, der nach der Alster raus lag. Hierzu war ein Baum, der mit seinen Ästen fast bis an den Balkon reichte, wie ausgeknobelt.

Von dieser Sache hatte ich Fuchs nichts erzählt, weil meine Absicht die war, diesen Tipp alleine abzustoßen, um alle erbeuteten Brillanten Elli zu schenken. Auch die Rücksicht auf Elli gebot es, diesen Diebstahl alleine auszuführen, damit kein zweiter wußte, wo die Brillanten hingewandert seien. Wenn ich auch Fuchs trauen konnte, war hier doch ein Fall, wo ich einer Dame es schuldig war. Ich war mir noch nicht schlüssig geworden, welchen Sonnabend ich diese Sache beim Geheimrat abstoßen wollte.

Jetzt kehre ich zurück zum Schillerdenkmal, als Fuchs und ich das Geschirr zum Vorschein holen wollten, was wir zu dem beabsichtigten Geldschrankerbrechen benötigten.

Wir hatten kaum das Geschirr mit Papier von Erde gesäubert und neben uns auf die Rasenbank gelegt, als von der Lombardsbrückenseite eine Dame die paar Stufen emporstieg, die in diese Anlagen führen.

Es ist begreiflich, daß jedes Näherkommen von Personen in unserer Verfassung und an diesem Ort unter scharfe Lupe genommen wurde. Diese Uhrzeit gab auch ihr Teil Unheimliches dazu. Vollends ungewöhnlich erschien uns die Sache, als wir sahen, daß es eine Dame war, die jedoch in dieser Distanz, selbst wenn es eine nahe Verwandte gewesen wäre, nicht gleich zu erkennen war.

Wir glaubten sicher, diese Dame würde diesen Platz nur queren, um ebenso wieder zu verschwinden, wie sie aufgetaucht war. Wer beschreibt aber unser beider Erstaunen, als die Dame auf unsre Bank zutrat und sich, wie sie nahe genug heran war, als Komtesse Elli entpuppte.

«Adolf, was machst du bloß? Du mußt mir vollends Aufschluß geben. Grade mit diesem Herrn, der neben dir sitzt, den ich, wenn auch nicht von Gesicht, so doch von Gestalt genau wiedererkenne, derselbe, der immer auf dich zutritt, wenn du von mir Abschied genommen hast, nachdem du mich vom Spielklub nach Hause brachtest. Schon die nächtliche Stunde berührte mich eigenartig. Heute nacht bin ich dir beim Abschied gleich wieder auf dem Fuße gefolgt, ohne daß du mich gewahr wurdest.»

Diese Überrumpelung von Elli brachte mich ganz außer Fassung. Beide saßen wir wie begossene Pudel da. Keiner konnte ein Wort hervorbringen. Jede Höflichkeitsformel unterblieb. Wir waren gebannt. Nur langsam begriff ich, was hier vor sich ging.

Nur diese Worte konnte ich stammeln: «Elli, bitte, setze dich ein wenig zu mir.» Hierbei säuberte ich mit einem Taschentuch einen Platz.

Selbst im Dunkeln hatte ich ihre großen fragenden Augen beobachtet. Die Situation war um so heikler, weil zwischen mir und Fuchs das ganze Geldschrankgeschirr lag. Fuchs, der sich auch bereits gesammelt hatte, versuchte das Geschirr von der Bank zu zaubern, hatte dabei jedoch Pech und klapperte so laut damit, daß Elli es bemerkte.

Wieder sah ich Ellis große ernste Augen und ihren starren Gesichtsausdruck. Sie stand auf, trat neben mich an die Seite, wo das Geschirr lag, und sagte: «Bitte, Adolf, diese Sachen hier erklärst du mir auch mal gründlich. Und Sie, mein Herr, lassen uns für die nächsten Stunden alleine», fügte sie, sich zu Fuchs wendend, hinzu.

Fuchs mochte Gefahr wittern, warf mir einen fragenden Blick zu, ohne befriedigt zu werden, und drückte sich als der Gescheiteste.

Mir wurde jetzt die Sache peinlich. Wie Fuchs eben fort war, faßte Elli mich an beiden Händen, sah mir in die Augen und sagte: «Adolf, rein vom Herzen runter! Was geht hier vor? Bei meiner Liebe zu dir, bekenne mir alles, oder verliere mich. Selbst die fürchterlichste Gewißheit will ich ertragen, eine Verdummung aber nie.»

Was sollte ich machen? Einem Untersuchungsrichter wäre ich ausgerutscht, aber diesem liebreizenden Wesen widerstand ich nicht.

«O Elli, laß mir einen Moment Ruhe, ich muß mich erst richtig besinnen, was hier gedeihen soll», antwortete ich jetzt. Während dieser Momente nahm Elli das Geldschrankgeschirr Stück für Stück und besah es von allen Ecken. Und als ihr, um den Kohl fett zu machen, noch ein Bund Dietriche in die Hände fielen, war sie selbst wie aus allen Himmeln geworfen.

Nach einigem Schweigen sagte sie: «Adolf, diese Dinger hier», und dabei zeigte sie auf die Dietriche, «lassen keinen Zweifel offen. Solche Sachen kennt ja jeder Mensch, wozu man die anwendet. So», sagte sie weiter, und hierbei rückte sie ganz dicht an mich heran und hakte mich unter, «nun erzähle mir alles, was in deinem Herzen vorgeht, auch nicht das kleinste verschweige; ich muß alles wissen, damit ich helfen kann.»

Zuerst machte ich noch allerlei Ausflüchte, die Elli mir sogar einmal mit einem leichten Klaps auf den Mund dämmen wollte, mit dem Bemerken: «Schließe den Mund, der will lügen.» Schließlich erlag ich diesem Weibe und beichtete bis zum Morgen. Nichts blieb verschwiegen; alles, was hier im Buche steht, schilderte ich, soweit ich es bereits erlebt hatte. Es war schon hell, als ich zu Ende gebeichtet hatte.

Elli war zuletzt ganz abwesend. Sie konnte nicht alles auf einmal fassen. Einen eigenartig verklärenden Glanz glaubte ich in ihren Augen zu beobachten, wie ich ihr von der verzweifelten, fast ein Jahrzehnt lang ringenden Liebe um Hel. erzählte.

Es war bereits gegen 5 Uhr morgens, als wir aufbrachen. Bevor es hell geworden, hatte ich der Vorsicht halber das Geschirr wieder eingegraben. Wir pilgerten beide unter dem Eindruck des Erlebten der letzten Stunden dahin. Wir hatten den Weg nach Ellis Wohnung eingeschlagen. Unterwegs setzten wir uns noch auf einer anderen Bank nieder, die wir am Alsterufer kurz vor der Rabenstraße passierten.

Elli hatte nach meiner Beichte kein Wort wieder gesprochen. Sie hatte diese Wucht einer Beichte noch nicht ihrem vollen Bewußtsein einverleibt. Ich empfand es an ihren Gesichtszügen, daß alles noch wie ein Traum in ihren Sinnen schwebte. Diese Beichte kam aus einer ihr fremden Welt. Mich wunderte es aufs höchste, daß sie mich nicht, wie von einer Tarantel gestochen, mied. Nicht floh vor mir wie vor einem Gespenst.

Nach einer Weile stellte sie mir die Frage, ob ich schon über mich nachgedacht hätte, was jetzt aus unsrer Liebe werden sollte.

Hierauf erwiderte ich: «Elli, du hast von mir eine wahre Beichte erbeten, du hast sie bekommen in der Hoffnung, dich nicht zu verlieren. Hätte ich gewußt, und dies sollte ich mir doch sagen, daß ich dich dadurch verlieren würde, hätte ich dich von Anfang bis zu Ende belogen, um dich mir zu erhalten. Sollte ich mit der Wahrheit dich verlieren, muß ich bereuen, nicht geschwindelt zu haben.»

«Ja, Adolf, ich komme mir immer noch vor wie im Traum, ich kann und will dieses einfach nicht fassen, daß meine Liebe entbrannt ist zu einem solchen Gesetzesbrecher, zu einem Menschen, dem man äußerlich etwas Besseres absieht. Es ist einfach tragisch, und unheimlich zugleich. Ich möchte dich selbst nicht missen, aber unter diesen Umständen lauert da eine Gefahr für meine Ehre und meinen Namen, die einfach unverantwortlich wäre, wenn ich nicht sofort eine unüberbrückbare Kluft zwischen uns beiden schaffte. Hast du noch Mut und

Karackter, und war deine Liebe die reine, dann sollst du die Trennung für immer schaffen. Alles Bitten, alles Flehen meinerseits sollte und dürfte dich nicht beeinflussen, mich zu verlassen. Dann bist du ein Mann.»

Hier war jetzt die Reihe an mir, diesem Weib den richtigen Ausweg zu zeigen. An eine Trennung dachte ich so wenig wie ein Entwichener an das Wiederkommen. Die Trennung hätte für mich einen seelischen Tod bedeutet. Wie dieses Weib meine Leidenschaft erwiderte, hatte ich im Leben bisher noch nicht genossen. Schön war sie in ihrer Leidenschaft, mir versank die Welt in Trümmern, ich weilte im Paradies. Diesen Zipfel wollte ich halten, und sollte es der Untergang sein.

Hier kann ich einflechten, daß ich die Worte eines Don Carlos' von Schiller ganz verstehen lernte, wie er sie bei seiner Köniqinstiefmutter anwandte: «Ein Augenblick, gelebt im Paradies, ist mit dem Tode nicht zu schwer gebüßt.» Aus diesem Paradies sollte ich mich freiwillig verbannen, um als Mann zu gelten? Nein, und abermals nein! Dann lieber ein Waschlappen sein und Elli behalten.

«Aber, Elli, meine Welt, sollte meine Liebe nicht größer sein, als dir jetzt den Rücken zu kehren für immer, um dieser eben gehörten Beichte willen? Zeige mal, daß du Mut hast, und laß mich dir als Räuber interessanter sein wie einer deinesgleichen. Gerade Weib, alles, was ich durchmachte, gehörte dazu, um bei dir in leidenschaftlicher Liebe zu landen. Unser Schicksal will es so. Greife du dem vor, und verstoße mich, ich kann es nicht, ich hab dich zu lieb. Selbst der Tod verliert für mich seinen Stachel, wenn ich nur dich besitze.»

Durch meine Beobachtung, soweit ich Menschenkenntnisse besitze, glaubte ich in Elli eine abenteuerliche Ader zu vermuten. In solcher Vermutung sagte ich weiter zu Elli: «Hör mal zu, mein Alles», und hierbei war ich neben Elli vor der Bank auf die Knie gesunken, hatte meine Hände auf ihre Knie gelegt und ihr ins Antlitz geschaut. «Laß mich noch nicht von dir Abschied nehmen, laß mich noch eine Handlung begehen, die ich nur für dich vollführe, damit ich dir ein Andenken hinterlasse, ebenso meine große Liebe.»

Diese Äußerung hatte ihren Eindruck auf Elli nicht verfehlt. Ihre Augen glänzten, und ihre Finger spielten in meinem Haar.

«Ach, Adolf», erwiderte sie, «warum mußte es gerade so furchtbar mit dir sein. Würde dir gerne in allem folgen, aber wo soll das enden? Ich würde mit dir flüchten, aber heute, bei diesem großen Krieg, kommen wir nicht weit. Vergesse auch nie, daß du mal erkannt werden könntest, wenn du bei uns im Hause weilst oder ich um dich bin. Was dann? Ich mag es nicht ausdenken. Ich sehe gar keinen anderen Ausweg als Trennung, trotzdem es mir auch schwerfällt.»

«Gut, Elli, wenn es denn nicht anders sein kann, füge ich mich drein. Aber eins bedinge ich mir. Bis zum nächsten Sonnabend gehören wir uns noch. Dann vollführe ich noch eine Handlung für dich, und dann Lebewohl.»

«Was für eine Handlung meinst du denn? Du spannst mich diereckt auf die Folter.»

«Elli, auch dieses muß ich dir noch beichten. Sieh dir da drüben an der Ecke von der Rabenstraße die Villa des Geheimrats an. Die soll der Schauplatz meiner gesetzwidrigen Handlung werden; hier will ich Brillanten erbeuten, die ein Vermögen repräsentieren, und dich damit behängen. So will ich dir meine Liebe beweisen. Ich möchte dich mit Brillanten von unten bis oben bedecken.»

«Adolf, bist du toll geworden, oder bist du nicht zurechnungsfähig? Grade wenn du nichts mehr anrührst, zeigst du deine große Liebe, und nicht mit solchen Handlungen! Du kannst auch bei der Tat gefaßt werden. Was dann? Also, verspreche mir, dies zu unterlassen. Beichte mir überhaupt, wie du grade auf diese Villa kommst. Auch möchte ich die Art einer solchen Ausführung ins Kleinste geschildert haben. Du kommst doch gar nicht in solche Villa hinein. Dies interessiert mich mehr wie die Tat an sich.»

Ich setzte mich wieder neben Elli, legte meinen Arm um ihre Taille und erklärte ihr, wie ich zu der Sache mit dem Geheimrat gekommen war, ohne Namen zu nennen. Weiter schilderte ich, wie ich von der Alsteruferseite durch den Garten an die Villa heranschleiche, an einem Baum hochklettere und von da aus auf den Balkon gelange. «Danach bohre ich das Fenster auf, dringe in die Schlafstube, suche alles nach den Schlüsseln zum Tresor ab, eigne mir, nachdem ich aufgeschlossen habe, alle Schmucksachen an und verschwinde damit ebenso lautlos, wie ich gekommen bin.»

Bei dieser Erklärung hatte ich Ellis Gesichtszüge beobachtet. Sie hatte aufmerksam zugehört, den Mund ein wenig geöffnet und die Augen starr ins Weite gerichtet. War das Interesse an der Ausführung einer solchen Tat ein Rest von Überbleibsel in ihrem Blute, welches in den Adern ihrer Vorahnen geflossen war, die sich von Raubrittern zum Adelsstand erhoben hatten? Oder war es das liebende Weib, das kombinieren wollte, wo der Hebel anzusetzen war, um den Geliebten von der Tat abzuhalten? Oder war es doch eine Abenteuerader, die bei ihr schlug?

Sie erwiderte: «Aber Adolf, so wie du die Sache eben schilderst, verläuft sie doch nicht. Verfolgt dich nicht ein Heer von Furchtgespenstern, versagen deine Nerven nicht, erlebst du nicht alle Schrecken und seelischen Qualen auf solchem entsetzlichen Weg?»

«Nein, Elli, wenn ich es für dich tue, treibt die Liebe zu dir mich und verscheucht damit alle Gespenster. Du kannst dich drauf verlassen, am kommenden Sonnabend führe ich diese Sache aus.»

Diese Äußerung platzte mir nur so heraus. Nur im Traum konnte ich dran denken, Elli für diese Sache zu gewinnen. Aber wie der Traum das Seltsamste verbindet, und dann ein naiver Glaube das Übersinnliche versteht und den natürlichen Lebenserscheinungen anreiht, geriet ich von der Nähe dieses Weibes in eine Art Somnambulismus, in dem ich eine ähnliche Gesinnung erkannte, die mich mit ihr immer enger verband.

Zu meiner Äußerung erklärte sie, daß sie die Sache vom Sonnabend verhindern werde und mich die Nacht nicht aus den Fingern lasse. Weiter ließ sie eine Reihe Ermahnungen und Bitten vom Stapel, die alle darauf hinaus liefen, solche Tat zu unterlassen.

Dann sagte sie in mir nachhaltend klingenden Worten: «Oh, Adolf, die dunkle Last abenteuerlicher Phantasie jagte dich durch Gossen, Kaschemmen, Spielhöllen, Krankenhäuser und schwedische Gardinen. Das Leben, dem du dich in die Arme warfst, war unerbittlich, immer im Kampf mit den größten Gefahren. Die Kugeln der verfolgenden Häscher sausten dir oft um die Ohren und durch deine Glieder! Hast du noch keine Ruh?»

Hierbei entstiegen ihr Seufzer über Seufzer. Plötzlich hörten sie auf, und schwermütig den Blick über das Alsterwasser schauend, brach sie in die Worte aus: «Grausames Verhängnis, verfluchtes Schicksal, wo treibst du mich hin? Adolf, fandest du in der Hölle deiner verruchten Bannungskunst, daß du mich zum Bastard deiner bösen Taten machst?»

Ich hüllte mich in Schweigen. In diesem Weib tobte der schwerste Kampf zwischen Liebe und Ehre. Ich war mir bewußt, welche Glut übermenschlicher Sinnlichkeit ich in diesem blühenden Weib angefacht hatte, die ihr Innerstes durchströmte. Dies bannte sie und erlahmte langsam ihren Widerstand. Die Liebe siegte. Sie ließ das Köpfchen auf die Brust sinken und sagte: «Von dir lassen tue ich nicht, nun laß uns die Sache ausleben. Nur der Tod trennt uns. Jede weitere Handlung muß ich aber verhindern.»

Diese Worte hoben meinen Mut und spannten meine Glieder. Was hätte ich nicht für dieses Weib vollbracht? Wer will es mir verdenken, daß ich versuchte, Elli an meine Fersen zu ketten, und sollte es durch eine nächtliche Tat sein, wo sie mitschuldig war! Dann besaß ich sie restlos, dann war sie von mir abgefärbt, besudelt wie ich, eine Gleichgesinnte, eine Komplicin.

Die Uhr war 8 Uhr morgens geworden. 3 Stunden hatten wir auf dieser zweiten Bank zugebracht, ohne nach Schlaf, nach Essen und Trinken zu verlangen. Wir brachen auf. Ich brachte Elli bis vor die Villa, in der sie meinen ihr bis zum letzten Augenblick folgenden Blicken entschwand.

Noch am selben Nachmittag fand ich mich bei Elli wieder ein. Dieses Weib durfte ich nicht lange allein lassen. Sie war in ihren Grundfesten aufgewühlt. Sie stand am Scheidewege, ganz mir zu gehören oder kalt zu werden. Als wenn die finstern Mächte uns im Dienste standen, fügte es sich, daß ich mit Elli im Hause alleine war. Mutter und Tante hatten das Haus verlassen und kehrten erst um 10 Uhr abends zurück. 5 Stunden ungestörten Alleinseins hatten wir vor uns.

Wie ich eintrat, war sie eben erst aus Morpheus' Armen erwacht. Die vergangene Nacht, die sie ohne Schlaf verbracht, hatte bei ihr eine leichte Blässe im Gesicht zurückgelassen, was sie um so schöner kleidete.

Wir weilten die ganze Zeit in ihrem niedlichen Zimmerchen und hielten uns fest umschlungen. In diesen Stunden rauschten alle Paradieseswonnen über uns dahin. Wir wurden eins und schwuren uns ewige Treue.

Unsere Liebe war von der Mutter und Tante nicht bemerkt. Wir liebten uns heimlich, und desto schöner.

Jetzt hatte ich gesiegt, das Weib war mir geblieben. Heißer noch liebte sie nach all meinen Bekenntnissen.

In unser trautes fünfstündiges Liebesgeflüster hatte sich wie ein graues Gespenst das Bewußtsein meines Verfolgtwerdens von der Staatsanwaltschaft gemischt. Hierbei hatte ich Elli auf die Probe gestellt und gefragt, wie sie sich zeigen würde, wenn ich ins Gefängnis käme. Kannte ich doch die Art der meisten Bräute und Frauen, wenn ihre Ritter im Bagno weilten. Kaum ist der Mann einige Monate fort, dann unterliegen sie den Sinnlichkeitsschreien, die jedes Andenken ersticken, weil sie in wilden Nächten vom Wollustrausch hungriger Triebe erzeugt werden.

«Aber Elli, du stehst weit höher wie solche Damen!»

«Nein, Adolf, mein Wille auszuharren ist ehrlich, mein Vorsatz echt!»

19. Kapitel
Die Komtesse steht Schmiere

Es war der Sonnabend herangerückt. Wir hatten im Spielklub Schluß gemacht, die Baronin, Ellis Tante, ins Auto gesetzt und alleine fahren lassen. Elli und ich wollten der schönen warmen Sommernacht wegen zu Fuß nach Hause gehen.

Wir pilgerten von Richtung Jungfernstieg über die Esplanade durch den Tunnel dem Alsterufer zu. Die Türme Hamburgs hatten eben die Mitternachtsstunde verkündet. Ringsumher war es still.

Langsam trat aus dem schimmernden Schleier der Vollmond, glänzend strahlend wie gleißendes Gold. Das Wasser der Alster, vom Winde in plätschernde Wellen verwandelt, spiegelte sich in tausend schimmernden Fünkchen wider.

Elli hatte ich an der Hand gefaßt. Wir waren bis kurz vor der Rabenstraße angelangt, wo in einer Bucht mehrere Bänke eine gute Aufsicht aufs Wasser bieten. Hier bat ich Elli, noch ein wenig Platz zu nehmen. In unserm Geplauder fing ich von der Villa, die uns gegenüber lag, an zu reden. Es war die des Geheimrats, die der Schauplatz meiner Handlung werden sollte.

Ich trug Elli meine Absicht vor, jetzt die Tat auszuführen, um die Brillanten zu erreichen. Sie wurde kreidebleich und sträubte sich, mir so etwas gewähren zu lassen. In mir war die Absicht herangereift, grade heute nacht die Tat zu vollbringen und Elli zur Mitwisserin zu machen. Mochte es kommen wie es wollte, sie sollte mitmachen.

«Adolf», sagte Elli, «unterlasse es. Du verlierst mich. Ich überstehe es nicht. Du bringst mich in eine Lage, die mich zur Verzweiflung bringt. Ich würde mich selbst nicht wieder kennen, ich schlage Lärm!»

«Gut, Elli», erwiderte ich, «ich lasse es drauf ankommen. Hier, sehe an diesen Sachen, wie ich mich auf die Tat eingestellt habe.» Hierbei zeigte ich ihr Socken, über die Füße zu ziehen, eine Taschenlampe, 1 Bohrer und ein Brecheisen.

Wie sie die Dinge sah, erstarrte sie. Wie ein Gespenst sah sie mich an.

«Wenn du jetzt Mut hast, schlage Lärm und liefere mich in die Hände der Häscher und hole dir morgen deinen Judaslohn ab.»

Sie rührte sich nicht. Diese Wucht erdrückte sie, sie war keines Wortes mächtig.

Als ich dann von der Bank aufstand, um den Weg nach der Villa einzuschlagen, hielt sie mich fest, drückte mich auf die Bank zurück, kniete neben mir nieder, hielt ihr Gesicht zu mir empor und flehte, von der Tat abzulassen.

Hierbei hatte sich ihr Haar gelöst. Die langen dunkelblonden Flechten hingen über ihre Schulter und schienen vom Licht des Mondes umkost wie schimmernde Seide. Ihr Gesicht schimmerte in diesem magischen Lichte geisterbleich.

Ich riß sie an mich und umschlang sie und rief: «Elli, heute nacht will ich dich durch eine Tat an mich ketten, daß du mir ewig gehörst. Ich lasse nicht ab, du mußt wählen, mitzumachen oder mich an die Häscher abzuliefern.»

Ihre Augen wurden immer größer. Verzweiflungsvoll rang sie die Hände und rief: «Adolf, was verlangst du von mir, in was für Abenteuersachen stürzt du uns hinein. Ergreift dich nicht mein Zustand, meine zerrissene Seele? Lade keinen Fluch auf dich und mache mich nicht mitschuldig!»

«Elli, ich kann nicht anders. Ich kenne nur einen Ausweg, du machst mit, oder ich verliere dich.»

So rang dieses starke Weib noch eine halbe Stunde, rang einen übermenschlichen Kampf. Ihre Augen sprühten abwechselnd Zorn, Haß, Liebe, Verzweiflung, die ihr Innerstes aufwühlten. Endlich erlahmte sie, warf sich an meine Brust und weinte. Jetzt hatte ich ein Weib vor mir, das folgte, auf Tod und Leben. Keinen Widerspruch hörte ich mehr. Wir waren von dem Umschlungensein heiß geworden, unser Blut war in der Aufwallung jetzt entfacht.

Heute noch kann ich nicht fassen, wo ich in dieser Situation die Kunst der Rhethorik mit ihrem Pathos und Ethos hernahm, um diesem holden Weib, was eben noch mit Fanatismus und heiligem Schauer sich gegen meine Tat sträubte, in solche Resignation und Folgeleistung zu versetzen.

Jetzt glaubte ich den letzten Akt zu liefern. Ich nahm die süße leichte Last auf die Arme, schlug mir ihr langes losgelöstes Haar über die Schulter und trug sie über die Straße, die ich mit Argusaugen abspähte, ob irgend etwas Verdächtiges in der Nähe sei. Die Luft war aber vollständig rein.

Vor der Gartenpforte der Geheimratsvilla setzte ich sie wieder nieder. Ich rechnete mit dem letzten Aufflackern eines Widerstandes. Elli war aber stumm und folgte mir in stummer Resignation in den Hintergarten der Villa. Nur krampfhaft hielt sie meine Hand fest.

Wir standen jetzt an dem Baume, an dem ich hochklettern wollte, um auf den Balkon in der 1. Etage zu gelangen.

In dieser Lage konnte ich nur im Flüsterton zu Elli reden. Meiner Kombination nach meinte ich, auf Ellis Antlitz Schrecken und Furcht gemalt zu sehen, hatte mich jedoch verrechnet. Starr fast und eisig waren ihre Züge. Der seelische Kampf hatte ihre Gesichtszüge stahlhart gemacht. Auf ihren Mienen war eine förmliche Abwesenheit, ein ins Irre blickender Zug zu lesen, der mich in Erstaunen setzte. Was war in solcher kurzen Zeit aus diesem weiblich schönen Weibe geworden?

Das lange dunkelblonde Haar hing ihr immer noch über Schulter und Nacken. Ich nahm es in den Schultern zusammen, flocht eine dicke Flechte draus und flüsterte Elli zu, es aufzustecken. Wie unter einer Suggestion führte sie diese Bitte ohne Antwort aus.

Als ich hiernach leise einige Zärtlichkeiten geflüstert hatte und dabei ihre Wangen streichelte, machte ich sie mit der Tatsache gefaßt, daß ich jetzt den Baum erklettern würde, um die Sache zu vollführen; sie müsse bis zu meiner Wiederkehr hier am Baume verweilen.

Alle Gefahren, die uns beiden drohten, wenn sie durch irgendein verkehrtes Verhalten sich während meiner Abwesenheit bemerkbar machen würde, malte ich ihr vor Augen. Innigst bat ich, bis zu meiner Rückkehr am Baum stehen zu bleiben. Ich würde, selbst bei größter Gefahr, erst zu ihr zurückkehren, nur über meine Leiche ginge der Weg zu ihr.

Kein Wort erwiderte Elli. Ihr Schweigen fing an, mich unheimlich zu berühren. Nur ihr Herantreten an den Stamm des Baumes ließ in mir einige Gewißheit zurück, daß sie ausharren wollte.

Es war 2 Uhr nachts. Die Zeit ermahnte mich zu weiterer Tat. Mit einem letzten Blick nach Elli verabschiedete ich mich und erkletterte den Baum, von dessen Ästen aus ich auf den Balkon in der ersten Etage gelangte. Oben angelangt, schaute ich zuerst hinunter nach Elli. Sie stand, ohne ein Glied zu rühren. Zu weiteren Betrachtungen war keine Zeit vorhanden.

Eine Außenjalousie, die ich heruntergelassen fand, bog ich vom Fenster ab, kroch dahinter und hatte bald ein Fenster aufgebohrt. Diverse Male schaute ich nach Elli runter, die immer noch unbeweglich auf ihrem Platze stand.

Jetzt stieg ich hinein und stellte durch mein Leuchten mit der Taschenlampe fest, daß ich mich in dem Schlafzimmer des Geheimrats befand, der aber nicht anwesend war. Ferner stellte ich fest, daß die

Ehe einen kleinen Riß haben konnte, denn der Geheimrat schlief allein, nur ein Bett war vorhanden. Alle Behälter, zuerst die Nachtschrankschieblade, suchte ich gründlich ab, ohne Tresorschlüssel zu finden. Die große Tresortür, die gleich an die Schlafstube grenzte, hatte ich entdeckt. Der Fußboden war mit Teppichen belegt, mein Gang war lautlos.

So mochte ich ½ Stunde alles in dem Schlafzimmer durchsucht haben, als ich von draußen einen Seufzer zu hören glaubte. Oder spielten mir meine Sinne einen Streich, oder war es die Angst um Elli, die mich prellte? Jedenfalls eilte ich auf den Balkon und sah Elli mit ihrem Gesicht aufwärts nach meinem Balkon gerichtet, ohne ein Wort von sich zu geben. Ihre Gesichtszüge konnte ich nicht erkennen, nur ihr marmorweißes Antlitz.

Einen Augenblick horchte ich gespannt und hörte zu meinem Schrecken den langsamen und gemächlichen Schritt einer Nachtpatrouille. In drei Sätzen stand ich neben Elli, um im Falle eines Falles neben ihr zu sein und sie im gegebenen Moment, wie eine Löwin ihr Junges, zu verteidigen.

Aber ruhig und gelassen zog der Hüter der Ordnung seinen Weg. Vor der Gartenpforte blieb er eine Weile stehen und pfiff ziemlich leise ein bekanntes Lied, was mir die volle Gewähr gab, daß dieser Erdenpilger keinen Schimmer hatte, was sich hier, einige Schritte von ihm entfernt, abspielte. Die Sträucher und Büsche, die am ganzen Gitter entlang vorhanden waren, schützten uns vor unbeliebten Augen.

Es ist kaum glaubhaft, wie übersichtlich die Gärten des Nachts sind, wenn der Mond am unbedeckten Himmel steht.

Zirka zwanzig Minuten mochte es gedauert haben, als die Schritte der Patrouille fast lautlos verhallten und mir damit sein sicheres Entfernen ankündigten. Ellis beide Hände hatte ich umklammert, um sie nicht unruhig zu machen. Ein Versuch, ihr einen Flüsterton abzuringen, scheiterte. Immer nur zeigte sie mir ihr bleiches Antlitz und ihre großen fragenden Augen.

Abermals verschwand ich auf dem Balkon.

Das Zimmer des Geheimrats war durchsucht. Nichts an Schlüsseln hatte ich gefunden. Deshalb ging ich ins Nebenzimmer und überzeugte mich, daß ich mich im Schlafzimmer der Gemahlin befand. Also richtig hatte jeder sein Schlafzimmer für sich.

Die ganze Ausstattung, besonders ein Schreibtisch im Zimmer der Gemahlin, berührte mich eigenartig kombinierend. So, als wenn die Gemahlin den Laden warf oder, wie man sich auszudrücken beliebt, wenn Männer untereinander reden, sie hatte die Hosen an.

In diese Kombination vertieft, lenkte ich lautloser Geselle mit nicht geringen Hoffnungen meine Schritte auf den Schreibtisch der Gemahlin zu, der einem Herrenschreibtisch am ähnlichsten sah. Meine Kombination mußte mir in schneller Aufeinanderfolge irgendeine unsichtbare Mephistogestalt ins Gehirn geritten haben, denn sie war richtig. In einer seitlichen Schieblade fand ich den auffälligen großen Tresorschlüssel.

Es war mir selbst ein Rätsel, wie ich von nun ab alles ohne besonderes Suchen fand. Fast als wenn mich eine unsichtbare Hand führte. Waren mir doch die Räume völlig fremd, hatte ich doch keinen Schritt noch Blick vorher hinein getan.

Mit dem Schlüssel in der Hand schaute ich erst nochmal nach Elli hinunter. Ihr Köpfchen war jetzt nicht nach oben gerichtet. Auf ein leises Rufen reagierte sie nicht. Selbst mein Hinunterwerfen einiger Blätter vom Baum veranlaßte sie nicht, heraufzuschauen. Sie war fast wie Lots Eheweib zur Salzsäule erstarrt.

Ich ging wieder hinein, öffnete mühelos die Tresortür, zog sie hinter mir an, schaltete das elektrische Licht ein und rekognoszierte das Feld.

Auf Borten standen mehrere Sachen und auf dem Boden ein Geldschrank. Einem Safe entnahm ich sämtliche Schmucksachen, besah dieses und jenes, nahm noch einige Zigarren an mich, in der Hoffnung, eine Geheimratszigarre zu erwischen, etwa eine Henry-Clee, aber böse Enttäuschung – nur Kutscherzigarren.

Ohne die Schmucksachen weiter zu besichtigen, steckte ich sie alle ein. Es war ungefähr eine halbe Stunde wieder vergangen, wie ich endgültig zu Elli zurückkehrte. Ich faßte sie wieder bei der Hand, ging mit ihr bis an die Gartenpforte, lauschte, ob die Luft rein war, und führte sie wieder bis an die Straße.

Mir entfiel ein Seufzer der Erleichterung, daß alles so glatt von statten gegangen war.

Jetzt hatte ich nicht eher Ruhe, bis ich Elli zum Sprechen gebracht hatte. Ihr stummer Zustand hatte etwas Grausiges an sich. An der nächsten Straßenecke rüttelte ich sie ein wenig und sagte: «Elli, sei doch jetzt wieder lieb und spreche mal; dein Schweigen macht mich wahnsinnig.»

Wieder sah ich nur fragende Augen.

Wir waren am Harvestehuder Weg bei einer Bank in der Nähe der Milchstraße angelangt; hier bat ich Elli, sich erst mal niederzusetzen. Ich hänselte und flehte, bis sie zu weinen anfing und ihrem Busen Seufzer auf Seufzer entstieg. Ihre Natur hatte gesiegt, sie machte sich Luft. Nach längerem Weinen sprach sie wieder. Schilderte mir, was sie während der Zeit, als sie am Baume alleine weilte, durchmachte.

Deutlich habe sie immer eine schwere Last über ihrem Haupte schweben sehen, die nur am dünnen Faden hing und sie jeden Augenblick zu erdrücken drohte. Sie wollte immer fliehen, aber ihre Beine seien steif gewesen; sie wollte schreien, aber ihre Stimme versagte. Ihr Blick sei während dieser ganzen Zeit mit magnetischer Gewalt immer auf diese Last gerichtet gewesen.

Von meinem Kommen und Gehen am Baume habe sie nur ein körperliches Empfinden verspürt, mit ihren Sinnen war sie gebannt. Nur die sitzende Stellung und daß ich jetzt ihren Oberkörper im Arm wiege, hätte sie wieder aus ihrem furchtbaren Bann gerissen. Jetzt empfinde sie auch eine große Ermattung.

An ihren Gesichtszügen verspürte ich deutlich die Wiederkehr ihrer gewöhnten weiblichen lieben weichen Züge.

Bald nach ihrer Zurückkehr in die Wirklichkeit brachte ich sie vor ihr Haus und ging erst fort, bis sie hineingeschlüpft war.

Ellis Ausbleiben war von der Mutter nicht bemerkt. Sie war wie gewöhnlich, wenn ihre Schwester vom Spielklub kam, zur Ruh gegangen. Die Tante, die sich immer bald ins Schlafzimmer zurückzog, konnte gar nicht feststellen, wann Elli nach ihr ins Haus getreten war. Außerdem war Elli doch fast 23 Jahre und kein Kind mehr, die man entsprechend beaufsichtigen konnte.

Nachdem Elli ins Haus geschlüpft war, eilte ich nach Hause, schloß mich im Wohnzimmer ein und besah sämtliche Schmucksachen. Fingerringe mit großen Steinen, ein Armband, in der Mitte mit einem großen Stein, nach beiden Seiten verjüngend auslaufend, ferner verschiedener anderer Schmuck und eine Perlenkette waren die Beute.

Die Perlenkette war der bedeutendste Schmuck und wohl der teuerste. Mehrere Reihen Perlen waren es, die 4mal von einer Platinplatte mit Brillanten unterbrochen waren. Diese Platten, wovon eine das Schloß war, hielten die Reihen Perlen am Halse glatt. Die Halskette habe ich so blendend schön selbst in den größten Juwelenläden nicht beobachtet. Es war jedenfalls ein extra angefertigtes Schmuckstück.

Als ich am andern Abend Elli alle Schmuckstücke unterbreitete, war sie selber von der Kette geblendet. Hier konnte ich mich überzeugen, wie wirklich guter Schmuck eine Dame herausreißt. Wie Elli die Halskette umhatte und vor dem Spiegel stand, staunte ich, wie königlich ihre Erscheinung jetzt wirkte.

Am selben Abend nahm ich allen Schmuck mit nach Kunz, der mir aus allen Sachen ein Perlenhalsband und ein Diadem verarbeitete.

Als ich 14 Tage später Elli am Abend damit überraschte, leuchteten ihre Augen. In dem Diadem waren ganz hervorstechend die großen Steine verarbeitet.

Wie Elli Diadem und Halsband trug, sah sie entzückend aus. Jedesmal, wenn wir allein waren, legte sie den Schmuck an. Dann hielt ich sie in meiner abenteuerlichen Phantasie für eine Königin.

Die Umarbeitung der Schmucksachen hatte mir keine Kosten verursacht. Kunz erhielt einige Steine als Entgelt.

2 Tage nach der Tat stand in allen Zeitungen ein in die Augen fallender Artikel: «Für 100 000 M. Schmucksachen geraubt», war fett drübergedruckt; 10 % Belohnung war für die Herbeischaffung ausgesetzt. 1918, wo die Mark noch Goldwert hatte, repräsentierten die Schmucksachen ein Vermögen.

In meiner 2jährigen Untersuchungshaft, aus denen meine jetzige Strafe hervorging, versuchten die Untersuchungsführer ihre Fühler auszustrecken, um den Schleier über dieser Tat zu lüften, die man halbwegs auf mein Conto kombiniert hatte und die andrerseits aus Gerüchten mir zudiktiert war.

Ellis Bild bleibt das Amulett, das schützend diese Tat in Dunkel hüllt. Dieses Weib liebte ich wie eine Francesca da Rimini.

Und wenn ich die Tat heute bekenne, trage ich die felsenfeste Überzeugung, daß der Zahn der Zeit mit seinen eisernen Konsequenzen die Spur derart verwischt hat, daß menschliche Möglichkeiten ausgeschlossen sind, diese Komtesse ausfindig zu machen. Dafür bürgt auch meine ganze Einstellung, wie ich Elli meinem ganzen übrigen Bekanntenkreis fernhielt. Und wie richtig ich getan hatte, habe ich in dem Petersen-Prozeß erfahren.

Die Komplicen, Memmen, wenn sie hinter Schloß und Riegel saßen, scheuten sich nicht, aus Liebkindspielerei bei den Untersuchungsführern, die sich auch daran ergötzten, junge Mädchen, Frauen und alte Mütterleins zu belasten, und zum Teil unwahr. Manche dieser ärmsten saßen dafür längere Zeit schuldlos in Haft.

Für solche Memmen, die sich so etwas leisteten, legte ich eine ganze Reihe Verbrechen auf den Tisch, die ich selbst mit verübte. Ihr Haß wurde groß, wie ich ihnen heimzahlte. Vorher hatte ich sie warnen lassen, nichts einzuräumen, oder – wenn schon, dann nur die Wahrheit, und nicht auf Kosten von Beteiligten den Kopf aus der Schlinge ziehen zu wollen.

Meine Warnung verhallte ungehört.

20. Kapitel
Fiolen und Fluchten

Die Novemberrevolution war einige Zeit nach dem Akt bei dem Geheimrat dahingebraust. Weihnachten war vorübergeeilt und das Frühjahr in vollster Blüte.

In dieser Zeit lebte ich mit Elli wie im Rausche. Keiner wußte von unserer Liebe. Die Polizei hatte, um meiner habhaft zu werden, ständig und fieberhaft ihre Tätigkeit entfaltet, die selbst an der Hand gewiegter Spitzel nicht von Erfolg war.

Ich kannte und sortierte meinen Bekanntenkreis, wußte mich gerade in Verbrecherkreisen durchzudrücken mit dem Ergebnis, daß mir Spitzel mit offenem Visier aus Furcht nicht begegneten. Für ihr Handwerk im Rücken präsentierte ich ihnen Brocken, mit denen sie die Polizei auf falsche Spur brachten.

Zum Verständnis sei nur eins von den vielen Beispielen hier angeführt. Außer meinem Verkehr mit Elli hatte ich teils enge, teils weitläufige Fühlung mit der Verbrecherwelt, in deren Augen ich mit dem Nimbus des Großen umhüllt war. Jeder schmeichelte sich, wenn er unter seinesgleichen renommieren konnte, mit mir diese oder jene gesetzwidrige Attacke begangen zu haben. Welche Märchen hierbei geboren wurden, ist geradezu phantastisch. Phantasien, von denen die Polizeiorgane mit abgefärbt waren.

Bei solchen Personen, von denen ich wußte und deren Karackterart ich studiert hatte, die, wenn sie durch Handlungen oder Zufälle mit der Polizei in Berührung kamen, alles erzählten, was Kriminalbeamte sie frugen, also jeden Verrat leisteten bis zur höchsten Potenz der Spitzelei, hatte ich die Mär angebracht, ich wohnte in unmittelbarer Nähe von Harburg, wo ich eine Villa besäße. Es dauerte nicht lange, bis die Polizei dies erfuhr, die sofort in Harburg die Behörden alarmierte. In Harburg waren Kriminalbeamte genug, die meine Person in ganz phantastischer Weise ihrer Gehirnzentrale einverleibten.

Um diese Zeit passierte in Buxtehude ein Raubmord. Da dieser Flecken dicht bei Harburg liegt, wo ich möglicherweise nach den Berichten von Hamburg mich aufhielt, konnte es natürlich kein anderer gewesen sein wie ich. Die Zeitungen posaunten es in allen Tönen aus. Danach war ich genau erkannt, weil der Täter im Buxtehuder Krankenhaus – um Essen gebettelt hatte und einen Rucksack getragen, der schwer hinten am Rücken runtergehangen hätte. Das sei zweifellos der schwere Hammer gewesen, mit dem die Person erschlagen worden und beraubt sei.

Ich schwelgte mit Elli im Liebesrausch, saß die halben Nächte im Piama bei ihr im niedlichen Salon, entbehrte nichts, und in Buxtehude flickte eine phantastisch eingestellte Kriminalpolizei mir einen Raubmord und das Betteln von Essen an.

Es war natürlich, daß ich später, während einer Strafhaft von einem Jahr Gefängnis, eine Untersuchung dieses Mordes über mich ergehen lassen mußte. Mit einem Fiasko brachen die Gegenüberstellungen zusammen, das sich insofern noch erhöhte, weil es in Kleidung und Sprache ein Italiener gewesen sein sollte und ich gefragt wurde, ob ich einen italienischen Dialekt spreche. Um der Sache einen humoristischen Anstrich zu geben, sprach ich das Hamburger Platt, daß alle weiteren Fragen sich erübrigten.

Und um diese Sache noch etwas pikanter zu machen, will ich nebenbei erwähnen, daß der von der Staatsanwaltschaft mit dieser Sache beauftragte Assessor 2 Jahre später mit mir als Rechtsanwalt in ein Strafverfahren verwickelt war, also auf gut deutsch Komplice sein sollte. Trotz aller Versuche, diesen Ärmsten aus solcher Affaire herauszuziehen, weil er direckt unschuldig gewesen ist, landete er mit 1 Jahr im Gefängnis.

Daß dieser arme Teufel in solchen Schatten gestellt werden konnte, verdankte er Elementen, die sich in den Maschen der Nemesis verstrickt hatten, in dieser Lage Lieb Kind spielte, was, unter die Lupe genommen, nur aus Suggestivtätigkeit des Untersuchungsführers entstanden war.

So manches Erlebnis könnte ich noch anführen, das mit Tragik und Komik gewürzt ist, jedoch das Buch zu umfangreich machen würde. Ich müßte dann auch noch eine Reihe gesetzwidriger Handlungen schildern, die ein besonderes Interesse entbehren. Alle diese Handlungen muß ich heute mit 15 Jahren Zuchthaus sühnen.

Diese Tatsache, daß ich für Eigentumsvergehen 15 Jahre, was dem Worte lebenslänglich ziemlich die Stange hält, hinter Mauern verbringen muß, ist ein Hohn auf die Tendenzen des modernen Strafvollzugs, der heute in der Literatur mit allen Schlagwörtern hervorgehoben wird. Keine Vergeltung, sondern pädagogische Einwirkung, um den Bestraften ins bürgerliche Leben zurückzuführen. Ob man dazu 15 Jahre braucht, überlasse ich jedem einzelnen, drüber nachzudenken. Ich selber erfahre es am eignen Körper, wie weit ich zurückkomme, wenn ich hier 15 Jahre gehaust habe. Nackte Vergeltung, völliges

Absterben für die Außenwelt ist das Los eines Menschen, der hier so lange Jahre verbittert.

Doch ich will mich nicht zu weit in Kritick einlassen. Dieses Kapitel behandle ich in einer Broschüre.

Will jetzt eine Attacke schildern, die mir heute noch ein Lächeln abringt. Es war eben das Schicksal, das mir mal wieder einen Strich durch die Rechnung machte. Die Krallen der Nemesis waren auch noch da und ließen sich nicht immer foppen.

Wie schon geschildert, hielt ich mich am Tage im Haus auf, führte im Gegensatz zu andern Menschen ein Nachtdasein und kann nicht mit Gellert sagen: «Die Nacht ist keines Menschen Freund.» Ganz besonders machte ich nachts längere Fußtouren. Dies verlangte meine Körperkonstitution, die von Kraft und Gesundheit trotzte.

Es war eine herrliche Maiennacht, als ich mich gegen 12 Uhr von Elli in ihrem Heim trennte. Nach solcher Trennung war ich besonders zu längeren Fußtouren aufgelegt. Ich pilgerte über die Lombardsbrücke an der Alster entlang, die Lohmühlenstraße hoch, über das Lübecker Tor die Borgfelderstraße hinunter.

Beim Ausschlägerweg hatte ich eine kleine komische Begegnung. Zwei Nachtpatrouillen hielten ein Auto an, leuchteten hinein und ließen den Schofför weiterfahren. Er war gerade abgefahren, als ich an der Stelle vorbeikam.

Durch ein hingeworfenes Wort knüpfte ich ein Gespräch an hinter dem – ehrlich gesagt – die Neugierde steckte, weshalb sie das Auto angehalten hatten.

Nach einigen Redewendungen stellte ich die Frage, weshalb sie eben das Auto angehalten hätten. Die Antwort war verblüffend und verschaffte mir eine Gänsehaut: «Dieser Petersen, dieser schwere Junge, der fährt des Nachts nur im Auto in der feinsten Schale und bricht überall ein. Wir sind informiert, daß er heute nacht hier in Borgfelde hausen soll.»

Ich konnte nur antworten: «Das muß ja ein ganz gefährlicher Kerl sein. Da würde ich aber todsicher meinen Teil zu beitragen, wenn der gefaßt werden könnte. Kennen Sie ihn vielleicht?» frug ich. «Haben Sie ihn schon mal irgendwo gesehen?»

«Jawohl», sagte der eine und schob mir mächtig einen unter die Weste! «Vor kurzem waren wir ihm auf der Spur, aber leider ist er uns entwischt. Er hat ja so viel Helfershelfer und schießt kaltblütig jeden nieder, der ihm den Weg zur Freiheit versperrt. Es ist solch großer schwarzer, ziemlich kompleter Kerl.»

Ich stimmte noch ein wenig in alles mit ein, gab meine Bewunderung über ihre Tüchtigkeit offen kund, bot jedem eine Zigarre an, die sie meinten im Dienst nicht rauchen zu können, aber in der Freizeit, und drückte mich.

Von diesen beiden Biedermännern war ich also eben mit schwarzem Haar bedacht, wo ich doch in Wirklichkeit blond bin. Welche Ausmaße von Phantasie sich über meine Person gebildet hatten, war mir eben vor Augen geführt.

Hiernach pilgerte ich meinen Weg weiter die Burgstraße hinauf über die Landwehr nach der Hamburgerstraße. Von hier aus ging ich die Dehnhaide entlang, besuchte in dieser Straße einen Bekannten, der meine ganze Lage kannte und gerne mit mir plauderte. Da ich hier öfters des Nachts vorsprach, war es ihm nichts Neues, wenn ich um Mitternacht bei ihm eintrat. Er unterbrach gerne seinen Schlaf und unterhielt sich jedesmal mit mir bis in die Morgenstunden.

Gegen 5 Uhr verabschiedete ich mich mit der Absicht, über Wandsbeck, bei der Horner Rennbahn vorbei, über Hamm, Borgfelde, St. Georg wieder in der Verbindungsbahn zu landen, um am Tage wie üblich zu schlafen.

Diese Nacht sollte die Sache aber anders verlaufen.

Wie ich in Wandsbeck die Langerckestraße entlangschob, es mochte gegen 5½ Uhr morgens sein, traf ich 2 Männer, die mir aus der Verbrecherliga bekannt waren und angeblich nach Wandsbeck wollten, um mit dem ersten Zug nach Bargteheide zum Frettieren zu fahren, wo sie bei einem Wirte ihre Frettchen untergestellt hatten. Da nun mein Weg eine Strecke dieselbe Richtung war, gingen wir in eine der Nebenstraßen, die von der Lengerckestraße abbog und auf dem Wandsbecker Marktplatz ausmündete.

Wir hatten eben den Marktplatz gequert und bogen in die Schloßstraße ein, als wir uns auf einmal von Polizeipatrouillen umstellt sahen. Ob mich einer erkannt hatte, oder ob irgendwie in der Nähe auf irgendwelches Diebesgesindel gelauert wurde, konnte ich nicht ahnen. Nachher erfuhr ich, daß letzteres der Fall war.

Auf der Hamburgerstraße in Wandsbeck war in einem Schuhwarengeschäft ein Diebstahl passiert, von dem die Diebe oder der Dieb die Beute in einer Nebenstraße versteckt oder aber zurückgelassen hatten. Diese Beute hatte eine Nachtpatrouille entdeckt, an die Wache gemeldet, wodurch angenommen wurde, daß die Täter sich zur Abholung der Beute einstellen würden. Aus diesem Grunde hatte man im Umkreis vom Marktplatz die Gegend abgestellt.

Nichtsahnend traten wir in diesem Gesichtsfeld wie zufällig auf den Plan.

In der Schloßstraße sahen wir uns auf einmal von mehreren Polizeipatrouillen umringt, die an uns mit der Frage herantraten, wo wir herkämen. Wenn nicht das Damoklesschwert der steckbrieflichen Verfolgung über meinem Haupte schwelte, hätte ich diese Sache ruhig auf Grund meines guten Bewußtseins über mich ergehen lassen. So aber konnte ich mich selbst einer harmlosen Sistierung nicht aussetzen. Aus diesem Grunde schwang ich im Eiltempo davon und sauste von der Schloßstraße ins Gehölz, welches nach dem Wandsbecker Bahnhof führt.

Aber auch hier tauchten, wie aus der Erde entstiegen, Patrouillen auf. Wie ich diese erblickte, sprang ich in einen der Hintergärten der Villen von der Schloßstraße, die ans Gehölz grenzten.

Die ersten Patrouillen, die mich anhalten wollten, sahen mein Verschwinden in die Gärten und sausten die Schloßstraße entlang, um mich vorn an der Villa, wo ich wieder rauskommen mußte, abzufangen. Mein Verhängnis ereilte mich dadurch, daß auch in dem Garten, wo ich hineingesprungen war, der Besitzer anwesend war und sich schon zu der frühen Morgenstunde mit Gartenarbeit beschäftigte.

Wie der mich anrasen sah, schlug er Lärm und verriet dadurch meinen momentanen Aufenthalt. Nebenbei hatten mehrere Patrouillen ihre Revolver auf mich abgefeuert, ohne zu treffen. Der hierdurch entstandene Lärm hatte alles auf die Beine gebracht, was in der Nähe anwesend war.

Wie ich mir den im Garten anwesenden Besitzer abwimmelte, drangen, von seinem Lärm angezogen, die Patrouillen vom Gehölz und von der Schloßstraße in die Gärten hinein und stellten mich.

Sie brachten mich erst nach der damaligen provisorisch eingerichteten Wache in der Schloßstraße am Marktplatz, wo meine beiden Begleiter, die ruhig mit zur Wache gegangen, bereits angelangt waren.

Durch mein Flüchten hatte ich selbstverständlich meine beiden Begleiter wie mich in den schweren Verdacht gebracht, die Täter vor sich zu haben, die mit dem Diebstahl in dem Schuhwarengeschäft zusammenzubringen waren.

Daß ich der gesuchte Petersen war, ahnte man auf der Wache nicht. Als erstes wurden wir nach unserm Namen gefragt. Ich sagte laut und deutlich, daß ich Becker hieß und in der Schumannstraße in Uhlenhorst No. 14 wohnte und meine Begleiter gar nicht kenne. Dies tat ich, damit meine beiden Begleiter es hörten, um bei ihnen die Frage auszuschalten, wer ich sei. Umgekehrt bei mir ebenso.

Ich war mir genau bewußt, daß es, wenn ich meinen richtigen

Namen angegeben hätte, sofort von Eisen und Ketten an meinem Leibe gerasselt hätte.

Mit der Angabe eines falschen Namens und meiner Beteuerung, von dem Diebstahl nichts zu wissen, erweckte ich vorerst einigen Glauben. Mein des Wegs Kommen begründete ich mit einer Frühtour, während meine beiden Begleiter ihre Absicht vom Frettieren erklärten. Wie in solchen Fällen üblich, werden diese Sachen der Kriminalpolizei zur Untersuchung übergeben, die aber erst um 8 oder 9 Uhr in Aktion tritt.

½ Stunde nach unserer Sistierung wurden wir drei, an jeder Hand eine Patrouille mit der Kette, nach dem Gefängnis in der Karreestraße gebracht. Unterwegs versuchte ich noch, mich loszureißen, um zu flüchten, was jedoch mißlang und mir Gelegenheit gab, mich von den rohen Patronen, die mich führten, zu überzeugen. Als ich mich losreißen wollte, schlug mir der eine mehrere Male mit der Faust ins Gesicht, während der andere mich festhielt, damit ich mich nicht wehren konnte. Deshalb trat ich dem mich Schlagenden mit den Absätzen das Schienbein entzwei, so daß er hinkte und mehr Schmerzen verspürte wie ich mit meinem zerschlagenen Gesicht.

Dieser Vorgang wurde dem Aufseher im Gefängnis sofort erzählt, der mich dann in diesem Sinne bewertete. Die Klique hält in solchen Sachen bekanntlich zusammen. Daß sie mir das Gesicht zerschlagen hatten, war man sich nicht bewußt, nur daß ich dem einen in der Notwehr das Schienbein entzwei gestoßen hatte, wurde als böse Sache registriert.

Ich verkenne in keiner Weise meine Schuld. Aber jeder Vogel liebt die Freiheit. Und wenn ich mich losreißen wollte, gehört kein Schlagen dazu; überhaupt in solch brutaler Weise dem Menschen ins Gesicht zu schlagen und ihm es zu schänden. Diese brutale Weise steckte ich mir nicht so einfach hinter die Ohren. Im Gefängnis angelangt, kam ich sofort in eine Zelle in Einzelhaft.

Es war Sonntagmorgen, die Sonne schien so verlockend ins Fenster hinein, was gar nicht zu meiner Verfassung paßte. In seelischer Zerrissenheit ging ich wie ein gefangener Löwe in der Zelle auf und ab. Meine Seele schrie nach Elli. Der Gedanke meiner Verhaftung wollte und wollte nicht in meinem Gehirn Fuß fassen. Wie im Traum glaubte ich zu leben.

Die Zelle war mir zu eng, die Brust wollte mir bersten. Qualvolle Selbstvorwürfe peitschten mir die Seele. Hier mußt du wieder raus, schrie es laut in mir. Nur die Flucht kann dich retten.

Mit solchen Gedanken besah ich mir die Fenster und die Eisenstangen. Die letzteren fand ich nicht besonders stark, was mich veranlaßte, sie näher in Augenschein zu nehmen. Hiernach löste ich ein Tischbein, mit dem ich die Stangen auseinanderzubiegen suchte.

Ich mochte eine Zeitlang an den Stangen herumgewühlt haben, als ich ein verdächtiges Geräusch vor der Tür hörte. Im Nu hatte ich das Tischbein provisorisch wieder an seine Stelle gefügt und mein Jackett drüber gedeckt, als der Aufseher die Tür aufschloß und hineintrat.

«Na, was machen Sie denn hier?» frug er mich.

Ich stellte mich ganz dumm und sagte: «Wieso meinen Sie es?»

Ohne mir weitere Fragen zu stellen, sagte er: «Nehmen Sie Ihre Sachen und kommen Sie mal mit!» Er führte mich in eine andere Zelle, die im Gegensatz zu der vorigen an der Straße lag.

Wie ich eben in der neuen Zelle war, sollte ich mich überzeugen, daß der Aufseher mich so bewertete, wie ihm von der Patrouille das Losreißen geschildert war, was ich schon vorhin andeutete. Der Aufseher zog einen kleinen Revolver aus der Tasche, fuchtelte mir unheimlich dicht vor der Nase herum und rief sehr laut: «Glauben Sie ja nicht, daß wir vor Ihnen Angst haben. Wenn Sie sich hier muxen wollen, schieße ich Sie glatt über den Haufen.» Eine drohende Haltung mit dementsprechenden Gesten begleitete sein Vorgehen.

Ich schob ihm seine Hand mit dem Revolver von meinem Gesicht ab und sagte: «Bitte unterlassen Sie die Drohung so dicht vor meiner Nase. Wenn der Schuß losgeht, was dann? Eine Drohung, wie Sie sie sich hier erlauben, ist doch nicht am Platze.»

Meine Ruhe, ebenso meine verächtliche Miene, die er mit seinen Drohungen bei mir auslöste, ebenso das Wegschieben seiner Hand brachte ihn in Wut.

«Glauben Sie etwa, ich habe nicht gesehen, was Sie da an den Stangen machten? Stellen Sie sich nur nicht so dumm an!» Wobei er wieder mit dem Revolver herumfuchtelte.

Ich drängte ihm nochmals seine Hand mit dem Revolver von meinem Gesicht ab und schwieg. Damit goß ich wohl am richtigsten Öl auf die erregten Wässer dieses nervösen Menschen.

Dessen war ich mir bewußt, wäre der Revolver losgegangen, dieser Erdenpilger hätte sich nicht gescheut, auszusagen, ich hätte ihn angegriffen. Diese Art Helden kannte ich zur Genüge. Feige vorm Gesicht, im Rücken aber tüchtig. Davon sollte ich mich am andern Morgen auch überzeugen.

Jetzt lag ich an der Straße, die Scheiben waren von Milchglas; also ein Hindurchsehen war nicht möglich. Nur ein kleines, 25 cm Quadrat großes Fenster ließ diese Möglichkeit offen. Der kleine Riegel war mit

Draht zugebunden, den ich aber bald losgefummelt hatte. Aber schon war der Aufseher wieder da und sagte mir, das Fenster nicht mehr als 2 cm zu öffnen.

Gegen Mittag trat der Aufseher in Begleitung des Kriminalbeamten ein, der die Recherchen unternommen hatte, ob ich da wohnte und der sei, wie ich angegeben hätte. Es ist dies eine übliche Art, bei Verhaftungen sich nach der angegebenen Adresse zu erkundigen, bei der sich in Strafsachen vielfach eine Haussuchung anschließt. Der Kriminalbeamte trat mit den Worten in die Zelle hinein: «Becker, in der Uhlenhorst in der Schumannstraße 14 wohnt Ihre Mutter aber nicht, es kennt da niemand den Namen Becker.»

Jetzt hieß es, eine neue Fiole zu bauen.

«No. 14», sagte ich, «ist auch nicht richtig. No. 40 habe ich gesagt. Da haben sie mich heute morgen bei der Personalangabe wohl nicht richtig verstanden.» Dies ließ eine glaubhafte Möglichkeit offen.

Der Kriminal sagte darauf: «Es kann ja möglich sein; ich werde morgen früh nochmal nach der Uhlenhorst gehen.» Weil es Sonntagmittag war, wollte er am selben Tage nicht nochmal nach der Uhlenhorst pilgern.

Also hatte ich eine Galgenfrist bis morgen früh vor mir, bis festgestellt wurde, daß ich unter falscher Flagge segelte und als harmloser angesehen wurde, soweit mein Zusammenprall mit den Patrouillen beim Losreißen und mein Zuschaffenmachen an den Eisenstangen es noch zuließ.

Nachmittags gegen 4 Uhr kam die Frau eines meiner Begleiter, der in der Nähe wohnte, ins Gefängnis. Dessen Personalien und Wohnungsangabe waren bereits geprüft und als richtig befunden. Hierdurch hatte diese Frau die Kenntnis erlangt, daß ihr Mann heute morgen verhaftet sei und sich in Wandsbeck im Karree-Gefängnis befinde. Sie brachte ihrem Mann Essen, welches erlaubt war zu bringen.

Wie ich aber aus dem Fenster auf die Straße schaute, sah ich, wie besagte Frau zu obigem Zwecke im Gefängnis erschien. Da wir uns kannten, rief ich sie an. Sie stutzte sofort und erkannte mich. Hierdurch ging es wie ein Lauffeuer in gleichgesinnten Kreisen herum, daß ich mich in Wandsbeck im Gefängnis befand.

Mitten in der Nacht erschienen kongeniale Geister von mir an meinem Zellenfenster, um für meine Befreiung Hülfe zu leisten. Es waren zirka 10 Mann. Sie hatten gleich eine schwere Bolzenzange an die Eisenstangen gesetzt, um sie durchzuschneiden. Der Nachtwachehabende mußte aber etwas gemerkt haben und trat auf die Straße.

Meine Helfershelfer hatten sich aber unbemerkt in einen Hinterhalt gestellt.

Noch zwei Mal wurde versucht; der Erfolg scheiterte aber immer an die Wachsamkeit der Nachtwache.

Ich lag im Erdgeschoß, meine Begleiter im I. Stock und auch nach der Straße raus. Die beiden witterten, was unten bei mir vor sich gehen sollte. Einer von diesen rief den Helfershelfern hinunter: «Kommt doch rein und holt uns raus, ihr seid Leute genug.»

Wie sie die Erfolglosigkeit des Stangendurchschneidens einsehen mochten, trat einer an mein Fenster heran und unterbreitete mir ihre Absicht, mit Gewalt einzudringen und alle drei herauszuholen. Nebenbei bemerkte er, daß 4 Mann einen geladenen Revolver bei sich hätten.

Auf Grund meiner Erfahrungen aus der Verbrecherwelt wußte ich, was es vielfach abgibt, wenn eine Anzahl Menschen solcher Art eine Sache ausfressen. 4 Mann, mit einem Revolver ausgerüstet, und dann ins Gefängnis eindringen, wo nur 2 Mann Bewachung sind, konnte sich tragisch auswirken, wenn die Wachen energischen Widerstand leisteten.

Ich wußte, daß die Nachtwachehaltenden Familienväter waren und wie leicht es dabei hätte Tote geben können. Auf Kosten solcher Familienväter, die um des täglichen Brotes willen ihre Pflicht taten, meine Freiheit zu erlangen, lehnte ich rundweg ab.

Meine beiden Begleiter mußte man sofort in Freiheit setzen, sobald meine Person identifiziert war. Das wußte ich.

Nach diesen Bedenken ersuchte ich die Genossen, ruhig nach Hause zu gehen und mir einen Revolver zu geben, ich würde morgen früh mir den Tagesaufseher kaufen, der so tüchtig war, wie er mir mit dem Revolver vor der Nase herumfuchtelte. Dem wollte ich einen heillosen Schrecken einjagen. Auf Grund meiner Menschenkenntnis sagte ich mir, wie der Mensch sich an einem Wehrlosen zeigt, ist er ein Mutiger oder eine Memme in gegebener Situation. Dieser hier beschriebene Aufseher, das sah ich ihm an der Nasenspitze an, war eine Memme. Und daß ich mich nicht täuschte, sollte ich am andern Morgen erfahren.

Die Helfershelfer zogen ab, während ich den Revolver unter das Kopfkissen legte und den Morgen erwartete.

Gleich nach 6 Uhr morgens kam der Tagesaufseher, schloß meine Zelle auf und forderte mich auf, den Toiletteneimer nach dem Hof hinauszutragen. Wasserclosetts waren nicht in den Zellen.

Ohne eine Miene zu machen, ging ich auf den Hof, wohin der Aufseher mir auf dem Fuße folgte.

Auf dem Hofe angelangt, setzte ich den Eimer auf die Erde, drehte mich um, nahm den großen Browning, den ich vorher gesichert hatte, aus der Tasche, drehte mich wie der Blitz um und hielt ihn dem Aufseher genau so vor die Nase wie er mir gestern morgen seinen!

«Hände hoch!» donnerte ich. «Schlüssel her!» rief ich.

Ohne die geringste Miene zur Verteidigung zu machen, gab er die Schlüssel her und hielt die Hände hoch.

«Gehn Sie in die Toilette hinein und riegeln Sie hinter sich zu», donnerte ich weiter, wobei ich allerlei verdächtige Mienen mit dem Browning machte.

Mit schlotternden Knien schob er in die Toilette hinein und machte hinter sich die Tür zu. Trotz dieser ernsten Situation konnte ich ein Lächeln nicht unterdrücken, wie ich sah, wie mein Held von gestern zusammenklappte.

Nachdem der Aufseher in die Toilette verschwunden, lenkte ich im Fluge meine Schritte nach der Haupttür, die mich ins Freie bringen sollte, da auch die Schlüssel hierzu an dem Bund waren, welches ich dem Aufseher abgenommen hatte.

Als ich an die Haupttür herantrat, ging nebenan eine Tür auf, die in die Wohnung des Aufsehers führte und mit dem Gefängnis in Verbindung stand. Aus dieser Tür trat die Frau des Aufsehers, die jedenfalls das «Hände hoch»-Rufen auf dem Hof gehört hatte.

Die Frau, wie sie mich mit den Schlüsseln in der Hand sah, rannte, die Hände von sich gestreckt, mir mit einem Schreien entgegen, mindestens mit der Absicht, mir die Augen auszukratzen. An ihren Augen sah ich, wie sie geradezu hysterisch losrannte.

Hinter der Frau stand noch eine 18jährige Tochter und ein 21jähriger Sohn. Die Tür nach der Straße war mir also versperrt, ich konnte die Frau nicht aus dem Wege räumen. Ich hatte genug zu tun, mir deren lang vorgestreckte Arme vom Gesichte abzuhalten. Die Frau kam mir fast irrsinnig vor. Sie sah ihren Mann nicht, der immer noch gehorsam auf der Toilette hockte. Jedenfalls glaubte die Frau, die einen Revolver in meinen Händen sah, daß ich ihren Mann ins Jenseits befördert hatte.

Der Anblick der Frau hatte mich schließlich ergriffen; ich retterierte wieder nach dem Hof, wo mein Held von gestern jedenfalls durch das Geschrei der Frau riskiert hatte, die Nasenspitze aus der Toilette zu stecken. Wie ich wieder auf den Hof ankam, hielt ich den Revolver wieder nach der Toilette hin und rief: «Willst du die Tür zumachen!»

Sofort machte mein Held die Toilettentür wieder zu.

Auch die Frau folgte mir auf den Hof. Ebenso der Sohn. Er hatte ein Jagdgewehr auf mich angelegt.

Jetzt sprang ich auf den Hühnerstall, von dort auf die Gefängnismauer und auf der andern Seite wieder hinunter. Wie ich auf der Mauer saß, gab der Sohn einen Schuß auf mich ab, der mich aber nur streifte und mich wenig oder gar nicht verletzte.

Hätte ich mich nun nicht beherrscht und einen Schuß abgegeben, wäre ich der gemeinste Schuft gewesen. Daß sie aber auf mich schossen und mir nach dem Leben trachteten, ist eine edle Tat.

Mag dem nun sein, wie will, ich hatte mich mit einer Drohung gerächt und ihm gezeigt, daß er eine Memme war, gegen Wehrlose tüchtig sein konnte, aber gegen die Überlegenheit feige war.

Als ich von der Mauer abgesprungen war, kam ich über ein Kohlenlager in eine Straße hinein und entkam. Die Freiheit, die goldene, hatte ich zurück.

Am andern Tage standen große sensationelle Artikel in der Zeitung, die kein gutes Haar an mir ließen. «Man wußte nicht, welch Geisteskind man vor sich hatte, sonst hätte man ihn in Eisen gelegt.» So und in anderen Tonarten machte man sich Luft.

Meine beiden Begleiter setzte man einige Tage später wieder in Freiheit.

Die Schlüssel vom Gefängnis, die ich bei mir hatte, sandte ich per Post unter fingierter Adresse wieder an das Gefängnis zurück.

Nachwort

von Helmut Ebeling

Julius Adolf Petersen war schon zu seinen Lebzeiten eine legendäre Gestalt. Der «Lord von Barmbeck», wie die Hamburger ihn nannten – Barmbeck, damals ein Arbeiterviertel am Rande der Stadt, war ein beliebter Zufluchtsort für die Ganoven und «Apachen» jener Jahre – hatte auf dem Höhepunkt seiner Karriere mit ganzen Serien spektakulärer Einbrüche und Raubüberfälle die Bürger in Schrecken und Scharen von Kriminalbeamten und Zeitungsreportern in Trab gehalten. Er war sich seiner Berühmtheit bewußt, und als er sich um 1927 im Zuchthaus Fuhlsbüttel daranmachte, seine «Lebensschilderungen» zu schreiben, zweifelte er nicht einen Augenblick, daß sie auch gedruckt werden würden. Gleich in der «Vorrede» wendet er sich an den «geneigten Leser», an die Öffentlichkeit. Ganz selbstverständlich spricht er von seinem «Buch», für das ihm auch schon ein «Titelbild» vorschwebte, das «links in der Ecke das gewaltsame Öffnen eines Geldschrankes» zeigen sollte.

Das Buch erscheint erst jetzt, 40 Jahre nach dem Tod des Verfassers. Das handschriftliche Manuskript war zu den Akten gelegt worden, in Vergessenheit geraten, und nach dem Zweiten Weltkrieg hatte man geglaubt, es sei bei einem der Luftangriffe vernichtet worden. Erst vor wenigen Jahren wurde es im Hamburger Staatsarchiv wiederaufgefunden: zwei stärkere Kladden mit festem Deckel, die eine liniert, die andere mit unlinierten, engzeilig beschriebenen Seiten. Der in deutscher Schreibschrift geschriebene Text umfaßt insgesamt 717 Seiten.

Die überraschend zügige, ausgeprägte Handschrift ist nicht leicht lesbar. Zudem weist das Manuskript zahlreiche Korrekturen von der Hand des Verfassers auf, die vielfach nur mit dem Vergrößerungsglas entziffert werden konnten. Oft hat der Autor ganze Passagen gestrichen und, meist aus stilistischen Gründen, neu formuliert. Die «Vorrede» existiert in drei Versionen: die erste enthält eine später im Text verarbeitete Abrechnung mit der Hamburger Justiz, die zweite Angriffe gegen einen Gerichtsreporter, der über den großen Petersen-Prozeß berichtet hatte; schließlich entstand die dritte, endgültige Fassung.

Der vorliegende Text folgt dem Wortlaut des handschriftlichen Manuskripts. Abgesehen von einigen kleinen Umstellungen und geringfügigen, Wiederholungen betreffenden Kürzungen wurden keinerlei Änderungen vorgenommen. Die Orthographie einzelner Wörter wechselt im Manuskript. Sie wurde, ebenso wie die Interpunktion, um der Lesbarkeit des Textes willen (mit Ausnahme einiger beharrlich wiederkehrender oder signifikanter falscher Schreibweisen) berichtigt. Verballhornungen und falsche Zitate wurden absichtlich nicht korrigiert.

Die trotz aller Unbeholfenheiten verblüffende erzählerische Begabung, die aus diesen Aufzeichnungen spricht, könnte Zweifel an der Echtheit des Manuskripts aufkommen lassen. Sie werden durch Schrift- und Stilvergleiche mit handschriftlichen Briefen, Gesuchen und abgefangenen Kassibern des Verfassers, die sich in großer Zahl in den noch vorhandenen Akten finden, beseitigt. Alle diese meist ungewöhnlich wortreichen Schriftstücke weisen die gleichen Stilelemente auf: eine vor allem von der Gefängnislektüre und dem Umgang mit der Justizbürokratie geprägte Sprache, die jedoch immer wieder, wenn den Verfasser der Zorn über die ihm widerfahrenen Ungerechtigkeiten überkommt oder wenn einfach die Lust am Erzählen mit ihm durchgeht, das Klischeehafte verliert und eigene, originelle Ausdrucksmöglichkeiten findet.

Kein Zweifel, Adolf Petersen hat seine Erinnerungen selbst formuliert und niedergeschrieben. Sein Buch war als Anklage gegen die Vertreter der Justizbehörde gedacht, die ihm für ein volles Geständnis Strafmilderung versprochen und dann ihr Wort nicht gehalten hatten. Zum andern aber wollte er seine Leser amüsieren. «Der geneigte Leser wird die Lachmuskeln noch brauchen müssen», heißt es in der später gestrichenen ersten Fassung der «Vorrede». Verärgert über entstellende Presseberichte und die während seiner Haftzeit aufgeführte Komödie *Der Lord von Barmbeck* wollte er selbst seine Geschichte erzählen und sie mit seinem eigenen Humor würzen, nicht nur um das verfälschte Bild in seinem Sinne zu korrigieren, sondern wohl auch um denen, die seinen «Ruhm» ausbeuteten, die Schau zu stehlen – was ihm, wie sich zeigt, gelungen ist. Man schmunzelt, man lacht – trotz der vielen traurigen und düsteren Aspekte dieses menschlichen Dokuments.

Wie weit aber stimmt nun das Bild, das er selbst von sich zeichnet, mit der Wirklichkeit überein? Darüber geben die noch vorhandenen Akten Aufschluß, die uns auch erlauben, seinen weiteren Lebensweg bis zu seinem Tod im Jahre 1933 zu verfolgen.

Julius Adolf Petersen wurde am 7. Oktober 1882 als zweites von

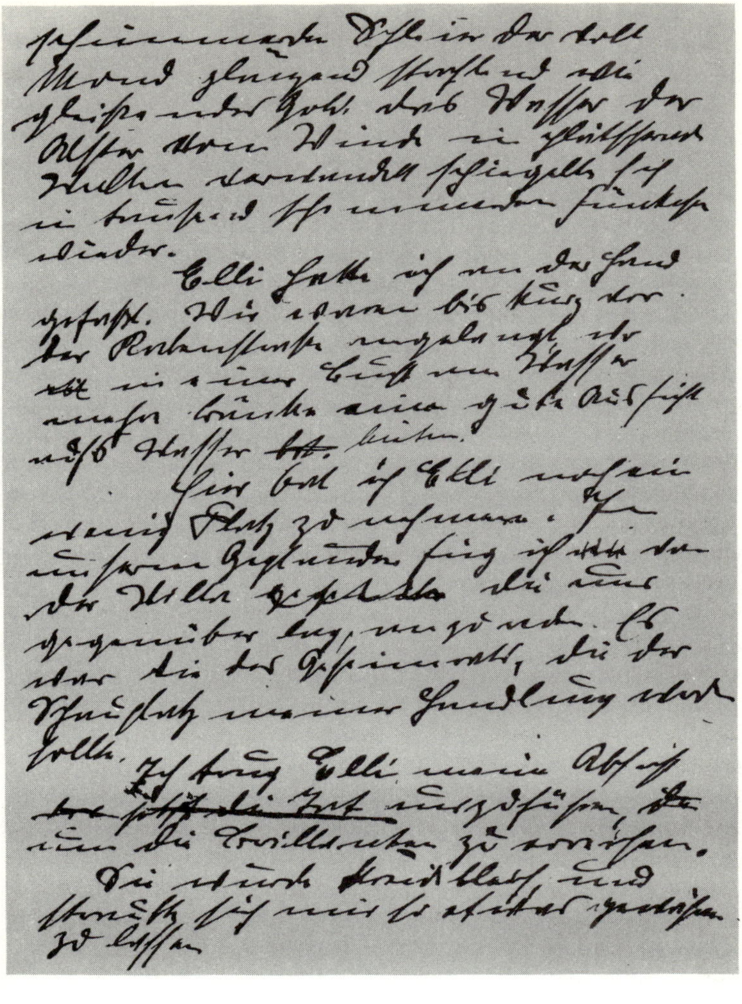

Eine Seite aus dem handschriftlichen Manuskript der Lebenserinnerungen des «Lord von Barmbeck»

vier Kindern der Eheleute Wilhelm Jasper Martin Petersen und Emilie Henriette Euphrosine Maack geboren. Der Vater war Zigarrenarbeiter, die Mutter mußte hinzuverdienen. Mit Hilfe kleiner Ersparnisse konnten die Eltern 1896 ihre Kellerwohnung mit einem gepachteten Häuschen am Rande von Barmbeck vertauschen, zu dem etwas Gartenland gehörte. Später trennten sich die Eltern. Die Mutter heiratete in zweiter Ehe den Sattler Heinrich Mohnsen.

Mit dreizehn Jahren kommt Adolf Petersen zum erstenmal mit dem Gesetz in Konflikt. Ein Spielkamerad hatte eine Geldbörse mit mehreren Zwanzig-Mark-Stücken gefunden, und Adolf hatte sie ihm abgeluchst: «Gib sie mir man. Ich liefer sie ab, und du kriegst ein paar Bonbons von mir.» Seine Mutter konnte die Goldstücke gut gebrauchen und kassierte sie. Aber die Sache kam heraus, weil die Eltern des geprellten Finders zur Polizei gingen. Emilie Petersen erhielt drei Wochen Haft wegen «Fundunterschlagung», Adolf wurde zu fünf Tagen Gefängnis verurteilt. Eine orangefarbene Karteikarte wird über ihn angelegt. Berufsvermerk: «Schulknabe». Diese Karteikarte existiert noch. Sie wurde in den folgenden drei Jahrzehnten mit einer Unzahl weiterer Aktenzeichen versehen und ist heute der Wegweiser durch etwa zwanzig Meter vergilbter Akten.

Die Eintragungen im Strafregister bestätigen Adolf Petersens Beschreibungen seiner ersten Delikte. Obwohl er die Namen von Personen, die durch seine Aufzeichnungen hätten kompromittiert werden können, und mitunter auch die Angaben über Tatorte sorgfältig verschlüsselte, ließen sich viele der erwähnten persönlichen Bekannten und Komplicen identifizieren und viele der geschilderten Fälle verifizieren. Bedauerlicherweise gilt dies jedoch nicht für den Diebstahl des Testaments im Schloß des alten Grafen. Diese tolldreiste Geschichte, die wohl tatsächlich nie herauskam, hat Adolf Petersen in seinem «Hauptgeständnis» verständlicherweise unterschlagen. Die Baronin, die in demselben Spielklub wie der enterbte Graf verkehrte, taucht jedoch als Baronin Elisabeth von A. in den Akten auf. Auch auf den Kaufmann Plapp finden sich dort Hinweise. Und «Hunderobert», der ehemalige Bäckergeselle, der in Wirklichkeit Hugo von B. hieß, war noch nach dem Ersten Weltkrieg an einigen Einbrüchen der «Petersen-Bande» beteiligt.

Ebenso steht fest, daß Adolf Petersen mindestens in zwei illegalen Spielklubs als Bankhalter fungierte. Die damals weitverbreitete Spielleidenschaft dürfte dem professionellen Einbrecher und Geldschrankknacker beträchtliche «Nebeneinnahmen» eingebracht haben. Schon in seinem Barmbecker Lokal hatte er im Hinterzimmer einen geheimen Spielklub unterhalten. An diese Kneipe erinnert sich sein jüngerer Bruder und Komplice Arnold, der ebenfalls im Gefängnis Memoiren schrieb: *«Meine beiden Brüder (Karl und Adolf) kauften sich an der Ecke Bartholomäusstraße und Schützenhof eine Kellerwirtschaft, die sehr gut ging, denn sie war das Eldorado der Einbrecher und Kohlenarbeiter.»* Aber die beiden Brüder hatten ständig Streit wegen der Tageskasse. Nach Adolfs Verhaftung gab man das Lokal auf.

Die hübsche romantische Geschichte, wie Adolf hier in der Kneipe seine spätere Frau kennenlernte, wird von seinem Bruder Arnold etwas anders berichtet. Adolf verkehrte viel bei einer anderen, nicht verwandten Familie Petersen. Als Martha, seine Schwester, ihn einmal auf Geheiß der Mutter dort loseisen sollte, verliebte sie sich in einen der Söhne, von denen Arnold sagt, daß sie *«dauernd zum Stehlen gingen»*. Martha heiratete Donat Petersen, doch wurde die Ehe bald wieder geschieden. Adolf aber verliebte sich in Helmi («Hel.»), eine der Töchter jener Petersens. Sein Bruder berichtet: *«Sämtliche Töchter gingen mit nachgemachten Klingelbüchsen von Haus zu Haus und von Wirtschaft zu Wirtschaft auf die Bettelei. Sie hatten sich Hut und Band von der Heilsarmee aufgesetzt und sagten immer: ‹Ich bin die Josephine von der Heilsarmee und sammle für die Armen ...›»*

Wie dem auch sei, Helmi Petersen muß eine überaus hübsche Frau gewesen sein. Noch als alte Dame war sie, wie Bilder zeigen, eine eindrucksvolle Erscheinung. Im Spätsommer 1911 heirateten die beiden. Adolf Petersens Beteuerungen, die maßlosen Ansprüche seiner Frau hätten ihn zu immer neuen Taten gezwungen, klingen nach einem Rechtfertigungsversuch und dürften zumindest übertrieben sein. Andererseits stimmt es, daß er selber in seiner Lebensführung eher bescheiden war, obwohl er oft über ansehnliche Geldmittel verfügte. Er suchte das stille bürgerliche Glück, während Helmi zweifellos höhere Ambitionen hatte. Vor allem aber konnte Helmi das Doppelleben ihres Mannes, die ständige Furcht und Unsicherheit nicht ertragen, was noch verständlicher wird, wenn man weiß, daß Adolf Petersen während des Ersten Weltkriegs ein Jahr lang als Berufsverbrecher interniert war, was er in seinen Erinnerungen nicht erwähnt.

Im März 1921 wurde die Ehe geschieden. Adolf Petersen nahm die Alleinschuld auf sich, beanspruchte aber als «Gegenleistung» das Sorgerecht für den kleinen «Hatzel», wie der 1915 geborene Sohn Adolf gerufen wurde. Seine Frau, die wenige Monate nach der Scheidung einen angesehenen Restaurateur geheiratet hatte, wollte das Kind nicht herausgeben. Erbittert schrieb er ihr aus dem Untersuchungsgefängnis:

«Hinsichtlich Hatzels finde ich es äußerst verderblich, wenn er allabendlich in der Wirtschaft liegt. Du mußt Dir doch selber sagen, daß Du nicht genügend über Hatzel wachen kannst. Du bist ja die Mutter, ich verlange viel; aber wir sind es doch Hatzel schuldig, daß er gut erzogen wird. Du kannst mir ja den Vorwurf machen, warum ich nicht so lebte, daß ich draußen blieb. Du hast recht, ich mache mir doppelt ein Gewissen und plage mich täglich um Hatzel. Darum erleichtere mir doch mein Los und erfülle meinen Wunsch! Dein Mann wird es im stillen wünschen, und Du hast weniger Geldausgaben! Ich büße doch hart genug, ich trage noch die Wundenmale an den Handgelenken von 15 Pfund Ketten; oft wollte ich das Leben fortwerfen, aber um Hatzel durfte ich es nicht. Also: willst Du mir helfen oder willst Du Kampf und Elend?!»

Später fand er sich damit ab, daß das Kind bei der Mutter blieb. Nach seiner Schulausbildung arbeitete der Sohn bei einer Behörde. Im Zweiten Weltkrieg ist er, wie auch sein Stiefbruder, in Rußland gefallen. Helmi Petersen starb 1956 im Alter von 64 Jahren in Hamburg.

Was Adolf Petersen in seiner Ehe vergeblich suchte, fand er bei seiner Jugendfreundin und späteren Gefährtin Frieda Goedje. Ihre mehr mütterliche, verständnisvolle Art, ihre verläßliche Freundschaft und ihr Sinn für Häuslichkeit vermittelten ihm ein Gefühl der Geborgenheit, das er bei sich zu Hause vermißte. Die «B.», wie er sie in seinen Erinnerungen nennt, war so etwas wie der ruhende Pol in seinem unsteten Leben. Auch nach dem leidenschaftlichen, aber offenbar kurzen Intermezzo mit der Komtesse kehrte er zu ihr zurück. Im Januar 1920 kaufte er Frieda Goedje für den beachtlichen Betrag von 60 000 Mark – nach anderer Lesart waren es sogar 100 000 Mark – eine Acht-Zimmer-Pension im Hause Colonnaden 21 im Zentrum Hamburgs. Diese Pension existiert noch, wenn auch an anderer Stelle, unter dem Namen, den Adolf Petersen ihr gab. Er hatte ihn dem Inhaber eines in der Nähe gelegenen renommierten Hotels abgekauft, das wegen wirtschaftlicher Schwierigkeiten schließen mußte.

Die Dame, die heute diese Pension führt, erinnert sich noch an den «Lord», der sich Anfang der zwanziger Jahre oft tagelang in der Etage aufhielt und dort die Rolle des Hausherrn spielte, und sie erinnert sich auch noch an Auseinandersetzungen zwischen ihm und ihrer Tante Frieda, bei denen es um die Komtesse vom Spielklub und auch um andere Damen ging. Er war ein gutaussehender schlanker Mann mit blondem Haar und blauen Augen und einem flotten Oberlippenbärtchen. Er legte Wert auf tadellose Kleidung und pflegte seine Schuhe selbst zu wienern, wobei er, wie die alte Dame erzählt, nie den Steg zwischen Sohle und Absatz vergaß. Er ging nie ohne seinen steifen schwarzen Hut und nur selten ohne den zu einem Hamburger Herrn gehörenden schwarzen Stockschirm aus. Wenn man ihn so sah, hätte man meinen können, er komme von der Börse ...

Für sich selbst war er sparsam bis zum Geiz, konnte jedoch anderen, vor allem Kindern und Armen gegenüber sehr großzügig sein. Die alte Dame erinnert sich, daß er bei ihrer Konfirmation mit einem riesigen Blumenstrauß vor der Kirche in Barmbeck erschien und der Familie in einem vornehmen Hamburger Hotel die Feier mit einem fürstlichen Festmahl ausrichtete. Einmal schleppte er eine Schar von fünf auf der Straße spielenden Proletarierkindern in ein Barmbecker Kaufhaus, ließ sie alle von Kopf bis Fuß neu einkleiden und schickte sie dann nach Hause zu ihren Eltern – mit einem «schönen Gruß vom Lord von Barmbeck». Er war nie knauserig, wenn er mit ein paar Mark oder auch mit einem größeren «Lappen» einem armen Teufel helfen konnte, und freigebig schenkte er seinen Freundinnen von dem Schmuck, der ihm bei seinen «Brüchen» in die Hände fiel. Damen gegenüber war er stets Kavalier und Ehrenmann.

Zu seinen engsten Komplicen zählte von 1917 an sein Bruder Arnold Eduard Franz Petersen. Arnold, das Nesthäkchen und der Liebling der Mutter, 1891 geboren, hatte nach der Schulzeit in einer Versicherungsagentur als Bürohilfskraft gearbeitet. Als die Firma Pleite machte, beging er seinen ersten Einbruch. Er flüchtete nach Borkum, wo er eine Stellung als Hausdiener annahm. Später arbeitete er in Kopenhagen in einem Marmorwerk. Als er im Sommer 1912 zu Besuch nach Hamburg kam, wo sein Bruder Adolf gerade wieder einmal Gerichtstermin hatte, erkannte ihn ein Kriminalbeamter im Gerichtssaal. Arnold erhielt zwei Monate Gefängnis und kam gleich anschließend zum Infanterieregiment 84 nach Schleswig. Er wurde ein Mustersoldat und im Ersten Weltkrieg, den er an der Westfront, dann in Rußland und schließlich wieder im Westen vor Verdun erlebte, zum Gefreiten und zum Unteroffizier befördert. Vor Fort Douaumont wird er verschüttet und verliert zu 70 Prozent das Gehör. So kommt er, mit dem EK I und dem Hanseatenkreuz ausgezeichnet, 1917 wieder in die Heimat. Er berichtet:

«Ich verkehrte viel mit meinem Bruder Adolf, der einen großen Anhang hatte, wobei ich folgende Personen kennenlernte: den langen Odje, den Pollack, den Pütscher, den Kneister, das lange Leiden und

auch den Maulkönig. Zuerst kamen sie mir als fürchterliche Individuums vor, mit der Zeit gewöhnte man sich jedoch daran. Bei den Zusammenkünften wurde von nichts anderem gesprochen als vom Stehlen oder Einbrechen. Dies wurde mir zuwider, ich blieb von diesen Menschen fort, denn ich betrachtete es als unehrenhaft, des Königs Rock zwischen solche Gesellschaft zu mischen.»

In diese Zeit fällt der Tod des Vaters. Adolf hatte dessen Wohnung offenbar als Lagerraum für Diebesgut benutzt. Die Polizei kam dahinter und nahm den Zweiundsiebzigjährigen und Martha, seine Tochter, fest. *«Dies war für meinen alten Vater zu viel; auch hielt er viel auf seine Ehre. Dieselbe Nacht erhängte er sich in seiner Zelle ... Mehr als fünfzig Kränze deckten seinen Sarg. Auch einen großen Stein mit folgender Aufschrift erhielt er: ‹Wenn Liebe könnte Wunder tun und Tränen Tote wecken, dann würde Dich gewiß nicht hier die kühle Erde decken.›»* Arnold, der dies berichtet, hat seinem Bruder den Tod des Vaters nie verziehen. Im März 1922 schrieb er in einem Kassiber seinem Bruder ins Gefängnis: *«Es ist einfach furchtbar, Adolf. Du hast der Mutter einen bitteren Leidensweg geschaffen, davon erholt sie sich nie. Ich habe solche Ahnung, als wenn die Mutter uns bald verläßt. Du ladest Dir auch der Mutter Tod auf Dein Gewissen. Genug, daß der Vater so schrecklich enden mußte ...»*

Dennoch, Arnold hatte die ersten Kontakte zur Bande seines Bruders geknüpft. Von seiner Garnison in Schleswig aus versorgte er seine Angehörigen mit Lebensmitteln. Dann, bei einem weiteren Urlaub in Hamburg, lernte er unter den Freunden seines Bruders eine gewisse Betty kennen, die Tochter eines Produktenhändlers und Hehlers. *«Ich hatte nun gesehen, wie eingebrochen wurde und vor allem, wie leicht gestohlenes Gut abzusetzen ist»*, schreibt er, und als er nach Kriegsende endgültig nach Hamburg zurückkehrt, wird er festes Mitglied der «Petersen-Bande».

Es war kein Zufall, daß Adolf Petersen zum Anführer der weitverzweigten Einbrecher- und Räuberbande aufstieg, die, von der Polizei zunächst «Barmbecker Verbrechergesellschaft» und später «Petersen-Bande» genannt, weit über Hamburg hinaus Berühmtheit erlangte. Schlau, intelligent, mit ungewöhnlicher Menschenkenntnis ausgestattet, zäh und robust, besaß er alle Eigenschaften, deren es für eine solche Rolle in diesem Milieu bedurfte. Nur eine Persönlichkeit wie er konnte mehr als ein Dutzend Jahre über eine Komplicenschar regieren, die bei ihren Unternehmungen so professionell und so straff organisiert vorging wie die «Barmbecker Verbrechergesellschaft». Es war die Zeit der sogenannten Einbrecherkolonnen. Die Zusammenset-

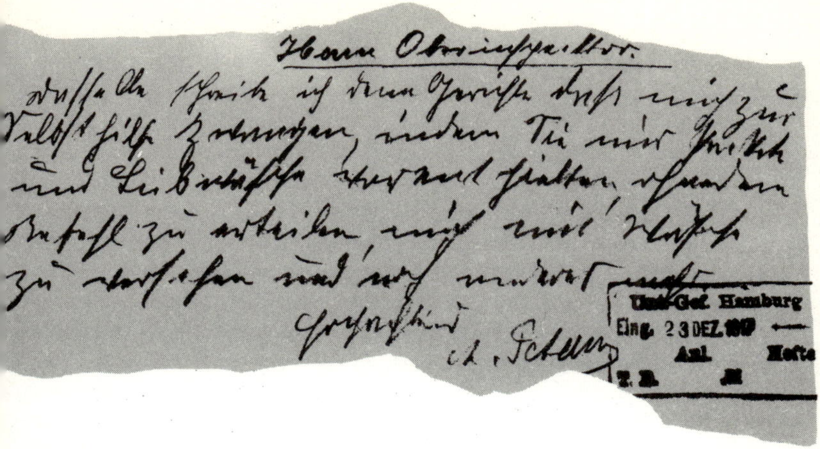

Zettel, den Julius Adolf Petersen bei seinem im 13. Kapitel beschriebenen Ausbruch aus dem Hamburger Untersuchungsgefängnis in der Nacht vom 22. zum 23. Dezember 1917 hinterließ:

«Herrn Oberinspecktor. Dasselbe schreibe ich dem Gerichte, daß (Sie) mich zur Selbsthilfe zwangen, indem Sie mir Packete und Leibwäsche vorenthielten, ohne den Befehl zu erteilen, mich mit Wäsche zu versehen und noch anderes mehr. Hochachtend A. Petersen.»

zung der Kolonne richtete sich nach Umfang und Schwierigkeit des Unternehmens, und je nach Leistung wurde die Beute geteilt. Die «Tips» kamen meist von außen, aber die Planung lag in Adolf Petersens Hand. Kein Wunder, daß er von den Mitgliedern seiner Bande «unser König» genannt wurde. Da er selbst über diese «genossenschaftlichen» Unternehmungen wenig berichtet, hier einige Beispiele.

Am 13. März 1919 brachen Adolf, Arnold, «Hunderobert», «Das lange Leiden» und Rudolf Loesch nachts in ein Stofflager in der Hamburger Innenstadt ein. Während vier von ihnen die Stoffballen zusammenpackten, fiel im Treppenhaus ein Schuß: die Hausmeistersleute waren nach Hause gekommen, und «Hunderobert», der Wache hielt, hatte einen Warnschuß abgegeben, um das Ehepaar zu friedlichem Verhalten zu veranlassen. In aller Ruhe schleppte man Ballen und Kollis auf den Hof, ließ einen Kutscher kommen und die Ware abtransportieren. Erlös beim Hehler: 30 000 Mark.

Acht Tage später stattete man, in gleicher Zusammensetzung, einer renommierten Schneiderfirma am vornehmen Alsterdamm einen nächtlichen Besuch ab. Als zehn Kollis abfuhrbereit im Erdgeschoß lagen und Arnold den Kutscher holte, gab es einen Zwischenfall, den Adolf Petersen in seinem Geständnis berichtet: *«Um sechs Uhr kam ein Mann an die Tür und wollte in das Kontorhaus hinein. Wir hörten aus ihm heraus, daß er der älteste Schneider bei Lenius sei und deshalb so früh käme, um eilige Sachen fertigzustellen. Wir erklärten dem Mann, er müsse bei uns bleiben, denn wir hätten Täter abgefaßt, die die Kollis Stoffe, die er ja sehen könne, aufladen wollten. Lösch gab sich als Kommissar aus, und ich sagte dem Mann, er sei jedenfalls an der Sache beteiligt ... Ich riet ihm, er solle lieber sofort ein Geständnis machen, dann bekäme er nicht so viel Strafe ... Ich habe mich mit dem gemütlichen Mann noch eine ganze Zeit unterhalten und wollte ihn gleich einen Anzug für mich maßnehmen lassen, aber es war zu dunkel. Plötzlich wurde das Licht angeknipst, der Fahrstuhl kam angefahren, und der Hauswart stieg heraus. Lösch hielt ihm den Knacker vor, nahm ihm die Schlüssel ab, sagte zu ihm, er sei Kommissar und er stünde im Verdacht, Mitwisser zu sein; er solle sich mit dem Gesicht an die Wand stellen. Mittlerweile erschien Arnold mit dem Kutscher, und der Hauswart und der Schneider standen so, daß sie nicht sehen konnten, wie die Stoffkollis aufgeladen wurden ... Als der Wagen losfuhr, schloß ich die Tür mit dem Schlüssel ab, anschließend warf ich das Bund in die Alster. Der Hauswart wie der Schneider blieben immer ruhig auf ihrem Platz stehen. Ob sie da heute noch stehen, weiß ich nicht; ich schwöre auch nicht drauf...»*

Zwei Monate später, am 19. Mai 1919, gab es bei einem Einbruch in ein anderes Textilgeschäft einen weniger komischen Zwischenfall. Diesmal waren außer den beiden Brüdern Petersen Paul Reinig, der in den Erinnerungen als «Fuchs» auftaucht, sowie «Mors» Beyer, Hantke und Rudolf Loesch dabei. Die Ware wurde in die drei Minuten entfernte Wohnung eines Freundes von «Mors» geschafft. Beim letzten Gang hielten zwei Schutzleute, die zufällig vorbeikamen, Rudolf Loesch an, der einen schweren Sack schleppte. Loesch schoß mit seinem Revolver auf den Wachtmeister Brandt; der Beamte war sofort tot. Die Beute, die bereits in Sicherheit gebracht worden war, verkaufte Adolf Petersen am nächsten Tage für 10000 Mark an zwei Hehler.

Ein Meisterstück an Strategie war ein Raubüberfall im folgenden Jahr. «Millionen sind zu holen», hatte ein gewisser Wellmann, der am Totalisator auf der Trabrennbahn in Hamburg-Farmsen beschäftigt war, Adolf Petersen wissen lassen. Das Geld werde nach den Rennen abends mit einer Break nach Hamburg gefahren. Pläne wurden geschmiedet, die Kutsche mehrmals auf ihrem Weg in die Stadt verfolgt. Beim ersten Versuch ließ Adolf Petersen das Unternehmen abbrechen. Am 2. September 1920 wagte man, diesmal zu zwölft, einen zweiten Versuch. Die Break rollte heran, ihr voraus ein zur Bande gehörender Radfahrer, der sie ankündigte. «Püttjer» löschte die Gaslaterne am Bürgersteig. Dann war es soweit. Zwei griffen den Pferden in die Zügel, und Adolf sprang mit dem Ruf «Hände hoch!» in die Break. *«Einer von den Insassen»*, heißt es in seinem Geständnis, *«wollte aber mit Gewalt raus. Ich zog ihm mit dem Gummischlauch einen rüber; ob ich ihm aber die Schulter oder den Kopf traf, merkte ich nicht...»* Er packte den Segeltuchsack mit dem Geld. Plötzlich knallte ein Schuß, einer von der Bande hatte die Nerven verloren. Mit knapper Not erreichte Adolf Petersen mit seiner Beute den bereits anfahrenden Wagen, den sie sich für diesen Streich gemietet hatten. Zwei Tage später wurde im Stadtpark die Beute verteilt: 190000 Mark. Adolf, Arnold, Lau und Meyer nahmen je 40000. Die übrigen mußten sich in den schäbigen Rest teilen.

Vier Tage nach dem Überfall auf die Break, der nicht nur in Hamburg Aufsehen erregte, stiegen Adolf Petersen, Lau und «Fuchs» in ein Kontorhaus an der Esplanade ein und knackten zwei Geldschränke einer kaufmännischen Krankenkasse. «Fuchs» stand draußen und «kneisterte», während der «König» und Lau mit «Knabbergeschirr» den beiden Schränken zu Leibe rückten. An die 30 000 Mark erbeuteten sie.

Die Kriminalwachtmeister Henne und Kamprath von der Inspektion für Kapitalverbrechen hatten keinen leichten Stand. In ihrem Büro im Stadthaus stapelten sich die Akten der ungeklärten Fälle. Obwohl die Tips aus der Ganovenwelt immer wieder auf Adolf Petersen und seine Genossen hinwiesen, war man noch keinen Schritt vorangekommen. Ungeklärte Geldschrankeinbrüche, mehrere Raubüberfälle und eine Unzahl von Einbrüchen in allen Stadtteilen – eine deprimierende Bilanz.

Schon am 26. September 1920 kam ein neuer Fall hinzu: die Amtskasse der hoch über dem Hafen gelegenen Seewarte war ausgeraubt worden: 53 000 Mark. Die Gebrüder Petersen kassierten davon 14 000 Mark.

Und weil alles so schön glattging und die Polizei immer noch im dunkeln tappte, sollte nun endlich ein Unternehmen stattfinden, das schon seit Wochen diskutiert worden war. Es ging um den Geldschrank im Postamt 6 in der Susannenstraße. Adolf Petersen hatte zunächst abgewinkt: er habe nicht das richtige «Geschirr». Doch schließlich kletterten sie am 29. September 1920 mit schwarzen Masken und Revolvern in der Tasche über Hinterhöfe, einen Bahndamm, Zäune und Mauern in den Posthof. Arnold, «Fuchs», Lau und Mattofsky waren mit von der Partie. Adolf und «Fuchs» amüsierten sich über den Wächter, der sich, wie sie von draußen sahen, im Kassenraum mit einem Mädchen vergnügte. Als der Nachtwächter seine Liebste entlassen hatte, traten sie ihm maskiert, die Waffen in der Hand, in den Weg. *«Ich gab dem Wächter die Hand und sagte, ihm geschähe nichts, wenn er sich ruhig verhielte. Damit er keine Eindrücke von unserer Gestalt erhalten sollte, forderten wir ihn auf, in einen Schrank zu treten, den wir dann zumachten ...»* berichtet Adolf Petersen. Er hatte den Geldschrank schnell geknackt. Man erbeutete 222 300 Mark Bargeld und Briefmarken im Werte von 356 000 Mark.

Und so ging es weiter, Schlag auf Schlag. Gab es keinen Geldschrank zu knacken, stahl man Juwelen oder Pelzmäntel, Lederwaren, Bestecke, Lebensmittel, Stoffe und Garderobe, und für alles standen Abnehmer bereit – sogar in Oberschlesien, im Ruhrgebiet und in Pommern.

Adolf Petersen wohnte damals bereits in Frieda Goedjes Pension in den Colonnaden, und im Haus Nr. 104 dieser Straße befand sich das Wäschegeschäft Lau, das Petersens Aufmerksamkeit auf sich gelenkt hatte, da er wußte, daß es dort einen Geldschrank gab, und da es «so

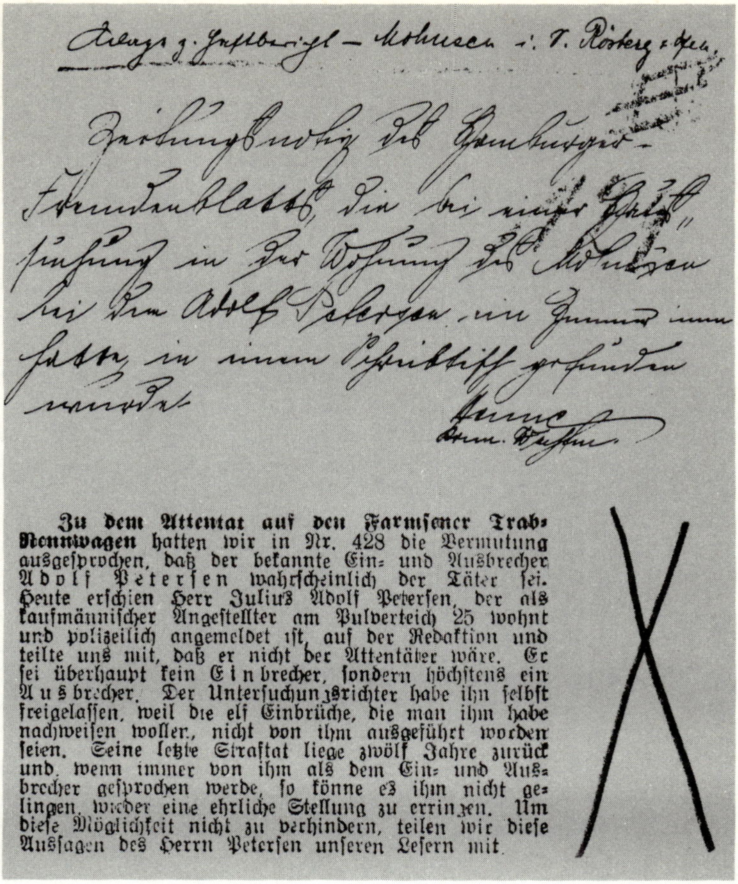

Zu dem Attentat auf den Farmsener Trab-Rennwagen hatten wir in Nr. 428 die Vermutung ausgesprochen, daß der bekannte Ein- und Ausbrecher Adolf Petersen wahrscheinlich der Täter sei. Heute erschien Herr Julius Adolf Petersen, der als kaufmännischer Angestellter am Pulverteich 25 wohnt und polizeilich angemeldet ist, auf der Redaktion und teilte uns mit, daß er nicht der Attentäter wäre. Er sei überhaupt kein Einbrecher, sondern höchstens ein Ausbrecher. Der Untersuchungsrichter habe ihn selbst freigelassen, weil die elf Einbrüche, die man ihm habe nachweisen wollen, nicht von ihm ausgeführt worden seien. Seine letzte Straftat liege zwölf Jahre zurück und, wenn immer von ihm als dem Ein- und Ausbrecher gesprochen werde, so könne es ihm nicht gelingen, wieder eine ehrliche Stellung zu erringen. Um diese Möglichkeit nicht zu verhindern, teilen wir diese Aussagen des Herrn Petersen unseren Lesern mit.

Ausschnitt aus dem «Hamburger Fremdenblatt» vom 7. September 1920 mit einem handschriftlichen Vermerk von Kriminalwachtmeister Henne:
«Anlage zum Haftbericht Mohnsen in Sachen Rösberg und Genossen. Zeitungsnotiz des Hamburger Fremdenblatts, die bei einer Haussuchung in der Wohnung des Mohnsen, bei dem Adolf Petersen ein Zimmer innehatte, in einem Schreibtisch gefunden wurde. Henne, Krim. Wachtm.»

günstig zum Einbrechen» lag. Letzteres nicht wegen der kurzen Entfernung von der Pension, sondern weil die Ladentür sich verborgen im Treppenhaus befand.

Es ließ sich auch alles gut an, als nachts am 5. Juni 1921 vier Herren in dem Hausflur neben dem Schaufenster verschwanden. Durch einen Telefonanruf hatte man sich vorher Gewißheit verschafft, daß niemand im Laden war. Die vorgefertigten Schlüssel paßten. Nur der Geldschrank widerstand allen Öffnungsversuchen. So stopften sich die vier, damit die Mühe nicht ganz vergeblich war, duftige Damenwäsche unter die Mäntel und schafften in drei Gängen an die vier Koffer voll Ware in das Kontor eines in der Nähe befindlichen Elektrogeschäfts. Einen Teil der Ware trug Petersen in die Pension. Der Verkauf brachte jedem der Beteiligten 4000 Mark ein. Den Rest der Ware bot man jedoch einigen Frauen direkt zum Kauf an, die vor Begeisterung über die günstigen Preise nicht die nötige Vorsicht walten ließen. So bekam die Kriminalpolizei Wind von der Sache. Der Elektrohändler wanderte als erster ins Gefängnis.

Als am 28. Juni 1921 die Kriminalwachtmeister Kamprath und Henne die Ehefrau des Verhafteten aufsuchten, um sie ebenfalls festzunehmen, trat zu aller Überraschung Adolf Petersen ganz zufällig ins Kontor. Kamprath schreibt darüber in seinem Bericht: *«Die Frau teilte Petersen mit, daß sie durch uns festgenommen werden sollte. Es fiel uns auf, daß Petersen auffallend blaß und erregt wurde und daß ihm fast die Sprache versagte, als er sie trösten wollte und ihr sagte, sie solle sich nicht einschüchtern lassen, es könne ihr nichts passieren . . .»* Die Beamten ließen Petersen laufen, waren aber nun ganz sicher, endlich auf der richtigen Spur zu sein. Vernehmung auf Vernehmung folgte, Widersprüche ergaben sich, Hinweise kamen, und schließlich wurde Haftbefehl gegen Adolf Petersen und zwei seiner Genossen erlassen.

Seine Verhaftung entbehrte nicht einer gewissen Komik. In dem polizeilichen Bericht heißt es: *«Am 29. Juni abends gegen 8.30 Uhr wurde der Beschuldigte Adolf Petersen in der Wohnung seines Verhältnisses Frieda Goedje, Colonnaden 21, angetroffen. Bei Betreten der Wohnung leugnete die Goedje die Anwesenheit des Petersen ab. Als wir trotzdem die Zimmer durchsuchten und eines der Zimmer öffneten, sahen wir, wie Petersen gerade einem Kleiderschrank entstieg . . .»*

Beim Verlassen der Wohnung übergab der «Lord» seiner Gefährtin vier Brillantringe, eine Brieftasche mit einem Wechsel und einem Scheck über insgesamt 48000 Mark von der Baronin von A., Verträge über Teppiche, Schmuck, ein silbernes Kaffeeservice und Hypothekenpapiere. Die Beamten beschlagnahmten alles und verhafteten Frieda Goedje ebenfalls.

Natürlich stritt Petersen ab, das Wäschegeschäft überhaupt zu kennen, und natürlich hatte er wie immer ein fabelhaftes Alibi: am Tag des Einbruchs habe seine Schwester Martha Verlobung gefeiert; er konnte sogar noch angeben, was die Mutter aufgetischt hatte. Das Alibi war sorgfältig abgesprochen worden, nur an die Speisenfolge hatte Petersen nicht gedacht. Kamprath und Henne wollten es von allen Angehörigen und Gästen – etwa achtzehn Personen – genau wissen, und so brach wegen der unterschiedlichen Torten, Brötchen, Biere und Weine das Alibi zusammen.

Einige Tage nach der Verhaftung des «Lords» fanden die Kriminalbeamten bei einer Durchsuchung der Wohnung der Mutter Silberbestecke, ein Schmuckkollier, Notizbücher mit Stiefvater Mohnsens Notizen über für Adolf und Arnold verauslagte Botengelder, und sie entdeckten auch, als Mohnsen «schnell mal auf die Toilette» wollte, einen Kassiber von Frieda Goedje bei ihm mit detaillierten Anweisungen, was der Polizei gegenüber auszusagen sei. Außerdem fanden sich Briefe von Karl Petersen, dem ältesten der Brüder und ehemaligen Rathenower Husaren, der um 1911 nach Amerika ausgewandert war und dort sein Glück gemacht hatte. Aus diesen Briefen ging hervor, daß Mohnsen Goldwaren über den Atlantik geschickt hatte. Verdächtig waren zudem mehrere, augenscheinlich auf Bestellung geschriebene Briefe Karls, in denen er mitteilte, er habe größere Geldbeträge an Adolf «zur Verwaltung» geschickt. Eine Sensation aber waren die auf den Namen Karl Petersen laufenden Sparbücher, die man sicherstellte: über 100000 Mark, auf verschiedene Banken und Sparkassen verteilt, und schließlich ein mündelsicher angelegtes Bankbuch für den kleinen Hatzel, angeblich ein «Patengeschenk» von Onkel Karl in Amerika, über immerhin 40000 Mark. Adolf Petersen war, wie sich zeigte, ein vermögender Mann.

Nach kurzer Zeit waren auch zahlreiche Mitglieder der Bande in Haft. In einem ersten umfassenden Bericht schreibt der Untersuchungsrichter VI beim Landgericht Hamburg am 2. August 1921, offenkundig selbst tief beeindruckt:

«Der Kriminalpolizei ist es nach vieler Mühe gelungen, endlich Licht in das Dunkel zu bringen, das über vielen der im Laufe des letzten Jahres begangenen Raubüberfälle und Einbrüche großen Stils bisher geschwebt hat. Die Ermittlungen haben zu der Feststellung geführt, daß ein großer Teil derselben auf das Konto der Bande des

berüchtigten Ein- und Ausbrechers Adolf Petersen geschrieben werden muß ... Auch in weiteren Fällen haben die Ermittlungen der Kriminalpolizei Spuren ergeben, welche auf Adolf Petersen und seine Komplicen hinweisen ... Der Umfang und die Bedeutung der einzelnen Straftaten für die Sicherung des Hamburgischen Großstadtlebens, die Gewiegtheit des Führers und der einzelnen Mitglieder der Bande machen besondere Maßnahmen erforderlich. Nach den bisherigen Ermittlungen der Polizeibehörde umfaßt die Bande Adolf Petersen einschließlich aller Komplicen und Helfershelfer sicher annähernd etwa 200 Personen aus allen Gegenden Hamburgs und anderen Städten und aus allen Kreisen der Bevölkerung, und ferner stehen Adolf Petersen und Genossen fast unbeschränkte Geldmittel zur Verfügung. Petersen selbst soll Hunderttausende Mark – wenn nicht sogar noch mehr – an Vermögen besitzen. Er soll Eigentümer von Grundstücken und Hypotheken sein und hat z. B. Darlehen in Höhe von 50000 Mark verliehen. Er unterhält größere Spielklubs, bei denen ungeheure Beträge umgesetzt werden.

Seine Einbrüche und Überfälle sind in geradezu bewunderungswürdiger Weise organisiert. Soweit bekannt, ist es in der letzten Zeit noch nie gelungen, die Täter in flagranti abzufassen. Die bisherige Voruntersuchung hat ergeben, daß Petersen überall nach der Methode arbeitet, daß er nur bestimmte Mitglieder seiner Bande zu der betreffenden Tat heranzieht, gleichzeitig aber von vornherein andere Mitglieder bestimmt, die ihm, seinen Tätern, Abnehmern und Helfern das Alibi nachweisen und notfalls beschwören und ihnen auch in sonstiger Weise Gelegenheit geben, die Beute stets wieder loszuwerden, in Betretungsfällen verleugnen und helfen zu entkommen und ihnen auf jede Weise behilflich sind, insbesondere auch die Verständigung der Inhaftierten über die gegenseitige Art der Verteidigung und Aussagen und den Gang der Sache ermöglichen. Ganz besonders wird mit Kassibern gearbeitet, und es ist bereits schon gelungen, bei einer Haussuchung im Hause des Stiefvaters des Petersen einen Kassiber zu entdekken, den seine inhaftierte Geliebte aus der Haft herausbefördert hat. Das Interessengebiet der Bande Petersen reicht bis nach Amerika hinüber, wo sein Bruder Karl, wie inzwischen beschlagnahmte Korrespondenzen und sonstige Papiere ergeben, offenbar demselben Gewerbe obliegt und von dort aus die Auswertung der hiesigen Verbrechen und Unterbringung von Beute und Geld unterstützt.

Bei einer so organisierten und auf solche Geldmittel gestützten Verbrecherbande reichen die gewöhnlichen Maßnahmen der strafrechtlichen Ermittlungen und Voruntersuchungen bei weitem nicht immer

Die Raubtaten der Bande Adolf Petersen.

Vor einigen Tagen brachten wir eine Meldung, wonach die Kriminalpolizei einen in der Böckmannstraße wohnenden Motorwickler Spelten verhaftete, der als Mittäter zum großen Wäschediebstahl bei Lau, Colonnaden 104, in Frage kam. Spelten sprang damals, um der Verhaftung zu entgehen von einem der oberen Stockwerke, von einem Balkon aus in die Tiefe, wobei er schwere Verletzungen davontrug. Nachdem Spelten ins Hafenkrankenhaus geschafft worden war, legte er

ein umfassendes Geständnis

ab. Durch seine Aussagen konnten eine ganze Reihe schwerer Verbrechen aufgeklärt werden, die sämtlich auf das Konto der Bande Adolf Petersen und Genossen gebucht werden können. Unter anderen den aufsehenerregenden Ueberfall auf das Break der Farmsener Trabrennbahngesellschaft, der am 2. September vorigen Jahres, Ecke der Uhland- und Lenaustraße, geschah, aufklären können. Die Petersensche Bande hatte den Ueberfall bis in alle Einzelheiten genau ausgearbeitet. Zwei Wäschereileute W. und St. mußten mit Fahrrädern zur Rennbahn fahren und dort nach Schluß der Rennen den Wagen, der die Herren der Rennbahn-Gesellschaft mit dem Gelde vom Totalisator heimfahren sollte, beobachten. W. und St. fuhren voraus, als sich die Break in Bewegung setzte und gaben der Räuberbande, die sich in einem oft von ihnen benutzten Auto befanden, das verabredete Signal. Im Abendnebel geschah dann der Ueberfall der maskierten Räuber, bei dem auch mehrere Schüsse fielen und wobei der Breakkutscher Martin Paasch, Grindelallee 30a, durch eine Revolverkugel am Arm schwer verletzt wurde. Man raubte zwei Geldkatzen mit 193 000 Mk. und entkam mit dem Gelde, das man nach folgender Einigung teilte: Petersen und seine beiden Freunde L. und D. erhielten je 50 000 Mk., die beiden Radfahrer W. und St. je 3000 Mark, der Autoführer Sp. 4000 Mk., während der Rest unter den noch nicht bedachten Genossen geteilt wurde. Wir haben schon in unserer Meldung vom 3. September darauf hingewiesen, daß der Raubüberfall von Petersen und Genossen ausgeführt worden ist, die Polizei verhaftete den Bandenführer seinerzeit auch, doch mußte das Gericht ihn wieder freilassen, da er, wie früher bereits durch Zeugen, die nunmehr als Mitglieder seiner Bande entlarvt werden konnten, sein Alibi nachwies. Petersen besaß seinerzeit sogar die Dreistigkeit, unsere Schriftleitung mit seinem Besuche zu beehren und sich über die schwere Verdächtigung, die wir gegen ihn erhoben hatten, zu beschweren.

Innerhalb der letzten zwei Wochen hat sich das Beweismaterial gegen Petersen, Lau, Duwe, Spelten und Genossen so verdichtet, daß man bisher insgesamt

18 Mitglieder der Bande

hinter Schloß und Riegel setzen konnte. Lau wurde in seinem Hühnerstall festgenommen. Petersen, der inzwischen Grundeigentümer geworden ist, konnte in seinem Heim verhaftet werden.

Als weitere Taten der Petersenschen Bande, die sich meistens eines Autos bediente, das die Wechselnummer H. H. 487 führte, wurden durch das Geständnis von Spelten der Geldschrankraub in dem Verbandsbüro der Krankenkasse des Kaufmännischen Vereins von 1858, an der Esplanade 6, wo, wie wir berichteten, 35 000 Mark in die Hände der Täter fielen, weiter der Geldschrankraub im Stationsgebäude der Eisenbahn am Billhorner Deich 76, über den wir am 2. September berichtet hatten, und der oftmals erwähnte Raub im Postamt 6 in der Susannenstraße, aufgeklärt. Bei dem Geldschrankraub am Billhorner Deich haben sechs maskierte Leute, die im Auto H. H. 487 angefahren kamen, den unteren Teil des Tresors ins Auto geladen und entführt. Man fand ihn später erbrochen und ausgeraubt auf einer Koppel in Groß Borstel wieder. In allen Fällen hat Petersen mit seinen Helfern nur ganze Arbeit gemacht. Stets erbeuteten sie größere Werte und konnten mit dem Raube entkommen, bis ihnen nunmehr endlich einmal das Handwerk gelegt worden ist.

Aus dem «Hamburger Fremdenblatt» vom 12. Juli 1921

aus. Von Adolf Petersen und den Hauptmitgliedern der Bande ist eine Aussage, geschweige denn ein Geständnis, so gut wie nicht zu erlangen. Andere Mitglieder sind durch Furcht vor der von Adolf Petersen und den Hauptmitgliedern angedrohten Rache so eingeschüchtert, daß sie erst dann aussagen, wenn ihnen unwiderlegbare Beweise und die Tatsache unterbreitet wird, daß Petersen inhaftiert und für längere Zeit unschädlich gemacht ist ...»

Ein anderes Dokument gibt näheren Aufschluß über Adolf Petersens Tätigkeit in Spielklubs und seine Fähigkeiten als Finanzmann. Es handelt sich um das Protokoll über ein Gespräch, das Inspektor Harder wenige Tage nach der Verhaftung des «Lords» mit der Baronin von A. führte:

«Ich habe später erfahren», sagt sie, nachdem sie über ihre erheblichen Verluste in den Spielklubs gesprochen hat, *«daß die umherstehenden Herren, die ich für anständige Leute hielt, und von denen ich glaubte, daß sie das Spiel als ein reelles überwachen würden, Leute waren, die zum Stempeln gingen und im Solde des Bankhalters waren. Petersen führte wahnsinnig viel Geld mit sich, es sollen nach seiner Behauptung mitunter 200000 Mark gewesen sein, die er am Körper trug.*

Er zeigte sich über meine Besitz- und Vermögensverhältnisse außerordentlich orientiert und bot mir, weil ich sehr viel Geld beim Spiel verloren hatte, leihweise Geld an. Das eine Mal habe ich dann 25 000 Mark und etliches mehr in bar von ihm bekommen – dafür gab ich ihm den Wechsel über 33 000 Mark. Ein anderes Mal gab er mir Chips in Höhe von 15 000 Mark, wofür er den Scheck in Höhe von 15 000 Mark von mir erhielt. Die Chips habe ich gleich wieder verspielt, so daß ich der Meinung war», und hier sieht man, daß die Baronin sehr eigenwillige Ansichten vertrat, *«die Schecks nicht mehr einlösen zu müssen ... In Bezug auf seinen früheren Beruf hat Petersen mir erzählt, er beschäftige sich mit dem An- und Verkauf von Juwelen. Er erzählte mir eines Tages weiter, daß er einen Rechtsanwalt habe, der alles für ihn mache, was andere Rechtsanwälte nicht für ihn tun würden ...»*

Diese Bemerkung half den Beamten ein Stück weiter. Kriminalpolizei und Untersuchungsrichter hatten nämlich zu ihrem Ärger feststellen müssen, daß Petersen trotz strenger Abschirmung auf geheimnisvolle Weise Nachrichten in den großen Keis der Komplicen und Zeugen gelangen ließ. Bald gab es Hinweise, daß eben jener Rechtsanwalt den fleißigen Postillion spielte. Am 26. September 1921 wurde die Praxis des Dr. B. in der Hamburger Mönckebergstraße durchsucht.

Die gefundenen Beweismittel ließen keinen Zweifel mehr.

Auch in der Kriminalpolizei gab es Beamte, die dem Versucher erlagen. Im März 1923 verurteilte das Landgericht zwei Kriminalwachtmeister zu je vier Jahren Zuchthaus: sie hatten bei einer Reihe von Einbrüchen der «Petersen-Bande» Schmiere gestanden. Zu ihrer Entschuldigung führten sie ihre niedrigen Gehälter an, bei den steigenden Preisen seien ihre Familien in Not geraten ...

So überraschte es nicht, daß auch Gefängnisaufseher dem «Lord» zu Diensten waren, wenn es galt, Kassiber weiterzuleiten. Petersen gab die Hoffnung auf Flucht nicht auf. Im Oktober bekam er in der Strafanstalt Fuhlsbüttel einen Aufseher herum: nach und nach ließ er sich von ihm einen Rohrschneider, einen Dietrich, eine Eisensäge und Zellenschlüssel beschaffen. Alles war gut vorbereitet, als er überraschend in eine andere Zelle verlegt wurde. Er konnte gerade noch rechtzeitig das «Ausbruchsgeschirr» aus dem Fenster werfen.

Bei einem anderen Versuch sollte der Aufseher ihn in die Anstaltskapelle einschließen: mit Hilfe der entsprechenden Schlüssel wollte Petersen von dort nachts auf den sogenannten Fremdenhof und von dort mit Hilfe einer über die Mauer geworfenen Strickleiter in die Freiheit gelangen. Der Aufseher brachte die Schlüssel und auch noch eine Feile. Denn der «Lord» traute dem Frieden nicht. Er wollte den Schlüsseln den letzten Schliff geben. Der Aufseher ließ ihn abends in die Kapelle und bekam noch einen Expreß-Kassiber mit auf den Weg, an Paul Reinig. Der Ausbrecherkönig erinnert sich: *«Ich forderte Reinig darin auf, mir eine Leiter anzusetzen und punkt halb eins in der Nacht, wenn die Kirchturmuhr halb schlug, dreimal mit einer Taschenlampe aufzuleuchten. Ich habe dann von halb acht bis halb eins still in der Kirche gesessen; als die Uhr dann schlug, konnte ich das verabredete Lichtsignal nicht erkennen. Dies ließ in mir die Vermutung aufkommen, man hätte mich im Stiche gelassen. Zu einem weiteren Warten war ich zu ungeduldig – die Freiheit war so nah! Ich sah dann vom Kirchenfenster aus auf dem Fremdenhof zwei Balken – sogenannte Aufrichter – liegen; zu diesen nahm ich meine Zuflucht. Ich schloß erst die Kirchentür nach dem Treppenhause auf, dann die unten zum Fremdenhof. Beim Öffnen der Hoftür, die etwas knarrte, muß die Nachtwache ein Geräusch gehört haben. Ich war gerade damit beschäftigt, die Balken an die Mauer zu legen, als ich von der Nachtwache überrascht wurde. Eine Viertelstunde später kam Reinig mit der Leiter.»*

In einem Prozeß gegen 23 unter anderem wegen Kassiberschieberei und Durchstechereien angeklagte Personen, darunter fünf Gefängnisbeamte, erhielt der hier erwähnte Aufseher vier Jahre Zuchthaus.

Es ist erstaunlich, in welchen Mengen Kassiber von Zelle zu Zelle und aus dem Gefängnis nach draußen und von draußen ins Gefängnis befördert wurden. Erstaunlich ist aber auch, wie ausführlich und detailliert der «Lord» in diesen Schriftstücken seine Weisungen gab.

In dieser Situation war es Kriminalwachtmeister Kamprath offenbar gelungen, einen Kontaktmann, der Adolf Petersens Vertrauen hatte, in dessen Nähe zu bringen und so Informationen aus erster Hand zu beziehen. Am 3. März 1922 beispielsweise verfaßte Kamprath folgende Aktennotiz: *«Ich gelangte in den Besitz eines Kassibers des Adolf Petersen, gerichtet an seinen Bruder Arnold. In dem Kassiber schreibt Adolf außer anderen Sachen auch über den schweren Diebstahl zum Nachteil der kaufmännischen Krankenkasse. Er verabredet mit seinem Bruder, bzw. schlägt diesem vor, die Ausführung des Diebstahls dem Mitangeschuldigten R. in die Schuhe zu schieben. Abschrift des Kassibers liegt an. Der Kassiber selbst ist photographiert und befindet sich ein Abzug und eine Abschrift in der Sammelakte in Sachen Petersen und Genossen.»*

Das Schriftstück umfaßt acht Seiten mit mehr als 200 Zeilen! Da ist von Blumen (Geld) die Rede und daß Arnold sagen solle, darüber wisse er nichts; es enthält genaue Anweisungen für die zu erwartenden folgenden Vernehmungen. Und schon am nächsten Tag kann Kamprath die Antwort von Arnold Petersen melden: *«Ich gelangte in den Besitz eines Kassibers des Arnold Petersen, gerichtet an Adolf Petersen ...»*

Durch Buhl, ein ebenfalls damals inhaftiertes Mitglied der Bande, wissen wir von einigen Praktiken des illegalen Briefverkehrs. Viele seiner Mitteilungen schrieb Adolf in unsichtbarer Urinschrift. Oft benutzte er die freien Stellen der ihm zugestellten amtlichen Schriftstücke. Beim Freigang warf er die Zettel dann, um einen Stein gerollt, über die Mauer. Hofarbeiter, Heizer und Fuhrleute, die ihn kannten und die er entlohnen ließ, beförderten sie weiter. Die Antworten waren oft in Zigarren eingedreht, und jedes Einwickelpapier in Lebensmittelpaketen wurde über einer Kerzenflamme nach Urinschrift abgesucht. Die Kerzen wurden aus mitgeschicktem Talg in der Zelle hergestellt.

Oft bediente man sich der sogenannten Kesselklopfersprache. In einem 1922 abgefangenen Kassiber von Arnold Petersen an seinen Bruder Adolf heißt es: *«Nun paß mal genau auf! Ikhi illwi almi asfi ellensti ob edi akissieber hi ikgli oni idi öberri otgi oderhi ede enhi andern hi egwi otgi anmi utmi orviichtigsi insi ade umtki imi anchesmi olmi egidgendi orfi. Uthi is instagdi aniittagmi okli erve vur ikhi ede akiisieberhi egwi ebengi odi.»* Der zusätzlich in Hamburger Platt verfaßte Text lautet in der den Akten beigefügten Übersetzung: «Ich will mal feststellen, ob die Kassiber nachher rübergehen oder einen andern Weg gehen, man muß vorsichtig sein, das kommt mir manchmal eigentümlich vor. Heute ist Dienstag nachm. 4 Uhr, ich den Kassiber weggeben tu.»

Doch alle Absprachen nützten nichts. Die Beteiligten fielen einer nach dem anderen um, und man war sicher, daß auch der «Lord» reden würde. Es war nur noch eine Frage der Zeit.

Am 20. April 1922, über neun Monate nach Petersens Verhaftung, konnte Kamprath schließlich seine Siegesmeldung schreiben: *«Der Untersuchungsgefangene Adolf Petersen erklärte sich bereit, über Verbrechen, die er begangen hat, ein schriftliches Geständnis zu machen. Er bat um Behändigung von Papier und Schreibmaterial...»*

In diesem «Hauptgeständnis», das mit den Worten beginnt: *«Das Schicksal des Diebstahls z. Nachteil von Lehmann, Wandsbecker Chaussee, ist wie folgt...»* berichtet Adolf Petersen auf 94 Folioseiten über 49 «bandenmäßig ausgeführte Einbrüche und Räubereien», darunter das Aufbrechen von vierzehn Geldschränken. In Nachträgen gesteht er etliche weitere Fälle. Das «Hauptgeständnis» enthält ferner die Namen von 63 Mittätern und Hehlern, von denen 25 dem «inneren Kreis» der Bande zuzurechnen sind. Die nicht ohne Humor geschriebene Bandengeschichte, die auf diese Weise entstand, entsprach, wie sich nun an Hand der Akten feststellen ließ, durchaus der Wahrheit. Adolf Petersen übertreibt nicht, wenn er sich selbst das Verdienst zuschreibt, die völlige Aufklärung durch sein Geständnis erst ermöglicht zu haben.

Die erste Verhandlung in der Serie von Prozessen gegen Petersen und Genossen begann unter starker Anteilnahme der Öffentlichkeit am 10. November 1922 vor dem Schwurgericht im Strafjustizgebäude. Acht Angeklagte, darunter die Gebrüder Petersen, hatten sich wegen des Raubes im Hamburger Postamt 6 zu verantworten. Adolf erhielt sechs Jahre, sein Bruder fünf Jahre Zuchthaus. Von den Mitangeklagten kam keiner unter drei Jahren davon.

Die Justizbehörde hatte sich entschlossen, jeden der zahlreichen Fälle als Einzelsache zu verhandeln. So kam es, daß den Prozessen verschiedene Richter vorstanden. Als Anklagevertreter fungierte jedoch in allen Verhandlungen Staatsanwalt Dr. Rücker. Die Verteidigung

Adolf Petersens lag meist in den Händen von Rechtsanwalt Dr. Springe. Im Mai 1923 war die Serie mehr oder weniger abgeschlossen.

Mit 21 Urteilssprüchen über insgesamt 50 Jahre, 3 Monate und 2 Wochen Zuchthaus sowie 6 Monaten Gefängnis, dazu zusammengerechnet 25 Jahren Ehrverlust, wurde Adolf Petersen dorthin gebracht, «wo die Lebenden begraben werden». Sein Bruder Arnold kam mit insgesamt 36 Jahren Zuchthaus und 22 Jahren Ehrverlust nicht viel besser davon; die Einzelstrafen wurden bei ihm zu 10 Jahren Zuchthaus und 10 Jahren Ehrverlust zusammengezogen.

Adolf Petersens Einzelstrafen wurden am 31. März 1924 in einem Beschluß des Landgerichts Hamburg zu einer Gesamtstrafe von 15 Jahren Zuchthaus und 10 Jahren Verlust der bürgerlichen Ehrenrechte zusammengezogen. Das Gericht führte dabei aus: *«Es wird anerkannt, daß der Angeklagte Adolf Petersen durch seine umfassenden Geständnisse nicht nur seine eigene Verurteilung in allen Fällen herbeigeführt, sondern auch hinsichtlich seiner Mittäter eine vollständige Aufklärung und Feststellung der Tatbestände ermöglicht hat. Das Gericht steht aber auf dem Standpunkt, daß diese Umstände nur in der Gnadeninstanz eine verdiente Würdigung finden können.»*

Damit wurde Petersens Gesuch abgelehnt, in dem er um eine Gesamtstrafe von zwölf Jahren gebeten hatte:

Durch ein in der Kriminalistik einzig dastehendes Geständnis bemühte ich mich, mich auf der Verbrecherliga unmöglich zu machen. Dieses wird dem Herrn Landgerichtsdierecktor nebst den beisitzenden Herrn Richtern eine kleine Gewähr bieten, daß ich bestrebt bin, ein neues Leben aufzubauen. Bin auf meinem Lebenswandel tief hineingedrungen in die Psychose des Verbrechers und kann den hohen Herrn erklären, daß umfangreiche Geständnisse mit geringen Ausnahmen die Hauptursache zur Umkehr gewesen sind ... Der Untersuchungsrichter hat auch in dem großen Prozeß festgestellt, daß ich nicht zum ausschweifenden Leben neige und nur bescheidene Ansprüche ans Leben stellte. Diese Tatsache gibt mir genügend Selbstvertrauen, so daß ich mich mit Leichtigkeit durchs fernere Leben auch ehrlich durchschlage. Meine rechtswidrigen Handlungen entstanden aus Neigung zum Heldentum, natürlich zum verkehrten Heldentum ... Dieses haben meine Komplicen auch empfunden und mich dauernd mit ihren sogenannten «Tips» belästigt, damit ich die Kohlen aus dem Feuer holen sollte. Oft fühlte ich mich geschmeichelt ... Heute sehe ich den Irrweg ein. Einen Rückfall läßt meine heutige Erkenntnis sowie Intelligenz nicht wieder zu. Mein Motto entnehme ich einer

Legende aus dem fünften Jahrhundert, wo der Erzbischof dem vor ihm knieenden König Karolus sagt: «Verehre, was du bisher verbrannt hast, und verbrenne, was du verehrt hast!»

Gehorsamst unterzeichnet
Julius Adolf Petersen.

Er verbüßte seine Strafe in der Strafanstalt Fuhlsbüttel und appellierte immer wieder an die Gerichte. Im September 1930 kündigt er ein Gnadengesuch an und beschwört den Oberstaatsanwalt Dr. Rükker, sich für ihn einzusetzen: *«Es kann und darf doch nicht die Tatsache Gestalt sein, daß Streiten und Umschwenken an den Gerichten Vorteile in sich birgt und ein Abbrechen mit der Vergangenheit ein Vertrauern des Lebens im Zuchthaus nach sich zieht. Sollen jene Propheten nun doch recht bekommen, daß man bereuen müsse, reinen Tisch gemacht zu haben?»* Auf Frieda anspielend, die all die Jahre treu zu ihm gehalten und ihn regelmäßig besucht hat, fügt er hinzu: *«Und was es für mich heißt, Unterkommen und Unterhalt zu haben, wenn ich freikomme, brauche ich wohl nicht weiter zu erörtern.»* Am 23. Juni 1931 wandelt die Landesjustizverwaltung die Zuchthausstrafe in Gefängnisstrafe um.

Am 11. Dezember des gleichen Jahres schreibt der Vorsteher der Strafanstalt Fuhlsbüttel im Zusammenhang mit den Erwägungen einer etwaigen vorzeitigen Entlassung Adolf Petersens: *«Petersen ist ein Gefangener, der den Beamten einen gewissen Respekt abzwingt. Er ist höflich, ruhig und bescheiden, ohne kriecherische Unterwürfigkeit zu betreiben... ist von vorbildlicher Führung. Nie hat er Anstaltseinrichtungen kritisiert, nie genörgelt, sich nie einen Tadel zugezogen. Anderen Gefangenen gegenüber Abstand wahrend, arbeitet er als zuverlässige Stütze seines Vorgesetzten auf einem Vertrauensposten... Diese Selbstdisziplin in der elf Jahre langen Monotonie des Gefängnislebens bringt nur eine eiserne Natur, ein starker Wille, ein ganzer Mann auf...»*

Das Gefängnistor öffnet sich für ihn am 29. April 1932 morgens um neun Uhr. Noch war er allerdings nicht endgültig entlassen, sondern nur probeweise und jederzeit widerruflich beurlaubt. Adolf Petersen zog in die Pension zu Frieda Goedje. Das Los der Arbeitslosen jener Zeit zu teilen, blieb ihm erspart: bei Frieda war für sein Auskommen gesorgt.

Ein Jahr später fragt Oberstaatsanwalt Dr. Rücker bei der Kriminalpolizei an, ob Bedenken gegen die Bewilligung einer Bewährungsfrist wegen der Reststrafe Adolf Petersens bestünden. Henne, inzwischen Kriminalinspektor, macht sich auf den Weg zum Strafjustizgebäude. Er hat schlechte Nachrichten zu überbringen. Zwar läßt sich noch nichts Endgültiges sagen, doch glaubt die Kriminalpolizei, Petersen wegen einer neuen Einbruchsserie auf der Spur zu sein. Es gebe Anzeichen dafür, daß er sich mit Ernst Hannack verbündet habe, dem steckbrieflich gesuchten Einbrecher, Räuber und Mörder, der aus dem Zuchthaus Oslebshausen bei Bremen entwichen war und sich seither in Hamburg versteckt hielt. Am 28. März hatte man Hannack in St. Pauli gestellt, doch war er in wahnwitziger Flucht über die Dächer eines Häuserblocks erneut entkommen.

Aber es lag noch ein anderer Verdacht gegen Adolf Petersen vor. Sein Bruder Arnold war im Februar 1933 als vermeintlicher Anführer einer Bande, die im Herbst 1932 selbsthergestellte Zwanzig-Mark-Scheine in Norddeutschland in Umlauf gebracht hatte, wegen gemeinschaftlichen Münzverbrechens zu acht Jahren Zuchthaus verurteilt worden. Bei diesem Verfahren war die Vermutung aufgetaucht, daß in Wahrheit Adolf Petersen der Kopf der Bande gewesen sei. (Auch Arnold Petersen hat sich später, nach dem Tod seines Bruders, mehrfach in diesem Sinne geäußert.)

Beweisen ließ sich nichts, doch genügten die Verdachtsmomente, die gewährte Haftunterbrechung zu widerrufen. Am 14. Juni 1933 klingelten morgens um 7 Uhr 30 die Kriminalassistenten Neubauer und Radam an der Tür der Pension: *«Petersen wurde noch im Bett liegend angetroffen. Er erklärte, daß er mit der auf dem Haftbefehl bezeichneten Person identisch sei. Petersen wurde zum Arrestposten im Stadthaus gebracht und diesem zum Abtransport übergeben. An Geld hatte Petersen 9,50 RM bei sich. Dieses wurde ihm belassen ...»*

Adolf Petersen saß wieder in «Santa Fu», wie die Strafanstalt Fuhlsbüttel im Ganovenjargon hieß. Sechs Wochen später jedoch ereignete sich etwas Ungewöhnliches: am 25. Juli 1933 wurde er wieder auf freien Fuß gesetzt. Warum?

Arnold berichtet von einem Besuch seines Bruders im August des gleichen Jahres: Adolf sei damals gerade von einem Aufenthalt in einem Badeort zurückgekehrt und *«hatte das Geld zusammen, um in der Pension Zentralheizung legen zu lassen und die Einrichtung zu modernisieren»*. Wir wissen aber auch, daß der gesuchte Hannack sich in jener Zeit an der Ostsee aufhielt, wenn sich auch nicht nachweisen läßt, daß sie sich dort getroffen haben.

Am 24. Oktober 1933, einem Dienstag, war Adolf Petersen um 17 Uhr in der Nähe der Johanniskirche im Hamburger Stadtteil Harvestehude mit Ernst Hannack verabredet. Die Kriminalpolizei hatte davon erfahren, und es wird behauptet, der Tip sei von Petersen selbst gekommen, was sich jedoch nicht beweisen läßt.

Hannack erschien pünktlich. Es wurde bereits dunkel. Er ging auf Petersen zu. Sie wechselten einige Worte. Plötzlich – auf eine verdächtige Bewegung des «Lords» oder ein verdächtiges Geräusch hin – zog Hannack seinen Revolver und schoß auf Petersen. Die Kriminalbeamten stürmten aus ihren Verstecken herbei. Doch gelang es Hannack, sich den Weg frei zu schießen. Auch Adolf Petersen flüchtete. Am linken Arm blutend, kam er bei Frieda Goedje in der Pension an. Sie und ihre Schwester betteten ihn auf eine Couch und verbanden ihn.

Zwei Tage später, am 26. Oktober, wurde Hannack nach einer schweren Schießerei im Schloßpark von Bergedorf bei Hamburg gefaßt. Am gleichen Tage wird Petersen in der Pension verhaftet. Das *Hamburger Fremdenblatt* meldet: *«Festgenommen wurde gestern abend der 51jährige Adolf Petersen, der in dringendem Verdacht steht, mit dem bereits festgenommenen Raubmörder Hannack mehrere Einbruchsdiebstähle ausgeführt zu haben.»*

Hatte Petersen versucht, Hannack der Polizei in die Hände zu spielen, oder hatte Hannack ihn verraten wollen, wie der «Lord» Frieda Goedje gegenüber erklärte? Für die erste Version spricht die überraschende Entlassung Petersens im Sommer 1933. Auch ein Aktenvermerk von Oberstaatsanwalt Dr. Rücker scheint darauf hinzudeuten, in dem es, im Zusammenhang mit einem Gnadengesuch des wegen Münzverbrechens einsitzenden Arnold Petersen, heißt: *«Nachdem Hannack gefaßt und Adolf Petersen, der ihn häufig der Polizei in die Hände zu spielen versprochen hatte, mit hochgegangen war, da er 25 Einbrüche mit Hannack gemacht hatte* (17 gab Petersen zu), *hat Kommissar Präger ihn in meinem Auftrage nach der 20-RM-Schein-Sache befragt ...»*

Wie dem auch sei, am 21. November 1933 ließ sich jener Kommissar Präger, Leiter des Falschgelddezernats, Adolf Petersen vorführen. Zwei Tage später schreibt Präger seinen Bericht:

«Am 21. 11. 33, um die Mittagszeit, habe ich den in der Hannacksache wegen fortgesetzten schweren Diebstahls in Untersuchungshaft befindlichen Adolf Petersen zum Vorbringen der Frau L. gehört. Petersen gibt an: ‹Die Frau L. hat von A bis Z die Unwahrheit gesagt. Wahr ist einzig und allein, daß ich zwei Mal in ihrer Wohnung gewesen bin, als mein Bruder in der Falschgeldsache bereits in Haft und Frau L. sich wieder auf freiem Fuß befand. Sie hat mir in Gegenwart einer fremden Frau Vorhaltungen gemacht, die jeder Grundlage ent-

behrten. Ich habe, wie schon früher gesagt, mit der Falschgeldsache nichts zu tun. In meiner heutigen Lage, in der ich, um es Ihnen wissen zu lassen, ein umfassendes Geständnis abgelegt habe und wahrscheinlich nie wieder aus dem Gefängnis entlassen werde, würde ich Ihnen auch hierin die Wahrheit sagen.›»

Präger fügt seinem Protokoll noch zwei Sätze hinzu: *«Petersen hat noch am gleichen Tage gegen 20.00 Uhr sich durch Erhängen selbst entleibt. Die Frau L. hat inzwischen ihre Strafe angetreten.»*

Wir wissen nicht, was Adolf Petersen zu dieser Tat bewegte. War es die Ausweglosigkeit seiner Lage, die plötzliche Erkenntnis, daß sein aufrichtiger Vorsatz, ein neues Leben zu beginnen, gescheitert war? In der Haftbeurteilung, die 1932 zu seiner Entlassung führte, lesen wir: *Er habe viel gut zu machen,* [erklärt Petersen] *und er habe einer Frau, die 11 Jahre auf ihn gewartet, mit ihm alles Schwere und die Schande des Daseins geteilt habe, Treue um Treue zu halten. Er habe die Beamten, die jetzt für ihn eintreten, nicht zu enttäuschen. Es müßte niederschmetternd für sie sein und ihnen jeden Glauben nehmen, falls er versagen sollte. Dann wäre das Leben nicht lebenswert, und er würde den Mut finden, es zu enden. Ich glaube Petersen, daß er es ernst meint und so verfahren würde ...»* Das schrieb ein Mann, der ihn jahrelang beobachtet und schon viele enttäuschende Erfahrungen mit Straffälligen gemacht hatte. Auch die Anstaltsbeamten waren der Ansicht, *«daß die Persönlichkeit des Verurteilten so gefestigt erscheint, daß mit einem späteren Rückfall nicht zu rechnen ist»*. Und die Polizeibehörde meinte ebenfalls, *«daß der Verurteilte entschlossen ist, mit seinem früheren Leben zu brechen und ein nützliches Mitglied der menschlichen Gesellschaft zu werden»*.

Zweifellos hatte Adolf Petersen diese Absicht – dies geht auch aus seinen Erinnerungen deutlich hervor –, und von seiner Intelligenz und seinen Anlagen her hätte er wohl auch die Fähigkeit gehabt, sie zu verwirklichen. Aber er war längst zu sehr Außenseiter der Gesellschaft geworden und besaß trotz allem guten Willen nicht mehr die Kraft, sich aus dem Milieu zu befreien, an das er durch unsichtbare Ketten seit seiner frühen Jugend gefesselt war.

Sein Tod deutet auf tiefe Verzweiflung und große Verlassenheit hin. Der nüchterne Bericht der Anstaltsleitung lautet:

«Der seit dem 20. November 1933 wegen schweren Diebstahls für II R 3909/33 A III in Untersuchungshaft befindliche Julius Adolf Petersen (Lord von Barmbeck), geb. 7. 10. 82 zu Hamburg, verh., Kaufmann, hat sich am 21. 11. 33 in der Zeit zwischen 19.38 und 20.19 Uhr in seiner Zelle erhängt. Petersen befand sich in Zelle 185 in Ein-

zelhaft und ist bei dem Revisionsgang 19.38 von dem Aufseher Nasselich noch lebend in seiner Zelle beobachtet worden. Als jedoch der Nachtrevisionsbeamte, Aufseher Klock, um 20.19 Uhr durch den Spion der Zelle 185 sah und das Zellenlicht einschaltete, fand er das Bett Petersens leer. Nach Aufschluß der Zelle wurde Petersen mit einer Schlinge aus zwei Strümpfen und einem Taschentuch um den Hals in der linken Ecke hinter der Zellentür auf dem Fußboden in zusammengekauerter Stellung aufgefunden. Die Schlinge ist sofort von dem Aufseher gelöst worden. Von den Aufsehern Klock und Reyer, Werkmeister Rohwedder und dem inzwischen erschienenen Heilgehilfen Dettmer sofort angestellte Wiederbelebungsversuche waren erfolglos ... Petersen befand sich seit dem 26. 10. 33 als Polizeigefangener im Untersuchungsgefängnis in Einzelhaft und ist von allen Gefangenen streng getrennt gehalten und in den letzten Tagen fast täglich von Kriminalbeamten vernommen worden. Er ist vorschriftsmäßig und korrekt behandelt worden und zeigte auch keine deprimierte Stimmung. Seine Führung war wie immer mustergültig ... Das Motiv seiner Tat ist nicht bekanntgeworden, Aufzeichnungen hat er nicht hinterlassen.»

Die Erinnerungen, die der Mann mit dem «starken Willen» und der scheinbar «eisernen Natur» hinterließ, sind trotz aller durchschaubaren Beschönigungen ein aufrichtiges Bekenntnis und zugleich eine von dem ihm eigenen Ehrgefühl und Gerechtigkeitsempfinden geprägte Anklage. Humor und Witz verdecken oft den wahren Ernst seines Buches, denn das Leben, das da vor uns ausgebreitet wird, war kein lustiges Leben.